Lindsay River · Sally Gillespie

ZEITKNOTEN

Lindsay River · Sally Gillespie

ZEITKNOTEN

*Astrologie und weibliche
Erfahrung*

Aus dem Englischen übersetzt
von Sabine Ivanovas

Goldmann Verlag

Originaltitel: The Knot of Time.
Astrology and Female Experience.
Originalverlag: The Women's Press Ltd., London.

Deutsche Erstausgabe

Der Goldmann Verlag
ist ein Unternehmen der Verlagsgruppe Bertelsmann

Made in Germany · 1/91 · 1. Auflage
© 1987 by Lindsay River and Sally Gillespie
© der deutschsprachigen Ausgabe by
Wilhelm Goldmann Verlag, München
Bildmotiv: Archiv Prof. Lessing, Wien
Umschlaggestaltung: Design Team München
Satz: Uhl + Massopust, Aalen
Druck: May + Co, Darmstadt
Verlagsnummer: 12119
Lektorat: Brigitte Leierseder-Riebe
Herstellung: Ludwig Weidenbeck
ISBN 3-442-12119-1

Für Marie, die mich zum Vulkan führte,
für die Frau, die mich die Sprache der Vögel
  lehrte,
für Poulaki, die mir zeigte, wie sie fliegen,
für Jenjoy, die in meine Hände den goldenen
  Faden
legte, der in den Zeitknoten führt . . .

LR

. . . und für Leonie und ihre himmlischen
  Fragen

SG

Inhalt

Danksagungen

Wir möchten all jenen danken, die dieses Buch möglich gemacht haben, besonders Stephanie Dowrick, Jan Bradshaw und Ros de Lanerolle, die während seiner Entstehung daran geglaubt haben, und der Herausgeberin Loulou Brown, deren Weitsicht eine wesentliche Rolle bei der Formgebung gespielt hat.

Viele Menschen haben großzügig ihre Zeit zur Verfügung gestellt, indem sie Teile des Manuskripts gelesen haben und ihre Ideen und ihr Spezialwissen mit uns geteilt oder Fragen, die wir aufwarfen, beantwortet haben. Dabei müssen wir besonders erwähnen: Batya Podos, Asphodel, Linda Regan, Vicki Roberts, Keith Wilson, Carol Lewis, Deborah Pope, Georgie Varjas, Masha Vlassova, Abraham Mazel, Sandy Kondos, Moira Houston, Daniel Cohen, Peter Levin, Lauren Liebling, Liz Danciger, Margaret Roy, Davis Doughan, Vivienne Lo, Emily Fawcus und Audrey Dewjee.

Noch viele andere unserer Freunde und Astrologieschülerinnen haben wichtige Beiträge geleistet, indem sie uns ermutigt und Vorschläge gemacht haben. Das waren besonders Fi Robertson, Cheryl Galloway, Clare Walter, Judi Coutinho, Linda Hurcombe, Polly Bluck, Elijan Whitebeam, Shirley Hall, Shion Buschner, Shai Gerhard, Trish Crick, Lava Kohaupt, Kalu Maa Bilton, Elizabeth Sagarra, Greadann Jack, Glenys Jacques und Sibyl Grundberg.

Wir danken auch denjenigen, deren Kenntnis von persönlichen Entwicklungsmöglichkeiten unsere Arbeit beeinflußt hat: Joan Evans, Roger Evans, Chris Robertson, Ewa Wojakowska, Hilary Thompson, Kate Vickers und Liz Greene.

Ein besonderer Dank geht an Amanda Harrington und Linda Regan, die uns beim Tippen geholfen haben, und an Roger Hynam und seine Mitarbeiter, die uns großzügig Schreibmaschinen geliehen haben.

Dank an Peri Rowan für die Ideen, die in den Illustrationen verwendet wurden.

Anmerkung der Autorinnen

Dieses Buch wurde für Frauen geschrieben und für Männer, die Weiblichkeit und die Erfahrung des Weiblichen hochachten. Im englischen Original wurde allgemein das weibliche Fürwort für Begriffe eingesetzt, die beide Geschlechter beinhalten, so wie einst die Kinder beider Geschlechter in der weiblichen Form inbegriffen waren. In der Übersetzung wird das, wenn möglich, auch wiedergegeben, indem sonst selbstverständlich gebrauchte männliche Begriffe durch ihr weibliches Gegenstück ersetzt werden (für Astrologe wird hier immer Astrologin stehen).

Unsere Astrologie stammt aus der Geschichte vieler Kulturen, nur wenige sind christlicher Herkunft. Statt der Abkürzung v. Chr. (vor Christus) wird in diesem Buch die Abkürzung VCÄ (vorchristliche Ära) verwendet, und statt n. Chr. (nach Christus) heißt es CÄ (christliche Ära).

Wenn man über die frühere Welt schreibt, in der die Astrologie entstand, ergeben sich verschiedene Schwierigkeiten in Zusammenhang mit der geographischen Terminologie. Der größeren Genauigkeit halber gebrauchen wir die Ausdrücke, die auch von Archäologen verwendet werden, zum Beispiel Alt-Europa (eine Region, die viel kleiner war als das moderne Europa, sie schließt den größten Teil des heutigen Jugoslawien, Ungarn, Rumänien, Bulgarien und Griechenland ein) und der alte Nahe Osten (der in unserem Zusammenhang Orte in Kleinasien, Mesopotamien, der Levante, der Ägäis, dem mediterranen Afrika und Ägypten einschließt). Während es oft nicht angemessen erscheint, moderne geographische Begriffe für die Alte Welt zu gebrauchen (weil die heutigen nationalen Begrenzungen nicht auf sie zutreffen), kann der Gebrauch der archäologischen Begriffe manchmal verwirrend sein und die Verbindungen undeutlich werden lassen, die zwischen den früheren Kulturen und den Menschen, die heute in derselben Region leben, bestehen. Wenn wir das Gefühl hatten, daß es historisch sinnvoll ist, haben wir die modernen Ausdrücke gebraucht, um diese Verbindungen deutlich zu machen.

Wir haben Beispiele berühmter Frauen verwendet, um zu zeigen, wie sie die Zeichen des Tierkreises, die in ihren Horoskopen von Bedeutung sind, in ihrem Leben umgesetzt haben. Leider sind unsere Beispiele nur auf die Frauen beschränkt, von denen wir die genauen Geburtsdaten finden konnten, die von Biographen nicht immer aufgezeichnet werden. Viele hervorragende Frauen, die in unbekannten Verhältnissen, Armut oder Sklaverei geboren wurden oder von denen wir nur unvollständige Daten hatten, mußten ausgelassen werden.

Wenn wir von »Beziehungen« sprechen, meinen wir damit nicht notwendigerweise diejenigen zwischen verschiedenen Geschlechtern; wir halten sie auch nicht unbedingt für sexuell oder nichtsexuell. Wir schreiben für eine Zeit, in der die Qualität und die Tiefe der Verbindung eine Beziehung definieren: Wir schreiben für das Zeitalter des Wassermanns.

Im Zeitknoten, wo es keine Zeit gibt
wo sich die Fäden der Vergangenheit,
  der Gegenwart und der Zukunft treffen
an der Nabe des Rades, das das Universum umgibt
am Nabel der Welt, dem Omphalos,
im Schoß der Welt, Delphi,
in Byblos,
Gizeh,
Jerusalem,
Mekka,
Chidambaram,
Benares,
dem Berg Meru,
Uluru,
Cuzco,
Black Mesa,
Uisnech,
Pumlumon,
Glastonbury,
Ife,
Kariba,
im Zentrum der Welt,
in den Höhlen, die die dunkle Spalte der Mutter sind,
sitzen die alten weisen Frauen
die Sibyllen
die Großmütter
die das Orakel verstehen
die die Weisheit bewachen
die sie an den Tag bringen

Prolog

Am Anfang gab es nur eine Wesenheit. Ohne Namen, ohne Form, ohne Grenzen, ohne Anfang oder Ende war sie die ewige Substanz und die ewige Leere. Nach einer Zeit (obwohl es keine Zeit gab) wurde sie sich ihrer selbst bewußt und undeutlicher Muster von Dunkelheit und Licht. Sie empfing den Wunsch, sich zu kennen, zu sehen, was sie war.

Sie sah die ungeheure Größe des Weltraums und der Galaxien, die sich bildeten und vergingen. Sie beobachtete Nebel, die explodierten; sie fühlte die Weißglut im Innern der Sterne; sie war sich dunkler Abwesenheiten im Weltraum bewußt. Sie sah Sterne, die einander umrundeten, Planeten, die Sterne umrundeten, Monde, die Planeten umrundeten. Sie sah Meteoriten, Asteroiden und Kometen sich durch den Weltraum bewegen. Sie sah eine spiralförmige Galaxie und auf deren äußerem Rand einen bestimmten Stern, der von Planeten umrundet wurde.

Sie sah einen der Planeten abkühlen und einen Mond um ihn kreisen. Sie sah den Mond untergehen und die Sonne aufgehen. Sie betrachtete sich selbst, wie sie im Licht der Sonne sichtbar wurde. Sie sah Berge und Täler, Flüsse und Seen, Inseln und Kontinente. Sie horchte und hörte die Klänge des Wassers, des Windes und der Vögel und Tiere, die sich darin bewegten und einander riefen. Sie fühlte die Hitze der Wüste und die Kälte des Gletschers, die Rauheit der Felsen und die Weichheit des Mooses. Sie roch die Blumen, sie roch das Meer, und sie schmeckte die Schwefeldämpfe aus den Vulkanen. Sie schmeckte Salz und Honig und bittere Kräuter.

Sie überlegte sich, was sie mit dieser Schönheit und Vielfalt tun werde, und ihre Überlegung führte in einen langen Traum. Sie träumte, es gäbe noch ein Wesen wie sie, dessen Geist zu ihrem paßte und in dessen Augen sie ihre eigene Macht und Schönheit gespiegelt sah. Sie schrie auf vor Liebe und Erkennen, und ihr Schrei war der Klang ihrer ersten Gebärschmerzen. Mit Schmerzen und mit Freude gebar sie ihre ersten beiden Kinder, ein Mädchen und einen Jungen.

Als sie sie säugte, wußte sie, daß sie ihnen einen Namen geben mußte, und sie blickte auf den Himmel um sich her. Die Sonne, der Mond und acht leuchtende Planeten waren im östlichen Teil des Himmels versammelt, und dies würde nie wieder geschehen bis zum Tag einer neuen Schöpfung. Der Planet Mars ging gerade auf, und sie widmete ihre Kinder diesem Planeten und benannte sie mit einem Namen, den wir nicht kennen können, doch heute nennen wir ihn *Widder*.

Sie behielt ihre Kinder bei sich, während Äonen vergingen, und dann träumte sie wieder.

Sie erwachte bei der großen Konjunktion im *Stier,* und ihre Kinder *Stier* wurden unter dem Planeten Venus geboren. Dies geschah noch zehnmal, so daß sie zwölf Zwillingspaare gebar. Jedes Paar benannte sie nach einem Teil des großen Sternenrades, das sich am Himmel drehte.

Während sie in einem fruchtbaren Tal aufwuchsen, bildeten die Mädchen auf natürliche Weise einen Kreis miteinander und die Jungen ebenfalls. Ihre Mutter war nicht immer bei ihnen, aber sie sagte ihnen, daß jeder Kreis wichtige Entdeckungen machen würde. Als sie älter wurden, war sie immer öfter fort und besuchte sie nur manchmal.

Die Geschichte der Jungen wurde aufgeschrieben, aber unvollständig. Die Geschichte der Mädchen wurde erzählt, aber dann vergessen. Von ihrer Geschichte wollen wir jetzt berichten.

Jede Schwester war gleich schön und gleich schöpferisch. Als sie alt genug waren, um hinzugehen, wo sie wollten, und zu tun, was sie wollten, rief ihre Mutter sie zusammen und bat sie zu wählen.

»Die Erde ist jetzt voller anderer Wesen«, sagte sie. »Es gibt Menschen, die aussehen wie ihr und eure Brüder, aber ihr Leben ist viel kürzer. Im Gegensatz zu euch wurden sie geboren, als die Planeten vielfältige Bilder am Himmel bildeten. Es wird nie wieder geschehen, daß ein Kind als vollständiger *Widder* oder *Fisch* geboren wird. Und doch hat jedes die Besonderheiten von einem oder zwei Zeichen in sich, und so erinnern sie mich an euch und eure Brüder. Jetzt möchte ich wissen, wie ihr wählt – ob ihr hinaus in die Welt geht oder hier in diesem Tal bleibt und welche Richtung ihr für euer Leben gern einschlagen würdet.«

Drei der jungen Frauen standen auf. Es waren *Widder, Löwe* und *Schütze*. Sie sagten, sie würden ein großes Feuer errichten, das man Tag und Nacht sehen könne, und sie würden das Feuer hüten und die Formen seiner Flammen betrachten.

Widder sagte: »Ich werde das Feuer zu allen bringen, die es haben wollen, so daß für alle Geschöpfe ein neues Leben anfangen wird, denn ich liebe Anfänge. Ich liebe es, aktiv zu sein und etwas zu beginnen. Ich habe mich in das Leben selbst verliebt. Wieder und wieder werde ich aus der Dunkelheit in ein unbekanntes Licht springen. Ich werde mich allem stellen, was mir je auf meinem Pfad begegnet, denn ich liebe es, meine Energie zum Ausdruck zu bringen. Mein Enthusiasmus gibt mir die Kraft, alle Hindernisse zu durchqueren, denn ich werde dem Leben entgegengetrieben von meiner Inspiration.«

Löwe sagte: »Ich werde das große Feuer hüten, weil ich spüre, daß in meinem eigenen Herzen ein Feuer brennt: Es ist die Liebe, die ich zur Welt empfinde, und meine Freude am Leben. Beim Licht des großen Feuers werde ich Geschichten erzählen; ich werde tanzen und singen, ich werde den Rhythmus schlagen; das Erschaffen freut mich. Ich werde meine Schöpfung in die fernsten Schatten der Dunkelheit schicken wie der Puls, der dem Herzschlag folgt, um die Freude des Feuers zu trommeln, das Herz zu tanzen, das Leben zu singen.«

Schütze sagte: »Ich werde in jede Ferne wandern, die Weite betrachten und mich daran erfreuen. Ich werde über Ebenen und Steppen wandern und die Feuer besuchen, die überall auf der Welt entzündet sind; ich werde die Lebensart der verschiedenen Völker kennenlernen. Ich werde die Weisheit suchen, die ihre Bräuche besiegelt, die Flamme hinter der Flamme. Ich werde ein Feuer tragen, um die Dunkelheit in den Zwischenräumen zu erhellen, denn ich habe die Kraft, mich und andere mit meinem Glauben zu wärmen.«

Die Feuerschwestern gingen voller Enthusiasmus zusammen fort.

Drei andere standen auf. Das waren *Stier, Jungfrau* und *Steinbock*. »Wir wollen nah an der Erde bleiben«, sagten sie, »und mit unseren Sinnen erfahren, welchen Veränderungen die Erde unterliegt.«

Stier sagte: »Ich werde nie dieses Tals müde werden. Ich werde herausfinden, was ich daran liebe und was mir nicht gefällt; ich werde auch den Wert all dessen kennen, das mir begegnet. Ich werde mir meines Körpers und des Körpers der Erde in jedem Teil bewußt sein. Ich werde meine Zehen in dem zähen Lehm bewegen und spüren, wie er wunderbar um meine Füße quillt, dann werde ich spüren, wie der Bach über meine Zehen dahinplätschert und den Lehm auflöst. Ich werde Lehm und Moos sammeln, und indem ich ihre Beschaffenheit spüre, beginne ich, die Schönheit zu erschaffen, die für mich in der Erde ist.«

Jungfrau sagte: »Ich möchte jede Blume verstehen und die besondere Art eines jeden Tieres, eines jeden Fisches, eines jeden Vogels kennenlernen. Ich werde sie beobachten, damit wir lernen, was wir am besten essen und wie wir uns heilen können, wenn wir krank sind, denn sie wissen diese Dinge. Und ich werde praktische Hilfe erbringen, ein Stöckchen für den gebrochenen Flügel des Vogels, und ich werde den Busch zurückbinden, der die kleinen Pflanzen überschattet. Ich werde die Freundin der Naturgeister sein. Ich liebe die natürliche Ordnung der erschaffenen Welt, die mir Klarheit gibt.«

Steinbock sagte: »Ich bin ergriffen von einer Faszination für das Schwierige. Ich werde hinausgehen in die Wüste und in die schroffen Höhen der Wildnis. Dort werde ich lernen, mir einen Schutz vor den Sonnenstrahlen zu bauen, denn mein Lehrer ist das Wirkliche und das Notwendige. Ich liebe es, meine Stärke, meine Geduld und meine Ausdauer zu entdecken. Und so wie die Härte mein Freund wird, werde ich vor mir immer neue Herausforderungen finden, denn ich erschaffe die Mittel, um zu überleben.«

Und so verpflichteten sich die Erdschwestern, mit den Füßen auf der Erde zu bleiben, die sie liebten.

Dann standen noch drei Schwestern auf. Es waren *Zwillinge, Waage* und *Wassermann*. Sie sagten: »Wir wollen dorthin gehen, wo wir die Brise und die starken Winde spüren können. Wir gehen hoch hinauf in die Hügel und leben mit den Geschöpfen der Luft.«

Zwillinge sagte: »Ich werde fliegen wie die Biene und der Schmetterling, um jede Blume zu kosten, um die Vielfalt ihrer Farben zu trinken, denn ich genieße den immer veränderlichen Augenblick. Am Abhang des Hügels werde ich einen Platz suchen, wo ich in der scharfen Morgenluft am klarsten denken kann; ich werde meinem Bedürfnis nach Wissen nachgehen, denn ich bin fasziniert von Ideen und begeistert, wenn ich meinen Geist gebrauche. Ich liebe es, Kontakte zu knüpfen und Wortgebilde zu schöpfen; ich werde den Vögeln meine Geschichten erzählen und von ihnen ihre Sprache lernen.«

Waage sagte: »Ich werde auf dem Berg in der klaren Luft einen Tempel erbauen. Er wird von vollendeter Schönheit sein, und ich werde alles hineintun, was mir am meisten gefällt. Dennoch wird er nicht übervoll sein, denn ich werde jedes Teil erst nach langem Nachdenken auswählen. Es wird ein Ort sein, an dem man sein Gleichgewicht finden kann, ein Ort der Harmonie. Mein Körper erklingt von den Klängen der Stille, der Schönheit, der vollendeten Form, und das möchte ich mit euch teilen. Ihr könnt in meinen Tempel kommen, um dort Frieden zu finden und Streitigkeiten zu beenden, denn dort wird keine Zwietracht bestehen können. Es wird ein Ort der Liebe sein.«

Wassermann sagte: »Ich werde über die Einzigartigkeit und Außergewöhnlichkeit der Gebirgsblumen nachdenken, denn ich liebe die Schönheit des Fremden und Seltenen. Ich werde mich meiner eigenen Fremdartigkeit erfreuen, meines Unterschiedes von den Schwestern, und ich werde meine Gedanken aussenden zu allen Menschen der Erde, die sich als Außenseiter empfinden, und ich werde an unserer gemeinsamen Erfahrung festhalten, an unserer Gleichheit. Ich werde das Gewitter aus der Höhe beobachten, und die Blitze werden mir Möglichkeiten erhellen, die mir bisher unbekannt waren. Denn ich liebe die Zukunft, und ich liebe es zu entdecken, was jenseits unserer augenblicklichen Vorstellungskraft liegt.«

Und so gingen die Luftschwestern hinauf in die Berge, wo sie die Luft frei umfloß.

Dann standen die drei Wasserschwestern auf. Sie sagten: »Wir werden an Orte gehen, wo das Wasser fließt und wo wir die Tiefe finden.«

Krebs sagte: »Ich werde einen Strand mit sanften Gezeiten finden, wo es Sonne und Schatten gibt. Manchmal werde ich hinausgehen in die Flut, aber ich werde immer zu meinem eigenen Hafen zurückkehren. Ich werde in einer Höhle leben, die ein nährender Ort für mich ist. Ihr könnt dort hinkommen, um zu gebären oder wenn ihr krank seid, wann immer ihr die sichere Dunkelheit sucht, um eure Wunden zu lecken. Wenn ich in meinem Boot bin, werde ich vom Meer lernen, die Vergangenheit anzugehen. Ich werde den Mond beobachten, und von den Erwiderungen der Gezeiten auf diese Göttin werde ich Einfühlsamkeit lernen. Denn ich liebe die Tiefe der Vorstellungskraft und liebe es, mich um alles zu kümmern, das verletzbar und ohne Verteidigung ist.«

Skorpion sagte: »Ich werde an den Klippen entlanggehen und die rauhe Brandung beobachten; ich werde mich an der Springflut zu Vollmond erfreuen. Ich werde die Intensität spüren, und sie wird meiner eigenen entsprechen. Ich werde dem Fluß folgen bis zu seiner unterirdischen Quelle, und dort werde ich lange und tief über die Mysterien der Geburt und des Todes und die Macht der geschlechtlichen Liebe nachdenken und darüber, wer wir sind und was wir bedeuten. Warum wachsen die Pflanzen jedes Jahr und verlieren später ihre Blätter oder sterben ab? Ich werde diese Dinge bedenken und durch meine eigene Erfahrung Antworten finden. Denn es gibt nichts, das ich fürchte, außer mir selbst, und ich habe auch den Mut, dem ins Auge zu sehen.«

Fische sagte: »Ich werde einen stillen Teich im Wald finden und dort oft sein. Ich werde in das tiefe, stille Wasser sehen, und diese Stille wird in mir sein. Ich werde bei meinem Teich schlafen und träumen, und ich werde euch in Orakeln und Gedichten Nachrichten übermitteln. Oder ihr könnt mit mir träumen (denn ihr seid ebensosehr ich, wie ich ihr bin, und meine Träume sind auch eure Träume). Ihr könnt euch zu mir gesellen und warten bis zum Abend, wenn die Tiere zum Trinken kommen. Meine Magie kann heilen, denn sie kommt von dem Ort, an dem es keine Unterschiede gibt und wir alle eins sind, wo das Wasser des Teiches wieder vergeht und sich im Ozean verliert.«

Und so gingen die Wasserschwestern zusammen fort, um die Orte mit Tiefe zu finden, die sie brauchten.

Die Schwestern folgten jede dem Pfad, den sie gewählt hatte, und waren glücklich darin. Diejenigen, die manchmal reisten, begegneten ihren Brüdern, die auch auf Entdeckungsreise waren; diejenigen, die zu Hause blieben, trafen sie im Tal. Sie fragten ihre Mutter, warum sie zwei Kreise gebildet hatten und nicht einen großen.

»Es ist wichtig«, sagte sie, »daß ihr selbst herausfindet, wie ihr allein den vollständigen Kreis bilden könnt, und ebenso sollen es eure Brüder selbst entdecken. Wenn ihr immer zusammen wäret, würdet ihr vielleicht den Kreis in zwei Teile teilen, eure Brüder wären die eine Hälfte und ihr die andere. Durch diese Teilung würdet ihr alle verlieren. Aber wenn ihr ein wirkliches Bedürfnis habt, mit euren Brüdern zusammenzuarbeiten und auch sie mit euch, dann gibt es nichts, was euch aufhalten kann.«

Mit dieser Antwort waren sie zufrieden, aber sie fragten sie zu den Menschen und zu der Spannung, die sie zwischen den Frauen und Männern der Erde begonnen hatten zu spüren.

Ihre Mutter schwieg kurz. »Ich werde euch nicht alles sagen, was ich weiß. Ihr könnt viel herausfinden, wenn ihr einander zuhört. Glaubt mir, daß die menschlichen Wesen nicht immer bleiben werden, wie sie jetzt sind. Indem sie euch und euren Brüdern begegnen, werden sie einen Weg beschreiten, auf dem sie ihr wahres Selbst erkennen können, obwohl es nicht der einzige Weg sein wird. Jetzt beobachten sie nachts den Himmel. Bald werden sie herausfinden, daß sich die Planeten zwischen den Mustern der Sterne bewegen. Sie werden Teile des Himmels mit verschiedenen Namen belegen, entsprechend den Sprachen, die sie sprechen, denn die Entdeckung wird an vielen Orten gemacht werden und auf viele verschiedene Arten. Aber welche Bezeichnung auch immer und welches Symbol auch immer sie wählen werden, werden sie doch eure Namen damit meinen. Es beginnt ein neuer Zyklus eures Verhältnisses mit der Menschheit. Ihr werdet mich nicht oft sehen, aber ihr könnt von mir lernen, indem ihr einander zuhört und daran denkt, daß der Kreis eine Einheit ist und kein Teil größer als ein anderer ist.«

1
Vorbilder des Möglichen

Astrologie als eine Kunst des
Selbst-Verständnisses

Wie oben, so unten

Astrologie ist die Lehre von den Planeten und Sternen und ihren Beziehungen zum Leben auf der Erde. Als Wissenschaft entwickelte sie sich zu einer Zeit, zu der man annahm, alles, was geschehe, sei mit allem anderen verbunden und habe eine Bedeutung. Das Leben auf der Erde sah man als Spiegel der Ordnung am Himmel: »Wie oben, so unten.« Dieses Gefühl der Verbundenheit jedoch ist bei den meisten Völkern der industrialisierten Welt verlorengegangen.

Unser Planet befindet sich in einer Krise, die aus einem Verlust an Bewußtheit entstanden ist und aus der Spezialisierung der verschiedenen Wissensbereiche. In dieser Situation weiß die rechte Hand nicht, was die linke Hand tut. Wissenschaftler, Handwerker und Politiker sind zusehends nur ihren eigenen Richtungen gefolgt, ohne sich der weitreichenden Wirkungen ihrer Arbeit bewußt zu werden.

Das Wort »Krise« kommt aus dem Griechischen und bedeutet »eine Zeit der Entscheidung«.[1] Wenn wir entscheiden, wie wir die Erde und ihre Lebewesen am besten schützen und damit unser eigenes Überleben sichern können, ist es sinnvoll, sich dabei den alten Philosophien zuzuwenden, die auf dem Prinzip des Verbundenseins beruhten.

Im wesentlichen ist die Astrologie nicht nur eine Wissenschaft von den Planetenbewegungen, sondern auch Interpretationskunst und Philosophie, ein System sowohl für das Verständnis des Kosmos als auch für die einzelne Persönlichkeit. Obwohl ihre Entstehung weit zurückliegt, ist die Astrologie im Licht der zeitgenössischem Psychologie neu interpretiert und erweitert worden.

Im Kern der Astrologie steht die Idee, daß wir, um den Kosmos zu verstehen, auch verstehen müssen, daß jede Person ein Universum im kleinen darstellt. Paracelsus, Philosoph und Arzt des sechzehnten Jahrhunderts, hat das alte Konzept von »wie oben, so unten« durch die Idee erweitert, daß jede Person »eine Sonne und ein Mond und ein Himmel erfüllt mit Sternen ist. Die Phantasie ist schöpferische Kraft«.[2]

Um uns selbst zu verstehen, müssen wir uns der Verbindungen bewußt werden, die uns mit unserer Umwelt verwoben haben. Die Astrologie gibt uns Begriffe dafür, und dieses Buch soll ein Führer zum leichteren Umgang mit astrologischen Vorstellungen sein. Es führt uns in das Horoskop ein, die Astrologen mit ihren Diagrammen kommen zu Wort, in denen der Zustand des Sonnensystems an einem bestimmten Augenblick in der Zeit untersucht wird, und es werden astrologische Gedanken über die Bedeutung dessen entwickelt, was wir daraus entnehmen können.

Kapitel 2 erläutert die Ursprünge und Entwicklungsschritte der Astrologie, angefangen bei den frühesten Wurzeln in den Erfahrungen der weisen Frauen, die den Himmel beobachteten und die Mondphasen berücksichtigten. In Kapitel 3 werden die Grundstrukturen des Horoskops und aller dazugehörigen Einzelheiten eingeführt und erklärt. Kapitel 4 bis 8 widmen sich der Bedeutung dieser Einzelheiten, und Ideen und gedankliche Zusammenhänge aus verschiedenen Kulturen der Welt werden eingesetzt, um astrologische Begriffe zu erläutern. Kapitel 9 zeigt, wie die vielen variablen Elemente des Horoskops zusammengebracht und zu einer Einheit verbunden werden können; es zeigt auch, wie wir die Entwicklungen in unserem Leben als Bewegung in Richtung auf persönliche Ganzheit verstehen können. In Kapitel 10 schauen wir auf die Zukunft und überlegen, wie uns ein astrologischer Standpunkt helfen kann, die augenblickliche Krise unseres Planeten besser zu verstehen.

Geburtsastrologie

Die Astrologie ist das Studium der subtilen Kombinationen von Planetenstellungen, die einen Augenblick bestimmen. In der Geburtsastrologie versucht man zu verstehen, was es für einen Menschen bedeutet, zu einem bestimmten, unwiederbringlichen Zeitpunkt an einem bestimmten Ort der Erde geboren worden zu sein.

Die Unterschiede von einem Horoskop zum anderen sind vielfältig, und jede einzelne Geburtszeit ist eine einzige Möglichkeit aus einer großen Anzahl von Beziehungen der Planeten zueinander, einer Anzahl, die ins Unendliche geht. Aus diesem Grund gibt es ein Horoskop nie zweimal; die Vielfalt der Möglichkeiten ist zu groß.

Bei der Betrachtung des Geburtshoroskops (Kapitel 3 bis 9) beachten wir besonders die Planeten, ihre Wechselbeziehungen, die Zeichen des

Tierkreises und die Häuser des Horoskops, in denen sie erscheinen. Die Tierkreiszeichen im Horoskop liefern einen Teilaspekt in diesem vielfältigen System. Unglücklicherweise haben die Tierkreiszeichen in Zeitungsspalten und Zeitschriften im Verhältnis zu den restlichen Elementen des Horoskops ein überwältigendes und ungerechtfertigtes Gewicht bekommen. Diese unausgewogene Astrologie wird von vielen für das Wesentliche gehalten und wird oft gebraucht, um Menschen zu kategorisieren und in Schubladen mit den Bezeichnungen der zwölf Tierkreiszeichen abzulegen. Menschen zu »typisieren« liegt jedoch der wahren Astrologie fern. Wenn man das Horoskop kennt (und nicht nur das Zeichen, in dem die Sonne bei der Geburt gestanden hat), weiß man, daß wir alle Ähnlichkeiten haben, denn wir haben alle dieselben Planeten in unseren Horoskopen. Jedes Horoskop bedeutet jedoch eine feine und vielfältige Mischung verschiedener Energien, entsprechend der Stellung und Wechselbeziehung der Planeten zueinander.

Kategorische Behauptungen, die nur aufgrund des Geburtsmonats auf Menschen zugeschnitten werden, sind schlechte Astrologie. Wir müssen die grundlegende Sprache der Astrologie lernen, indem wir die Charakteristika jedes Zeichens kennen, denn wir können nicht die verschiedenen Komponenten eines Horoskops zu einem Bild zusammenstellen, wenn wir nicht die einzelnen Teile genau verstehen, mit denen wir umgehen. Kapitel 6 beschäftigt sich sehr ausführlich mit dem Lebenssatz eines jeden Tierkreiszeichens. Man muß jedoch klar sehen, daß, wenn eine Astrologin zum Beispiel über Jungfrau schreibt (nicht eine Jungfrau-Persönlichkeit, sondern das Zeichen Jungfrau), sie dann eine Abstraktion meint, eine völlig losgelöste Manifestation der Energie dieses Zeichens, die im wirklichen Leben so nie vorkommen kann. Das *Sonnenzeichen*, das sich aus dem Geburtsmonat ergibt, hat eine wesentliche Bedeutung für das Horoskop, aber beeinflußt wird es noch durch viele andere Faktoren.

Die Interpretation des Horoskops als Weg zum Selbst-Verständnis

Man muß das ganze Horoskop deuten, um die Möglichkeiten einer Persönlichkeit zu analysieren, um ihre Quellen aufzuzeigen und die Fähigkeiten, die sie gebraucht und die sie noch entwickeln könnte. Es hilft einem dabei, schon für selbstverständlich gehaltene Fähigkeiten wieder zu schätzen, wenn das Horoskop sie als besondere Talente darstellt.

Das Geburtsbild zeigt uns, daß in unserer Psyche – wenn auch verborgen – Fähigkeiten vorhanden sind, von denen wir geglaubt hatten, daß sie uns fehlen. Zum Beispiel sucht eine schüchterne Person, die mehr Selbstvertrauen haben möchte, nach ihrem eigenen, verborgenen Mut, während eine Person, die anderen Menschen fernsteht und engere Freundschaften haben möchte, die Fähigkeit des Offenseins in ihrem Innern zu entdecken versucht. Die Astrologie kann uns helfen, Veränderungen wirklich werden zu lassen, indem sie Bereiche unserer Persönlichkeit beschreibt, die uns bisher noch wenig vertraut sind, und indem sie uns die Art der Blockaden aufzeigt, die unserem Wachstum im Wege stehen.

Die Autorinnen dieses Buches verstehen die Astrologie als eine Art der Therapie, die jedem Menschen – Frau *und* Mann – Kraft gibt, gewonnen durch ein klares Verständnis seiner selbst. Die Grundlagen der Astrologie zu erlernen gibt uns die Möglichkeit, uns selbst zu helfen mit dem Horoskop als Abbild unseres noch zu erforschenden Selbst. Anfangs werden wir vielleicht nur in der Lage sein, einen kleinen Bereich der Bedeutungen des Horoskops zu verstehen, aber wie gut auch immer wir das Horoskop kennenlernen, wir werden immer noch etwas daraus lernen können – neue und vielleicht überraschende Deutungen.

Die Astrologie kann uns aufzeigen, daß Phasen der persönlichen Krise eigentlich Zeiten der Prüfung sind, die uns helfen, uns selbst zu entdekken. Ihre Lehre führt uns heraus aus der machtlosen Verwirrung, in der wir nur fragen können: »Warum geschieht dies mit mir?« Wenn wir vor Entscheidungen stehen, kann uns die Astrologie zu einer Untersuchung aller denkbaren Möglichkeiten anleiten und zu einem Verständnis der tieferen Bedeutung einer jeden Möglichkeit. Auch bei Fragen zu unserer Arbeit kann das Horoskop zeigen, wo unsere Stärken und Schwächen liegen und wie wir zu unseren Kollegen stehen. In allen Beziehungen zu Menschen kann uns die Astrologie eigentlich helfen zu verstehen, was zwischen zwei Menschen geschieht, seien sie nun Freunde, Verwandte, Liebende oder Partner. Das kreative Potential in der Beziehung kann genauso untersucht werden wie ihre Schwierigkeiten.

Die Sterne begünstigen – sie verpflichten nicht

Jedes Geburtsbild ist eine Abbildung des Selbst – nicht nur in der Form, wie es jetzt besteht, sondern auch mit seinen Entwicklungsmöglichkeiten. Jede Person steht mit ihrem Horoskop in einem sozialen und körperlichen Umfeld, in dem ihre Fähigkeiten auf unterschiedliche Weise zum

Ausdruck kommen können. Obwohl wir nicht alle die gleichen Möglichkeiten haben, beinhaltet das Horoskop doch für jede/jeden von uns einen Vorschlag, wie unser Leben kraftvoller gestaltet werden kann.

Die Planetenbewegungen am Himmel im Verlauf des Lebens einer Person können in Beziehung zu ihrem Geburtsbild gesetzt werden und zeigen dann auf, wann Zeiten besonderen persönlichen Wachstums und größerer Veränderungen kommen, wann Begrenzungen der vollen Ausdrucksmöglichkeit ihres Selbst überschritten werden können.

Die Astrologie ist oft mit Fatalismus gebraucht worden, indem man das Horoskop als Beschreibung des unausweichlichen Schicksals einer Person betrachtet hat. Aber jede Planetenkonfiguration hat ein positives und ein negatives Potential. Eine alte Maxime heißt: »Die Sterne begünstigen, sie verpflichten nicht«; unsere Geburtszeit bedeutet nicht automatisch Untergang oder Segen für uns, denn wir können bestimmen, *wie* wir die Möglichkeiten, die die Sterne anzeigen, zum Ausdruck bringen wollen. Und das Horoskop verschafft uns auch kein Alibi. Wir können zum Beispiel die Astrologie mißbrauchen, indem wir glauben: »Es hat sowieso keinen Sinn, diesen Zug in meinem Charakter bekämpfen zu wollen, denn ich habe ja Mond im Quadrat zu Mars; ich kann nichts dafür«. Niemand braucht sich über die negativen Aspekte seines Horoskops zu beschweren, denn jede müßte in der Lage sein, ihre schöpferischen Möglichkeiten zu entwickeln. Alle Schwierigkeiten des Horoskops können zu Stärken umgewandelt werden, wenn wir uns dafür entscheiden.

Die eigentliche Rolle der Astrologie ist es, die vorhandenen Möglichkeiten aufzuzeigen und dem Individuum zu erlauben, sich auf der Grundlage eines tieferen Verständnisses für die eigenen Bedürfnisse und Motivationen zu entscheiden. Wir sind nicht passive Opfer eines vorausbestimmten Schicksals, und während sich im Laufe unseres Lebens die Planeten über den Himmel bewegen, können wir aktiv teilnehmen an ihren Gestalten der Veränderung und Umwandlung.

Synchronizität

Das Verständnis der Astrologie ist durch Jungs Begriff der *Synchronizität*[3] erweitert worden. Dieses Konzept erklärt, wie Ereignisse, die gleichzeitig geschehen (wie zum Beispiel die Geburt eines Kindes und eine bestimmte Sternenkonstellation am Himmel), eine Beziehung zueinander haben können, ohne daß das eine die Ursache des anderen ist. Die Planeten *bewirken* nicht Ereignisse oder bestimmen den Charakter, indem sie auf das menschliche Leben einwirken. Sie sind eher *Indikatoren* für die spezielle Energie, die zu einem bestimmten Zeitpunkt wirkt.

Die Konstellation der Planeten vermittelt uns ein Verständnis für die gegenwärtigen Energien des Sonnensystems, genau wie eine Akupunkteurin aus den Pulsen den Energiestatus ihrer Patientin ablesen kann. Die Astrologie gibt uns eine Sprache, mit deren Hilfe wir die Gestalten am Himmel verstehen und wissen können, welche Energien für eine Person zum Zeitpunkt ihrer Geburt zur Verfügung stehen.

»Da war ein tanzender Stern, unter dem ich geboren bin«, schrieb Shakespeare von Beatrice. So ist es für jedes Kind, denn im Augenblick seiner Geburt erkennen wir aus dem Horoskop den Tanz der Erde um die Sonne und des Mondes um die Erde, den Tanz der Planeten mit Sonne und Mond und miteinander. Über unser Sonnensystem hinaus ist jedes Kind auch Teil des Tanzes unseres Sterns, der Sonne, mit unserer Galaxie und unserer Galaxie mit dem Universum.

Wir tanzen nicht zur Musik eines anderen, sondern zu unserer eigenen inneren Musik. Die Astrologie bietet uns die Möglichkeit, uns besser auf uns einzustimmen, auf die Gestalt des Augenblicks, in dem wir geboren wurden, und auf eine kosmische Ordnung jenseits unserer persönlichen Erfahrung. Unsere eigene Gestalt wird im Laufe der Jahre klarer; wir können eher intuitiv auf sie antworten als sie rational verstehen. Je mehr wir uns auf unsere Gestalt einstimmen, desto mehr sind wir fähig, ihre Möglichkeiten für unser Leben wahrzunehmen.

Astrologie und weibliche Erfahrung

Die Anfänge der Astrologie liegen in einer Zeit, als Wissen und Macht noch ebenso, wenn nicht sogar mehr, in der Hand der Frauen wie in der Hand der Männer lagen. Wenn wir die Astrologie eher kreativ denn fatalistisch gebrauchen, kann sie sowohl für Frauen als auch für Männer zu einem Werkzeug werden, sich aus der früheren Konditionierung auf festgelegte männliche und weibliche Rollen zu lösen. Ein großer Teil der Möglichkeiten des Horoskops wird verschenkt, weil wir den sozialen Erwartungen von unserer Art des persönlichen Ausdrucks zu entsprechen versuchen. Genaugenommen kann man aus dem Horoskop das Geschlecht nicht erkennen, und indem wir die ganzen Möglichkeiten sehen, die das Horoskop aufzeigt, können wir anfangen, wiederzuentdecken, was verlorengegangen ist. Astrologie ist ein Weg zurück zur Ganzheit; sie ist eine Kunst zu heilen.

Die Astrologie entstand aus einem Wissen um die zyklische Erfahrung der Frau, wie das folgende Kapitel ausführt und belegt. Doch in den vergangenen Jahrtausenden hat sich diese Kunst zu weit von ihren Wurzeln wegbewegt und wurde von Theoretikern weiterentwickelt, die sich mehr der Erfahrungen der Männer als der Frauen bewußt waren.

Das zyklische Verständnis der weisen Frauen vergangener Zeiten hat in der Astrologie weiterbestanden und ist vor nicht allzulanger Zeit durch die von der Jungschen Psychologie eingebrachten Elemente, die die Erfahrungen des Weiblichen besonders betonen, wieder in bewußterer Weise in die Astrologie aufgenommen worden.

Viele Vorstellungen, Definitionen und Interpretationen in der traditionellen Astrologie der vergangenen zweieinhalbtausend Jahre müssen neu untersucht und neu ausgedrückt werden, damit sie den Erfahrungen der Frauen angemessener werden. Astrologinnen von heute sind aktiv dabei, die Vergangenheit wiederzubeleben; als Himmelsbeobachterinnen und als weise Frauen, die wissen, wie die himmlischen Gestaltungen zu verstehen sind[4] – eine aufregende Zeit für alle Astrologinnen.

Dieses Buch ist entstanden aus dem Bedürfnis der Autorinnen, unser Verständnis der Astrologie durch die Einbeziehung weiblicher Einsichten aus Vergangenheit und Gegenwart zu verbessern und sich Gedanken über die zukünftige Rolle der Frauen auf der Welt zu machen.

Das Zentrum der Zeit

Auf der persönlichen Ebene gibt das Geburtshoroskop jeder Person eine Möglichkeit, ihre gegenwärtige Wirklichkeit und ihre Vergangenheit zu verstehen, indem sie die Planetenkonstellation bei ihrer Geburt und die Planetenbewegungen seit dieser Zeit beobachtet. Es erlaubt aber auch einen Blick in die Zukunft, denn die Planetenbewegungen können für viele Jahre in die Zukunft hinein berechnet werden.

Das Horoskop stellt für jeden von uns ein Zentrum der Zeit dar, in dem die Stränge der Vergangenheit, der Gegenwart und der Zukunft verknüpft sind; wir können den Windungen dieser Stränge folgen und daraus ein sinnvolles Bild der individuellen Gestalt unseres Lebens gewinnen.

1 Ruperti, Alexander, *Cycles of Becoming* (Zyklen des Werdens), CRCS, 1978.
2 *Encyclopaedia Britannica*, Stichwort »Paracelsus«.
3 C. G. Jung, *Synchronicity*, Routledge & Kegan Paul, 1972.
4 Abgesehen von der wichtigen Arbeit vieler Frauen und Astrologinnen der heutigen Zeit haben sich besonders die folgenden Autorinnen darum bemüht, den Frauen die Astrologie zurückzuerobern:

Francia, Luisa, *Berühre Wega, Kehr' zurück zur Erde,* Verlag Frauenoffensive, München 1982.

Lionne, Crystal, *Feminist Astrology,* Heftchen vertrieben von Matriarchal Publishing Company, PO Box 113, Encinitas, Kalifornien 92024, USA.

Moonfire, Blue, *The Matriarchal Zodiac* (der matriarchalische Tierkreis). Zu beziehen bei Silver Moon, 68 Charing Cross Road, London WC2H OBB.

Messmer, Phoenix und Bärbel, *Venus ist noch fern,* Come Out Lesbenverlag, München 1979.

Thorsten, Geraldine, *Sternzeichen der Göttin. Die Astrologie der Frau.* Mit einem Vorwort von Heide Göttner. Abendroth, Goldmann, München 1990.

2
Die Geschichte am Himmel

Wie sich die Astrologie seit den frühesten
Anfängen entwickelt hat

Die Astrologie entwickelte sich nicht als einzelnes und klar definiertes Wissensgebiet; sie gehörte zu den Bereichen der Religion, der Naturwissenschaft, der Mathematik, der Heilkunst, des Theaters, der Dichtung und der Liederdichtung. Als Wissen von den Gestalten und symbolischen Bedeutungen der Himmelskörper im Sonnensystem sind ihre einzelnen Elemente heute immer noch so verwoben, wie es ihre Ursprünge im Altertum waren. Wir haben uns entschlossen, hier die Geschichte der Astrologie zu erzählen, ohne sie eindeutig zu definieren, die Astronomie wieder mit der Astrologie zu verbinden, die Naturwissenschaft mit der Magie und das Praktische und das Politische mit dem Spirituellen.

Mutter Erde / Mutter Himmel

Es gab eine Zeit vor der Zeitrechnung, da beobachteten die Menschen den Mond und die Sterne. Einige fuhren nach Australien; einige kamen nach Amerika. Sie lebten in Afrika, in Asien und in Europa, und überall erleuchteten die Sterne ihre Nächte und geleiteten sie auf ihren Reisen.

Frauen beobachteten das Werden und Vergehen der Mondin[1] und entwickelten aus ihren Zyklen die Fähigkeit, die Zeiten der Menstruation und der Schwangerschaft zu bestimmen. Das Leben der weisen Frauen der Vorzeit können wir uns nur vorzustellen versuchen, obwohl es noch Spuren der Göttin gibt, die sie verehrten, Knochen, die sie gravierten, und Höhlen, die sie bemalten. Einige der ältesten Artefakte aus dem eiszeitlichen Europa sind gravierte Knochen, oft sind die Gravuren mit rotem Ocker sichtbar gemacht. Diese Dinge scheinen Mondkalender oder Zykluskalender zu sein. Manche sind graviert mit Tieren und Pflan-

30 000
VCÄ

29

zen, an denen jahreszeitliche Veränderungen zu erkennen sind, andere mit einer weiblichen Gestalt.[2] Ein gravierter Knochen aus dem Kongo weist ähnliche Kalenderzeichen auf.[3]

Die Beobachtung des Himmels entstand sowohl aus dem spirituellen Bedürfnis, das Wesen des Universums zu verstehen, als auch aus der Notwendigkeit, einen brauchbaren Kalender zu erstellen. Die Wurzeln der Astrologie liegen im Verhältnis der Menschen des Neolithikums zu Erde, Himmel und Wasser. In Alt-Europa schufen die Menschen ein Bildnis der Großen Göttin, die sich als Mutter der Schlangen in der Erde bewegte, als Mutter der Fische im Wasser und als Mutter der Vögel in der Luft.[4]

Abstrakte Gedanken über den Mondzyklus, den Jahreszeitenwechsel und den Lebenszyklus sind auf Kultgefäßen und Statuetten der Großen Göttin des Lebens und des Todes dargestellt. Ein zur Dekoration gedachtes vierarmiges Kreuz scheint die vier Ecken der Welt (Nord, Süd, Ost und West) und die vier jahreszeitlichen Wendepunkte des Jahres zu repräsentieren, um die herum der spätere Tierkreis angeordnet werden sollte. Erde und Himmel scheinen als Gegensätze aufgefaßt worden zu sein. Man glaubte, sie seien aus den zwei Hälften des kosmischen Eies entstanden, das die Göttin als Mutter der Vögel gelegt hatte. Als Schlangengöttin legt sie sich um das ganze »Universum«, über Sonne, Mond und Sterne.[5]

Die Felsenzeichnungen bestätigen das Vorherrschen einer Göttin. In Aounret in Algerien gibt es die Zeichnung einer riesigen, geheimnisvollen, weiblichen Gestalt, die die aufragenden Hörner des Mondes trägt.[6]

Lange bevor es den Tierkreis gab, studierten Himmelsbeobachter in der nördlichen Hemisphäre die Sterne in der Umgebung des Polarsterns, der als Achse angesehen wurde, um die sich der Himmel dreht.[7] Besonders beobachteten sie die Sternenkonstellation des Ursa Major, der großen Bärin (bei uns auch als großer Wagen bekannt). Die monatliche Position des Schwanzes der großen Bärin am Beginn der Nacht wurde als Zeichen für die Ankunft der Jahreszeiten betrachtet. Derselbe große Bär war bei den Griechen als Artemis bekannt, und im Fernen Osten assoziierte man die Konstellation mit Ma Tsu Po, der Königin des Himmels.[8] Fast überall in der alten Welt glaubte man, eine oberste Göttin steuere die Bewegungen der Himmelskörper.

Die Tempel der Göttinnen waren die ursprünglichen Zentren

der Kultur und der Neuerungen. Aus dem Tempel der Inanna in Uruk in Mesopotamien stammen die ersten Zeugnisse der Existenz von Schrift.[9] Die Astrologie ging aus der Beobachtung der Bewegungen des Mondes durch den Sternenhimmel hervor, und es ist wahrscheinlich, daß die Mehrheit der frühen Astrologinnen Priesterinnen waren. Die Griechen nannten die babylonische Astrologie später »mathesis«, »die Lehre« – von diesem Wort stammt das Wort Mathematik. Die Wurzel »ma« (»Mutter«) läßt vermuten, daß »mathesis« ursprünglich »Mutter-Weisheit« bedeutete, die von den gelehrten Frauen des Stammes oder Tempels stammte.[10]

≈ 3000 VCÄ

Die Zeit der Veränderung

Die genauere Ausprägung der Astrologie und die Beobachtung der Planetenbewegungen vor dem Hintergrund der Konstellation entwickelten sich zufällig gleichzeitig mit einer großen gesellschaftlichen Veränderung. Die Männer begannen, einen wesentlichen Teil der Funktionen der Frauen in den Tempeln zu übernehmen, oft waren sie dabei in Frauenkleider gehüllt. Da Wirtschaftlichkeit mehr von individuellem als von Gruppenbesitz abhängig war, wurden die Männer in Tempeln und Heimen wichtiger. Götter, die vorher nur Gefährten und Brüder der Göttinnen gewesen waren, wurden vorherrschend; Prinzen gewannen aus sich selbst die Macht, die sie vorher nur durch die »heilige Hochzeit« mit der Göttin in Gestalt der obersten Priesterin bekommen hatten.[11] Die Verehrung der Großen Göttin der Erde und des Himmels war nicht mehr allgemein üblich. Diese Veränderung brauchte jedoch viele Jahre, und zu jener Zeit hatten die Frauen immer noch zahlreiche Rechte und Privilegien.[12] Es ist nicht möglich, diese Veränderung genau zu datieren, obwohl sie von der indischen tantrischen Tradition mit 3012 VCÄ angegeben wird, dem Beginn des Kali Yoga, des »elenden Zeitalters«, als, wie man sagte, nur noch wenige Männer in der Lage waren, Frauen als Manifestationen der Shakti (göttliche kosmische Energie) anzusehen.[13]

≈ 3000 VCÄ

3102 VCÄ

Während der sumerischen Kultur in Mesopotamien gab es sowohl eine Priesterschaft unter einem Hohenpriester als auch eine Priesterinnenschaft unter einer Hohenpriesterin.[14] Es wurde eine Kosmologie entwickelt, die den ganzen alten Nahen Osten,

≈ 2700 VCÄ

die klassische Welt und schließlich auch das mittelalterliche Europa beeinflußte. Die Sumerer stellten sich die Welt von Wasser umgeben vor, mit Sonne, Mond und Planeten an einem kuppelförmigen Firmament, und sie glaubten, daß das menschliche Leben von diesen Himmelskörpern beeinflußt war.[15] Die frühere Schlangengöttin, die am Himmel schlängelte, wurde zur Göttin Tiamat, dem großen Drachen, der die Milchstraße bildete. Sie wurde »Die Wassergestalt am Himmel« genannt, und aus ihrem Namen entwickelte sich das Wort »Diameter« für Durchmesser.[16] Die Menschen lernten, den Aufgang bestimmter Sternenkonstellationen mit den Tagundnachtgleichen zu verbinden, und entwickelten so einen Stern- und Sonnenkalender, der genauer war als der Mondkalender.[17]

In Ägypten zeigen die frühesten Darstellungen des Himmels die Himmelsmutter als große Kuh, deren Milch die Himmel mit Sternen übergoß. Die Himmelslehre der frühen Ägypter entwickelte sich zu einem komplexen religiösen und philosophischen System. Die einzigartige geographische Lage Ägyptens war mit dafür verantwortlich, daß das möglich war. Der Nil bildete eine Durchfahrmöglichkeit zum afrikanischen Hochland und verband den Kontinent mit Asien und Europa. Das Zusammenkommen vieler reicher Kulturen führte zur Expansion und Vertiefung des Wissens.[18]

2600
VCÄ
Der Bau der Pyramiden folgte den früheren Grabformen. Es ist vorgeschlagen worden, daß die langen Wege von den Grabkammern der Pyramiden nach außen zu den Sternen gebaut worden sind, um die Sterne zu beobachten, aber es scheint unwahrscheinlich, daß man häufiger ins Innere der Pyramiden ging nur der Sternenbeobachtung wegen. Vielleicht dienten die astrologischen Orientierungslinien der Grabkammern für den Gebrauch des darin Bestatteten. Die Wege wurden wahrscheinlich gebaut, um die Seele in Richtung auf die nördlichen Sterne hin zu leiten, die nie untergingen und daher für die Ägypter die Unsterblichkeit repräsentierten.[19]

≈ 2500
VCÄ
Es hieß, die Göttin Seshat habe den Menschen die Gaben der Architektur, des Rechnens und der Astronomie gegeben. Sie wird auf einem Relief bei der Erstellung astronomischer Berechnungen dargestellt.[20] Es ist vorgeschlagen worden, daß dieses Relief tatsächlich eine Priesterin in der Kleidung der Seshat darstellt, was eventuell die aktive Rolle bezeichnen könnte, die Frauen immer

noch in der Astrologie, der Wissenschaft und der Religion jener Zeit innehatten.[21]

Eine Kaste männlicher Astrologen-Priester, die große politische Macht hatte, entstand in Ägypten. (Der Hohepriester von Heliopolis trug ein geflecktes Pantherfell, das den Sternenhimmel repräsentierte. Sein Titel war »oberster Astrologe«.[22]) Im Laufe der Zeit übernahmen die Götter Ptah und Thot die Rolle der Seshat.

Das Aufgehen des Sternes Soth (Sirius) bildete für die Ägypter den entscheidenden Punkt für ihren Kalender. Soth war der Stern der Au Set, die uns als die Göttin Isis bekannt ist.[23]

≈ 2500 –2000 VCÄ In Indien existierte im Tal des Indus eine hochentwickelte Zivilisation, die im Bereich der Städte Harappa und Mohenjo-Daro konzentriert war. Aus Mohenjo-Daro kennen wir einen Tierkreis mit acht Zeichen.[24] Die Leute aus Harappa führten einen weitreichenden Handel, möglicherweise sogar mit den Sumerern, und Siegel auf den von ihnen exportierten Ballen wiesen die Abbildungen von sechs Tieren auf, die eventuell stellvertretend für die Jahreszeiten waren.[25] Es ist möglich, daß ein frühes indisches System der Astrologie, das auf sechs oder acht Zeichen basierte, einen Einfluß auf die Babylonier ausübte.

Die Zivilisation am Indus verehrte eine Göttin, und die Menschen badeten rituell in den Flüssen. Dann kam der Einfluß der arischen Völker aus dem Norden, die das Kastensystem begründeten und männliche Götter mit Feueropfern verehrten. Die beiden Einflüsse vermischten sich, und beide Systeme sind bis heute in der hinduistischen Religion noch nachweisbar.[26]

Auf der ganzen Welt ging der Wechsel von einer matriarchalischen zu einer patriarchalischen Religion oft einher mit der Einführung eines Sonnenkalenders, und die Sonne wurde nun neuerdings mit der zunehmenden Macht in der Hand der Männer assoziiert, obwohl sie vorher in vielen Kulturen als Göttin angesehen worden war.

≈ 2000 VCÄ Die frühen Bewohner Nordeuropas scheinen die Sonne als weiblich betrachtet zu haben. Die Menschen bauten Stein- und Holzkreise, die es ihnen möglich machten, den Wechsel der Jahreszeiten zu erkennen, eventuell konnten sie dadurch auch Sonnen- und Mondfinsternisse voraussagen. Der berühmteste dieser Kreise ist Stonehenge, aber es gab sie auch in ganz Europa, dem Mittleren Osten, in Kenia und Nordafrika.[27] In den gleichen

Gebieten gibt es auch Tempel und heilige Stätten, die nach dem Aufgang bestimmter Konstellationen oder Sterne orientiert sind. In Avebury in England scheinen die dort errichteten Erdhügel den Körper der Mutter Erde darzustellen. In Avebury scheinen zu bestimmten Jahreszeiten Feste abgehalten worden zu sein, wenn bestimmte Sterne in der Dämmerung aufgingen.[28] Der jährliche Vegetationszyklus auf der Erde wurde verglichen mit dem jährlichen Zyklus von aufgehenden Konstellationen am Himmel. Die Chinesen hatten eine vergleichbare Philosophie für ihre Deutungssysteme; sie waren begründet auf Konfigurationen, die sie sowohl am Himmel über ihren Köpfen als auch in der Erde unter ihren Füßen erkannten.[29]

Die Weiterentwicklung der Astrologie

≈ 1600 VCÄ
In Babylon waren die Religionen der Göttinnen weiterhin stark, obwohl sie umgeben waren von der neueren Verehrung des Marduk und anderer Götter. In den religiösen Zentren war die Beobachtung der Planeten verbunden mit Wetterkunde und allgemeiner Zukunftsdeutung nach dem Verhalten von Tieren und Vögeln.[30] Die Planeten hießen ursprünglich »Wildziegen« wegen der Art, mit der sie zwischen den Sternen umherzuwandern schienen, aber später wurde jeder Planet mit einem bestimmten Gott oder einer Göttin verbunden.[31] Legenden erzählten vom Tod der Drachengöttin Tiamat durch die Hand des Gottes Marduk (Jupiter) und von der Vergewaltigung der Ereshkigal (der Göttin der Unterwelt) durch Nergal (Mars). Wir können diese Mythen als politischen Kommentar zu der Wandlung von der matriarchalischen zur patriarchalischen Religion verstehen.

≈ 1500 VCÄ
Die Astrologie in Babylon konzentrierte sich besonders auf den Planeten Venus, der die Göttin Ishtar repräsentierte. Der Planet hat einen Zyklus aus Sichtbarkeit und Unsichtbarkeit, der viele Kulturen fasziniert hat und der die Basis für eines der wichtigsten Rituale bei der Verehrung der Ishtar wurde. Wenn der Planet unsichtbar wurde, sagten die Babylonier, die Göttin sei in die Unterwelt gegangen, und jedes Verlangen wurde stillgelegt, bis sie als Morgenstern zurückkehrte.[32]

Ur und danach Babylon waren die Zentren der Himmelsbeobachtung, und Babylon war berühmt für seine »hängenden Gärten«, die vermutlich aus Terrassen bestanden, die auf den gestuften Seiten der »Ziggurats« angelegt worden waren. Diese waren Pyramiden mit Terrassen, von denen je eine jedem der fünf bekannten Planeten sowie Sonne und Mond zugeordnet waren, bemalt in den traditionell zugehörigen Farben. Die berühmteste der Ziggurats hieß Ba-bel, das bedeutet »Tor Gottes«. Aus den Fenstern und von den Dächern der Ziggurats konnte man die Planeten beobachten. Menschen aus dem ganzen alten Nahen Osten kamen nach Babylon, um sie zu bewundern und die »babylonischen Zahlen« zu erlernen, wie man die Astrologie nannte; und aus der Astrologie entwickelte sich die Mathematik. Für den uneingeweihten Beobachter war die Mischung der Sprachen der Einheimischen unverständlich, und »Ziggurat« ging dann in die hebräische Bibel als »Turm von Babel« ein.[33]

Es gibt eine traditionelle Verbindung zwischen den Ziggurats und der ganzen babylonischen Bauweise mit der legendären Königin Semiramis oder Sammuramat. Als eine in einer Reihe von Inkarnationen der Göttin Ishtar hat man »Semiramis« später mit mindestens zwei bedeutenden historischen Königinnen Assyriens identifiziert.[34]

≈ 1450 VCÄ

In Ägypten waren Sternenkonstellationen auf die Decken der Gräber gemalt; man glaubte, die Seelen würden Sternenkarten zur Orientierung brauchen. Wenn sich die Seele zu den Tierkreiszeichen bewegte, würde die Person reinkarniert, wenn sie sich den Sternen im Norden zubewegte, würde die Seele endgültige Befreiung erlangen. Die Göttin Nut, die Herrin des himmlischen Meeres, wurde dargestellt, wie sie den Himmel hielt, oder mit den sechsunddreißig ägyptischen Konstellationen, abgebildet auf ihrem nackten Körper.[35] Bei der Geburt eines Kindes hieß es, daß die sieben Hathors, Hebammengöttinnen mit prophetischer Kraft und den sieben Planeten zugeordnet, erscheinen und die Zukunft des Kindes voraussagen würden.[36]

Die Astrologie durchdringt die Kulturen des alten Nahen Ostens, und es ist kaum noch festzustellen, wer sie von wem lernte. Die hebräischen Völker waren ungefähr 1700 v. Chr. in Kanaan aus dem Ur der Chaldäer angekommen. Manche sagen, ihr Ahnherr Abraham sei ein weiser Astrologe und Mondpriester gewesen, und Sarah, seine Frau, war die Matriarchin des Stammes.[37] Wir wissen, daß die Juden im vierzehnten Jahrhundert VCÄ Kenntnisse der Astrologie hatten. Die Frauen waren in

≈ 1300 VCÄ

Israel sowohl Regentinnen als auch Propheten, und die ältesten Erzählungen der Bibel berichten von der Matriarchin Deborah. Sie hatte prophetische Kräfte und kannte sich in der Kriegführung aus, und sie sagte voraus, wie der Feind der Israeliten, Sisera, fallen würde.[38] Im Gesang der Deborah sagt sie, die »Sterne selbst kämpften gegen Sisera«, und damit ist hier gemeint, daß sie den richtigen astrologischen Augenblick für den Zeitpunkt der Schlacht auswählte.[39]

≈ 1250 VCÄ

Im Kanaan des dreizehnten Jahrhunderts wurde die Sonne als der Held Samson dargestellt, der durch den Tierkreis wanderte und Wunder der Kraft vollbrachte. Er war im Löwen auf dem Höhepunkt (als er einen Löwen besiegte) und am schwächsten im Wassermann, dem Zeichen, das im Hebräischen »Delilah« heißt. Sie schnitt seine Haare ab, ein Symbol für die Kürze der Sonnenstrahlung der schwachen Wintersonne im Wassermann.[40]

Es ist unklar, wann genau sich der bekannte Tierkreis mit den zwölf Zeichen aus der Vielfalt der Systeme herausgebildet hat (manche davon mit acht, elf, achtzehn, achtundzwanzig oder sechsunddreißig Elementen), die bei den verschiedenen Völkern in Gebrauch waren. Langsam wurde im Laufe des zehnten bis siebten Jahrhunderts VCÄ der zwölfgeteilte Tierkreis im größten Teil des alten Nahen Ostens gebräuchlich.

Von Samsons griechischem Gegenstück Herakles hieß es, er sei an das Rad der Göttin Omphale gebunden. Sie saß an der Nabe eines großen Sternenrades, und er mußte seiner Drehung folgen – so wie die Sonne durch jedes Tierkreiszeichen gehen muß. Herakles vollbrachte jeden Monat eine seiner zwölf Aufgaben.[41] Diese Mythen könnten aus Indien stammen, wo man sagte, daß Aditi, die Göttin der Unendlichkeit, die zwölf Adityas gebar, die himmlischen Lichter, die auch nach dem Jüngsten Tag noch leuchten werden. Der Geist des Tierkreises war Kalanemi, der »Rand des Rades der Zeit«, die Schlange, die in ihren eigenen Schwanz biß.[42]

≈ 1100 VCÄ

Während im alten Nahen Osten Tierkreisgeschichten entstanden, wurden auch die astronomischen Beobachtungen weitergeführt. Die Priester der Shang-Dynastie in China gravierten Fragen zur Sternenkunde in Knochen und Schildkrötenpanzer. Die erhalten gebliebenen Stücke zeigen, daß Sonnen- und Mondfinsternisse, Sterne und Novas erforscht wurden.[43]

≈ 500 VCÄ

Das große Babylonische Reich war seit Jahrhunderten von Kriegen zerrissen, als die Astrologie dort im fünften Jahrhundert

VCÄ einen hohen Entwicklungsstand erreichte; trotzdem teilten die babylonischen Astrologen, Chaldäer genannt, den Nachbarvölkern ihre Fähigkeiten mit.[44] Sie waren schon in der Lage, aus Planetenbeobachtung und Tafeln ein individuelles Horoskop zu erstellen.

Auch die Ägypter wurden hochgeschätzt für ihre Philosophie, und Griechen kamen nach Ägypten, um dort zu studieren und in die Religion initiiert zu werden. Die Kulturen von Ägypten, Babylon und Griechenland hatten viele Verbindungen. Die Babylonier hatten ihren ursprünglich aus achtzehn Zeichen bestehenden Tierkreis zugunsten des noch heute bekannten Tierkreises mit zwölf Zeichen aufgegeben.[45] Sechs Zeichen, so hieß es, trage die Drachin Tiamat auf ihrem Rücken und sechs auf dem Bauch. Ihr Kopf und ihr Schwanz bezeichneten die Mondknoten, die Finsternisse ankündigen konnten. Später sah man den Tierkreis als den Gürtel der Göttin Ishtar, der Himmelskönigin, während die anderen Konstellationen am Himmel ihr Kleid bedeckten.[46] Die zwölf Tierkreiszeichen, die es bei uns gibt, scheinen eine Kombination aus den ägyptischen und den babylonischen Konstellationen zu sein, und es ist wahrscheinlich, daß auch der indische Tierkreis dazu beigetragen hat.

Das ursprüngliche griechische Himmelsverständnis war deskriptiv; die einzelnen Planeten hießen »der feurige Stern« oder »der leuchtende Stern«, später jedoch wurden nach dem Vorbild der Babylonier Namen von Göttern und Göttinnen verwendet.[47]

500
VCÄ Die Griechen interessierten sich für die Bewegungen und Zyklen der Planeten, von denen sie annahmen, sie bewegten sich wie die Rhythmen und Harmonien der Musik.[48] Astrologinnen wie zum Beispiel Aglaonike wurden manchmal für Zauberinnen gehalten, da sie Sonnen- und Mondfinsternisse voraussagen konnten.[49] Wegen der angenommenen Verbindung der Frauen zur Zauberei waren sie als Astrologinnen besonders betroffen, seit die Frauen ihren Status als »weise Mütter« verloren hatten.

Von fremden Eindringlingen bedrängt, zogen sich die ägyptischen Herrscher oft nach Meroe und Nepata, den Städten am Oberlauf des Nils, zurück. Der sizilianische Geschichtsschreiber Diodorus berichtet, daß das ägyptische Volk ursprünglich aus diesem Gebiet gekommen war, das die Griechen Äthiopia nannten, und die ägyptische Kultur scheint tatsächlich afrikanischen Ursprungs zu sein.[50]

»Äthiopia«, der heutige Sudan, war der Geburtsort der Nefertiri, der schwarzen Prinzessin Ägyptens, und eine Domäne der Göttin Isis. Im Hochland konnte man die Sterne beobachten, und in Meroe wurden Pyramiden und Sphingen erbaut.[51] Später waren die griechischen Geschichtschreiber sehr beeindruckt von der Dynastie der Krieger-Königinnen aus Meroe.[52]

Es ist wahrscheinlich, daß in Ostafrika ein komplexer astrologischer Kalender entwickelt wurde. An einer Stätte des Altertums, heute Namoratunga II genannt, wurden neunzehn Steine in Reihen aufgerichtet, die scheinbar in Bezug zu Sternen und Konstellationen gestellt wurden.[53]

Viele Gebiete der Alten Welt litten unter immer häufigeren Kriegen und politischer Instabilität, die das astrologische Wissen gefährdeten. In China kritisierten Gelehrte das Ch'in-Regime, und als Folge wurden alle Bücher bis auf einige klassische medizinische und landwirtschaftliche Texte verbrannt.[54] Die Sternenkunde überlebte knapp, aber wir wissen nicht, wieviel verlorenging. Die meisten Zeugnisse über die Göttinnen und heiligen Frauen des alten China verbrannten. Die verbleibenden Bücher wurden von konfuzianischen Gelehrten herausgegeben, um ihr eigenes patriarchalisches Weltbild zu stützen.

Es bleiben nur Geschichten von Xi Wang Mu, der Muttergottheit. Als der himmlische Jahresbaum war sie die Herrin der Tiere der Monate, die sich unter ihren Zweigen versammelten.[55] Es gibt auch noch ein paar Hinweise auf die Göttin Hsi Ho, die die Himmelskörper und die zehn Tage der Woche erschuf.[56]

≈ 200 VCÄ

Unter der Han-Dynastie wurden alle dem bloßen Auge sichtbaren Himmelsphänomene katalogisiert und benannt.[57] Die Namen der Sternengruppen hatten oft einen politischen Klang – zum Beispiel »Kronprinz« und »Minister der Arbeit«. Die Astrologie war verwoben mit dem Leben bei Hof und dem Staatsdienst. Ein Ministeramt für Staatsopfer wurde gegründet, um auf himmlische Omen reagieren zu können, und Astrologen hatten in der Hierarchie eine wichtige Position.

≈ 200 VCÄ– 0 CÄ

In Athen und Rom arbeiteten in den letzten vorchristlichen Jahrhunderten viele Frauen in der sibyllinischen Tradition. Ursprünglich lebte eine Sibylle an einem Ort, von dem man annahm, daß dort die göttliche Inspiration aus der Erde hervorkam. Sie konnte sie sowohl in ekstatischen Äußerungen als auch durch symbolische Aussprüche kundtun.[58]

38

Es gab zehn berühmte sibyllinische Heiligtümer, und alles scheint darauf hinzudeuten, daß die sibyllinische Tradition in Afrika und Asien entstanden ist.[59] Eine der Sibyllen, Sabbe oder Sambethe, wurde für eine Jüdin gehalten, eine »Tochter Noahs«, während andere sie als Tochter des berühmten chaldäischen Astrologen Berosus bezeichneten.

Sibyllinische Orakel in Versform, die Partei für unterdrückte Völker ergriffen, waren in Athen seit dem fünften Jahrhundert VCÄ in Umlauf. Sie bezogen sich sowohl auf die babylonische Astrologie als auch auf die persische Philosophie, indem sie grausamen Herrschern den Untergang prophezeiten.[60] Der beliebte Glaube an die sibyllinische Weisheit erlaubte es vielen Frauen im letzten Jahrhundert der VCÄ, sich durch ihre Intelligenz und ihre Intuition selbst zu ernähren, indem sie Kunden in Athen und Rom prophetischen Rat gaben. Zu jener Zeit wurden Horoskope für alle, die sie sich leisten konnten, zugänglich, und sowohl Astrologen als auch Wahrsager waren gesucht. Der Geschichtsschreiber Plinius behauptete, Himmelsstudien seien Frauensache, obwohl seine Meinung auf der Tatsache zu beruhen scheint, daß Frauen die Fähigkeit zugeschrieben wird, durch Zauberei Sonnen- und Mondfinsternisse zu erzeugen.[61] Juvenal sagt in seiner sechsten Satire, zwei der größten Fehler von Frauen seien ihre Empfänglichkeit für Astrologie und für orientalische Kulte.[62]

Die Blütezeit der Astrologie fiel in die gleiche Zeit, in der die Isisreligion in der griechischen und römischen Welt an Bedeutung gewann. Griechische und römische Frauen fühlten sich zu dieser lebendigen ägyptischen Religion zu einer Zeit hingezogen, als die Verehrung von Göttinnen in ihren Ländern schon größtenteils unterdrückt worden war.[63] Auch Männer verehrten die Isis, und Apuleius, der Autor des *Goldenen Esels*, sah in einer ekstatischen Trance die Göttin in Sterne gehüllt. Sie sagte ihm, es sei »ihr Wille, der die Planeten des Himmels regiert«.[64] Es ist wahrscheinlich, daß ein symbolisches Schreiten durch die Zeichen des Tierkreises einen Teil der Initiation in die Mysterien der Isis bildete. Manche ägyptischen Tempel scheinen in zwölf Teile geteilt gewesen zu sein und dienten vielleicht astrologischen religiösen Riten.[65]

In den ersten Jahrhunderten der VCÄ und der CÄ waren astrologische und religiöse Vorstellungen im Zusammenhang mit dem Schicksal der Seele nach dem Tode eng verwoben. Viele glaubten, die Seelen würden sich durch den »Himmel« eines jeden Planeten bewegen, wobei sie sich von den Eigenschaften lösten, die sie bei der Geburt von jedem Planeten angenommen hatten. Die nackte Seele erreichte schließlich den achten Himmel, um mit den Göttern zu leben und ein Stern am Himmel zu werden.[66]

≈ 50 VCÄ

Die Römer waren beeindruckt von den Kenntnissen der Druiden, der Priesterinnen und Priester der keltischen Völker, und besonders von ihrem Wissen in den Bereichen der Astrologie, der Naturwissenschaften, der Schicksalsdeutung und der Wiedergeburt.[67] Aus den heute bekannten Tatsachen ist es wahrscheinlich, daß die druidische Astrologie der babylonischen an Komplexität gleichkam, aber es existieren keine schriftlichen Zeugnisse. Doch ein archäologischer Fund in Schottland, in Granit gravierte Zeichen, bestätigt die geometrischen Fähigkeiten einer Gesellschaft, die keine Schrift gebrauchte.[68] Die Druiden glaubten, heiliges Wissen dürfe nicht in Geschriebenem festgehalten werden, und ihre mündliche Tradition ging später im Christentum auf beziehungsweise wurde von ihm unterdrückt.

Manche behaupten, Großbritannien sei das legendäre Land »hinter dem Nordwind«. Von den Hügeln Britanniens und Irlands aus, auf denen die alten Erdhügel und manchmal auch Kalksteinstatuen errichtet waren, konnte man die Sterne beobachten. Der »Lange Mann« (vielleicht eine Frau?) von Wilmington in Sussex ist möglicherweise ein Himmelsbeobachter, der mit zwei Stäben Vermessungen vornimmt.

Die irischen Mythen beschreiben die Einteilung der königlichen Hallen in achtundzwanzig oder sieben Teile, die die Tage und Phasen des Mondes darstellen, und dreizehn Bäume waren den Mondmonaten geweiht.[69] Die Erde bezeichnete die Zeit mit Bäumen, so wie der Himmel den Kalender mit dem Aufgang von Sternenkonstellationen bezeichnete. Die keltische Göttin Arianrhod drehte das Sternenrad des Tierkreises, das »silberne Rad, das ins Meer hinabsteigt«, und jeden Monat verschwand eine andere Konstellation mit dem Vollmond im westlichen Meer.[70] Die Dame, die das Rad drehte, war in Griechenland Ariadne und Arachne, die das Gewebe des Horoskops webt. Die Römer nannten sie Fortuna, und es hieß, daß derjenige, der sich hoch auf ihrem Rad befand, hinunterstürzte, und der Fallende sich wieder erhob – entsprechend der Drehung des Rades. Die Skandinavier hatten eine ähnliche Vorstellung, denn sie sahen den Himmel in

40

einer Kreisbewegung um den Rocken der spinnenden Göttin Freia[71], und ihr Julfest (»jul« bedeutet Rad) feierte das Jahresrad.[72] Das Rad ist auch Teil des Tarotspiels, und die Idee von der Göttin, die das Glück regiert, besteht heute noch in der »Glücksfee« weiter.

Astrologie in Gefahr

≈ 20 VCÄ

Trotz der Popularität der Astrologie war sie bei den Regierenden Roms nicht immer beliebt. Augustus ließ 2000 chaldäische Bücher verbrennen als Warnung an jene, die den fremden Weisheiten zuviel Interesse entgegenbrachten. Astrologie könne zur Subversion führen, da die Betrachtung der ewigen und mächtigen Planeten das Ansehen der zeitgebundenen Kaiser (von denen sich viele als Götter verehren ließen) womöglich schmälere. Tiberius verbannte Astrologen aus Italien, aber andererseits hatten viele römische Herrscher ihre eigenen Astrologen. Sie lebten ein gefährliches Leben, entweder hoch angesehen oder, wenn die Voraussagen falsch oder unglückverheißend waren, in der Gefahr, kurzfristig ermordet zu werden.[73]

≈ 30 CÄ

Im ägyptischen Alexandria, der kosmopolitischen Stadt, in der die esoterischen Sekten florierten und viele Frauen unabhängig waren, lebten die Astrologen sicherer.

≈ 150 CÄ

Alexandria war die Heimat des Claudius Ptolemäus, des Astrologen, der das chaldäische System in Zeichen, Elementen, Häusern und Aspekten ausdrückte, die die ganze westliche Astrologie beeinflußt haben.

Nach dem Fall Jerusalems im Jahr 70 CÄ wurde Alexandria ebensosehr jüdische Stadt, wie sie auch ägyptisch, griechisch, römisch oder babylonisch war. Viele der alexandrinischen Juden waren große Astrologen, und über Hunderte von Jahren zog sich in ihrer Gemeinschaft die Debatte über die Astrologie. Manche glaubten, sie sei gegen das Gesetz Gottes und die Juden seien von dem durch Planeten bestimmten Schicksal ausgenommen, weil Gott Abraham über den Himmel erhoben hatte.[74] Sie bezogen sich auf die sibyllinischen Orakel, in denen die Sibylle – trotz der geläufigen Verbindung der sibyllinischen Prophezeiungen mit der Astrologie – darauf bestand, daß die Sterndeuterei von jenen, die an den einen Gott glaubten, abgelehnt werden müsse.[75] Sie zieht

41

die intensive Abhängigigkeit der Babylonier von Omen ins Lächerliche und stellt dem die Sorge der Juden um die Unterdrückten, die Witwen und die Waisen entgegen.[76]

Die jüdischen Astrologen jedoch verteidigten ihre Kunst. Sie konnten die Thora zitieren, um zu beweisen, daß die Zeichen des Himmels ein Werk Gottes waren, sie konnten darauf verweisen, daß die zwölf Söhne Jakobs (und damit die Stämme Israels) der Ursprung der Tierkreiszeichen waren.[77] Sie stellten fest, daß es auch zwölf Propheten gab, und interpretierten Ezechiels Vision von den »Rädern in Rädern, mit Augen am Rand« als Vision des Tierkreises. Die Debatte ermutigte die jüdischen Astrologen, mehr ethische Prinzipien in ihre Arbeit miteinzubeziehen.

≈ 230 CÄ
Die jüdische Diaspora führte zu einer weiteren Verbreitung der Astrologie. Juden aus Babylon waren geschätzte Astrologen am Hofe des Königs Ardashir in Persien. Sie tauschten Kenntnisse mit den zoroastrischen Priestern, den Magi, aus, die die Konjunktionen von Planeten beobachteten und interpretierten.

Während eines großen Teils der ersten beiden Jahrhunderte der CÄ war das Christentum illegal und sogar noch verrufener als Astrologie und magisches Wissen. Die unorthodoxen gnostischen Christen brachten die Astrologie in ihr Verständnis des spirituellen Schicksals mit ein. Sie hielten Gott für gleichzeitig männlich und weiblich, und sowohl Frauen als auch Männer waren Priester und Lehrer.[78] In dem gnostischen Werk *Pistis Sophia* ist Jesus dargestellt, der seine Schüler die Bedeutungen der Planeten und des Tierkreises für die menschliche Seele lehrt.[79]

Als sich jedoch das Christentum etabliert hatte, griffen christliche Fanatiker heidnische Heiligtümer an. Im Jahr 379 CÄ wurde der Tempel der Hathor in Dendera in Ägypten geplündert und die riesigen Statuen der Göttin verstümmelt. Die Decke blieb erhalten – ihre sternenbedeckte Wölbung mit dem Tierkreis darauf war außer Reichweite.[80]

≈ 385 CÄ
Das Museum von Alexandria (der Ort der Musen) war der Hort astrologischer, historischer, philosophischer und religiöser Dokumente, deren Anzahl bei 500 000 vermutet wird. Das Hauptmuseum und die Bibliothek wurden während eines Bürgerkrieges im dritten Jahrhundert CÄ zerstört. Das Serapeum (der Heilungstempel der Isisreligion) wurde im Jahre 389 CÄ in eine christliche Kirche verwandelt, und eine Ersatzbibliothek wurde im Jahr 391 CÄ von Christen verbrannt.[81]

An der Wende zum fünften Jahrhundert wurde Hypatia, die große Philosophin, Mathematikerin und Astronomin, mit dem Museum in Verbindung gebracht. Es wird berichtet, daß man sie zum Bau eines Astrolabiums konsultierte, das astrologische Berechnungswerkzeug der Alten. Im Jahr 415 wurde sie von Mönchen und einer Horde von Christen grausam ermordet.[82]

≈ 400 CÄ

Christliche Kaiser folterten viele, die sie zu »Magiern« erklärten. In manchen Gegenden verbrannten Menschen ihre eigenen Bücher, um der Beschuldigung der Hexerei zu entgehen.[83]

≈ 550 CÄ

Im Galiläa des sechsten Jahrhunderts jedoch wurde in Bet Alpha eine Synagoge gebaut, die zeigt, wie umfassend die Astrologie von den Juden dieser Gegend anerkannt wurde. Der Mosaikboden stellte auf beiden Seiten eines Bildes der zwölf Tierkreiszeichen und des Sonnenwagens zwei Szenen aus der mosaischen Überlieferung dar.[84]

≈ 780 CÄ

Ein großer Teil des alten Wissens, das die Bücherverbrennung überstand, blieb in der Stadt Byzanz erhalten. Es war bedroht durch die fanatischen Bilderstürmer, die auch Zentren der Lehre zerstörten, in denen heilige Bilder aufbewahrt wurden. Eine vorübergehende Erholung war die Zeit der Kaiserin Irene, die mit religiöser Toleranz herrschte.[85]

Aus Byzanz kamen die »hermetischen« Manuskripte, die später die mittelalterlichen Alchimisten und Kabbalisten faszinierten und inspirierten. Es hieß, sie seien von dem legendären »Hermes Trismegistos« verfaßt worden, einem alten ägyptischen Magier. Ein Manuskript mit dem Titel *Die Jungfrau der Welt* gibt die Instruktionen der Isis (die schon für eine Priesterin-Initiierte gehalten wurde) an ihren Sohn Horus wieder, umfassend alle Künste der Magie, der Mysterien und der Astrologie. Die hermetische Lehre betonte die völlige Gleichheit von Frauen und Männern.[86]

Astrologie im Osten

Während sie in der christlichen Welt bedroht war, konnte sich die Astrologie in Indien entwickeln. Indische Astrologen behaupteten, ihre Überlieferung sei schon sehr alt.[87] Es wurden Interpretationen für den Tierkreis und die achtundzwanzig Häuser des Mondes entwickelt, die dem zwölfteiligen Sonnenzyklus vorangingen. Von diesem Mond-Tierkreis hieß es, er werde von achtundzwanzig schönen Sterngöttinnen beherrscht. Eine jede verbrachte eine Nacht damit, den Mondgott Chandra zu lieben, wodurch in jeder Nacht eine andere psychische Energie auf die Welt kam.[88]

Im siebten Jahrhundert CÄ wurden aus Indien der Buddhismus und die Astrologie nach Tibet gebracht. Die chinesische Prinzessin Kong-Jo heiratete den ersten buddhistischen König Tibets und brachte, so heißt es, den chinesischen Kalender der zwölf Tiere mit, der in Zentralasien entstanden war.[89] Die beiden Systeme wurden in Tibet verbunden und gleichzeitig verwendet.

642
CÄ

In Korea wurde zur Zeit der Regierung der Königin Sindok ein Observatorium erbaut, dessen Entwurf die achtundzwanzig Elemente des Mond-Tierkreises betont. Seit 675 CÄ konnten in dem neuen Observatorium in Asuka in Japan die himmlischen Ereignisse studiert und interpretiert werden.[90]

In der buddhistischen Gedankenwelt wurden die Sterne als Metaphern gebraucht; der Polarstern wurde als Buddha dargestellt, der auf einem Lotus sitzt – das ruhige Zentrum der wirbelnden Himmel.[91]

Die Sterne über Amerika

In Amerika entwickelte sich von den letzten Jahrhunderten VCÄ an ein System der Planetenbeobachtung. Es hatte eine große Genauigkeit in der Berechnung der Planetenbahnen, die bis ins zwanzigste Jahrhundert hinein ohnegleichen geblieben ist.

≈ 200
CÄ

In Teotihuacan in Mexiko gab es hochentwickelte Observatorien. Eine so ausgeprägte Nähe zum Äquator stellte eine besondere Möglichkeit dar, den Kalender einzuteilen. Zur Zeit der Sommersonnenwende konnte ein Beobachter an der Pyramide des Mondes strahlendes Sonnenlicht völlig ohne Schatten erleben, einen unirdischen Mittag.[92]

≈ 550
CÄ

Im peruanischen Nazca-Tal kann man immer noch in der Wüste ungeheure Darstellungen von Tieren, Vögeln und Insekten sehen,[93] die heutzutage für Darstellungen von Sternenkonstellationen gehalten werden.

Der Tempel der Mondgöttin Ix Chel auf der Insel Cozumel in Mexiko gilt als ein heiliger Ort der Frauen.[94] Es hieß, Ix Chel sei mit dem Sonnengott verheiratet gewesen, hätte ihn aber oft betrogen, was durch die Konjunktion des Mondes mit anderen Planeten und Sternen bezeichnet wurde.[95]

In Mexiko wurde die Venus als Kulkulkan, der Sohn der Muttergöttin, angesehen. Man beobachtete den Planeten vom Caracol aus, dem spiralförmigen Observatorium in Chichen Itza, wo die Priesterinnen und Priester der Mayas in einer Zeremonialstadt lebten, die nie von normalen Menschen bewohnt wurde. Wie die Völker des alten Nahen Ostens fanden die Mittelamerikaner die Astrologie wichtig genug, um Material und Arbeitskraft ihrer Gemeinschaft zur Errichtung massiver Gebäude einzusetzen.[96]

≈ 850
CÄ

Während die Europäer das Alter der Welt nur auf einige tausend Jahre ansetzten, zählten die Mayas in Einheiten so groß wie drei Millionen Jahre.[97] Jeder Tag und jeder Augenblick wurden von einer anderen Gottheit beherrscht. Eltern befragten nach der Geburt eines Kindes den Astrologen, um herauszufinden, welcher Gottheit das Kind würde huldigen müssen.[98]

Die Astrologie war auch bei den Azteken sehr hoch entwickelt. Elemente ihres Systems, aus denen man immer noch ein Horoskop stellen kann, existieren bis zum heutigen Tag.[99]

In Nordamerika konstruierten viele verschiedene Stämme »Medizinräder« aus Steinen und Holz, die Messungen des Gangs der Sonne und der aufgehenden Sterne erlaubten. Sie bauten Erdhügel auf Erhebungen, und man nimmt an, daß es vielleicht Frauen waren, die die massiven künstlichen Hügel in Cahokia in Nordamerika errichteten.[100]

≈ 1000
CÄ

Man hat Anhaltspunkte dafür gefunden, daß amerikanische Stammesleute die Supernova im Krebsnebel im Jahr 1055 CÄ beobachtet und dieses außergewöhnliche Himmelsereignis auf Felsen eingraviert haben.[101]

Legenden von Sonne, Mond, Planeten und Konstellationen waren Teil der heiligen Mysterien von Medizinfrauen und -männern. Eine neuere Sternkarte der Pawnees, gemalt auf Wildleder, war dazu vorgesehen, zu einer Medizintasche zusammengezogen zu werden, wobei dann das Sternenmuster die darin enthaltenen heiligen Dinge beschützen sollte.[102]

Das Volk der Anasazi im südwestlichen Nordamerika hinterließ viele Ruinen, die auf astrologische Kenntnisse schließen lassen. Ihre Nachkommen, die Hopi, behielten dieses Interesse an der Himmelskunde bei, und es ist wahrscheinlich, daß ihre astronomischen Methoden sehr alt sind. Die Hopi ernannten Beobachter, um den Stillstand der Sonne bei der Sonnenwende und das Erscheinen der ersten Mondsichel zu Beginn jedes Monats zu bestimmen. Diese Beobachter hatten nicht die Macht und Sicherheit vor Kritik wie eine Priesterkaste, denn jeder, der eine genaue Beobachtung anzubieten hatte, wurde ermutigt, das zu tun.[103]

Sternenkunde im Pazifik

≈ 1200 CÄ Seit dem Jahr 1160 CÄ gab es die großen Völkerwanderungen, die über Jahrhunderte hinweg andauerten: Völker aus dem pazifischen Hawaiiki reisten mit dem Kanu Meeresströmungen entgegen nach Aotearoa (das die Europäer später Neuseeland nannten). Legenden der Maori lassen darauf schließen, daß ihre fortgeschrittenen Navigationsfähigkeiten von genauen Kenntnissen der Sterne herrührten.[104]

Die Völker des Pazifik stellten sich die Konstellationen des Himmels auf einem Gewölbe vor und wandten sowohl Astronomie wie auch Astrologie an.[105] In manchen Gegenden wurden in regelrechten Schulen Seefahrer ausgebildet; auf den Gilbert-Inseln waren die Dachsparren des Lehrgebäudes so angeordnet, daß sie Teile des Himmels und Sternenkonstellationen darstellten. In Zentralpolynesien berichteten Legenden von dem Seefahrer Hiro, der alle seine Fähigkeiten in der Schule der weisen Frau »Tapferes Herz« lernte.[106]

Heidnische Überbleibsel in Europa

1000– 1300 CÄ Wie in Nordamerika hatten auch die nördlichen Bewohner Europas einst eine beachtenswerte Überlieferung im Bereich des Schamanismus und der Astrologie. Der Schamane konnte mit den Geistern zwischen den Welten wandeln und kannte die Himmelskunde.[107] Die heidnischen Völker Nordeuropas – keltisch, nordisch oder angelsächsisch – verfolgten ihre alten Sitten noch lange, nachdem ihre Länder offiziell zum Christentum bekehrt worden waren.[108] Im Gebet wandten sich die nordischen Völker dem Polarstern zu, den sie als Himmelsachse betrachteten.

Der alte Glaube an die Göttin und den gehörnten Gott (ihren Gefährten) blieb in Europa untergründig bestehen. Hexengruppen versammelten sich zu Vollmond und feierten ihre Jahresfeste.[109] Unter der Fassade des Christentums war das Bedürfnis nach den alten Religionen immer noch lebendig und fand in den Artussagen seinen Ausdruck. König Artus war ein Sonnenkönig, Ginevra die Mondgöttin, die Ritter konnte man als Darstellung der Sterne betrachten. Die Tafelrunde war eine neue Version des Tierkreisrades der Arianrhod. Die Geschichte von Parzival und dem heiligen Gral ist ein anderer Mythos vom Sonnenhelden, wie auch die Geschichten von Samson und Herkules; Parzival mußte in jedem Tierkreiszeichen Prüfungen und Initiationen bestehen.[110] Das alte Werk mit dem Namen *Prophezeiungen des Merlin* enthält viele Verweise auf Zeichen und Planeten, die ebensosehr aus der alten britischen Sternenkunde wie aus der aus römischen Quellen importierten Astrologie stammen.[111]

Astrologie in der arabischen Welt

Das bedrohte astrologische System des alten Nahen Ostens fand eine neue Heimat bei den arabischen Völkern und den Juden, die unter ihnen lebten.

Ein starkes Bewußtsein der Himmelsereignisse hatte in der arabischen Wüste weiterbestanden. Der Planet Venus hieß al-Uzza, nach der gleichen mächtigen Gottheit, die früher Ishtar geheißen hatte. Mekka war das Heiligtum der Kaaba, eines schwarzen Meteoriten, der dem Tempel der dreifaltigen Göttin

570
CÄ

geweiht war.[112] Es ist nicht klar, ob die nomadische Gesellschaft je matriarchalisch war oder welche Stellung Sternenbeobachterinnen in der Zeit des Mohammed hatten. Er lehrt Unterordnung unter den Willen Allahs, scheint aber die schlechte Position der Frauen seiner Zeit verbessert zu haben, denn er verbot das Töten weiblicher Neugeborener.[113] Der Prophet stammt aus dem »Volk von Q're«, das auch Kore, der jungfräuliche Mond, hieß, und die Mondsichel und der Stern der Göttin wurden das Symbol der neuen religiösen Bewegung.[114] Der Koran erkannte die Bedeutung der Sterne für ein nomadisches Volk:

»Er ist es, der die Sterne für euch geschaffen hat, auf daß ihr euren Weg in der Dunkelheit von Land und Meer nach ihnen richten könnt.«[115]

Im erst kürzlich konvertierten Irak wuchs Baghdad aus einem Dorf zu einer kosmopolitischen Stadt, in der das indische, persische, griechische und jüdische kulturelle Erbe sich mit den Errungenschaften der arabischen Gelehrten verband. Im »Haus der Weisheit«wurde die Mathematik entwickelt und die Berechnung der Planetenbewegungen wesentlich präzisiert.[116]

≈ 850 CÄ

Zu Beginn des zwölften Jahrhunderts CÄ war die Astrologie in islamischen Ländern bereits weit verbreitet. Der Astrologe Atrush sagte genau voraus, daß die afghanische Prinzessin und Dichterin Rabiah Balkhi für die Welt leuchten würde wie das Licht eines Sterns und daß sie eines tragischen Todes sterben würde.[117]

Astrologen erscheinen auch in den Büchern von *Tausendundeiner Nacht*, und in den Nächten 254 bis 257 spricht die Sklavin Tawaddud ausführlich über die astrologischen Elemente in der Medizin.[118]

Einige arabische Frauen hatten Zugang zu Schulbildung, und es gab eine Menge Dichterinnen, Schriftstellerinnen, religiöse Lehrerinnen und Mystikerinnen.[119] Frauen wurden als Mathematikerinnen und Philosophinnen besonders im maurischen Spanien ungewöhnlich bekannt, zu einer Zeit, als diese Wissensgebiete Teil der astrologischen Weltsicht waren, und wir können davon ausgehen, daß diese gelehrten Frauen mit der astrologischen Berechnung vertraut waren.[120] In der gesamten arabischen Welt und in Westafrika gab es Universitäten und Akademien. Die Sterne wurden bezeichnet und katalogisiert, und in der Medizin wurde die astronomische Diagnose angewandt und die Dosis der Medikamente nach Planetenständen bestimmt.

≈ 1250 CÄ

So wie bei vielen ursprünglich nomadischen Völkern war das Verhältnis der Araber zum Mond besonders eng. Der zusehends häufiger gebrauchte Tierkreis war der lunare, in dem der Mond durch seine »Häuser« geht. Da jedes Haus (oder jeder achtundzwanzigste Teil des Himmels) nach einem Buchstaben des Alphabets benannt wird, hieß es, die Bewegung des Mondes buchstabiere das »göttliche Wort des Schöpfers«. Philosophie, Zahlen, Astrologie und Mystik waren miteinander verbunden.[121]

≈ 1250
CÄ

Ein paar christliche Gelehrte hatten die Astrologie bewahrt und aus den weiterbestehenden heidnischen Quellen gelernt, aber ein großer Teil der Kunst mußte in der Zeit der intellektuellen Expansion im dreizehnten Jahrhundert CÄ wieder von den Arabern und aus lateinischen Texten erarbeitet werden. Die Klöster und Konvente waren Zentren des Wissens, und die Astrologie konnte nicht endgültig ausgeschlossen werden.[122]

Die Jungfrau Maria hatte die meisten Attribute der Göttinnen von Mond und Venus übernommen; sie wurde dargestellt in einem Gewand so dunkelblau wie der Nachthimmel, umgeben von Mond und Sternen, wie es vorher schon bei Isis gewesen war.[123]

Die mittelalterliche Welt – bei Christen, Moslems und Juden – war fasziniert von Kosmologien: der Ordnung im Himmel, den Planeten und Sternen. Im zwölften Jahrhundert sahen die Mystikerinnen Hildegard von Bingen und Alpis de Cudot Visionen des Universums genauer, als es zu jener Zeit bekannt war, was uns daran erinnert, daß wissenschaftliche Experimente nicht der einzige Weg sind, Entdeckungen zu machen.[124] Die Äbtissin Hildegard interessierte sich für Astrologie und vermutete, daß Jesus vielleicht astrologisch günstige Augenblicke für seine Wunder gewählt haben könnte.[125]

Während die Astrologie für die Kirche langsam annehmbarer wurde, diskutierten Theologen die Problematik des freien Willens und des Schicksals. Ein Kirchenmann brachte die zwölf Apostel in Verbindung mit den zwölf Monaten des Jahres.[126]

Die Astrologie war eng verbunden mit der Weltsicht der Alchimisten des Mittelalters. Alchimie war eine mystische Philosophie und beinhaltete auch den Versuch, die Kraft des Weiblichen wieder in die männlich dominierte Kosmologie einzuführen.

Alchimisten bezeichneten die Weisheit als *Sophia*, die große Mutter, die die Elemente regiert, sie bezogen auch Gedanken aus den gnostischen und hermetischen Schriften. Als System des Experimentierens mit Mineralien und Elementen soll die Alchimie von Maria der Jüdin erfunden worden sein, deren Schriften alle nach ihr kommenden beeinflußte.[127] Die Korrespondenzen zwischen Planeten und Metallen waren von größter Bedeutung. Alchimie, hieß es, sei »Frauen angemessen«, und männliche Alchimisten studierten die Schriften der Gelehrten Kleopatra. Ihr folgten noch viele andere Alchimistinnen.[128]

≈ 1375 CÄ In Paris war im letzten Teil des vierzehnten Jahrhunderts Perenelle Flamel besonders berühmt. Sie und ihr Ehemann behaupteten, sie hätten nach Jahren vergeblicher Versuche geschafft, aus unedlem Erz Gold zu machen.[129] Im Gegensatz zu den Vorstellungen der unwissenden Öffentlichkeit versuchten ernsthafte Alchimisten nicht, Gold zu machen, um sich zu bereichern; die winzige Menge, die sie nach jahrelanger Arbeit schließlich zuwege brachten, war zu vernachlässigen. Im Versuch, Elemente zu transmutieren, suchten sie ihre spirituelle Transmutation. Für die zeitliche Bestimmung und Durchführung der Experimente waren astrologische Kenntnisse unerläßlich, und durch Arbeiten von Astrologen wie Guido Bonatti, dem vorgeworfen wurde, er schreibe, als wolle er »Frauen Astrologie lehren«[130], war die Astrologie jetzt auch leichter zugänglich.

Der Ehemann der Perenelle verbrachte Jahre auf der Suche nach einem jüdischen Gelehrten, der ihm helfen könnte, ein altes Dokument zu entziffern, und das zu einer Zeit, als die Kabbala bei den spanischen Juden entwickelt wurde. Die Kabbala war das jüdische mystische System unter dem Einfluß der Gnosis und griechischer Ideen. Sie basierte auf der judaischen spirituellen Erfahrung. Das Universum wurde als das Kleid der Gottheit betrachtet, die geschmückt war mit den Juwelen der »Sefiroth«.[131] Diese bestanden aus zehn Sphären, die als Ganzes das volle Spektrum der Existenz symbolisierten, angefangen bei den Ursprüngen des Universums selbst und langsam absteigend durch die spirituellen Welten des Tierkreises und der Planeten bis schließlich herab in die Welt der Materie. Die Kabbala brachte die Göttin in der Gestalt der Shekinah oder Malkhut, der Mutter der Welt oder göttlichen Gegenwart, zurück ins Judentum.[132]

Die Astrologie war im intellektuellen Leben der Juden von beständiger Bedeutung. Der Segen, den Gott dem Abraham in der Genesis zuteil werden ließ (24.1), wurde allgemein als das Geschenk der Astrologie verstanden. Der Talmud sagte, jeder Mensch besitze einen Himmelskörper, den »mazzal«, einen Schutzstern, der Dinge wahrnahm, die dem betroffenen Menschen unbekannt waren. Das mystische kabbalistische Werk *Sohar* hält die Astrologie für selbstverständlich und sagt, es gebe »nicht einen einzigen Grashalm in der ganzen Welt, über den nicht ein Stern oder Planet herrscht, und über den Stern ist einer [ein Engel] eingesetzt...«[133]

Viele Rabbis waren vollendete Astrologen; von einem heißt es, er habe die Astrologie im Bade studiert, damit nicht seine Zeit für Gesetzesstudien um soviel weniger werde. Der sechseckige Schild des David soll Davids sechseckiges Horoskop gewesen sein.[134] Jüdische Berufsastrologen wurden in Spanien unter maurischer wie unter christlicher Herrschaft hoch geschätzt.[135]

Das widerwillige Tolerieren der Juden im christlichen Europa wechselte ab mit Massakern und Vertreibungen. Astrologen und Alchimisten, die nominell Christen waren, haben vielleicht Juden, die sie respektierten, Schutz gewährt.[136] Dennoch kamen manchmal alchimistische Dokumente aus dem Besitz der verfolgten Juden in ihre Hände, und ihre Besessenheit von scharfsinnigen jüdischen Geheimnissen macht einen opportunistischen und aggressiven Eindruck.

Zur gleichen Zeit verbündeten sich die Unterdrückten. Alchimisten und Astrologen waren selbst in der Gefahr, der Ketzerei angeklagt zu werden, und ihr Verhältnis zur Kirche war problematisch.

1310
CÄ

Das Konzil von Trier in Lothringen verdammte Astrologie als Hexerei: Beobachtung der Sterne mit der Absicht, das Schicksal von Menschen, die unter bestimmten Konstellationen geboren wurden, zu beurteilen, die Einbildungen von Frauen, die behaupteten, sie ritten in der Nacht mit Diana oder Herodias und einer Vielzahl anderer Frauen.[137]

Die Tradition des weiblichen Orakels oder der Sibylle konnte nicht länger öffentlich betrieben werden. Dennoch wurden die armen Menschen nicht davon abgehalten, nachts zu den Häusern der weisen Frauen zu schleichen, um sich wahrsagen, heilen oder beraten zu lassen. Die vielen kräuterkundigen Frauen waren, obwohl sie selten Zugang zu einer ordentlichen Bildung hatten, wahrscheinlich von dem verbreiteten Glauben beeinflußt, gewisse Pflanzen hätten eine Verbindung mit den Planeten und dem Mond. Es ist auch wahrscheinlich, daß Überbleibsel von älteren Überlieferungen der astrologischen Medizin (wie der druidischen) innerhalb der Volksmedizin erhalten geblieben waren. Unglücklicherweise waren diese Heilerinnen der Gefahr ausgesetzt, der Hexerei beschuldigt zu werden.

Es ist schwierig, die Zahl der exekutierten »Hexen« genau zu schätzen, aber die Zahl 300 000 ist in wissenschaftlichen Werken oft genannt worden.[138] Die tatsächliche Anzahl geht womöglich noch darüber hinaus. Wir können davon ausgehen, daß Frauen, die die Sternenkunde beherrschten oder hellsichtig waren, auch unter ihnen gestorben sind, denn sie waren dankbare Opfer. Es gab Dörfer auf dem europäischen Festland, in denen überhaupt wenige Frauen die Verfolgungen überlebten.[139] Unter denen, die starben, waren wahrscheinlich auch noch einige Anhängerinnen der alten Erd- und Mondgöttin, aber auch Hebammen und Heilerinnen, die neidische Ärzte als bedrohlich empfanden, und eine riesige Anzahl von Frauen, die nie irgend etwas getan hatten, was mit Hexerei in Verbindung gebracht werden könnte.

Wo die Frauen nicht so systematisch verfolgt waren, ist es wahrscheinlich, daß sie durch dieses Vorbild eingeschüchtert wurden und Medizin und Wahrsagen aufgaben. »Wenn eine Frau allein denkt«, so sagte der *Malleus Maleficarum* (der von der Kirche gebilligte Leitfaden zur Erkennung von Hexen) »so ist sie böse«.[140] Es war gefährlich für Frauen, den Himmel zu beobachten oder seine Gestalten zu deuten.

Eine wesentlich kleinere Anzahl von Männern wurde wegen Hexerei zum Tode verurteilt, obwohl durch die Legende von Doktor Faustus das Bild des satanischen Magiers in der Öffentlichkeit lebendig blieb. Zwei Männer, die man mit Faust identifizierte und die am Leben blieben, sind der Schweizer Paracelsus und der französische Jude Nostradamus.

Paracelsus entwickelte seine revolutionären Ideen der Medizin nach Kontakten mit Zigeunern, Heilern, Magiern und weisen Frauen auf dem Lande.[141] Er machte weite Reisen und erlernte so die Weisheit, die die akademischen Kreise vergessen hatten. Er führte in die Astrologie die Idee von den zwischen den Planeten und den Menschen bestehenden *Wechsel*beziehungen (anstatt der Beherrschung durch die Planeten) ein. Dieses Konzept wurde im zwanzigsten Jahrhundert von Jung weiterentwickelt.

≈ 1540 CÄ

Nostradamus war ein innovativer Arzt, aber zu seinem Ruhm kam er durch seine hellsichtigen Prophezeiungen, von denen einige sich auf Ereignisse im zwanzigsten Jahrhundert zu beziehen scheinen.[142]

Die Methoden der Inquisition und der Hexenprozesse wurden nach Amerika exportiert. Im Jahr 1562 fiel die letzte Festung der

≈ 1560 CÄ

Maya vor den Spaniern, und die Konquistadoren eigneten sich die

Annalen der Mayakultur an. Ein Augenzeuge berichtete: »Wir fanden unter ihnen eine Menge von Büchern, die in ihren Schriftzeichen verfaßt waren, und da sie nichts enthielten als Aberglauben und Unwahrheiten über den Teufel, verbrannten wir sie alle, was sie äußerst tief traf und worüber sie sehr viel Schmerz zeigten.«[143] Wenige der *Codices* der Maya sind noch erhalten, einer zeigt eine Priesterin vor einem Observatorium, woraus wir ableiten können, welche Rolle Frauen in dieser Kultur gespielt haben.[144]

Nach einer Ära der Pogrome, Hexenprozesse, Inquisition und Eroberung blieb in Europa wenig von der überlieferten esoterischen Weisheit erhalten.

Die Astrologie ist bei uns heute verstümmelt und unvollständig, sie ist eine Zusammenstellung der Tradition der Gelehrten, der Männer und der Oberklasse. Um die einseitige Überlieferung, die wir übernommen haben, zu ergänzen, müssen wir in den Tiefen der mündlichen Überlieferung suchen, in der Erinnerung und in uns selbst, und dabei müssen wir Ideen folgen, die nie genügend Substanz haben werden, um der akademischen Welt zu genügen.

Astrologie in einem Zeitalter der Wissenschaft

Die europäische Denkweise entwickelte sich weg von den intuitiven und überlieferten Quellen des Wissens in Richtung auf einen wissenschaftlichen Rationalismus. Die wissenschaftlichen Aspekte der Astrologie jedoch (Berechnung des Horoskops und der Planetenbewegung) existierten weiter. Auch große Astronomen wie Tycho Brahe und, allgemein anerkannt, Newton waren Astrologen, aber Astrologie und Astronomie hatten begonnen, zwei verschiedene Wege zu gehen.[145] Die weise Frau erscheint als ≈ 1650 Astronomin wieder in Gestalt der Maria Cunitz, die die astronomischen Tabellen vereinfachte, und in den vielen anderen Astronominnen, die in ihre Fußstapfen traten.[146] So viele Männer auch den rational-wissenschaftlichen Ansatz als ihre Errungenschaft erklärt haben, er war den Frauen nicht fremd. Dennoch haben sich viele Frauen (und einige Männer) unwohl gefühlt in der Trennung des Denkens von der Intuition und vom Fühlen; sie haben ihre eigene Art der Lehre beibehalten, was im wesentlichen unbekannt geblieben ist.

Die Kräuterfrauen, die im Bewußtsein von Mond und manch-

53

mal auch Sternen lebten, betrieben ihr Metier weiter, wo immer sie die Hexenjagd überlebten.[147] Die Ärzte hetzten gegen sie und machten sie zu Gesetzlosen, und sie mußten sich immer noch davor fürchten, wegen Hexerei angeklagt zu werden. Bedeutende männliche Astrologen arbeiteten in den englischen Städten, aber ihre etwas sicherere Position trug nicht zum Schutz der Frauen auf dem Lande bei.[148]

Die Astrologie starb nie aus. Sie wurde in Asien ohne Unterbrechung betrieben, und auch im Europa des »Zeitalters der Vernunft« war sie immer lebendig. Obwohl sie nicht mehr Teil der offiziellen Weltanschauung war, entdeckten sie die Interessierten weiterhin.[149]

Die Wurzeln der Astrologie überlebten in Volkssagen, obwohl oft die himmlischen Ursprünge der Mythen und Märchen nicht zum Vorschein kamen. Die Ideen der Schutzengel und der guten Feen sind Nachfolgerinnen der sieben Hathors der Planetensphären, die ein ägyptisches Neugeborenes besuchten, und der schützenden Planetenengel der Kabbala.

Aus dem siebzehnten Jahrhundert stammen die Berichte über die Anakara-Astrologen: islamisierte Juden, die in Madagaskar lebten und ein sehr altes System der Mondastrologie gebrauchten. Madegassische Astrologen beobachteten den Himmel direkt, und ihre Astrologie besteht bis ins zwanzigste Jahrhundert hinein.[150] Die Bemühungen der Menschen, einheimische Kulturen zu erhalten, haben oft dazu beigetragen, die Astrologie zu retten, zusammen mit den eingeborenen magischen und religiösen Systemen. (Madagaskar hatte zum Beispiel eine starke Königin in Ranavalona I – 1828-1861 –, die die europäische Kultur ablehnte und die madegassische Lebensweise wieder einführte.[151])

Die wissenschaftlichen Entwicklungen bestanden in China ohne Spannungen neben der astrologischen Deutungskunst. Auch in Indien wurde die Trennung zwischen Astrologie und Astronomie nie so streng wie in Europa. Während der Westen das ≈ 1724 Fernrohr entwickelte, baute Muhammed Sha ein massives Observatorium für »das bloße Auge« außerhalb Delhis. Riesige gewundene Gebilde erlaubten genaue Beobachtungen. Es wurde eher der Funktion als der Form wegen gebaut, und die Beobachtungsterrassen wiederholen die Harmonie der Planetenbewegungen. Sie sind der Form nach Mandalas und von eindrucksvoller Schönheit.[152] Der Umfang, die Tiefe und das Alter der indischen Astrologie sind im Westen nie erschöpfend untersucht worden, und die bestehenden Geschichten der Astrologie neigen dazu, die Bedeutung des indischen Beitrags zur Entwicklung der Astrologie als zu klein zu betrachten.

Diese begrenzte Sichtweise galt jedoch nicht für Helena Blavatsky, russische Aristokratin und Medium, die die Theosophische Gesellschaft gegründet hat. Die Theosophie hat ihre Wurzeln in der hermetischen Philosophie (den Lehren des Hermes Trismegistos), in der Kabbala und in östlichen Religionen. Es entstand eine
1877 enge Verbindung zwischen den Theosophen in London und dem Arya Samaj, einer Hinduorganisation in Madras.

Annie Besant beschäftigte sich, zusammen mit vielen anderen feministischen und sozialistischen Frauen in den USA und Großbritannien, mit der Theosophie, und die Bewegung erlaubte Frauen Mitarbeit als Denkerinnen, Lehrerinnen und Führerinnen.[153] Die Theosophie unterstützte nicht nur alternative Heilweisen wie die Homöopathie, sondern bildete auch ein Forum für die Entwicklung der Astrologie.

Die Astrologie in Europa schaffte es, sich mit der schockierenden Entdeckung zweier »neuer« Planeten, dem Uranus im Jahre 1781 und dem Neptun 1846, zu arrangieren. Die Lehre erholte sich von diesen unvorhersehbaren Ereignissen und belebte sich im neunzehnten Jahrhundert neu. Als im Jahre 1930 der Pluto entdeckt wurde, befand sich die Astrologie in der Entwicklung zu einer interpretativen Kunst, die sich auch auf die Belange und Bedürfnisse des zwanzigsten Jahrhunderts bezog.

In den zwanziger Jahren stellte ein amerikanischer Astrologe, Dane Rudhyar, die Astrologie auf eine neuere und tiefere psycho-
≈ 1925 logische Basis, indem er als erster den modernen humanistischen Zugang zum Horoskop fand.[154] In den mittleren Jahren des zwanzigsten Jahrhunderts gewann die Astrologie durch das Interesse der Psychologen mehr Anerkennung. Jung erforschte viele Horoskope, und Jungsche Psychologen haben aus der Horoskopdeutung einen Weg zur Selbstreflektion und Entwicklung des Selbst entwickelt, der an den Zugang der Alchimisten erinnert.
≈ 1950 In den vierziger und fünfziger Jahren veröffentlichten Michel und Françoise Gauquelin in Frankreich statistische Untersuchungen, die eine Beziehung zwischen der Position bestimmter Planeten zur Zeit der Geburt und der Tendenz zu bestimmten Berufen zeigten. Ihre statistischen Methoden sind nicht für falsch befun-

55

den worden, und ihre gründliche Arbeit hat der Astrologie neuen Respekt verschafft.[155]

Spielarten der Astrologie

Heute arbeiten in Indien mehr Astrologen als in der gesamten restlichen Welt. Fast jedes Dorf hat seinen eigenen Astrologen. Die Riten und Stationen des Lebens werden durch astrologischen Rat unterstützt, und indische Astrologen berechnen nach dem Geburtshoroskop noch eine Reihe anderer Horoskope, um verschiedene Bereiche beurteilen zu können. Das dabei gebrauchte mathematische System findet erst in neuerer Zeit eine Parallele im Westen in den computerberechneten Horoskopen.[156] Viele indische Astrologen gebrauchen auch den alten Mond-Tierkreis neben dem gewohnten Sonnen-Tierkreis. Die Überlieferung sagt, beide Systeme seien nötig, denn der Foetus in der Gebärmutter habe beides, sowohl ein Sonnen- als auch ein Mond*chakra*.[157]

Das chinesische Berechnungssystem als feststehende staatliche Institution wurde erst nach dem Tode der Manchu-Kaiserin Tzu Hsi im Jahre 1908 aufgegeben.[158] Das System ist ungeheuer kompliziert – und verläßt sich nicht vollständig auf die Bewegung der Planeten durch die Zeichen.[159] Die Chinesen haben eher die Formen der Zyklen von Jupiter und Saturn untersucht und hieraus ein System der immer wiederkehrenden Ären mit einer Dauer von sechzig Jahren entwickelt. Sie verwenden einen Mond-Tierkreis und eine Tabelle von Tieren, die die Stunden von Tag und Nacht regieren. Die zwölf Tiere, die die Jahre regieren, sind, ähnlich wie bei der Beschränkung auf die Sonnenzeichen-Astrologie, als »chinesische Astrologie« bekannt geworden. Tatsächlich erfordert die chinesische Deutungskunst genauso wie unser Horoskop ein Verständnis der vielen und unterschiedlichen Faktoren, die einen Augenblick in der Zeit bestimmen.[160]

Die tibetische Astrologie geht sowohl auf das chinesische als auch auf das indische System zurück. Mit überlieferten Elementen der tibetischen Medizin ist sie zu einem Heilsystem verschmolzen, in dem sowohl Frauen als auch Männer nach langen Studien praktizieren.[161]

Das Kalachakra, die tibetische esoterische Astrologie, lehrt mit Hilfe von Yoga und Meditation, wie man den menschlichen Körper in Einklang mit den kosmischen Figuren der Planetenbewegungen bringen und so die spirituelle Entwicklung fördern kann, indem man die Zeit transzendiert.[162]

Die Astrologie ist noch immer ein wichtiger Teil des Lebens in Südostasien und wird in Thailand von buddhistischen Hebammen praktiziert, deren genaues astrologisches Wissen eingesetzt wird, um der Geburt einen spirituellen Charakter zu verleihen und sie zu erleichtern.[163] Die Sternenkunde ist oft mit der Geburtshilfe zusammengetroffen, denn diejenige, die bei der Geburt hilft, kennt die genaue Zeit der Ankunft des Kindes und sieht den Sternenhimmel, wenn sie während der langen Nächte der Geburten nach draußen geht.

Anthropologen haben viele Sonne-, Mond- und Sternenmythen von Völkern auf der ganzen Welt zusammengetragen. Eine Geschichte aus der Nullarbor-Ebene in Australien erzählt, wie Sternenmädchen glühende Kohlen in die Luft warfen, die zu Sternen wurden, und bei einem Stamm von afrikanischen Buschleuten gibt es eine sehr ähnliche Geschichte. Die Passamaquoddy-Indianer erzählen, die Sterne seien Vögel aus Feuer, die mit ihrem Licht singen und einen Weg bereiten für die Seele auf ihrer Reise durch den Tod.[164]

Es ist klar, daß es viele Systeme gibt, die Konstellationen benennen, und viele Astrologien. Oft wollten die weisen Frauen und Männer der Stammeskulturen nur ungern den Forschern die Namen ihrer Konstellationen nennen und alles erklären. Sternenkunde ist normalerweise heilig und oft geheim.

Eine neue Kontroverse entwickelte sich um das Volk der Dogonen in Mali und die Wichtigkeit des Sterns Sirius in ihrer Kultur. Sie scheinen seit Generationen gewußt zu haben, daß der Sirius einen dunklen Begleitstern hat, der von außergewöhnlicher Dichte ist, daß Jupiter Monde und Saturn Ringe besitzt (sie sagen auch, Sirius habe einen »Planeten der Frauen«). Jupiter und Saturn kann man unmöglich ohne Teleskop so genau beobachten, und der dunkle Begleiter des Sirius erfordert schon fortgeschrittene Ausrüstung zur Himmelsbeobachtung. Manche behaupten, ein Missionar habe den Dogonen diese Dinge berichtet, die sie schnell in die alten Weisheiten des Stammes einbezogen hätten.[165] Aber wenn wir von Hildegard von Bingen wissen und ihrer seltsam genauen Vision des Universums, und von Jonathan Swift, der die Monde des Mars benannte, bevor sie entdeckt waren, können wir uns intuitivere Möglichkeiten vorstellen, Wissen zu erlangen, als den Besitz eines Fernrohrs.

Das Volk der Ituri-Pygmäen nennt Saturn den »Stern der neun Monde«, und ein südafrikanischer Stamm scheint schon seit langer Zeit gewußt zu haben, daß sich die Erde um die Sonne dreht. Ein sehr altes Stammeslied sagt: »Ich werde dich verehren und umrunden, wie die Erde die Sonne verehrt.«[166]

Manche Teile des afrikanischen Kontinents haben lange astrologische Überlieferungen.[167] Äthiopien zum Beispiel erhielt die Kunst in seinen Klöstern am Leben. An der Ostküste gibt es viele arabisch oder jüdisch beeinflußte Astrologen, und es gibt alte Steinkreise, die eine astronomische Bedeutung gehabt zu haben scheinen.

Westafrika hat eine Geschichte vielfältiger und intellektuell hochentwickelter Zivilisationen. Nicht sehr weit entfernt von den Dogonen waren die mittelalterlichen Universitäten von Gao, Timbuktu, Jenne und Sankore und das mellestinische Kaiserreich, in dem Frauen viel Macht hatten und sehr angesehen waren.[168] Die Königinmutter der Ashanti wurde als Tochter des Mondes angesehen und trug Silber, um ihre Verbindung mit dem »weiblichen Aspekt Gottes« anzudeuten.[169] Man findet Symbole der dreifachen Mondgöttin Ngame in Verbindung mit einem Ring von Tieren, die die Stammestotems der Akan-Völker sind.[170]

Auch wenn man kaum aus etwas schließen kann, daß es eine astrologische Überlieferung gab, die im Afrika der Sahara-Region entstanden ist, können wir doch nicht sicher sein, daß es dort keine gegeben hat. Wir wissen viel vom alten Ägypten, weil der Nilstaub konserviert, während in vielen anderen Bereichen des afrikanischen Kontinents feuchte Hitze und Insekten Kunstwerke vernichten.[171]

Um die Größe der Vergangenheit der Astrologie wirklich einschätzen zu können, müssen wir nicht nur das ethnozentrische Bild aufgeben, sondern auch die lineare Vorstellung von »Fortschritt«. Die Himmelsbeobachter der Vergangenheit sahen wiederkehrende Zyklen am Himmel, stellten aber auch die Art fest, in der sich keine der Zyklenkombinationen je wiederholte. Das Gesamtbild war immer neu. Spiralenformen, die auf der ganzen Erde in Form von Felsenkunst und anderen alten Kunstwerken gefunden werden, deuten auf ein Verständnis der Spirale als Synthese sowohl einer linearen Entwicklung als auch einer kreisförmigen Wiederholung. Genauer als das Rad oder die Linie bietet die Spirale ein Bild für einen Prozeß der Wiederentdeckung auf einer sich immer weiter vertiefenden und breiteren Ebene.

Die moderne Astronomie belegt den spiralförmigen Weg aller Erdenbewohner.[172] Obwohl sich die Erde in einer fast kreisförmigen Umlaufbahn um die Sonne bewegt, bewegt sich die Sonne selbst mit hoher Geschwindigkeit, um ihren Platz in der Galaxie beizubehalten. Unser Planet beschreibt eine Spirale im Weltraum, während er die Sonne begleitet.

1 Anm. d. Übs: Mond ist in den meisten Sprachen (auch im Englischen) ein weiblicher Himmelskörper, daher wird in entsprechenden Zusammenhängen auch hier die weibliche Form gewählt.
2 Marshack, Alexander, *National Geographic Magazine,* Januar 1975.
3 Cornell, James, *The First Stargazers,* The Athlone Press, 1981.
4 Gimbutas, Marija, *The Gods and Goddesses of Old Europe, 7000–3500 BC* (die Götter und Göttinnen von Alt-Europa, 7000–3500 v. Chr.), Thames and Hudson, 1974.
5 Ebd., S. 89-111.
6 Branigan, Professor K. (Hrs.), *The Atlas of Archaeology,* Macdonald, 1982, S. 138–141.
7 Ferm, V. (Hrsg.), *Ancient Religions* (alte Religionen), The Philosophical Library, New York 1950 (Teil von P. Ackermann).
8 Walker, Barbara, *The Woman's Encyclopedia of Myths and Secrets* (Frauenenzyklopädie der Mythen und Geheimnisse), Harper & Row, 1983, S. 59.
9 Mallowan, M. E. L., *Early Mesopotamia and Iran,* Thames & Hudson, London 1965, S. 59-65.
10 Walker, 1983, S. 71.
11 Ebd., S. 620.
12 Roberts, J. M., *The Pelican History of the World,* Penguin, 1976, S. 72.
13 Walker, 1983.
14 Ferm, 1950 (Teil von S. Kramer).
15 Kenton, Warren, *Astrology – the Celestial Mirror* (Astrologie – der himmlische Spiegel), Thames & Hudson, 1974.
16 Walker, 1983, S. 199.
17 Ferm, 1950 (Teil von P. Ackermann).
18 Oliver, R. und Fage, J. D., *A Short History of Africa,* Penguin, 1962, S. 20.
19 Cornell, 1981, S. 109.
20 Krupp, E. C. (Hrsg.), *In Search of Ancient Astronomies* (auf der Suche nach alten Astronomien), Chatto & Windus, 1979.
21 Fagan, Cyril, *Zodiacs Old and New* (alte und neue Tierkreise), Anscombe, London 1951.
22 Hastings, James (Hrsg.), *Encyclopedia of Religion and Ethics* (Bd. 12), Sonne, Mond und Sterne, T & T Clark, 1921.
23 Lamy, L., *Egyptian Mysteries – New Light on Ancient Knowledge* (ägyptische Mysterien – Altes Wissen in neuem Licht), Thames & Hudson, 1981.
24 Cirlot, Juan, *A Dictionary of Symbols* (Wörterbuch der Symbole), Routledge & Kegan Paul, 1972. (Bezieht sich auf Jorge Quintas' »El Gobierno Teocrático de Mohenjo-Darco«.)
25 Roberts, 1976, S. 134.
26 Sen, K. M., *Hinduism,* Penguin, 1961.
27 Cornell, 1981, a. a. O.
28 Dames, Michael, *Avebury,* Thames & Hudson, 1977.
29 Carus, Paul, *Chinese Astrology,* Open Court, 1974, S. 55.
30 Holden, R. W., *The Elements of House Division* (die Elemente der Häusereinteilung), L. N. Fowler, 1977.
31 Russell, Eric, *History of Astrology and Prediction* (Geschichte der Astrologie und der Zukunftsvoraussage), New English Library, 1974.
32 Perera, Sylvia, *Descent to the Goddess – A Way of Initiation for Women* (Abstieg zur Göttin – ein Initiationsweg für Frauen), Inner City Books, 1983, S. 13.
33 Walker, 1983, S. 87; Gleadow, Rupert, *The Origin of the Zodiac* (der Ursprung des Tierkreises), Jonathan Cape, 1968.

34 Stichwort »Semiramis« in: *Encyclopaedia Britannica; Chambers's Encyclopaedia; Everyman's Encyclopaedia;* Frazer, James, *The Golden Bough,* Macmillan, 1955.
35 Lamy, 1981.
36 Durdin-Robertson, Lawrence, *Goddesses of Chaldea, Syria and Egypt,* Cesara Publications, Eire, 1975.
37 Walker, 1983, S. 890; *Encyclopedia Judaica,* Keter Publishing House, Jerusalem 1971, Artikel »Sibylline Oracles«, »Astrology«.
38 Dobbin, Rabbi Joel, *Astrological Secrets of the Hebrew Sages* (astrologische Geheimnisse der hebräischen Weisen), Inner Traditions International, 1977, S. 119.
39 *Buch der Richter,* Kapitel 4 und 5.
40 Walker, 1983, S. 217; Dobbin, 1977, S. 115.
41 Walker, 1983, S. 739.
42 Ebd., S. 10 und 488; O'Flaherty, Wendy Doniger, *Hindu Myths,* Penguin, 1975, S. 339.
43 Cornell, 1981, S. 211.
44 Roberts, 1976, S. 80.
45 Holden, 1977.
46 Durdin-Robertson, 1975.
47 Cumont, Franz, *Astrology and Religion Among the Greeks and Romans,* Dover Publications Inc., New York 1960.
48 Ebd.
49 Chicago, Judy, *The Dinner Party,* Anchor Press/Doubleday, New York 1979, S. 123.
50 Diop, Cheikh Anta, *The African Origin of Civilisation – Myth or Reality* (der afrikanische Ursprung der Zivilisation – Mythos oder Wirklichkeit). Aus dem Französischen übersetzt von Mercer Cook, Lawrence Hill and Company, 1974.
51 DuBois, W. E. B., *The World and Africa,* International Publishers Co, Inc., New York 1965.
52 Sweetman, James, *Women Leaders in African History* (weibliche Anführer in der afrikanischen Geschichte), Heinemann Educational Books, 1984.
53 Cornell, 1981, a. a. O.
54 Roberts, 1976, S. 430.
55 Colegrave, Sukie, *The Spirit of the Valley – Androgyny and Chinese Thought* (der Geist des Tals – das Androgyne und das chinesische Denken), Virago, 1979.
56 Stone, Merlin, *Ancient Mirrors of Womanhood* (2 Bde.) (alte Spiegel der Weiblichkeit), New Sibylline Books, 1979.
57 Cornell, 1981, S. 214.
58 Walker, 1983.
59 *Encyclopedia Judaica* 1971, Stichwort »Sibylline Oracles«; Diop 1974.
60 *Encyclopedia Judaica* 1971. Stichwort »Sibylline Oracles«; und *The Jewish Encyclopedia.*
61 Walker, 1983, S. 71.
62 Papon, D., *The Lure of the Heavens – A History of Astrology* (der Zauber des Himmels – eine Geschichte der Astrologie), S. Weiser, 1972.
63 Witt, R. E., *Isis in the Graeco-Roman World,* Thames and Hudson, 1971.
64 Apuleius, *Der Goldene Esel,* übersetzt von Robert Graves, Penguin, 1950.
65 Durdin-Robertson, 1975.
66 Cumont, 1960.
67 Gleadow, 1968.
68 Critchlow, Keith, *Time Stands Still,* Gordon Fraser, 1979.
69 Reese, Alwin, und Reese, Brinley, *Celtic Heritage* (keltisches Erbe), Thames & Hudson, 1961.
70 Graves, Robert, *The White Goddesss* (die weiße Göttin), Faber & Faber, 1961.
71 Ellis-Davidson und Hilda R., *Gods and Myths of Northern Europe,* Penguin, 1969.

72 Sjoo, Monica, in: *Wemoon Almanac 1986,* c/o Musawa, KLa Serre Darre, Pouzac 65200, Frankreich.
73 Seligmann, Kurt, *Magic, Supernaturalism and Religion,* Paladin, 1971.
74 Dobbin, 1977.
75 *Encyclopedia Judaica 1971* und *The Jewish Encyclopedia.*
76 Henry, Sandra, und Taitz, Emily, *Written out of History – our Jewish Foremothers* (aus der Geschichte geschrieben – unsere jüdischen Ahninnen), Biblio Press, 1983.
77 Dobbin, 1977.
78 Pagels, Elaine, *The Gnostic Gospels* (die gnostischen Evangelien), Weidenfeld und Nicholson, 1980; Pelican, 1982.
79 Seligmann, 1971.
80 Brunton, Paul, *A Search in Secret Egypt* (eine Suche nach dem geheimen Ägypten), Arrow Books, 1965.
81 *Everyman's Encyclopaedia, Chambers's Encyclopaedia; Encyclopaedia Britannica,* Stichwort »Museum Alexandria«.
82 Ebd., Stichwort »Hypatia«.
83 Seligmann, 1971.
84 *Encyclopedia Judaica,* Stichwort »Bet Alpha«.
85 *Encyclopaedia Britannica,* Stichwort »Irene«. *Collier's Encyclopedia,* Macmillan Educational, 1979.
86 Hope, Murry, *Practical Egyptian Magic,* The Aquarian Press, 1984.
87 Parker, Derek, und Parker, Julia, *A History of Astrology,* Andre Deutsch, 1983.
88 Vajranatha und Klapecki, Lynne, *Tibetan Astrological Calendar and Almanac,* Kalachakra Publications, Kathmandu 1978.
89 Ebd.
90 Cornell, 1981.
91 Carus, 1974, S. 69.
92 Krupp, 1979; Cornell, 1981.
93 Branigan, 1982.
94 Stone, 1979.
95 *National Geographic Magazine,* Dez. 1975.
96 Cornell, 1981.
97 Nicolson, Irene, *Mexican and Central American Mythology,* Newnes Books, 1967.
98 *National Geographic Magazine,* Dez. 1979.
99 Tunnicliffe, K., *Aztec Astrology,* N. Fowler, 1979.
100 Cornell, 1981.
101 Ebd.
102 Ebd.
103 Ebd.
104 Alpers, A., *Maori Myths and Tribal Legends* (Mythen und Stammeslegenden der Maori), Murray, London 1964.
105 Hastings, 1921, Stichwort »Sonne, Mond und Sterne«.
106 Poignant, Rosalyn, *Myths and Legends of the South Seas,* Hamlyn, 1970.
107 Matthews, Caitlin, und Matthews, John, *The Western Way (Vol. I) – A Practical Guide to the Mystery Tradition* (der westliche Weg [Bd. 1] – ein praktischer Führer in die Mysterientradition), Arkana, 1985.
108 Bates, Brian, *The Way of Wyrd – Tales of an Anglo-Saxon Sorcerer* (der Weg des Wyrd – Geschichten von einem angelsächsischen Zauberer), Century Publishing Co. Ltd, 1983.
109 Murray, Margaret, *The God of the Witches* (der Gott der Hexen), OUP, 1971.
110 Ravenscroft, Trevor, *The Cup of Destiny* (der Kelch des Schicksals), Rider, 1981.
111 Stewart, R. J., *The Prophetic Vision of Merlin* (die Prophezeiungen des Merlin), Arkana, 1986.

112 Lewis, H. D., und Slater, R. L., *The Study of Religions,* Pelican, 1969.
113 Hussain, Freda (Hrsg.), *Muslim Women,* Croom Helm, 1984.
114 Walker, 1983.
115 *Koran,* zitiert nach: Parker und Parker, 1983.
116 Papon, 1972.
117 Fernea, E. W. und Bezirgan, B. Q. (Hrsg.), *Middle Eastern Muslim Women Speak,* University of Texas Press, Austin und London 1977.
118 Hastings, 1921; Papon, 1972, S. 108 f.
119 Fernea und Bezirgan, 1977.
120 Chicago, 1979.
121 Critchlow, Keith, *Islamic Patterns* (islamische Vorbilder), Thames & Hudson, 1976.
122 Parker und Parker, 1983.
123 Ashe, Geoffrey, *The Virgin* (die Jungfrau), Routledge & Kegan Paul, 1976.
124 Chicago, 1979.
125 Gleadow, 1968.
126 Parker und Parker, 1983.
127 Seligmann, 1971; Walker, 1983.
128 Seligmann, 1971.
129 Ebd.
130 Papon, 1972, S. 117.
131 Matt, D. C., *The Zohar,* SPCK, 1983.
132 Patai, Ralph, *The Hebrew Goddess,* Avon/Discus, 1967.
133 *Encyclopedia Judaica,* 1971.
134 Dobbin, 1977.
135 Fagan, Cyril, *Astrological Origins* (astrologische Ursprünge), Llewellyn, 1971.
136 Papon, 1972.
137 Murray, 1971.
138 Parrinder, G., *Witchcraft,* Penguin, 1958. (Parrinder selbst hält die Zahl für übertrieben; andere Quellen sind anderer Meinung).
139 Ehrenreich, Barbara, und English, Deirdre, *Witches, Midwives and Nurses – A History of Women Healers* (Hexen, Hebammen und Krankenschwestern – eine Geschichte der Heilerinnen), Writers & Readers Publishing Co-operative, London 1973; The Feminist Press, SUNY/College, New York 1973.
140 Ehrenreich und English, 1973.
141 *Encyclopaedia Britannica,* Stichwort »Paracelsus«.
142 Papon, 1972.
143 Krupp, 1979, S. 156.
144 Cornell, 1981, S. 136.
145 Papon, 1972; Hone, Margaret, *The Modern Text-Book of Astrology,* L. N. Fowler, 1978.
146 Chicago, 1979.
147 Im siebzehnten Jahrhundert veröffentlichte der berühmte Kräuterkundige Culpeper in England seine Arbeiten über astrologische Kräuterheilkunde, die sehr gut verkauft wurden, obwohl sie den Zorn der Mediziner auf sich zogen. Vgl. dazu Le Strange, Richard, *A History of Herbal Plants* (eine Geschichte der Heilkräuter), Arco Publishing Co., New York 1977.
148 Papon, 1972.
149 Ebd.
150 Volguine, Alexander, *Lunar Astrology,* ASI Publishers Inc., 1974.
151 Sweetman, 1984.
152 Parker und Parker, 1983.
153 Swiney, Frances, *The Ancient Road, or the Development of the Soul* (der alte Weg oder die Entwicklung der Seele), Bell, 1918; Despard, Charlotte, *Theosophy and the*

Women's Movement (Theosophie und die Frauenbewegung), Theosophical Publishing Society, 1913.

154 Rudhyar, Dane, *The Astrology of the Personality,* Doubleday, 1970.

155 Gauquelin, Michel, *L'Influence des Astres – Etude Critique et Experimentale* (der Einfluß der Sterne – kritische und experimentelle Studie), Editions de Dauphin, Paris 1955. Zitiert in: Dean, Geoffrey (Hrsg.), *Recent Advances in Natal Astrology* (neuere Fortschritte in der Geburtsastrologie), Astrological Association of Great Britain, 1977. In dieser Veröffentlichung wird Gauquelins Arbeit mit anderen statistischen Studien erweiternd unterstützt und verglichen.

156 Addey, John, *Harmonics in Astrology,* Cambridge Circle, 1976.

157 Volguine, 1974.

158 Cornell, 1981.

159 Carus, 1974.

160 de Kermadec, J.-M. H., *The Way to Chinese Astrology – 4 Pillars of Destiny* (der Zugang zur chinesischen Astrologie – 4 Säulen des Schicksals), George Allen & Unwin, 1983.

161 *The World Who's Who of Women,* Melrose Press, 1982. Siehe den Eintrag unter Dr. Lobsang Dolma.

162 Vajranatha und Klapecki, 1978.

163 Reynolds, Vernon, und Tanner, Ralph, *The Biology of Religion,* Longman, 1983.

164 Rothenberg, Jerome (Hrsg.), *Technicians of the Sacred* (die Techniker des Heiligen), University of California Press, 1985.

165 Temple, R. K. G., *The Sirius Mystery* (das Geheimnis des Sirius), Futura, 1977.

166 Cornell, 1981.

167 Volguine, 1974, S. 22.

168 DuBois, 1965.

169 Parrinder, G., *African Traditional Religion,* Hutchinson University Library, 1954.

170 Graves, 1961.

171 DuBois, 1965. Siehe auch Mutwa, Credo, *My People* (mein Volk), Penguin, 1971, S. 232–233 mit einem Bericht über die Bantu-Astrologie und S. 171 mit einer Beschreibung des »Zeitknotens« (knot of time) in Kariba.

172 Blair, Lawrence, *Rhythms of Vision,* Croom Helm, 1975.

Andere Bücher, die in diesem Kapitel verwendet wurden, finden sich in den Mythologie-, Religions- und Geschichtsabschnitten der Bibliographie.

3
Räder um Räder

Die Grundlagen des Horoskops

Die Sternenbeobachterin früherer Zeiten sah, so wie wir heute, einen Gürtel von Sternen am Himmel, der sich um die Erde zu drehen schien. Jede Sternengruppe, die sie in diesem Gürtel ausmachte, ging im Osten auf und verschwand im Westen unter dem Horizont. Sie verglich den Sternengürtel mit einem großen Rad am Himmel. Sie bemerkte auch, wie sich der Mond und die Planeten langsam im Laufe von Wochen oder Monaten um dieses Rad zu bewegen schienen.

Dieses Rad kreisender Sterne scheint auf- und unterzugehen, weil sich die Erde dreht und uns je nach der Tages- und Nachtzeit verschiedene Abschnitte des Himmels zeigt. Die Sterne sind auch am Tag am Himmel, aber wegen des hellen Sonnenlichts sehen wir sie nicht, außer wenn sie bei einer totalen Sonnenfinsternis sichtbar werden.

Die Unterteilung des Himmels

Die Konstellationen am Himmel gehen nicht alle auf und unter, und nur diejenigen, die das Sternenrad bilden, heißen *Konstellationen des Tierkreises*. Diese Sternengruppen des Tierkreises gaben den zwölf Teilen des Himmels ihren Namen, die Astrologen nennen sie Tierkreiszeichen. Die Tierkreiskonstellationen sind unterschiedlich groß, aber die nach ihnen benannten Zeichen bedecken einen gleich großen Himmelsabschnitt. Sie teilen das Sternenrad am Himmel in zwölf gleiche Teile. Jedes der zwölf Zeichen bedeckt 30 Grad des 360 Grad ausmachenden Kreises um die Erde. Zu jeder Zeit und an jedem Ort sind nur sechs der Zeichen oberhalb des Horizonts. Die anderen sechs teilen den Himmel auf der anderen Seite der Erde.

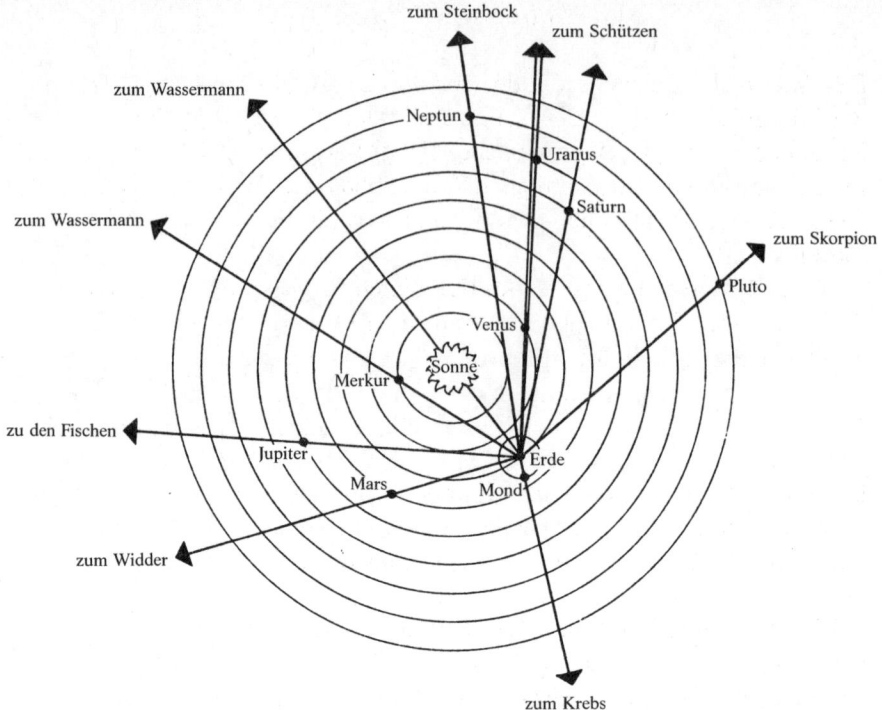

Abb. 3.1   Das Sonnensystem von der Erde aus gesehen (nicht maßstabsgetreu)

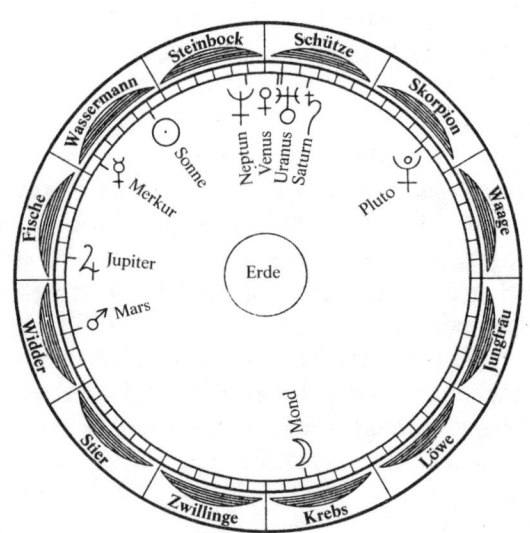

Abb. 3.2   Die Planeten im Horoskop

66

Der tropische Tierkreis

Der Anfang des Zeichens Widder und von da aus aller anderen Zeichen wird durch die Stellung der Sonne am ersten Tag des Frühlings in der Nordhemisphäre (der Tagundnachtgleiche) bestimmt. Da die Tierkreiszeichen von einem jahreszeitlichen Punkt abhängen, bezeichnen Astrologen diese Art, den Himmel aufzuteilen, als tropischen (jahreszeitlichen) Tierkreis.

Die zwölf Zeichen des Tierkreises bieten uns eine Möglichkeit, die Positionen und Bewegungen der Planeten zu bezeichnen.

Planeten

Das Wort »Planet« stammt von einem griechischen Wort mit der Bedeutung »Wanderer« ab. Die Planeten sehen am Himmel aus wie Sterne, scheinen aber durch den Tierkreisgürtel zu wandern, während sie sich in ihren Umlaufbahnen um die Sonne drehen.

Wir messen die Positionen der Planeten im Tierkreis vom Standpunkt der Erde aus, weil das unser Ausgangspunkt ist, nicht weil Astrologen immer noch denken, daß alles sich um die Erde bewege. Eine erdbezogene Sicht interessiert uns, und obwohl sich die Sonne nicht um den Tierkreis bewegt, scheint es so zu sein, weil die Erde sich bewegt. Also beziehen wir aus astrologischer Überlegung die Sonne in die Reihe der Planeten mit ein, denn dadurch erhalten wir eine Möglichkeit, die Position der Erde innerhalb der Jahreszeiten mitzubezeichnen. Wir schließen auch den Mond mit ein, obwohl er sich eigentlich wie ein Satellit um die Erde bewegt, denn auch er erscheint vor dem Hintergrund des Tierkreises, wodurch wir in der Lage sind, seine Position und Bewegungen zu messen.

Das *Geburtshorosokop*, die Aufzeichnung der Gestirnsstände im Augenblick der Geburt, wird vom Standpunkt der Erde aus aufgezeichnet, um die Tierkreiszeichen, vor denen die Planeten, Sonne und Mond erscheinen, aufzuzeigen.

Astrologisch repräsentieren die *Planeten* jene Elemente aus unserem Selbst, die zusammen die Psyche ausmachen. Jeder Mensch hat alle zehn Planeten im Horoskop, und stark vereinfacht repräsentieren sie die folgenden Elemente der menschlichen Psyche:

☽ Mond   das unbewußte Selbst
☉ Sonne   das bewußte, integrierte Selbst

☿	Merkur	geistige und nervliche Fähigkeiten
♀	Venus	den Drang zur Beziehung
♂	Mars	Antrieb, Selbstsicherheit
♃	Jupiter	den Drang zur Expansion
♄	Saturn	den Drang zur Festigung
♅	Uranus	Sinn für Individualität
♆	Neptun	Sinn für das Einssein
♇	Pluto	den Drang zur Transformation.

Um das Potential dieser Planeten in ihrer Kombination zu entdecken, müssen wir drei verschiedene, grundlegende Dinge von ihnen wissen – ihre Orientierung im Kosmos (die *Zeichen*), die Stellung, in der sie am Himmel entsprechend der Tages- oder Nachtzeit erscheinen (die *Häuser*), und ihre Stellung im Verhältnis zueinander (*Aspekte*).

Zeichen

Die zwölf Zeichen repräsentieren zwölf Arten, auf die sich die Planeten ausdrücken können. Sie sind wie Adjektive, die beschreiben, wie die Planeten wirken.

Auf einer sehr elementaren Ebene kann man sagen, daß die Zeichen die folgenden positiven und negativen Möglichkeiten für den Ausdruck der Planeten anbieten:

♈	Widder	mutig oder unvorsichtig
♉	Stier	produktiv oder eigensinnig
♊	Zwillinge	wendig oder undeutlich
♋	Krebs	empfindsam oder überempfindlich
♌	Löwe	machtvoll oder übermächtig
♍	Jungfrau	geschickt oder gefahrvoll
♎	Waage	harmonisch oder unentschlossen
♏	Skorpion	intensiv oder besessen
♐	Schütze	expansiv oder maßlos
♑	Steinbock	konstruktiv oder unerbittlich
♒	Wassermann	erfinderisch oder pervers
♓	Fische	phantasievoll oder konfus.

Wie jedes dieser Zeichen in Beziehung zum Leben zu setzen ist, wird genauer in Kapitel 6 erforscht.

Die Planeten in den Zeichen

Jeder Planet drückt seine spezielle Art entsprechend dem Potential des Zeichens aus, in dem er sich in einem individuellen Horoskop befindet. Zum Beispiel:

> Mars (Selbstsicherheit), der durch Steinbock (konstruktiv oder unerbittlich) wirkt, verleiht dynamische Energie, um etwas aufzubauen oder zu erreichen, aber auch die Voraussetzungen für eine harte, ehrgeizige Natur.
>
> Mond (das unbewußte Selbst), der durch Waage (harmonisch oder unentschlossen) wirkt, verleiht eine instinktive Fähigkeit, eine angenehme Umgebung zu schaffen und mit Menschen zusammenzuarbeiten, zusammen mit den Voraussetzungen zu einer gewohnheitsmäßigen Undeutlichkeit.

Die Planeten bleiben unterschiedlich lange in den Zeichen. Der Mond passiert jeden Monat alle zwölf Zeichen, wobei er etwa zweieinhalb Tage in jedem Zeichen bleibt. Die Sonne bewegt sich in durchschnittlich dreißig Tagen durch ein Zeichen. Die ungefähren Daten, zu denen die Sonne sich in ein neues Zeichen bewegt, sind im Folgenden angegeben:

Widder	21. März	– 19. April
Stier	20. April	– 20. Mai
Zwillinge	21. Mai	– 21. Juni
Krebs	22. Juni	– 22. Juli
Löwe	23. Juli	– 22. August
Jungfrau	23. August	– 22. September
Waage	23. September	– 22. Oktober
Skorpion	23. Oktober	– 21. November
Schütze	22. November	– 21. Dezember
Steinbock	22. Dezember	– 19. Januar
Wassermann	20. Januar	– 18. Februar
Fische	19. Februar	– 20. März.

Diese Daten sind deswegen nur ungefähr, weil sie sich von Jahr zu Jahr etwas verändern; die genaue Sonnenposition kann nur mit Hilfe einer astrologischen Tabelle angegeben werden (siehe die Bemerkungen zu den Häuserspitzen unten).

Die Position der Sonne bestimmt das Sonnenzeichen, das in der Volksastrologie so überstrapaziert worden ist, aber nichtsdestotrotz große Bedeutung hat.

Merkur ist, aus unserem Blickwinkel betrachtet, immer in der Nähe der Sonne und erscheint deshalb im selben Zeichen wie sie oder in dem vorhergehenden oder darauffolgenden. Dieser Planet verbringt jedes Jahr ungefähr einen Monat in jedem Zeichen und scheint sich immer wieder vor und zurück aus Zeichen heraus- und wieder hineinzubewegen. Wenn sich ein Planet rückwärts durch den Tierkreis bewegt, nennen wir diese Bewegung *rückläufig*. Astrologisch bedeutet das, daß der Planet in seinen Bewegungen weniger offensichtlich und eher subtil ist. (Jeder der Planeten außer Sonne und Mond kann eine rückläufige Bewegung vollziehen).

Venus ist ebenfalls nah bei der Sonne, und daher befindet sie sich ebenfalls im selben Zeichen wie die Sonne oder in einem der zwei angrenzenden Zeichen (auf jeder Seite). Auch Venus verbringt etwa einen Monat pro Jahr in jedem Zeichen.

Jupiter braucht ungefähr ein Jahr, Saturn zweieinhalb, Uranus sieben, Neptun vierzehn und Pluto eine Zeit zwischen elf und neunundzwanzig Jahren, um ein Tierkreiszeichen zu durchqueren.

Aus diesen Zahlen kann man ersehen, daß die Positionen der langsamer laufenden Planeten bei all jenen gleich sind, die innerhalb einer gewissen Zeit geboren wurden. Pluto war zum Beispiel von 1938 bis 1957 im Löwen, und diejenigen, die während dieser Zeit geboren wurden, haben den ihrer Generation eigenen gemeinsamen Anteil Löwe-Natur als Hintergrund ihrer Persönlichkeit. Pluto (Drang nach Veränderung), der im Löwen (kraftvoll oder überwältigend) wirkt, gab dieser Generation einen starken (und manchmal unterdrückenden) schöpferischen Drang, die Gesellschaft zu verändern.

Die langsam laufenden Planeten können im Horoskop einer Person wichtig sein, wenn sie stark aspektiert sind (siehe Kapitel 8) von den schneller laufenden Planeten (die eine für den Moment größere Bedeutung für die Persönlichkeit haben) oder vom Aszendenten oder der Himmelsmitte (siehe unten). Dennoch sind die Zeichen, in denen sie sich befinden, für die Generation wichtiger als für das Individuum.

Spitzen der Zeichen

Die Grenze zwischen zwei Zeichen nennt man *Spitze*. Jedes Zeichen bedeckt 30 Grad des Tierkreises, so daß zum Beispiel nach 29 Grad Widder 0 Grad Stier folgt, die Spitze des Zeichens.

Herrschaften

Bestimmte Zeichen erlauben einen sehr starken Ausdruck der Planeten-energien, und wir sagen, jedes Zeichen wird von einem Planeten *be-herrscht*. Die Herrschaft der Planeten wird in den Kapiteln 4 und 6 genannt.

Ursprünglich gab es bei den Astrologen sieben Himmelskörper. Sie betrachteten sieben als eine magische Zahl und assoziierten die Planeten mit vielen Systemen, angefangen von den Wochentagen und den Noten in der Musik bis hin zu den Farben des Regenbogens. Von jedem Tag, jeder Note und jeder Farbe des Regenbogens hieß es, sie seien von einem Planeten beherrscht, ebenso die Metalle. Die drei »modernen« Planeten, Uranus, Neptun und Pluto, die erst vor nicht allzulanger Zeit entdeckt worden sind, wurden auch als Herrscher bestimmten Zeichen zugeordnet.

Die Struktur des Horoskops

Es würde den Rahmen dieses Buches sprengen zu erklären, wie ein Horoskop berechnet oder aufgezeichnet wird. In der Bibliographie (S. 311 ff.) finden sich Vorschläge für Bücher, nach denen man dies lernen kann. Im folgenden Abschnitt dieses Kapitels werden die *Eck-punkte* des Horoskops erklärt und aufgezeigt, wie die *Häuser* im Horo-skop angeordnet sind, um Ihnen eine Einführung zum Verständnis eines Horoskops zu geben, wenn es schon erstellt ist.

Die Eckpunkte des Horoskops

Zu jedem Zeitpunkt geht auf einem bestimmten Ort der Erdoberfläche ein besonderer Punkt des Tierkreises am östlichen Horizont auf, und dieser wichtige Punkt des Horoskops heißt *Aszendent*. Genau gegenüber befindet sich der *Deszendent*, der Punkt des Tierkreises, der im Westen untergeht. Die Achse Aszendent/Deszendent stellt den Horizont dar.

Der höchste Punkt des Tierkreises heißt *Himmelsmitte* (lat. *Medium Coeli*: MC), der gegenüberliegende Punkt heißt *Imum Coeli* (IC) oder Himmelstiefe. Er ist für uns unsichtbar, denn er stellt einen Punkt am Himmel auf der anderen Seite der Erde dar. Diese vier Punkte bezeichnen die *Eckpunkte* des Horoskops. Das Horoskop ist ein zweidimensionales

Diagramm des dreidimensionalen Himmels, das man nicht wie eine normale Karte lesen kann. Für Menschen in der nördlichen Hemisphäre

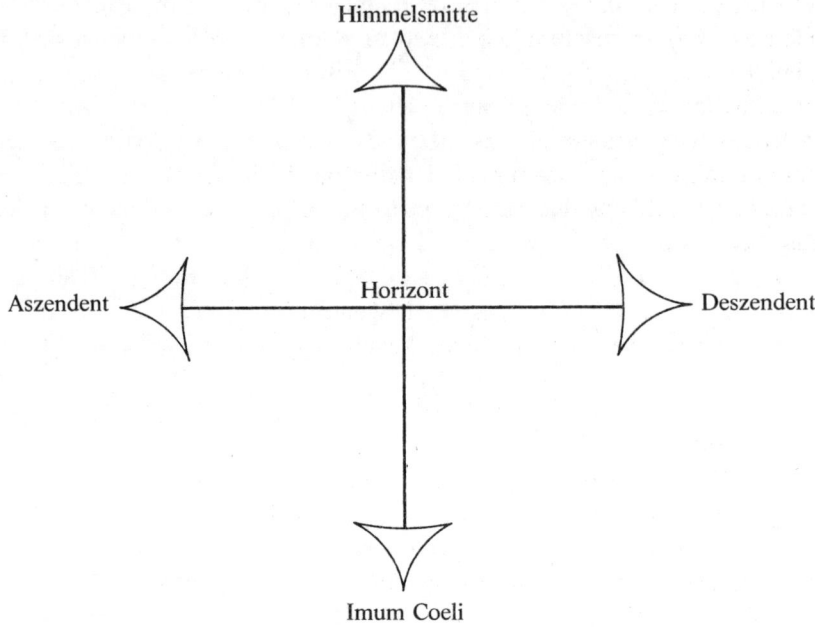

Abb. 3.3   *Die Eckpunkte des Horoskops*

liegt die Himmelsmitte im Süden. Und so sind die östlichen und westlichen Punkte genau andersherum aufgezeichnet, als man sie von einer Landkarte her kennt.

Da der Aszendent der aufgehende oder ankommende Punkt des Tierkreises (entsprechend der Erdrotation) ist, zeigt er die Art, in der wir uns darstellen, wenn wir zum ersten Mal einem Menschen begegnen.

Der Deszendent zeigt die Art, in der wir uns Menschen darstellen, die wir gut kennen, oder vielleicht den Teil unseres Selbst, den wir nur *durch* andere Menschen ausdrücken.

Die Himmelsmitte zeigt die Art, in der wir Anerkennung zu erlangen versuchen, und den Teil unseres Selbst, nach dem wir streben.

Das Imum Coeli stellt den Teil des Selbst dar, der am tiefsten im Unbewußten verborgen ist.

Die Häuser

Während die Planeten das »Was« des Horoskops sind und die Zeichen uns sagen, »wie« die Planeten ihre Energien manifestieren, zeigen uns die Häuser, »wo« in unserem Leben sich die Planeten am stärksten ausdrükken. Zum Beispiel zeigt das siebte Haus unser Verhältnis von Individuum zu Individuum und wie wir es angehen.

Jedes der Häuser hat ein spezielles Thema, das eine Gruppe von Interessen und Belangen zusammenfaßt. Dies wird in Kapitel 7 im einzelnen erforscht, doch eine kurze Zusammenfassung der Themen wird hier gegeben:

Erstes Haus	– am Selbst orientierte Belange
Zweites Haus	– Grundlagen
Drittes Haus	– Umgebung
Viertes Haus	– Wurzeln
Fünftes Haus	– Spiel
Sechstes Haus	– Arbeit
Siebtes Haus	– Partnerschaft
Achtes Haus	– Mysterien
Neuntes Haus	– Erforschung
Zehntes Haus	– Status
Elftes Haus	– Ideale
Zwölftes Haus	– Zurückgezogenheit.

Die Unterteilung des Horoskops in zwölf Elemente entsteht dadurch, daß jedes Viertel des Bildes, wie es in Abbildung 3.3 dargestellt ist, in drei Teile unterteilt wird. Das erste, zweite und dritte Haus liegt zwischen Aszendent und Imum Coeli, das vierte, fünfte und sechste Haus zwischen Imum Coeli und Deszendent usw. Während die Tierkreiszeichen immer genau 30 Grad eines Kreises abdecken, kann die Größe der Häuser entsprechend Ort und Zeit der Geburt schwanken und die Himmelsmitte nicht genau 90 Grad vom Aszendenten entfernt sein, wie auf Abbildung 3.4 dargestellt.

Die Linie am Aszendenten ist der Beginn des ersten Hauses, und das Zeichen, in das es fällt, hängt von der Tageszeit, Jahreszeit und dem Ort auf der Erde ab, für die das Horoskop erstellt ist. In diesem Beispiel liegt der Aszendent bei 7 Grad Wassermann.

Die Häuser schaffen eine weitere zwölfteilige Unterteilung des Horoskops, die neben der zwölfteiligen Unterteilung des Tierkreises besteht.

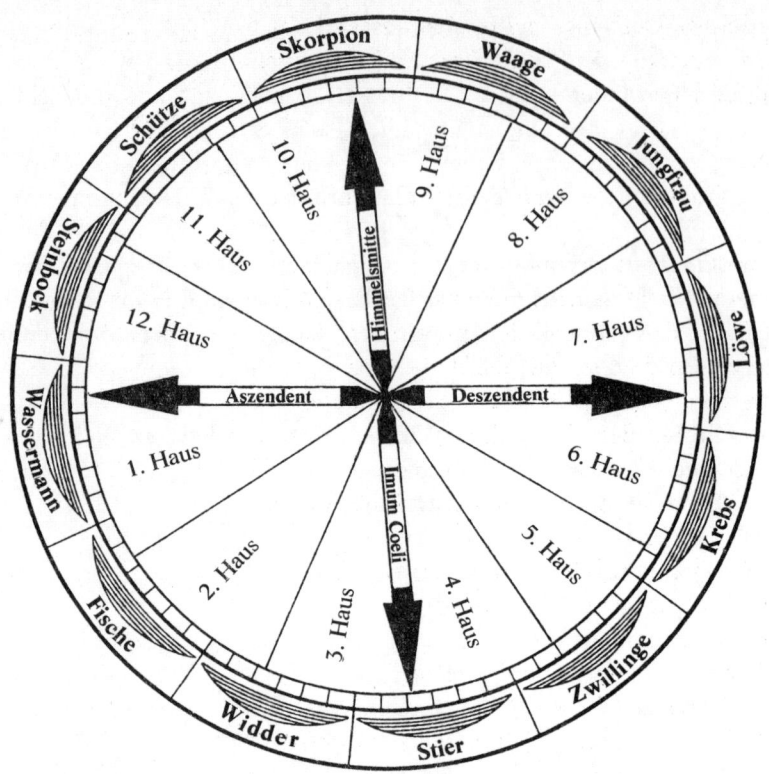

Abb. 3.4   Beispiel der Häuserverteilung bei einem Horoskop mit
Aszendent bei 7° Wassermann

In Abbildung 3.4 kann man erkennen, daß der Tierkreis am äußeren Rand des Bildes aufgetragen ist, während die Häuser den Innenraum des Bildes unterteilen. Nicht alle Astrologen bezeichnen die Häuser und Zeichen genauso, aber auf diese Art erkennt man die Beziehung zwischen Häusern und Zeichen recht deutlich. Zusammen bilden die Zeichen und Häuser ein Rad in einem Rad, eine Darstellung der Drehung der Erde um ihre eigene Achse im Lauf von vierundzwanzig Stunden. Das Diagramm in Abbildung 3.4 ist die Darstellung eines Augenblicks in der Zeit, und wir erkennen, wie unterschiedlich Horoskope im Verlauf desselben Tages aussehen würden, wenn wir uns vorstellen, daß sich das äußere Rad der Tierkreiszeichen im Uhrzeigersinn dreht. Eine ganze Drehung dieses Rades würde vierundzwanzig Stunden dauern. Wenn jemand sechs Stunden später als in dem hier gezeigten Diagramm geboren würde (eine

74

Vierteltags-Drehung), hätte sich das Rad der Zeichen so gedreht, daß Löwe unten auf dem Bild wäre und Wassermann oben. Stier läge rechts und Skorpion links.

Planeten in den Häusern und Zeichen an den Häuserspitzen

Jeder der Lebensbereiche, für die die Häuser stehen, kann durch einen Planeten betont werden, der zur Zeit der Geburt in diesem Haus steht. Die Zeichen, in denen die Anfänge der Häuser oder Häuserspitzen stehen, zeigen die Art, auf die die Person den dem Haus entsprechenden Lebensbereich angeht. (Das wird in Kapitel 7 genauer erklärt). In Abbildung 3.4 zum Beispiel ist die Häuserverteilung für jemanden eingezeichnet, dessen Aszendent bei 7 Grad Wassermann und dessen Geburtsort bei 50 Grad 30 Minuten Nord liegt. Jede Linie im inneren Kreis bezeichnet den Anfang eines Hauses oder die Häuserspitze. In diesem Bild fällt der Anfang des zweiten Hauses in das Zeichen Fische am äußeren Rad. Das wird bezeichnet als »die Spitze des zweiten Hauses steht in den Fischen«.

Wenn ein Planet in der Nähe der Spitze oder Trennungslinie zwischen zwei Häusern steht, ist es möglich, daß die Belange beider Häuser (vor und hinter der Spitze) für die Person von Bedeutung sein werden.

Die Aspekte

Die Aspekte sind die geometrischen Verhältnisse der Planeten zueinander, wie man sie von der Erde aus messen kann. Sie zeigen uns das Verhältnis der einzelnen Teile des Selbst innerhalb der Persönlichkeit, die durch die Planeten dargestellt werden. Ein Planet mag vielleicht in einem disharmonischen Aspekt zu einem anderen stehen, oder zwei andere Planeten können zusammen mit vereinten Kräften wirken. Wenn ein Planet sehr disharmonisch aspektiert ist, sprechen wir von seiner Stellung als »schwierig«, aber man kann Aspekte nicht einfach als »gut« oder »schlecht« sehen. Für eine genauere Erklärung der Aspekte siehe Kapitel 8.

Kopf des Drachen ☊ und Schwanz des Drachen ☋: die Mondknoten

Die Mondknoten sind die Punkte, an denen der Weg des Mondes um die Erde den Weg der Erde um die Sonne kreuzt, denn die beiden Umlaufbahnnen befinden sich nicht in derselben Ebene. Diese Punkte ändern sich jeden Tag etwas. Der Punkt des Drachenschwanzes (Südknoten ☋) im Horoskop einer Person zeigt anhand seiner Position in Zeichen und Haus die instinktive Prägung der Vergangenheit dieser Person. Der Drachenkopf (Nordknoten ☊) zeigt die wachsenden Einflüsse der Zukunft, auf die sich die Person zubewegt.[1] Planeten in bestimmten Aspekten zu den Mondknoten zeigen, wie Teile des Selbst in diesen Prozeß der Entwicklung des Selbst eingebunden sind.

Zum Beispiel könnte Merkur in der Nähe des Drachenschwanzes in der Waage (dem Zeichen des Gleichgewichts) darauf hinweisen, daß sich die betreffende Person von ihrem Prinzip des konstanten Durchdenkens aller Möglichkeiten, bevor sie fähig ist zum Handeln, wegbewegt.

Das Geburtshoroskop als Entwurf

Die unterschiedlichen Elemente des Geburtshoroskops – die Planeten und ihre Aspekte, die Lage der Zeichen und Häuser, die Mondknoten – vermitteln uns ein Bild der vielfältigen Energieverhältnisse zur Zeit der Geburt des Menschen. Das Geburtshoroskop gibt uns einen Entwurf für jede Person, indem es die himmlischen Energien beschreibt, die ihren Eintritt in die Welt begleitet haben.

Aus diesem zugrundeliegenden Gebilde wird es uns möglich, die Veränderungen unseres Lebens zu verstehen, denn die Planeten bewegen sich weiter und bilden neue Konfigurationen (die Planetentransite, siehe unten). Die Veränderungen, die sie zum Ausdruck bringen, werden unterschiedlich erfahren, entsprechend dem Verhältnis des im Transit befindlichen Planeten zum Geburtshoroskop.

Transite

Dies sind die *augenblicklichen Bewegungen* der Planeten durch den Tierkreis. Wenn Planeten im Transit Stellungen der Planeten im Geburtshoroskop einer Person überqueren oder Aspekte dazu bilden, stellen sie Gegebenheiten im Leben dieser Person dar, die heute aktuell sind.

Zum Beispiel überquerte Jupiter, der Planet der Expansion, 1979 im Löwen die Geburtsplanetenpositionen jener, die Planeten im Löwen haben. Er bildete auch Oppositionen zu Geburtsplaneten im Wassermann. Für Menschen mit Planeten in diesen Zeichen wäre dadurch der Drang, zu reisen oder ihr Leben auf andere Weise auszudehnen, bewußter geworden.

Es gibt fast ständig irgendwelche Transite für jeden Menschen, und dieses Verhältnis zwischen den Planeten heute und den Planeten zur Zeit der Geburt macht es verständlich, daß wir uns zyklisch verändern und entwickeln. Über Transite und Planetenzyklen steht mehr in Kapitel 9, und wir beziehen uns in Kapitel 4 auch auf die Zyklen der verschiedenen Planeten.

Das Horoskop als Ganzes

Alle im Horoskop vorhandenen Elemente müssen als zusammenhängendes Ganzes gesehen werden.

Die Feinheiten der Bewegungen zwischen Sonne und Mond, Aszendent und Planeten eines Bildes können nur durch eine Analyse des ganzen Horoskops zum Vorschein gebracht werden. Kapitel 9 erklärt, wie wir uns einer Synthese dieser verschiedenen Teile nähern können. Während wir lernen, astrologische Elemente zu synthetisieren, verstehen wir die vielschichtige Bedeutung des Tanzes der Planeten zum Zeitpunkt der Geburt eines jeden Menschen zusehends besser.

Anmerkungen

1 Zur vollen Erklärung der Bedeutung der Mondknoten im Horoskop siehe: Schulman, Martin, *Karmic Astrology (Vol. 1): The Moon's Nodes and Reincarnation* (karmische Astrologie Bd. 1: Die Mondknoten und Reinkarnation), Samuel Weiser, 1976.

4
Die Planeten

Die Planeten in der Mythologie

Viele unserer Vorstellungen über die Planeten stammen aus den Mythologien alter Kulturen. Göttinnen, Götter, Heldinnen und Helden bewegen die Phantasie und stimmen mit den machtvollen Gestalten überein, die uns in Träumen und in der Kunst begegnen. Sie sind als *archetypische* Figuren bekannt, uralte Bilder, die alle Kulturen gemeinsam haben und die dem Individuum im Unbewußten begegnen. Eine archetypische Figur, ein Bild, das aus dem Unbewußten hervorkommt, unterscheidet sich ganz wesentlich von einem *Stereotyp* – einem starren Muster menschlichen Verhaltens –, obwohl die beiden Begriffe schon öfters verwechselt worden sind. Die Astrologie gebraucht keine stereotypen Bilder, um wirkliche Menschen zu beschreiben, denn Astrologen interessieren sich mehr für das Einzigartige und Besondere als für grobe Verallgemeinerungen von Individuen.

Viele von uns sind durch ihre Bildung sehr stark von den griechischen und römischen Kulturen beeinflußt worden. Jede Gottheit im klassischen Griechenland hatte eine klare eigene Persönlichkeit, auf der die traditionelle astrologische Deutungsweise ganz wesentlich aufbaut. In diesem Buch stellen wir einige der Voraussetzungen dieser späteren Mythen in Frage und versuchen, die Astrologie zu erweitern, indem wir archetypische Figuren in Betracht ziehen, die den klassischen Geschichten vorangingen. Diese Figuren liegen weiter zurück in der Vergangenheit und tiefer im Unbewußten. Wir beziehen uns direkt auf babylonische, griechische und römische Mythologien, aber auch auf afrikanische, asiatische und europäische Quellen. Wir haben ihre Bedeutung auch entsprechend anderen Mythologien der Welt erweitert.[1]

Alle Göttinnen der klassischen Mythologie stammen von der *Großen Göttin* der früheren Religionen ab. Sie stellt eine zu große Idee dar, um nur von einer oder zwei Planetenenergien umfaßt zu werden, trotzdem wurden nur Mond und Venus in der klassischen Mythologie als weiblich betrachtet. Doch die vielen Aspekte der großen Göttin lassen sich ohne weiteres auf eine Anzahl der Charakteristika von Planeten beziehen. Wir glauben nicht, daß die Planetenenergien grundlegend entweder männlich oder weiblich sind. Sie haben jedoch eine Tendenz, in unseren Phantasien und Träumen ein Geschlecht anzunehmen; dieser Vorgang macht sie uns leichter zugänglich, wenn wir mit ihnen arbeiten wollen. Wir beziehen uns mehr auf die Göttinnen als auf die Götter, um ein Ungleichgewicht, das aus den traditionellen Quellen herrührt, etwas auszugleichen.

Die Planeten zeigen, weil sie einen Teil der Psyche repräsentieren, die Bedürfnisse eines jeden Menschen; das Bedürfnis nach einem vollständigen Selbst (Sonne), Bedürfnis nach Instinkt und Gefühl (Mond), nach allen Arten von Beziehungen (Venus), nach Kommunikation (Merkur), nach der Gelegenheit zur Aktivität (Mars), nach einer sozialen und/oder spirituellen Verbindung mit der äußeren Welt (Jupiter) und das Bedürfnis, aus Erfahrung zu lernen (Saturn).

Die drei »modernen« Planeten zeigen das Bedürfnis, alte, restriktive Strukturen zu durchbrechen (Uranus), das Bedürfnis nach einem Gefühl der Verbindung mit dem ganzen Leben und dem Universum (Neptun) und das Bedürfnis nach Regeneration und Erneuerung (Pluto). Auch frühere Völker kannten diese drei zuletzt genannten Bedürfnisse und schlossen ähnliche Gedanken in ihr Verständnis der Mondphasen mit ein. Die Tatsache, daß wir drei Planeten kennen, die genau diese Bedürfnisse symbolisieren, zeigt, daß wir mit Bewußtsein Energien entdecken, die immer im Unbewußten vorhanden waren (das der Mond repräsentiert), genau wie wir auch ferne Teile des Sonnensystems entdecken.

1977 wurde zwischen den Umlaufbahnen von Saturn und Uranus Chiron gefunden. Astronomen sind sich nicht sicher, ob man Chiron als Planeten definieren kann; seine Umlaufbahn ist außerordentlich exzentrisch, und er mag vielleicht von außerhalb des Sonnensystems gekommen sein. Die astrologische Bedeutung dieses möglichen Planeten wird untersucht, und es ist wahrscheinlich, daß er eine Beziehung zum Heilen hat.[2] Die Namen, die in neuerer Zeit entdeckte Objekte im Sonnensystem bekommen, scheinen kein Zufall zu sein: Chiron war in der Mythologie der weise Heiler.

Zwischen Mars und Jupiter umkreist ein Gürtel aus vielen tausend *Asteroiden* (kleine planetenähnliche Himmelskörper) die Sonne. Es gibt jetzt fast überall Karten, in denen die Bewegungen von vier der größeren Asteroiden (Ceres, Vesta, Juno und Pallas) verzeichnet sind. Manche Astrologen haben sie schon für astrologisch bedeutsam gehalten – obwohl sie so klein sind –, indem sie das weibliche Prinzip vertreten, da sie nach Göttinnen benannt wurden. Sie wurden schon als besonders bedeutsam für persönliche Beziehungen bezeichnet.[3]

Der »unsichtbare Mond« Lilith soll sich angeblich in einer Umlaufbahn um die Erde bewegen, obwohl seine Existenz nicht durch Astronomen bestätigt wurde. In der Hauptinformationsquelle über Lilith heißt es, dieser hypothetische Satellit der Erde stelle verschiedene nicht hilfreiche Einflüsse dar.[4] Wie die Asteroiden hielt man Lilith für besonders bedeutsam für Frauen und für das zunehmende feministische Bewußtsein auf der Welt (in der hebräischen Tradition war Lilith Evas Vorgängerin, die sich weigerte, sich Adam zu unterwerfen).

Trotz dieser evokativen mythologischen Assoziationen sind die Autorinnen nicht davon überzeugt, daß einer der Asteroiden oder die hypothetische Lilith von besonderer Bedeutung für das Horoskop sind, und haben sich daher entschlossen, lieber die zehn traditionellen astrologischen Planeten im Licht des feministischen Bewußtseins zu betrachten.

Astronomen glauben, daß wohl noch mindestens ein Planet hinter Pluto gefunden werden wird; was das bedeuten kann, wird in Kapitel 10 besprochen.

Die Planeten im Innern der Psyche

Es heißt, Planeten seien im Horoskop erhöht, wenn sie betont sind durch einen Aspekt (siehe Kapitel 8) oder durch ihre Stellung in einem Zeichen oder Haus (siehe Kapitel 6 und 7). Eine der offensichtlichsten Möglichkeiten zur Betonung eines Planeten besteht in der Nähe seiner Lage zu den Eckpunkten des Horoskops (siehe Kapitel 3), besonders beim Aszendenten oder der Himmelsmitte. Jeder der Planeten von Merkur bis Pluto ist besonders betont, wenn er in der Nähe von Sonne oder Mond steht. Er wirkt auch dann stark, wenn er in dem Zeichen steht, das er regiert, oder in seinem natürlichen Haus (siehe die Einzelheiten am Anfang der Beschreibung jedes Planeten in diesem Kapitel).

Planetentransite deuten auf Phasen in unserem Leben hin, wenn wir besonders stark mit den Kräften konfrontiert werden, die den jeweiligen Planeten zugeordnet sind (siehe Kapitel 3). Wenn man seine eigenen Gefühle und Reaktionen beim Lesen der Beschreibungen der Planeten beobachtet, wird klarer, welche der Bedürfnisse im eigenen Innern für einen von besonderem und augenblicklichem Interesse sind.

Die Arbeit der Autorinnen hat ihnen geholfen zu verstehen, wie sich ein Teil des Selbst ausgeschlossen fühlen kann. Eine Metapher dafür ist der Ärger, den Göttinnen und Götter der Mythologie zeigten, wenn sie nicht angemessen verehrt wurden. Ein unerkannter Teil unseres Selbst kann versuchen, sich in Erinnerung zu bringen, oft auch unbewußt. Wenn er unbeachtet bleibt, werden die Hinweise deutlicher, und der entsprechende Teil der Psyche kann gezwungen sein, die Person direkter und vielleicht sogar auf schockierende Art mit sich zu konfrontieren. Ein Erkennen des mißachteten Teils der Psyche ist der Beginn der Selbstheilung, und damit kann man Wege finden, die negative Energie dieses Teils des Selbst in seine positive Ausdrucksform umzuwandeln.

Die Astrologie hilft uns dabei, Fühlung mit jedem Teil der Psyche aufzunehmen, und sie befähigt uns auch, jene Teile, mit denen wir vertraut sind, besser zu würdigen. Wenn ein Konflikt bewußt ist, kann die Astrologie – in Form von Planetenenergien – die im Konflikt befindlichen Teile des Selbst bezeichnen und uns das Wissen an die Hand geben, mit dem wir den Dialog zwischen ihnen verbessern können. Sie kann uns auch helfen zu erkennen, wenn wir uns mit einer speziellen Planetenenergie zu sehr identifiziert haben.

Das Planetenmodell erinnert an die Vielfalt und Ganzheit der Psyche. Indem wir über die Planeten und ihre Archetypen unser inneres Selbst erfahren, können wir seine unterschiedlichen Bedürfnisse respektieren und dadurch den Weg zur Selbstvervollkommnung vorbereiten.[5]

Der Mond

Das unbewußte Selbst
Die Natur fühlen, Instinkte; Phantasie;
Verbundensein; Aufwachen; Zugehörigkeit
Herrscher über:
Krebs und das vierte Haus

Der Mond war der erste der astrologischen Planeten, der in alten Zeiten am Himmel studiert wurde. Obwohl der Mond der kleinste der Himmelskörper ist, die üblicherweise in der Astrologie betrachtet werden, steht er der Erde so nahe, daß er genauso groß zu sein scheint wie die Sonne. Sonne und Mond gelten als die zwei »Lichter«, das Licht des Tages und das Licht der Nacht. Während das Sonnenlicht eine konstante und konzentrierte Energie zu haben scheint, wirkt das Mondlicht zyklisch und diffus. Es liegt ein Geheimnis im weichstrahlenden Licht des Mondes, das uns den Weg öffnet zu den magischen Erkenntnissen des Unbewußten.

Die Weisheit, die dem Mond in allen Kulturen und Zeitaltern zugeordnet wird, ist grenzenlos. In ihrem Buch über Menstruation mit dem Titel *The Wise Wound* (die weise Wunde Menstruation)[6] verbinden Shuttle und Redgrove die alten Worte des Sanskrit, des Griechischen, Lateinischen und Polynesischen für Geist und Gemüt (*manas, menos, mens, mana*) mit den frühesten indo-europäischen Wortstämmen für Mond und Monat (*mas, men, mensis*). Sie ziehen den Schluß, daß unsere Erfahrung mit dem Mond eines der wesentlichen Elemente in der Entwicklung des menschlichen Bewußtseins gewesen ist.

Für Astrologen ist es natürlich, daß der Mond eine so wesentliche Rolle in der Entwicklung des menschlichen Bewußtseins spielt, denn er ist der einzige Himmelskörper, der sich in einer Umlaufbahn um unser Heim, die Erde, bewegt.

Es gibt auf der ganzen Welt viele lunare Schöpfungsmythen. In Ägypten war die Mondin die »Mutter des Universums«; in Polynesien war sie Hine, und jede Frau war eine nach ihrem Bild geschaffene *wahine*; in Finnland holte die Mondgöttin Luonnatar das Weltenei aus dem Meer. Das Meer und/oder Blut spielen durchgehend eine wichtige Rolle in Schöpfungsmythen, und diese beiden Flüssigkeiten sind eng mit den Mondzyklen verbunden. Unsere frühesten Vorstellungen von Zeit konzentrieren sich auf den monatlichen Zyklus der Mondphasen, den korrespondierenden weiblichen Menstruationszyklus und die Gezeiten des Meeres.

Heute werfen Forschungen über die zyklische Wirkung des Mondes auf Anstieg und Abfall von Flüssigkeiten im Körper und Saft bei Pflanzen ein neues Licht auf die alten Volksweisheiten. Jahrhundertelang sind Gärtner und Bauern der alten Weisheit gefolgt und haben mit dem Mond gepflanzt und geerntet, und medizinische Astrologen haben die Mondposition immer genau berücksichtigt, wenn sie zu dem günstigsten Zeitpunkt für eine Operation raten sollten. Astrologisch gesehen soll der Mond die allgemeinen Gesundheitsverhältnisse regieren und wirkt als Indikator dafür, wie wir uns fühlen und für uns sorgen. Physiologisch gesehen regiert der Mond die Körperflüssigkeiten (Wasser, Blut, Serum, Brustmilch usw.) und ihr Gleichgewicht.

Der Mond ist ein Symbol der Verbundenheit. Seine Phasen sorgen für die Verbindung zahlloser Polaritäten; mit dem Mond bewegen wir uns durch Licht und Dunkel, Stark und Schwach, Fruchtbar und Unfruchtbar, Geburt und Tod, wenn wir vom Vollmond zum Neumond und wieder zurück mit ihm gehen. Jede Nacht verändert sich die Größe des Mondes, hält nie an einem Punkt an oder läßt einen aus. Der Mondzyklus zeigt uns den kontinuierlichen Fortgang, bei dem jeder Schritt gleichwertig ist. Die Mondenergie in uns spricht auf alles an, dem wir täglich begegnen, erlaubt uns, ein bewußtes Sein zu entwickeln: den Sinn für die Bedeutung der Erfahrung eines jeden Augenblicks.

Diese lunare Fähigkeit, im jetzigen Augenblick zu leben, ist das Ziel vieler spiritueller Praktiken, denn sie befreit uns von den Einschränkungen des Denkens. Unglücklicherweise haben viele Astrologen die Bedeutung des Mondes auf Beschreibungen seiner launenhaften, wechselnden Natur reduziert, ohne dabei die Weisheit der älteren Lehre zu berücksichtigen.

Mit unserem Mond-Selbst gebrauchen wir unsere Instinkte, um zu überleben, empfinden mit Gefühlen und sind mit unserer Phantasie schöpferisch. Als Kinder handeln wir ganz frei und offen aus unserer Mondnatur, aber als Erwachsene in »zivilisierten« Gesellschaften verlieren wir oft den Kontakt mit dieser Seite unserer Natur. Um die Verbindung wiederherzustellen, müssen wir diese Gaben des Mondes neu schätzen lernen. Astrologisch betrachtet beschreibt der Mond unsere Kindheitserfahrungen, die emotionellen Grundlagen und die gewohnten Reaktionsmuster, die wir aus der Interaktion mit unserer frühen Umgebung und unseren Eltern entwickelt haben. Wenn wir versuchen, diese Wurzeln aufzudecken, reisen wir zurück in die lunaren Bereiche der

Erinnerung und des Unbewußten, wo wir sowohl unser persönliches Erbe als auch das Erbe unserer Familie und unserer Kultur finden. Diese Reise in die Vergangenheit kann die frühen Grundlagen unserer Gefühle für Sicherheit und Unsicherheit und die instinktive Art, mit der wir für uns und andere sorgen, enthüllen.

Diese umsorgende und entwicklungsfördernde Fähigkeit ist ein wichtiger Teil unserer Mondnatur, aber in der Astrologie hat sich das Bild etwas verzerrt durch die fehlende Darstellung des Mondes in seiner Ganzheit.

Der Mond wird in astrologischen Texten meistens als Repräsentant der beschützenden, entwicklungsfördernden, empfindsamen und fruchtbaren Elemente des Selbst beschrieben. Diese Beschreibungen beziehen sich hauptsächlich auf das Konzept von der Mondin als die »gute Mutter«: die christliche Maria oder die chinesische Kwan-Yin. Aber die verschiedenen Mythologien der Welt stellen den Mond nicht nur als Mutter, sondern auch als Jungfrau und als altes Weib dar, womit die wachsenden und vergehenden Phasen des Mondes ebenso wie der Vollmond wiedergegeben sind. (Die Göttin als Vollmond war nicht nur die Mutter, sondern auch die Frau der Macht und der Sexualität.) Die Mondgöttin wurde von den Griechen als Dreiheit dargestellt: als das Mädchen Hebe, die Königin und Mutter Hera und das alte Weib Hekate. Die Hindu-Göttin Kali umfaßte dieselbe Dreiheit als Parvati-Durga-Uma. In der Funktion der Mondin als Jungfrau kann man die unabhängigen, schöpferischen und phantasievollen Eigenschaften sehen, als altes Weib ist sie die weise Heilerin, die auch Auflösung und Tod bringen kann. In Asien heißt es, die wahren Anbeter der Göttin müßten ihre zerstörerischen Eigenschaften genauso lieben wie ihre schönen, und als Astrologen können wir aus diesem Rat viel lernen.

Die Mondin symbolisiert die Ganzheit des Lebens. Die wachsende, die lebenspendende und die schwindende, todbringende Seite unserer Natur sind in den Mondbildern enthalten. Durch das Verständnis des Mondzyklus können wir jenen Teil von uns verstehen lernen, den wir im Dunkeln lassen. Diese »Schatten«-Seite enthält auch, was furchterregend oder tabu ist, aber ebenso die schöpferische Saat des Unbewußten.

Während wir das wachsende und schwindende Gesicht des Mondes beobachten, können wir die Mondphasen in unserem eigenen Leben überdenken. Unsere Energien sind oft um die Zeit des Vollmondes besonders groß – bis hin zum »Mondsüchtigen« – und gering oder nach innen gekehrt zur Zeit des Neumondes, und zwischen diesen beiden Phasen erleben wir auch langsame Übergänge, während der Mond an Größe zu- und abnimmt. Jede einzelne reagiert anders auf diesen Zyklus, und die

Empfindlichkeit einer jeden für die Mondbewegungen wird im Geburtsbild durch Mondposition und -aspekte zur Zeit der Geburt wiedergegeben. Ebenso wie in bezug auf die Mondphasen hat jede von uns ein Wohlgefühl, wenn der Mond während seiner monatlichen Reise in bestimmten Zeichen steht. Den Mond zu beobachten und seine Zyklen zu verstehen kann Frauen dabei helfen, ihren Menstrualzyklus zu regeln und zu harmonisieren. Uns allen hilft die Kenntnis der Mondzyklen, unsere Höhen und Tiefen der Fruchtbarkeit, der Kreativität, der Phantasie und der gefühlsmäßigen und instinktiven Reaktion zu erkennen.

Die traditionelle Astrologie ordnet den Bereich des Mondes den Frauen und den Bereich der Sonne den Männern zu. In vielen Kulturen jedoch wurde der Mond als männlich betrachtet. Der Mond stellt einen wesentlichen Teil der männlichen Psyche dar, und es ist für Männer genauso wichtig, wieder eine Verbindung mit dem Mondzyklus zu bekommen, wie es für Frauen wichtig ist, den Sonnenweg wiederzuentdecken. Indem wir von dem Mond in unserem persönlichen Horoskop lernen, können wir seine Gaben des Unbewußten, der Weisheit der Instinkte und der Ganzheit der Gefühle neu schätzen lernen.

Die Sonne

Das bewußte, integrative Selbst
Selbst-Bewußtheit; Selbst-Ausdruck;
Selbstsicherheit; Vitalität; Absicht; Wille
Herrscher über:
Löwe und das fünfte Haus

Unser Stern, die Sonne, ist das Zentrum unseres Sonnensystems und die Quelle des Lichts und Lebens darin. Alle Planeten umkreisen sie in Umlaufbahnen, und auf der Erde hängen unsere tägliche Erfahrung von Licht und Dunkelheit und die jährliche Reise durch die Jahreszeiten mit unserer Beziehung zur Sonne zusammen.

Die gegenwärtige europäische Kultur hat von den Griechen und später den Kelten die Vorstellung von einem männlichen Sonnengott übernommen, aber die Forschungen der letzten Zeit haben ergeben, daß in früheren Kulturen Sonnengöttinnen genausooft vorkamen wie Sonnengötter. Die Hethiter verehrten die Sonnengöttin als Arinna, die Kelten hatten eine Feuergöttin Brighde, die der Sonne das Licht gab, und im alten Argentinien hieß die Sonnengöttin die »Schwester aller Frauen«. In ähnlicher Weise nannte das australische Wurunjerri-Volk die Sonnengöttin die Schwester eines jeden Menschen. In Japan betrachteten sich die regierenden Schichten einst als Nachkömmlinge der obersten Sonnengöttin Omikami Amaterasu. Die Sonnengottheiten werden oft als Schöpfer dargestellt. Die britische Sonnengöttin Sul gebar in Silbury Hill aus ihrem Bauch jedes neue Äon, und in Skandinavien hieß es, die Sonnengöttin werde nach dem Tag des Jüngsten Gerichtes eine Tochter gebären, die dann die Sonne der nächsten Schöpfung sein würde. Die Ägypter glaubten, jeder Pharao sei ein Sohn des Sonnengottes Ra. Die Sonne war vielleicht sogar im eigentlichen Sinne des Wortes unser Schöpfer, denn eine der heutigen Theorien zur Entstehung des Sonnensystems nimmt an, daß die Planetenmaterie ursprünglich aus der Sonne herausgeschleudert worden ist.

Auch in der Astrologie wird die Sonne als zentrale und schöpferische Kraft betrachtet. Die Sonne im Horoskop steht für die innere Flamme, ein führendes Licht, das den Weg des einzelnen erleuchtet und das als integratives Prinzip für die vielen Elemente unseres Selbst wirkt. Der Sonnenweg ist die Reise des Lebens. Im Tarot zeigt die Trumpfkarte

»Die Sonne« Kinder, die Gestalten der zukünftigen Möglichkeiten, am Beginn ihrer Sonnenreise. Dies ist die Reise, auf der wir wir selbst werden und unsere Möglichkeiten erfüllen; eine individuelle Reise, die trotz der Milliarden von Leben auf diesem Planeten einzigartig ist, denn sie wird mehr durch den inneren Sinn bestimmt als durch äußere Ergebnisse. Unser Sonnenelement hat den Mut, die Kraft und den Willen, den Herausforderungen der Welt ins Auge zu sehen. Es ist das innere Selbst, das seine eigene Wesensart und Richtung kennt. Wenn wir unsere persönlichen Heldinnen und Helden betrachten –, die mythischen und die historischen – finden wir in ihnen Funken, die das Feuer unseres Gefühls für den Sinn entzünden. Selbstbewußter Ausdruck unseres Seins entstammt dieser Kenntnis unseres Innern und unserer Richtung; der Sonnenenergie nahe sein führt auf den Weg zu unserer eigenen Schöpferkraft. Die Gestalt dieser Schöpferkraft ist unwichtig, wichtig ist unsere Freude daran, und daß wir uns ehrlich und direkt ausdrücken und spontan erkennen, wer wir sind.

Einer der größten Rückschläge in der modernen Astrologie war die populäre Sichtweise, die nur das Sonnenzeichen zur Kenntnis nimmt. Diese Vereinfachung hat gleichzeitig die Sonne im Horoskop überbewertet und die besondere Bedeutung der Sonne entwertet. Wenn wir die Sonnenposition in Zeichen und Haus und ihre Aspekte im Horoskop kennen, hilft uns das, eine Verbindung zu unserer Individualität zu finden, und führt uns wesentlich weiter als die Verallgemeinerungen der Sonnenzeichenastrologie.

Die Sonnenbewegung steht in Zusammenhang mit der Selbst-Integration. Wir können unsere vielen Stimmen und Impulse erkennen (die durch andere Faktoren im Horoskop repräsentiert werden) und auf der Grundlage unseres Selbstgefühls und Lebensziels auf ihre Synthese hinarbeiten. Zwei Menschen, die die Sonne im selben Zeichen haben, werden kaum irgendwie ähnlich sein oder ihre Schöpferkraft in der gleichen Weise ausdrücken, sie werden jedoch auf einer tiefen Ebene ähnliche Vorstellungen von sich und der Richtung ihres Lebens haben.

In der traditionellen Astrologie heißt es, die Sonne repräsentiere die Vitalität, die Gesundheit und das Glück einer Person. Der humanistische Astrologe des zwanzigsten Jahrhunderts würde eher sagen, daß die Sonnenposition und die Sonnenaspekte sich auf unsere Fähigkeit beziehen, uns von Rückschlägen zu erholen, uns selbst zu heilen und positiv nach vorn zu schauen; das zugrundeliegende Thema der Auslegung ist dasselbe. Wenn wir depressiv sind, keine Einfälle haben oder uns unvital fühlen, können wir leicht krank werden; das ist dann der Ausdruck des

Körpers für unseren inneren Zustand. Heute arbeiten viele Konzepte des Heilens und der Therapie damit, unser Selbstgefühl und unsere Sinngebung zu stärken, die zusammen die übergeordnete Lebenskraft vermehren und so bei vielen Erkrankungen zur Heilung führen können. In der medizinischen Astrologie beherrscht die Sonne das Herz, das die Kraftstation des Körpers ist. Auf symbolischer Ebene repräsentiert die Sonne ebenfalls das Herz in bezug auf unsere Großzügigkeit, unseren Mut, unsere Wärme und unser inneres Wissen.

Die Sonne ist in der Astrologie als das männliche Prinzip bezeichnet worden und sollte die Beschreibung des Mannes im Leben einer Frau darstellen. Manche traditionellen Astrologen meinen sogar, eine Frau müsse sich mit ihrem Mondzeichen identifizieren und einen Mann suchen, der die Qualitäten ihres Sonnenzeichens darstellt. Durch diese Interpretationen haben Astrologen Frauen darin bestärkt, ihre eigene Stärke, Vitalität, Identität und Richtung auf Männer zu projizieren. Diese Verzerrung zerstört die Ganzheit, die der Astrologie eigen ist, und betont für eine jede von uns die Notwendigkeit, eine Verbindung zu ihrer eigenen Sonnenenergie herzustellen. Wenn wir zur Sonne hinaufreichen, beleben wir uns wieder; wir finden unsere Mitte und werden gesund und vollkommen.

Merkur

Geistige und nervliche Fähigkeiten
Wahrnehmung; Kommunikation; Gedankenvorgänge;
Lernfähigkeit; Sprache; erlernte Fähigkeiten
Herrscher über:
Zwillinge und Jungfrau
und das dritte und sechste Haus

Merkur ist der Planet, der der Sonne am nächsten steht, und wenn er sichtbar ist, dann nur im Zwielicht der Morgen- oder Abenddämmerung. Diese Spitzenposition in der Nähe der Sonne hat ihre Nachteile, denn Merkur ist so nah an der strahlenden Sonne nur schwer zu erkennen. Und genau wie sich der Planet Amateurastronomen entziehen kann, kann seine Bedeutung im Horoskop auch von Astrologen übersehen werden.

Merkur ist die erste Planeten-Stufe von der Sonne aus; er wirkt als Übermittler und Bote der solaren Bewußtheit zu den jenseits liegenden Bereichen. Der römische Botengott Merkur hat in der Mythologie viele Vorgänger und Gegenstücke. Wie Merkur sind sie oft kluge Diebe, die den Göttern Wissen für die Menschen stehlen. Die sumerische Göttin Inanna stahl die Tafeln des Schicksals zum Gebrauch für die Menschen, während in der griechischen Mythologie Prometheus den Zeus erzürnte, indem er das Feuer für die Menschen stahl. Denselben Trick wendet der Maorigott Maui bei seiner Ahnherrin an. Diese Gaben bezeichnen das Öffnen neuer Wege für die Menschheit durch größeres Verständnis und bessere Fähigkeiten.

Merkur ist der Träger allen Wissens, er repräsentiert die Gedankenvorgänge und die Sprache, die unsere Erfahrung der Wirklichkeit strukturieren. Wahrnehmung, Erkennen und die Fähigkeit, uns Begriffe und Vorstellungen zu bilden, sind merkurianische Eigenschaften; sie befähigen uns, sowohl mit uns als auch mit anderen zu kommunizieren. Merkurs Energie stellt Verbindungen her; wir gebrauchen diese Energie, um die Elemente an Information, die wir durch unsere körperlichen Sinne erhalten, miteinander zu verbinden, und um Gedanken und Ideen zu kombinieren. Während unser lunares Element langsame Übergänge zwischen Polaritäten bewirkt, springt unsere merkurianische Fähigkeit sofort über Lücken hinweg. Dieses Prinzip der leichten Verbindungen befähigt uns, zu überlegen, zu lernen und zu erfinden. Merkur ist sowohl im wendigen Geist als auch in der schnellen Zunge sichtbar.

Ein starker Merkur im Horoskop verleiht ein sehr neugieriges Wesen und großen Wissensdurst. Viele der merkurianischen Götter und Göttinnen werden als jugendliche Suchende nach neuem Wissen und Erfahrungen dargestellt. Wenn wir in Kontakt zu unserem Merkurelement stehen, sind wir jugendliche Lernende, egal wie alt wir wirklich sind, denn wir befinden uns auf der Suche nach neuen Horizonten und sind bereit, uns in ihre Richtung zu bewegen.

Schwierigkeiten treten auf, wenn es Zeit zum Anhalten ist; Merkur läßt uns immer weitergehen, ruhelos und schnell.

Die merkurianische Funktion brachte uns Sprache, Alphabete, akademische Lehren und handwerkliche Fähigkeiten. Der griechische Vorläufer des römischen Merkur, Hermes, soll die Musik und die Lyra erfunden haben. Die frühere Mythologie berichtet von Göttinnen, die all die nützlichen Künste und Fähigkeiten erfanden: die ägyptische Seshat, die babylonische Nisaba, die indische Sarasvati, die griechische Athene.

Der merkurianische Teil unseres Selbst macht uns leicht bereit und geneigt, Wissen, Fähigkeiten und Tricks aufzunehmen. Allerdings sind die Fähigkeiten und das Wissen des Merkur nicht notwendigerweise von ethischen Überlegungen begleitet. Dieser Teil des Selbst hat einen ausgesprochen gaunerhaften Aspekt, und man begegnet ihm oft auf dem Markt oder auf der politischen Tribüne. Mit der Vernunft des Merkur kann alles gerechtfertigt werden, und wir werden relativ leicht von der Brillanz unserer eigenen merkurianischen Argumente verführt. Ohne Intelligenz, Witz und freies Denken hätte die Menschheit als Art nicht überleben können. Und doch müssen wir die merkurianischen Funktionen weise gebrauchen; die Entwicklung unserer Intelligenz hat uns auch die Möglichkeit gegeben, uns selbst und unsere Welt zu zerstören. Die Gaben des Merkur können für gute und böse Ziele eingesetzt werden.

Dieser Planet repräsentiert viele Gegensätze und Polaritäten. Der merkurianische Gott Hermes wurde als zweigeschlechtlich betrachtet und bekam als Gefährte der Göttin Aphrodite einen Teil ihrer Energie, so daß er zum ursprünglichen »Hermaphroditen« wurde. In der hermetischen Mystik der Renaissance war das Geheimnis der magischen Kraft die Androgynie, die Vermischung der »männlichen« und der »weiblichen« Teile der Psyche. Die tatsächliche Intelligenz, die Merkur in uns darstellt, darf nicht als kalter Rationalismus betrachtet werden, sondern eher als das Zusammentreffen der intuitiven Fähigkeiten der rechten Hirnhälfte mit den logischen Funktionen der linken Hirnhälfte.

Wir alle haben merkurianische Energien in uns, die Fähigkeit, Verbindungen herzustellen, auch wenn manche eher dazu in der Lage sind als andere. Wenn Merkur im Horoskop gestärkt ist durch seine Position oder seine Aspekte, hat die Person viel zu geben und zu gewinnen aus dem Herstellen von Kontakten, aus dem Erlernen neuer Fähigkeiten und aus dem Erforschen von Ideen und Vorstellungen. Dieselbe Person hat vielleicht Schwierigkeiten, sich zu entscheiden und einen der vielen schillernden Wege, die vor ihr liegen, auszuwählen. Sie verbringt ihre Zeit vielleicht als ewig jugendlich Suchende, weicht Entscheidungen und Zugeständnissen aus, die Reife erfordern, und versäumt Möglichkeiten, ihr Potential zu vervollkommnen.

In der medizinischen Astrologie beherrscht Merkur die fünf Sinne und das Nervensystem, die uns befähigen, Informationen aufzunehmen und Nachrichten zwischen dem Gehirn und anderen Teilen des Körpers auszutauschen.

Die Sonne und Merkur liegen im Horoskop nah beieinander (oft im selben Zeichen), und es geschieht leicht, daß man die geistigen und nervlichen Fähigkeiten Merkurs mit dem Selbstbewußtsein verwechselt, das die Sonne darstellt. Bewußtsein ist mehr als nur eine Funktion des Geistes; es kann sogar bestehen, wenn die geistigen und nervlichen Fähigkeiten der Wahrnehmung und der Kommunikation schwer gestört sind. Wenn wir die solaren und merkurianischen Teile unseres Selbst als verschieden betrachten, können wir Merkur besser einschätzen. Die merkurianischen Teile der Psyche schaffen Brücken und Wege, über die das innere Selbst reisen kann, um der äußeren Welt zu begegnen.

Venus

Der Instinkt, Bindungen einzugehen
Liebe; Begehren; Sinnlichkeit; Verbundenheit;
Zusammenarbeit; die Fähigkeit, Schönheit zu erschaffen
und zu schätzen
Herrscherin über:
Stier und Waage
und das zweite und siebte Haus

Die Venus ist als Schwesterplanet der Erde bekannt, denn sie ist unser nächster Nachbar und ähnelt der Erde in Größe und Aufbau. Die Venus dreht sich jedoch um ihre Achse in der umgekehrten Richtung, so daß man sagen könnte, daß sie das Spiegelbild der Erde ist. Die Erscheinung der Venus am Himmel ist unübersehbar, sie ist entweder der Morgenstern der Morgendämmerung oder der Abendstern der Abenddämmerung und wurde in vielen Kulturen mit der Liebe in Verbindung gebracht. Die Darstellung der Venus in der traditionellen Astrologie stand unter dem Einfluß der europäischen Vorstellungen von romantischer Liebe, doch die alten Mythologien enthüllen viel größere Tiefen.

Oft als »der Stern« bezeichnet (denn Planeten und Sterne wurden nicht immer unterschieden), bildete Venus in Babylon eine Dreiheit mit Sonne und Mond. Manchmal wurde Venus als die Große Göttin dargestellt, die die Sonne gebar, manchmal auch als der lichtbringende Diener der Sonne. Wir haben festgestellt, daß Venus nicht nur in den Kulturen von Bedeutung war, von denen wir unsere Astrologie gelernt haben, sondern auch im präkolumbianischen Amerika und bei Stammesvölkern der ganzen Welt.

Als Morgenstern hieß Venus im alten Nahen Osten Dilbah, Lucifer und Shaher. Diese Gottheiten waren aktive Beginner, denn sie brachten den Tag und erweckten die Sonnenvitalität. Als der sanfte und liebende Abendstern war Venus Zib, Hesperus und Shalem. Shalem soll jeden Abend zur Sonne das Wort des Friedens gesprochen haben, woraus das hebräische und das arabische Wort für Frieden, *shalom* und *salaam*, entstanden sind. Als Abendstern bringt uns die Venus zur lunaren Welt der Phantasie zurück.

Der Planet wurde in Verbindung gebracht mit der griechischen Göttin Aphrodite, der babylonischen Ishtar, der syrischen Astarte und der ägyptischen Isis. Je weiter zurück wir gehen, desto größer sind die Dimensionen dieser Göttinnen, aber unser astrologisches Verständnis der Venus hat unter der in näherer Vergangenheit stattgefundenen Reduktion ihrerer Größe und Bedeutung gelitten. Wir müssen ein tieferes Verständnis der Liebe und der Wesensart des Begehrens zurückgewinnen. (Das englische Wort für Begehren, »desire«, stammt von dem lateinischen Wort *desidere*, das bedeutet »von dem Stern« – das war der Planet Venus.)

Die ursprünglichen venusischen Göttinnen repräsentierten die Liebe, aber nicht nur im passiven, harmonischen und sympathischen Sinn, den die Astrologie der Venus im allgemeinen zuordnet. Die späteren Griechen sagten, Aphrodite sei in einem Netz gefangen worden, als sie Ehebruch mit dem Gott Aries beging; früher jedoch war das Netz ihr eigenes gewesen, in dem sie ihre Liebhaber zu sich heranzuziehen pflegte – früher war sie aktiv, nicht passiv.

Die moderne Astrologie hat viel von der vibrierenden Energie des Planeten unbeachtet gelassen. Als Kriegerin und Jägerin drückte die Göttin in der früheren Mythologie Wildheit und Leidenschaft aus. Viele unserer wichtigsten Einsichten entstammen der Intensität von Erfahrungen aus Beziehungen.

Obwohl Astrologen in den letzten zweitausend Jahren die Tendenz hatten, die Venus unterzubewerten, wollen doch die meisten Leute genau wissen, wo in ihrem Horoskop die Venus steht. Das Bedürfnis nach Liebe und sexuellen Beziehungen ist oft ein Schlüssel zu unserer Lebensenergie. Wenn man sie verleugnet, kann das zu Depressionen führen; das Wiedererwachen von Liebe leitet in unserem Leben oft eine Heilung ein.

In der Alten Welt wurde Venus mit dem Mythos des Phönix in Verbindung gebracht. Auch wenn wir uns durch unsere Erfahrung gebrannt fühlen und nicht mehr fähig, wieder zu lieben, kann doch der venusische Teil des Selbst wiedergeboren werden aus der Asche wie ein wundersamer Vogel. Aber wir müssen auch lernen, wie wir mit dieser starken Kraft in uns umzugehen haben. Wir dürfen nicht die Verbindung verlieren mit der Empfindlichkeit, der Scheu und dem Bedürfnis nach unserer eigenen Zeitlichkeit, die der Mond darstellt. Sonst würden wir uns vielleicht fühlen, als wenn Venus Besitz von uns ergriffen hätte, genauso wie es die Alten beschrieben. (Man mußte der Venus die richtigen Gaben darbringen, um nicht von ihrer Macht besessen oder verzehrt zu werden.) Der venusische Teil unseres Selbst fängt sich in seinem eigenen Netz, wenn wir uns verlieben, ohne vorher eine wirklich entsprechende Verbindung hergestellt zu haben. Die Erfahrung daraus kann verzehrend und entsetzlich sein und uns so überwältigen, daß wir das Gefühl haben, wir müßten ohne das Objekt unserer Begierde aufhören zu sein. Paradoxerweise verlieren wir uns aber auch, wenn wir bei ihr oder ihm sind. Diese Form der besessenen Liebe ist frustrierend und selbstverleugnend, wird oft nicht erwidert oder respektiert und erweckt oft eine Empfindung in uns, als wären wir auf dem Planeten Venus gelandet, wo es ungeheuer heiß ist, ein großer atmosphärischer Druck herrscht und Schwefelsäure wie Regen vom Himmel fällt.

Wir müssen auf eine Art begehren und begehrt werden, die für unser Ganzes positiv ist; das bedeutet, wir müssen unsere eigene Begehrbarkeit und Schönheit wahrnehmen, um unsere Grenzen und unser Bedürfnis nach einer langsamen Entfaltung zu erkennen. Der venusische Teil unseres Selbst ist anderen Menschen gegenüber offen. Nur dadurch, daß wir unbedingt der Erfahrung der anderen zuhören (anstatt in unserer eigenen gefangen zu werden), können wir unausgewogene Leidenschaft in die viel ruhigeren Tiefen der Liebe und der gemeinsamen Intensität umwandeln. Manchmal mag uns Venus vielleicht zu extremen Gefühlen führen, aber paradoxerweise befähigt sie uns auch, Gleichgewicht und Harmonie in uns selbst zu erlangen.

Der Venusteil des Selbst besitzt eine unbändige Vitalität und eine sinnliche Freude am ganzen Leben. Wir sehen den Venus-Archetyp in der balinesischen Göttin Rati (»erotisches Entzücken«), in der tantrischen Göttin Shakti (»kosmische Energie«) und in der griechischen Muse der erotischen Dichtung namens Erato (»die Leidenschaftliche«). Die sexuelle Energie wurde als die grundlegende Lebenskraft betrachtet. Der sexuelle Austausch wurde sowohl wegen seiner spirituellen als auch wegen seiner gefühlsmäßigen Eigenschaften gewürdigt, und die Intensität der sexuellen Energie war dafür bekannt, daß sie heilende Kräfte beinhaltete.

Sexualität, Sinnlichkeit und Liebe wurden früher als unerläßliche Bestandteile eines Ganzen betrachtet, dessen Umfang weit über den Akt der Liebe hinausging. Diese Energie ist noch sehr stark in den frühen Kunstwerken der Menschheit gegenwärtig. Runde Statuen massiver Frauen verkörpern die venusischen Prinzipien der Sinnlichkeit, der Wärme und der Liebe ebenso wie die umfassenderen Attribute der Göttin. Die Venusfiguren recken sich mit geöffneten Armen der Welt entgegen.

Liebe öffnet das Herz. Kein anderes Gefühl hat ihre Dauerhaftigkeit. Venus erzählt uns von der Liebe zu Geliebten, Freunden und Kindern, Tieren und Pflanzen und zu allem anderen, das unsere Zuneigung erregt. Der Planet repräsentiert den Teil des Selbst, der in seiner täglichen Erfahrung die Schönheit sieht, den Weg zur Kreativität öffnet, uns zeigt, wie wir unsere Umgebung verschönern und Kunstwerke erschaffen können. Leidenschaft kann auf viele Arten mit anderen geteilt werden, nicht nur in sexuellen/gefühlsmäßigen Beziehungen, sondern auch, indem man mit einem anderen an einem geliebten Objekt zusammenarbeitet oder durch andere Arten von gemeinsamem schöpferischen Ausdruck. Bildnerische oder musikalische Zusammenarbeit in der Kunst hat etwas von dem einzigartigen Aroma einer Liebesbeziehung.

Die vibrierende Energie der Venus trägt uns in die Welt hinaus, motiviert uns, das Leben anzunehmen. Ohne die liebende Beziehung zu anderen, die Venus bringt, leben wir in einem Vakuum, entfremdet und desorientiert. Wir versäumen die gemeinsam empfundene Lebenskraft und den Vorgang, uns durch unser Einlassen auf andere selbst zu finden. Durch Venus sind wir fähig, das »Anderssein« zu erfahren, die Bedeutung von jemandem oder etwas außerhalb unseres Selbst. Wir erweitern unsere Begrenzungen, und die Ähnlichkeiten und Unterschiede, die wir entdecken, helfen uns herauszufinden, wer wir sind. Selbst diejenigen, die wir nicht mögen oder die wir als Feinde erkennen, helfen uns, uns selbst kennenzulernen.

Der venusische Teil des Selbst vermittelt uns unsere sozialen Fähigkeiten, die wir brauchen, um mit anderen zusammenzuarbeiten und harmonische und angenehme Beziehungen zu schaffen. Wenn wir dem venusischen Bedürfnis nach Frieden, Harmonie und Sympathie jedoch so stark zugeneigt sind, daß es alles andere ausschließt, können wir zu einem falschen Frieden gelangen, der auf den unsicheren Strömungen der Feindseligkeit und einem Mangel an Respekt beruht. Dann müssen wir uns an die anderen venusischen Qualitäten erinnern, an Gerechtigkeit und Gleichberechtigung in Beziehungen. Um diese Werte zu verwirklichen, müssen wir möglicherweise die kriegerischen Aspekte der Ishtar in Anspruch nehmen.

Die Wirkung der Venus im Körper gibt ihre verfeinernden und ausgleichenden Eigenschaften wieder. Medizinisch gehört zur Venus das Zwillingsorgan der Nieren, deren Hauptfunktion es ist, die Bestände der Flüssigkeiten im Körper zu regulieren und das Blut zu filtern und zu reinigen. Die korrekte Funktion der Nieren spielt eine große Rolle in der Erscheinung der Vollkommenheit, die von Venus beherrscht wird.

Venus regiert die Dinge, die wir am meisten schätzen, von Beziehungen, Idealen und Kunst bis zu Geld und Kleidung. Wenn wir eines dieser höchst geschätzten Dinge verlieren, können wir uns extrem unsicher fühlen, so als ob ein Teil von uns verschwunden wäre. Wenn es uns nicht mehr gelingt, dieses Verlustgefühl zu überwinden, liegt es gewöhnlich daran, daß wir Werte nur in dem gefunden haben, was *außerhalb* unser selbst liegt.

Nur dadurch, daß wir uns selbst wertschätzen und lieben, können wir uns zum größten Ausdruck der Liebe entwickeln. Es wird uns möglich zu vergeben, zu lieben ohne Besitzanspruch, das Beste für die Geliebten zu wollen, selbst wenn wir dadurch ihrer Gegenwart beraubt werden. Einen anderen zu lieben kann Kanäle öffnen zu einer universellen, mitfühlenden Liebe, denn Venus erweckt die Inspiration und die tiefere spirituelle Erfahrung.

Dieselbe leidenschaftliche Göttin Ishtar ist es, die für die Babylonier die Mitfühlende war, »die im furchtbaren Chaos einherschritt und brachte das Leben durch das Gesetz der Liebe; und brachte aus dem Chaos die Harmonie und aus dem Chaos... hat sie uns geführt an der Hand...«[7].

Mars

Antrieb und Selbstsicherheit
Dynamische Energie; Stärke; Aktivität; Wagemut;
Ärger; Sexualtrieb; Fähigkeit zur Wiederherstellung
Herrscher über:
Widder (und früher auch Skorpion)
und das erste Haus

Mars ist der erste Planet, der im Sonnensystem hinter der Erde liegt. Astrologisch symbolisiert er die Energie, die wir auf die Welt außerhalb richten. Das ist eine rohe und ungebändigte Kraft, direkt und unverbrämt. Der frühe indische Gott Rudra war der Prototyp für den römischen Gott Mars, und sein Name ist der Ursprung des lateinischen Wortes »rude« (gleichlautend ist das englische Wort gleicher Bedeutung, d. Übs.) für »roh« in seiner Bedeutung für eine primitive Gottheit der wilden Tiere und der Wälder. Mars war ursprünglich ein Gott der Bäume, der Blätter und der Vegetation, und die Energie des Mars ist eine dynamische, erneuernde Kraft, die bewirkt, daß der Saft im Frühling in die Pflanzen steigt und daß die Vitalität und der Sexualtrieb sich in Tieren und Menschen erheben.

Die Energie des Mars verlangt nach Beginn, Veränderung und Wachstum. Mars ist mit Widder und Skorpion in Zusammenhang gebracht worden, den Zeichen von Frühling und Herbst. Diese Jahreszeiten sind die Zeiten der Veränderung; der Frühling bringt die Veränderung durch neues Leben, der Herbst durch den Tod. Sie sind die Pole des Leben-Sterben-Wiedergeburt-Zyklus, der für jeden Wachstumsprozeß so wichtig ist. Wenn wir uns einer Veränderung entgegenbewegen, sind oft Opfer nötig. Jetzt betrachtet man den Planeten Pluto als Herrscher des Skorpions, und die wachsende Energie des Mars muß begleitet werden von einem plutonischen Vorgang der Ablösung von vergangenen, toten Verhaftungen, die uns nur zurückhalten würden.

Die martialische Lebensenergie ist immer verbunden gewesen mit dem Mut, dem Tode entgegenzutreten, genau wie das aufstrebende Korn später in der Ernte geschnitten werden muß. In den ältesten Mythen der indo-europäischen Kulturen finden wir die martialischen Götter der Vegetation und des Korns in ganz anderen Rollen dargestellt als denen, die wir mit dem späteren Gott Mars verbinden. Ursprünglich personifizierte der Vegetationsgott den Mut, in dem jährlichen Opfer an die Erde, der Quelle des Lebens, zu sterben, und sein Blut sicherte die Befruchtung des Bodens in jedem Frühling. Für den Boden zu sterben brachte dem Vegetationsgott Weihung und spirituelles Erwachen, denn er teilte als Gefährte die Stärke und Weisheit der Göttin.

Das Bild des Kriegsgottes scheint im alten Nahen Osten zu einer Zeit entstanden zu sein, als Völker immer häufigere Konflikte mit ihren Nachbarn hatten. Zu Anfang dieser Zeit waren es oft die Göttinnen, die die kämpferischen Qualitäten hatten. In der römischen Mythologie war es ursprünglich Mah-Bellona, die schlangenhaarige Mutter der Schlachten, die allen Kriegsaktivitäten vorstand. Selbst im späteren klassischen Griechenland war die Göttin Athene eine Kriegerin von kühler Intelligenz, die den feurigen Kriegsgott in der Schlacht immer besiegte. Der spätere Mars bedeutete nur ziellose Wut und Gemetzel, ein wenig hilfreiches Bild für unsere Marsenergie.

Obwohl uns seine Verbindung mit dem Opfer schockieren mag, ist das Bild des Vegetationsgottes doch inspirierender, da es aus der wilden Kraft der elementaren Natur stammt. Der Geist des Waldes überlebte in England als Robin Hood; er ist ein positiverer martialischer Archetypus für unsere Kinder als der Soldat. Der Geist des Waldes schützte den Wald, seine Lebewesen und das Landvolk, das in der Nähe seiner Grenzen lebte, vor der Unterdrückung der feudalen Kriegsherren. Es gibt auch die jungfräulichen Jagdgöttinnen, die griechische Artemis und die Hindu-Göttin Sarama, als Gottheiten des Waldes; obwohl sie in erster Linie mit dem Mond assoziiert werden, stellen sie auch die Archetypen des martialischen Mutes und der martialischen Unabhängigkeit dar.

Diese unterschiedlichen mythischen Figuren zeigen uns, wie wir unsere eigene martialische Energie sowohl positiv als auch negativ ausdrücken können. Obwohl wir unsere Standhaftigkeit nicht mehr durch freiwilliges Opfer beweisen, zwingen wir uns und unsere Energien über das hinaus, was wir als unsere Grenzen kennengelernt haben. Aus diesen Feuerproben des Mars gehen wir gestärkt und mit einem erneuerten Selbstgefühl hervor.

Martialische Energie gibt uns Höhepunkte des Muts und der Entschlußkraft; eine Person, die Mars in ihrem Horoskop stark akzeptiert hat, ist bereit, einhändig die Welt zu umsegeln, selbst wenn sie bei dem Versuch ihr Leben dem Meer opfert. Das Risiko, dem sie entgegensieht, gibt ihr ein Gefühl von Freiheit und Abenteuer und ein Gefühl, frei wählen zu können. Sie muß das Gefühl haben, mit ihrem Leben und ihrer Vitalität tun zu können, was sie will – trotz des Versuchs derer, die sie lieben, sie zur Vorsicht zu bewegen. Diesen martialischen Drang in uns, einen ruhmreichen Tod zu riskieren, müssen wir anerkennen, auch wenn man ihn benutzen kann, um Kriege zu fördern.

Der martialische Drang, seine Stärke und Fähigkeit, etwas zu erreichen, kann nicht ohne Gesundheitsverlust unterdrückt werden. Der martialische Teil der Psyche muß eher in Bereiche kanalisiert werden, wo Mut und Tapferkeit lebenserhaltend sind.

Wir zeigen Mars mit Selbstsicherheit, Antrieb und sexueller Energie. Diese Instinkte sind wichtig fürs Überleben. Mit martialischer Energie stehen wir auf und machen uns in der Welt bekannt, kämpfen für unsere Sache, so daß wir uns unseren Zielen nähern können. Mars regiert die Mittel der Aktion, allerdings nicht notwendigerweise auch die Werte und den Glauben, die uns zum Handeln zwingen. Wie Merkur ist Mars ein Vehikel; durch Mars teilen wir uns jedoch nicht in Worten, sondern in Taten mit.

Der Archetyp des Mars ist eine dynamische, starke und kämpferische Figur. Man findet sie in Atalanta, der amazonischen Athletin, der es die größte Freude machte, daß sie schneller als jeder Mann laufen konnte. Sie forderte jeden ihrer Verehrer zum Wettkampf auf; er fand den Tod, wenn sie gewann. Der Überlebende war der Mann, der die drei goldenen Äpfel der Venus fallen ließ, so daß sie stehenblieb, um sie aufzuheben. Nur das venusische Verlangen nach persönlicher Interaktion kann die martialische Geschwindigkeit und den Entschluß zu gewinnen zum Halten bringen. Wir können dem venusischen Teil der Psyche folgen, wenn unsere martialische Energie uns rücksichtslos macht, denn Venus hilft uns, mehr von dem, was wir sind, mit einzubringen. Mars und Venus müssen in uns in Beziehung treten und im Gleichgewicht sein. Wir können unser venusisches Bedürfnis zur Kooperation oder auch unsere saturnalische Vorsicht dazu mißbrauchen, unsere martialische Vitalität zu unterdrücken. Wenn unsere Energien blockiert sind oder unsere Triebe frustriert, dann ärgern wir uns, denn unsere Bedürfnisse nach Veränderung und Erneuerung werden verleugnet.

Wenn martialische Energie unterdrückt wird und der Ärger unter der Oberfläche anwachsen kann, ist es möglich, daß er uns mit seiner Gewalt und seiner Aggression überwältigt, uns mit unserer Fähigkeit konfrontiert, sowohl uns als auch die anderen zu verletzen. Unerkannt kann er auch zornige Menschen und Situationen zu uns heranziehen. Wenn wir den Ursprung unseres Ärgers suchen, kommen wir oft in Bereiche, wo unser persönlicher Wert nicht anerkannt wird. Wenn wir die Wurzeln unseres Ärgers erkennen, finden wir Wege, ihn zu lösen und positiv auszudrücken und die Verantwortung für unsere Kraft zu übernehmen.

Dann sehen wir die positiven Qualitäten des Ärgers: ehrlich, klärend und energiespendend. Mars gibt uns den Mut, den furchterregenden und zerstörerischen Aspekten des Ärgers entgegenzutreten, und wir können lernen, die martialische Energie im liebenden Teil des Selbst (Venus) aufgehen zu lassen und sie durch die integrative solare Bewußtheit zu leiten.

Die sexuelle Lust auf einen anderen Menschen ist eine Funktion der Venus, während ungezielter Sexualtrieb ein Ausdruck des Mars mit seinen initiativen, dynamischen Eigenschaften ist. Die Erkenntnis der Lebensenergie in unserem Sexualtrieb ist ein wichtiger Schritt dazu, unsere ganze sexuelle Natur anzunehmen. Innerhalb einer sexuellen Beziehung verbindet sich der martialische Trieb mit venusischem Verlangen und Liebe, während das Zölibat uns die Möglichkeit bietet zu lernen, wie wir den Sexualtrieb neu ausrichten können (anstatt ihn zu unterdrücken) auf ein Handeln in kreativer Vitalität.

Das Verleugnen unseres Wachstumsprozesses und die Unterdrückung des Sexualtriebes und des Ärgers sind die Grundlagen für Bitterkeit und Verdruß. Die Mißachtung des martialischen Selbst kann ein wichtiger Faktor bei der Entstehung chronischer Krankheiten sein. Krankheit oder Depression können einen letzten Ausweg darstellen, diese Bedürfnisse oder den Ärger auszudrücken. Obwohl es einer der schrecklichsten Schritte auf unserer Reise zur Vervollkommnung des Selbst sein kann, den Bedürfnissen des Mars ins Auge zu sehen, erlaubt uns das Annehmen der martialischen Energie, ausgewogen und gesund zu werden.

Wie die Sonne zeigt Mars ebenfalls unsere kräftigenden Fähigkeiten, Krankheiten oder Rückschläge zu überwinden. Die Energie, die den Saft steigen läßt, hilft unserer Stärke, wiederzukehren. Physiologisch hat Mars eine Beziehung zu den Muskeln, den roten Blutkörperchen und dem Adrenalinspiegel, der die »Flucht-oder-Kampf«-Antwort des Körpers auf eine Bedrohung von außen steuert.

Die traditionelle Astrologie hat Mars zu einem männlichen Planeten gemacht und die Frauen dazu bewegt, in seiner Energie die Männer in ihrem Leben zu entdecken. Das verstärkt die Konditionierung der Frauen zur Unterdrückung ihrer Bedürfnisse nach Wachstum, sexuellem Ausdruck, Ärger, Selbstsicherheit und Macht und die Konditionierung der Männer, sich mit diesen Energien zu sehr zu identifizieren. Dieses Ungleichgewicht erzeugt am Ende passive Rollen für Frauen und gewalttätige Rollen für Männer, und doch haben genauso viele Frauen wie Männer Mars in ihrem Horoskop stark aspektiert.

Die Haltungen von Familie und Gesellschaft beeinflussen uns beträchtlich in bezug auf die Weise, wie wir unsere martialische Energie ausleben können, und es erfordert martialischen Mut, sich gegen diese Erwartungen von weiblicher Schwäche und männlicher Stärke aufzulehnen.

Das martialische Selbst ist ehrlich und direkt. Unsere Taten sprechen lauter und mit größerer Ernsthaftigkeit als unsere Worte. Die martialische Energie braucht Anerkennung, denn durch Mars lernen wir, immer in Kontakt mit unserer wachsenden Kraft zu bleiben.

Jupiter

2

Drang zur Expansion
Wachstum; Erforschen; natürliche Weisheit und
Autorität; soziales Engagement, Ethik; Glaube;
Optimismus; Großzügigkeit; Möglichkeit
Herrscher über:
Schütze (und früher Fische)
und das neunte Haus

Jupiter ist der größte Planet im Sonnensystem, er hat zweieinhalbmal mehr Masse als alle anderen Planeten zusammen. Die Mythologie und Astrologie des Jupiter betont besonders entsprechende Themen der Weite, des Wachstums und der Autorität.

Der römische Jupiter, der griechische Zeus waren die obersten Götter, die Gesetz und Ordnung durchsetzten. Wie beim babylonischen Marduk, der ebenfalls dem Planeten zugeordnet war, stammte das Naturgesetz, das sie vertraten, ursprünglich von der früheren Großen Göttin. Zeus' Mutter Rhea und die babylonische Tiamat waren die Schöpferinnen, die der Menschheit das heilige Gesetz gaben. In frühen griechischen Gemeinden war es die Göttin Themis, die die natürliche soziale Ordnung personifizierte, in der Frauen geehrt und respektiert waren, Kinder geliebt und das Land beschützt und verehrt wurden. Von Zeus hieß es, er habe Themis geheiratet, bevor er Hera, die Königin der Götter, heiratete, und von diesen beiden Gefährtinnen und seiner Mutter Rhea stammt seine Autorität.

In der Astrologie repräsentiert Jupiter den Teil unseres Selbst, der uns in die Gesellschaft einbezieht und der zur Philosophie und zur Religion hinführt. Viele Menschen der heutigen Zeit fühlen sich dem jupiterischen Element in ihrem Innern entfremdet. Der patriarchalische Jupiter, der die Gesetze durchsetzte, ist von Astrologen übersetzt worden in das Bild des Richters und des Priesters, Vorstellungen, die sich möglicherweise altmodisch und unpassend anhören. Es kann uns helfen, den Jupiter in unserem Innern zu verstehen, wenn wir die sehr alten Kulturen betrachten, in denen Gesetz und Religion einen Teil der Lehre der alten und weisen Frauen der Völker ausmachten. In vielen Stammeskulturen der heutigen Zeit besteht diese Situation noch, und das Aufrechterhalten der Ordnung wird als Weg verstanden, weiter in Harmonie mit dem Land zu leben. Solche Kulturen bieten uns durch ihr Beispiel eine Möglichkeit, den jupiterischen Instinkt in uns allen schätzen zu lernen.

Der jupiterische Teil des Selbst reicht über das Individuum und seine direkten Beziehungen hinaus und sucht sich einen Platz in der äußeren Welt. Er sucht nach einer Basis der gemeinsamen Ansichten oder des gemeinsamen Glaubens, die uns ermöglicht, in verständnisvollen Kontakt mit der Gemeinschaft zu treten.

Wir sind soziale Wesen, und wenn es uns nicht gelingt, den jupiterischen Teil unseres Selbst zum Ausdruck zu bringen, werden wir in eine isolierte Position gebracht. Und wenn wir erst von den anderen getrennt sind, besteht die Gefahr, daß wir unsere eigene Bedeutung überhöhen, so daß wir uns selbst als das zentrale Bewußtsein der Welt sehen, denn Jupiter kann zur Selbstüberschätzung führen, wenn seine Energie nicht positiv ausgedrückt wird.

Der jupiterische Teil des Selbst sucht nach einer breiteren Perspektive im Leben und nach einem tieferen Bewußtsein seines Sinns und führt uns dazu, die Bedeutung des Daseins zu überdenken. In der ursprünglichen lateinischen Bedeutung hieß »religio« Wiederverbindung oder Wiedervereinigung und stand vom Sinn her dem Sanskritwort *yoga* nahe. Die jupiterische Energie sucht nach einer umfassenden und stimmigen Weltanschauung, die unseren Handlungen einen Sinn verleiht. Für viele Menschen sind die Religionen und Philosophien, die dieses Bedürfnis in der Vergangenheit befriedigten, bedeutungslos geworden und haben sie in einer existenziellen Krise zurückgelassen, ohne das Gefühl, mit einer größeren Einheit verbunden zu sein. Die Krise konzentriert sich um das Bedürfnis, uns eine eigene Ethik zu schaffen, wenn wir nicht mehr die soziale Moral vergangener Religionen übernehmen möchten.

Ohne den positiven Jupiterausdruck haben wir Schwierigkeiten, mit der negativen Seite des Planeten zurechtzukommen. Jupiters Wirkung ist expansiv und kann übermäßig werden. In Gesellschaften, wo vielen Menschen das Gefühl der Bedeutung und Zusammengehörigkeit fehlt, gibt es oft Exzesse des übermäßigen Konsums und des Materialismus, die diese Lücke füllen.

Traditionellerweise beherrscht Jupiter das Reisen, Erforschungen und Rituale. Viele europäische Reisende sind in die Dritte Welt gefahren auf der Suche nach Erleuchtung als Antwort auf die jupiterischen Bedürfnisse nach einem Leben mit mehr Sinn. Es gibt auch ein neues Interesse an den Lehren der alten Kulturen und eine Suche nach neuen Mythologien, Zeremonien und Ritualen. Die große Suche nach neuen Göttinnen und Göttern wird auch aus dem augenblicklichen Interesse an Kulturen und Königshäusern, Filmstars, Politikern und spirituellen Gurus offensichtlich.

In letzter Konsequenz müssen die Antworten, nach denen Jupiter sucht, aus uns selbst kommen. Jupiter gibt uns die Fülle an Glauben, sogar an Leichtgläubigkeit, aber unser jupiterischer Teil wird nicht immer damit zufrieden sein, wenn wir anderen folgen, er fordert, daß wir unsere eigene Weisheit erkennen. Das Verständnis, das der Planet verleiht, befähigt uns, persönliche Mythen, Symbole und Rituale zu schaffen. Unser Bewußtsein von Resonanzen und Verbindungen in unserem Leben erlaubt es uns, die Ereignisse unseres tagtäglichen Lebens zusammenzufassen, um uns einen persönlichen Zusammenhang daraus zu erschaffen. Die jupiterische Energie erlaubt es uns auch, größere Verbindungen herzustellen, sowohl spiritueller als auch politischer Art.

Die Sichtweise Jupiters macht erkennbar, daß es eine Verbindung gibt zwischen der ausgebeuteten Arbeitskraft der Dritten Welt und den billigen importierten Waren. Wir schaffen Symbole mit dem Verständnis des Jupiter, so daß wir ein Spinnennetz betrachten und darin die Verbundenheit des Lebens sehen können. Wir weben uns ein in den Stoff der Existenz, indem wir solche Verbindungen herstellen. Das jupiterische Selbst will nicht nur seinen Platz in den Vorgängen der Welt verstehen, sondern auch zur Gemeinschaft beitragen, indem es sein Verständnis weitergibt.

Das jupiterische Selbst bewegt uns dazu, ein System des Glaubens und ein Gefühl für den Sinn zu entwickeln. Unsere gerade erworbene Weisheit bewegt uns dazu, sie andere zu lehren. Wenn Jupiter eine gute Stellung im Horoskop hat, sind wir dazu fähig, mit Humor und Großzügigkeit zu lehren, aber wenn Jupiter überbetont oder schlecht aspektiert ist, können wir zu eifrigen Predigern und Moralisten werden. Die jupiterische Autorität stammt aus unseren eigenen Einsichten, und diese müssen in unserem Inneren bewahrt und mit anderen nur dann geteilt werden, wenn wir die richtige Form finden und die anderen auch zuhören wollen. Die soziale Energie des Jupiter schließt auch einen Sinn für das Komische ein, der uns dabei hilft, den Fallgruben der Anmaßung und der Arroganz auszuweichen, wenn wir eine Position als Führer oder Lehrer erreichen.

In der medizinischen Astrologie wird Jupiter der Leber zugeordnet und dem Fett, der Verdauung, dem Blutzuckerspiegel und dem Körpergewicht. Diese Bereiche der Anatomie und Physiologie des Körpers lassen schnell die Ergebnisse jupiterischer Völlereien erkennen. Wenn jemand zuviel ißt und trinkt, kann das ein Zeichen dafür sein, daß ihm in seinem Leben Sinn und Zweck fehlen. Nach unseren Bedürfnissen im tieferen Sinn zu suchen und sie zu entdecken ist ein hilfreicherer Ansatz zur Bewältigung entsprechender Probleme, als sich mit Diäten zu beschäftigen. Das Überschießen des Jupiterelements kann sich auch aus einer zu großen Begeisterung für »das gute Leben« entwickeln. Die entgegengesetzte jupiterische Energie ist eine Liebe zum Training, zur Bewegung und zur freien Natur, was uns alles zu einem gesunden Körper und Geist verhelfen kann.

Traditionellerweise war Jupiter als der Planet des Glücks bekannt, und Leute, die einen starken Jupiter in ihrem Horoskop hatten, wurden als »Glückspilze« betrachtet. Das jupiterische Glück entstammt der Fähigkeit, das Leben optimistisch anzugehen, mit dem Glauben an die Güte der anderen und mit einem offenen Herzen. Wenn wir mit diesen jupiterischen Qualitäten in Einklang stehen, ziehen wir das Wohlwollen der anderen auf uns und sind leichter in der Lage, die guten Gelegenheiten in unserer Umgebung wahrzunehmen. Wenn wir eine Verbindung herstellen zu den jupiterischen Themen der persönlichen Sinngebung und Bedeutung in unserem Dasein, dann können wir sie zu der Welt, in der wir leben, in Beziehung setzen. Erst dann können wir das Gefühl für Hoffnung und Vertrauen empfinden, das zu einer wahren Großzügigkeit des Geistes führt.

Saturn

Drang zur Verbindung
Bindung; Selbstkenntnis; Weisheit aus Erfahrung;
Reife; Selbstdisziplin; Neuorientierung; Struktur
Herrscher über:
Steinbock (und früher Wassermann)
und das zehnte Haus

Vor der Entdeckung des Uranus im achtzehnten Jahrhundert hielt man Saturn für den äußersten Planeten im Sonnensystem. Entsprechend wurde Saturn dargestellt als der Planet der Begrenzung, der Kälte und der Dunkelheit, der das Wissen um die menschliche Sterblichkeit mit sich bringt. Einige Gesellschaften der Vergangenheit stellten Saturn als den Schnitter Tod oder den Herrn des Karma dar, der alles an seinem Ort bewahrt, gewöhnlich indem er Unglück verbreitet wie zum Beispiel Armut und Krankheit.

Wenn wir zurückkreisen in das Wissen der Alten, dann bekommen wir eine andere Vorstellung von den Attributen des Saturn. Eines der Charakteristika des saturnalischen Selbst ist es, daß sich sein wahrer Wert nicht in der äußeren Erscheinung zeigt, sondern sich auf einer tieferen Ebene befindet. Eine Geschichte mit einem stark saturnalischen Anklang ist die der griechischen Göttin Medusa, deren Gesicht für so schrecklich gehalten wurde, daß sein Anblick Männer in Stein verwandelte. Das »Gesicht« der Medusa war jedoch eine schlangenhaarige Maske (die auch von der Göttin Athene getragen wurde), die die Weisheit des Weiblichen darstellte. Ein Teil dieser Weisheit ist das Annehmen des Todes, der uns eines Tages in etwas verwandeln wird, das steinhart und kalt ist. Die Maske bedeutet die Anerkennung des schicksalshaften Aspektes im menschlichen Leben, zusammen mit einem tieferen spirituellen Verständnis des Lebens und seiner Quelle.

Der griechische Gott Chronos, Vorgänger des Saturn, wurde als Vater Zeit dargestellt. Die frühere Vorstellung der Göttin als altes Weib, »Mutter Zeit«, findet sich an den verschiedensten Stellen der europäischen Mythologie mit unterschiedlichen Namen, während in Indien der Name der Göttin Kali »Zeit« bedeutet. Die Sichel der Zeit (die aus der Sichel des abnehmenden Mondes besteht) vermittelt uns das Bewußtsein für die begrenzte Anzahl von Jahren, die wir zu leben haben. Wenn wir die ganzen Möglichkeiten dieser Jahre ausschöpfen wollen, müssen wir uns auf das beschränken, was wir für wichtig halten. Die saturnalische Energie ist selbstdiszipliniert und ernsthaft in ihrer Fähigkeit, Verpflichtungen zu erfüllen und Grundlagen für die Zukunft zu schaffen. Der saturnalische Teil des Selbst versteht die Notwendigkeit zu Begrenzungen und Strukturen, um im Leben Erfüllung zu finden. Gleichzeitig konfrontiert uns die Energie des Saturn aber auch mit den Fragen danach, was wichtig ist und was unsere Prioritäten sind. Wenn dieser Teil des saturnalischen Vorgangs mißachtet wird und diese Fragen unbeantwortet bleiben, riskieren wir, »versteinert« zu werden in einem Leben ohne Bedeutung, so wie es der Mythos von jenen berichtet, die die Weisheit der Medusa nicht verstanden und zu Stein wurden.

Wenn wir in Harmonie mit dem saturnalischen Teil unseres Selbst leben, sind wir in der Lage, die Weisheit der Erfahrung zu nutzen und von der Zeit belohnt zu werden. Eine Überdosis an saturnalischer Energie kann jedoch den »Workaholic«, den Arbeitssüchtigen, erzeugen, der das Leben als beständigen Kampf betrachtet und der jenen grollt, die nicht ständig mit ihrer Arbeit und ihren Pflichten beschäftigt sind. Es kann hilfreich sein, sich daran zu erinnern, daß ein Teil des saturnalischen Prozesses auch die Saturnalien sind, eine Auszeit vom täglichen Leben, wo man dessen Regeln brechen und sich freuen kann und wo der normalerweise strenge Saturn der Herrscher des Unfugs wird. Durch die saturnalische Betroffenheit von Begrenzungen können wir auch einen Weg finden, unser eigenes Bewußtsein zu befreien. Saturn wurde von den alten chaldäischen Astrologen »schwarze Sonne« oder »Sonne der Nacht« genannt, weil sie den Planeten als der Sonne ähnlich und doch ihr entgegengesetzt sahen. Sowohl Sonne als auch Saturn repräsentieren unseren Wunsch danach, ein integratives Bewußtsein für uns zu finden. Unser solarer Zugang zu diesem Ziel ist jugendlich und das Selbst zum Ausdruck bringend, er konzentriert sich auf Gelegenheiten. Der saturnalische Zugang jedoch ist reif und überlegt und konzentriert sich auf Schwierigkeiten.

In ihrem wichtigen Buch *Die Rückkehr des Saturn* schreibt Liz Greene, daß »Saturn in Verbindung steht mit dem erzieherischen Wert des Schmerzes, auch wenn es nicht eine Freude am Schmerz ist, die Saturn fördert, sondern eher die Heiterkeit der psychischen Freiheit«.[8] Durch Saturn erhalten wir eine Verbindung zu dem Lehrer und Heiler in uns. Die sichersten und wertvollsten Lektionen, die wir im Leben lernen, sind diejenigen, die auf eigenen, schwierigen Erfahrungen aufbauen, die, selbst wenn sie in jenem Moment schmerzlich und frustrierend sind, uns im nachhinein betrachtet an Weisheit gewinnen lassen. Wenn wir in

Kontakt zu unserem saturnalischen Selbst stehen, haben wir die Fähigkeit, den verborgenen Schatz im Erdrutsch der Katastrophe zu erkennen. Mit dem Schmerz kommt die Desillusionierung, aber in dieser Desillusionierung können wir ein inneres Wissen finden, das aus unseren eigenen, auf die Probe gestellten Werten hervorgegangen ist – im Gegensatz zu den leicht gewonnenen, übernommenen Annahmen aus den Werten der anderen. Durch dieses innere Wissen entdecken wir unseren inneren Wert.

Wenn Saturn im Horoskop durch seine Position oder seine Aspekte betont ist, wird die betroffene Person ziemlich ernsthaft sein, besonders in der Auseinandersetzung mit den Schwierigkeiten, die ihr begegnet sind. Aber wo auch immer Saturn in unserem Horoskop stehen mag, er zeigt uns, wo in unserem Leben unsere härteste Arbeit liegt und, entsprechend, wo wir am meisten gewinnen können.

Die saturnalische Seite unseres Selbst ist furchtsam, und zusammen mit der Furcht kommen Gefühle der Angst und der Mangel an Selbstbewußtsein. Furcht ist universell, aber jeder Mensch fürchtet sich vor anderen Dingen. Sei es, daß wir Furcht vor U-Bahnen, Höhen, Armut, Intimität oder Tod haben, die Gelegenheit, die uns die Furcht bietet, ist für jeden von uns gleich. Der Bereich, auf den sich unsere Furcht konzentriert, ist ein Bereich der Selbstentdeckung und des Selbst-Verstehens. Wenn wir unsere Stärken kennen, ist das eine Sache, aber es bedarf der Reife der saturnalischen Sicht, um uns zu akzeptieren, wenn wir schwach sind. Wenn wir es mit der furchterregenden Stelle der Dunkelheit und Kälte in uns, die Saturn repräsentiert, aufnehmen, dann bewegen wir uns auf unsere Vervollkommnung zu. Wir begegnen den Grenzen und Beschränkungen, die wir uns auferlegen; der Schritt, der uns darüber hinwegführt, ist das Annehmen der Verantwortung dafür, daß diese Grenzen aufgehoben werden können. Saturn kann uns durch Furcht zu Selbsterkenntnis und Selbstvertrauen bringen.

Oft machen wir uns auf den Weg auf diese Reise zur Selbsterkenntnis in den Jahren der »Rückkehr des Saturn« im Alter zwischen achtundzwanzig und dreißig, wenn der Saturn seit der Geburt zum ersten Mal den Tierkreis umrundet hat. Für die alte Welt symbolisieren die Schlangen im Haar der Medusa das Verständnis der immer wiederkehrenden Erneuerung. Nach einem Prozeß der saturnalischen Selbsterkundung, zu welcher Zeit unseres Lebens auch immer, setzen wir unseren Weg mit neuem Ziel fort. Saturnalische Weisheit sagt uns, wann es Zeit ist, die Vergangenheit und ihre Träume hinter uns zu lassen, so daß wir unser Leben fest auf die bestehenden Realitäten gründen können. Oft erfahren wir den

Weg dorthin scheinbar als eine Zeit, in der nichts funktioniert. Die Lektionen des Saturn erscheinen häufig in Form von Depressionen, Verlusten, Frustration oder Krankheit. Solche Rückschläge können ein Zeichen dafür sein, daß wir eine Zeit der Neuorientierung brauchen. Eine der ursprünglichen Funktionen des Satan (eines nahen Verwandten des Saturn) war es, ein Widersacher zu sein, jemand, der prüfte und urteilte, indem er Fangfragen stellte oder Rätsel aufgab, die gelöst werden mußten. Das saturnalische Selbst fragt viele Fragen: »Wer bin ich? Was tue ich mit meinem Leben? Ist diese Beziehung richtig für mich?« Während uns diese Fragen belasten können, besonders wenn die Antworten nach wichtigen Veränderungen im Leben verlangen, beginnen die Fragen auch einen Prozeß, durch den wir den Kontakt zu unseren Gefühlen und Richtungen halten und uns selbst treu bleiben.

Die Antworten, zu denen uns Saturn führt, sind nicht immer einfach, aber sie sind befreiend. Die saturnalische Weisheit beruht auf der Erkenntnis, daß wir für unser eigenes Leben verantwortlich sind und für die Richtung, in der es verläuft. Die führende Rolle anzunehmen, die wir in unserem eigenen Leben spielen, bedeutet nicht, die Schuld auf uns, sondern das Steuer in die Hand zu nehmen. Es ist hilfreich, zusammen mit dem Bewußtsein der Verantwortlichkeit auch noch ein Gefühl unserer Unschuld zu bewahren. Es ist nicht leicht, an den Punkt zu kommen, an dem wir bemerken, daß keine Situation oder andere Person für unsere Frustration verantwortlich ist, sondern daß tatsächlich unsere unangenehme Lage ein Ergebnis unserer eigenen Handlungen und Einstellungen ist. Das Bewußtsein der eigenen Verantwortung jedoch führt dazu, daß wir feststellen, wieviel Macht wir haben, unser Leben selbst zu gestalten. Genau das ist schon das beste Rezept zur Heilung der Saturnkrankheiten. Die heilende Kraft des Saturngeschehens wird in England auch durch das medizinische Symbol für ein Rezept ausgedrückt, das aus dem astrologischen Saturnzeichen entstanden ist.

Medizinisch beherrscht Saturn das Skelett, die Haut und das Bindegewebe. Diese anatomischen Teile strukturieren und formen den Körper ebenso, wie der saturnalische Prozeß die Psyche strukturiert. Auch das Altern wird dem Saturn zugeordnet. Eine archetypische Gestalt des Saturn ist die alte Frau oder der alte Mann, deren Reife, Weisheit und Erfahrung sich in den Runzeln der Zeit zeigen.

Als die Technologie den Astronomen und Astrologen die Gelegenheit gab, das Sonnensystem genauer zu beobachten, fanden sie heraus, daß Saturn nicht der letzte Planet des Sonnensystems war; wenigstens drei weitere Planeten liegen noch hinter ihm. Ein genauer Blick auf den Saturn zeigt ihn nicht als Ort der Kälte und Dunkelheit, sondern als Planeten von erstaunlicher Schönheit, umgeben von Ringen in strahlenden Farben. Saturn verdient immer eine genauere Untersuchung, denn bei diesem Planeten ist nichts so, wie es auf den ersten Blick aussieht. Unveränderlich bleibt, daß, je genauer wir hinschauen und je mehr wir fragen, desto größer die Einsichten sind, die wir gewinnen.

Uranus

Sinn für Individualität
Originalität; Erfindungsgeist; Exzentrizität;
Genialität; Rebellion; Revolution; Idealismus;
Toleranz, Ablösung
Herrscher über:
Wassermann und das elfte Haus

Der Planet Uranus ist ein Regelbrecher. Seine Rotationsachse ist eher horizontal als vertikal, so daß zu manchen Zeiten der Äquator der kälteste Teil des Planeten ist. Uranus wurde 1781 durch die Arbeit von Karoline und Wilhelm Herschel entdeckt, und er ist der erste der »modernen« Planeten, der jenseits der Umlaufbahn des Saturn entdeckt wurde.

Mit der Entdeckung des Uranus begann eine neue Vorstellung vom Kosmos zu entstehen. Die Entdeckung eines »neuen« Planeten brach die bis dahin als saturnalisch angenommenen Schicksalsbindungen und führte sowohl zu einer astrologischen Neubewertung und Aufwertung des Saturn als auch zur Entwicklung eines revolutionären uranischen Bewußtseins.

Die Entdeckung des Uranus kündigte den Beginn einer neuen Ära an, da sie zu einer Zeit stattfand, in die auch die französische und die amerikanische Revolution und der Beginn der industriellen Revolution fielen. Unser heutiges astrologisches Verständnis des Uranus sieht ihn als Planeten der Revolution, der humanitären Ideale und der technologischen Neuerungen; seine ungewöhnliche Drehung steht im Zusammenhang mit seiner Verbindung zur Exzentrizität und Originalität.

Wir können auch einen Blick auf die Mythologie werfen, um den neu entdeckten Planeten besser zu verstehen. Die Mythen des griechischen Gottes Uranus waren vielen Veränderungen unterworfen. Ursprünglich war er der Gefährte der Großen Göttin Urania, der Himmelskönigin. Der Name blieb in der griechischen Mythologie bestehen als Name der Muse der Astrologie, ebenso wie heutzutage der Planet Uranus der Herrscher der Bereiche Astrologie, Astronomie und Raumfahrt ist.

In späteren Mythen stellen wir fest, daß Uranus (oder Ouranos) die Regentschaft über den Himmel von der Göttin übernommen hat und der Liebhaber der Gaea, der Erde, geworden ist. Er wird von seinem Sohn Chronos kastriert und gestürzt; in der Folge wird Chronos selbst ebenfalls von seinem Sohn Zeus entthront. Historisch betrachtet sind diese

Mythen Darstellungen der Kämpfe, die in Griechenland zwischen den ursprünglich matriarchalischen und den verschiedenen darauffolgenden patriarchalischen Gesellschaften stattfanden. Der Instinkt zur Rebellion bewirkt einen sich wiederholenden Kreislauf, in dem die neue Ordnung zum Status quo wird, selbst Widerstand erregt und entmachtet wird. Uranus repräsentiert den Prozeß der sich ständig wiederholenden Revolution.

Im Innern der Psyche sucht die uranische Energie beständig idealistisch nach einer schönen neuen Welt und widersteht Autorität mit einer besonders empfindlichen Wahrnehmung jeder Unterdrückung. Die Erfahrung des Erwachsenwerdens ist oft ein uranischer Prozeß, denn das ist eine Phase, in der wir mit eingefahrenen Konventionen auf dem Kriegsfuß stehen und unsere Individualität und Unabhängigkeit suchen.

Es mag notwendig sein, den Wert der saturnalischen Struktur und Form vor dem Ausdruck der Uranusenergie und -ideale zu lernen, denn dann kann er diesen uranischen Idealen Realismus und Praktikabilität verleihen. Unaufhörliche Rebellion ohne Rücksicht auf irgendeine saturnalische Struktur erzeugt nur beständiges Durcheinander und Chaos. (Der Aspekt zwischen Uranus und Saturn im Horoskop zeigt, wie gut wir in der Lage sind, diese Energien im Gleichgewicht zu halten.)

Diejenigen, bei denen Uranus im Horoskop besonders gut aspektiert ist, werden oft als »ihrer Zeit voraus« beschrieben, mit einem klaren und möglicherweise prophetischen Blick in die Zukunft. Dieser visionäre Blick ist oft begleitet von einem Gefühl, in der Gegenwart mißverstanden und isoliert zu sein. Die normale Gesellschaft toleriert nicht gern Exzentrizität beim Genie oder beim Versager. Die Ablehnung der Außenseiterin stammt aus der unbewußten Zensur durch den uranischen Zug in uns allen – unsere Exzentrizität und Originalität werden im Zaum gehalten. Die Außenseiterin kann eine einzelne sein oder auch eine Gruppe, die abtrünnig ist oder außerhalb des Hauptstroms der Gesellschaft eine Subkultur unterhält. Die etablierte Ordnung lehnt Störungen ab und kontrolliert oder zerstört Außenseiterinnen in ihrem Versuch, das »Anderssein« zu unterdrücken.

Ein Zeichen für die Gesundheit einer Gesellschaft ist der Raum, den sie für Unterschiede läßt, für menschliche Widersprüche. Die Exzentrikerin ist lebenswichtig, denn ihr »Anderssein« gibt ihrer Gemeinschaft eine vollständigere Identität.

Der uranische Drang äußert sich durch den Gebrauch von Schock und Humor, um die Gesellschaft herauszufordern. Spaßmacher und Clowns können auch Heiler sein; im griechischen Mythos der trauernden Demeter wird sie verulkt und zum Lachen gebracht von einer alten Frau, Baubo, die plötzlich ihre Genitalien enthüllt. In ähnlicher Weise verspotten, heilen und verärgern zeitweise andersdenkende Menschen die Gesellschaft durch ihre Kunst. In der amerikanischen Gesellschaft ist die Rolle des schockierenden Außenseiters von Bette Midler, Janis Joplin, Lenny Bruce und Richard Pryor gespielt worden. Viele uranische Menschen sind Nonkonformisten, Außenseiter(innen) für die Kultur der Masse. In England zeigte die ursprüngliche Punk-Kultur aus der Arbeiterklasse uranische Energie in ihrem Bedürfnis, die rigide Konvention zu schockieren und sich über sie lustig zu machen. Außenseiterinnen haben besondere und oft beunruhigende Einsichten in die Gesellschaft, aus der sie teilweise oder ganz ausgeschlossen sind. Wenn eine Gesellschaft sich weigert, solchen Individuen oder Gruppen Gehör zu schenken, dann werden unangenehme Wahrheiten, aber auch der Reichtum der Vielfalt versäumt.

Es gibt eine sehr schmale Trennungslinie zwischen jenen, über die die Gesellschaft lacht, und jenen, die sie einsperrt. Es kann Genie und aufleuchtende Einsichten geben in dem Zustand, den wir als Wahnsinn bezeichnen, schmerzliche, aber wesentliche Wahrheiten, die in der »normalen« Welt nicht sicher artikuliert werden können. Besonders Frauen befinden sich oft in dieser Position als Außenseiterinnen in einer Gesellschaft, die vom Bewußtsein der Männer beherrscht wird. Die autobiographischen Schriften vieler Autorinnen belegen diese Erfahrung, wenn sie von der erzwungenen Ausstoßung schreiben, die mit dem Etikett der Verrücktheit einhergeht.

Jede von uns hat auch einen »verrückten« oder »Außenseiter«-Teil, der mit den Erwartungen der Gesellschaft nicht übereinstimmt.[9] Es ist ein wertvoller und einzigartiger Teil der Psyche, und doch kann für die einzelne ein Ungleichgewicht entstehen, wenn sie sich so sehr als Außenseiterin sieht, daß sie, ohne es zu wissen, arrogant wird und eine von der Wirklichkeit losgelöste Existenz führt. Die »Zwangsrebellin« wählt einen Weg der Einsamkeit und Entfremdung, wenn sie nicht an irgendeinem Punkt die Notwendigkeit sieht, »aus der Kälte hereinzukommen«.

Mit Hilfe der Erfahrung lernen wir, ähnliche Geister zu finden, die unsere Ideale und Einsichten teilen. Damit stellen wir ein Gleichgewicht her zwischen dem uranischen Teil der Psyche und dem lunaren Bedürfnis dazuzugehören sowie dem venusischen Bedürfnis, zu lieben und geliebt zu werden. Unser Bewußtsein von unserer eigenen, einzigartigen Individualität wird durch Gefühle der Gemeinsamkeit und Verbundenheit gestärkt und unterstützt. Dieser Prozeß der Suche nach Unterstützung durch andere war ein Thema der sechziger Jahre in einer Zeit der uranischen Unruhen und Veränderungen in der Gesellschaft.

Bilder, die im Zusammenhang mit Uranus stehen, schließen das Erdbeben und den Blitzstrahl ein. Die Schocktaktik des Uranus überrascht uns so, daß wir unbekannte Bereiche von uns selbst und unserer Gesellschaft entdecken; seine blitzenden Einsichten verändern unwiderruflich unsere Wahrnehmung der Welt, erregen und beleben uns mit dem Ausblick auf neue Landschaften.

Die elektrische Energie des Uranus wird in der medizinischen Astrologie durch seine Verbindung mit den Gehirnströmen und den Impulsen des Nervensystems wiedergegeben. Uranus hat auch eine Beziehung zu den Energieströmen im Körper, die in Indien als *prana* und in China als *chi* bekannt sind.

Die drei äußeren Planeten, das heißt also Uranus, Neptun und Pluto, werden als »obere Oktaven« von Merkur, Venus und Mars betrachtet, denn sie repräsentieren die Belange dieser drei Planeten sozusagen in einem erweiterten Maßstab. Als höhere Oktave des Merkur gehört Uranus zu den Bereichen der weltweiten Telekommunikation; es ist typisch für die Uranusenergie, daß sie ungehindert über nationale Grenzen springt, während sie ständig auf der Suche ist, Begrenzungen zu durchbrechen, um das Neue und Andere zu erfahren.

Seit der Entdeckung des Uranus hat die Welt viele schnell aufeinanderfolgende Veränderungen und Unruhen erlebt. Das Potential in der uranischen Technologie fasziniert und erschreckt uns gleichzeitig, und die Welt muß sich mit den zugehörigen Folgen immer noch arrangieren. Die wachsenden Unterschiede in den verschiedenen Gesellschaften erlauben sowohl einen größeren individuellen Ausdruck als auch eine größere Entfremdung. Während wir in das von Uranus regierte Zeitalter des Wassermanns eintreten, sind wir begeistert von Aussichten auf neue Möglichkeiten der Lebensweise, der Heilung, der Beziehungen und der Kommunikation.

Neptun

Gefühl des Einsseins
Träume; Phantasie; Illusion; Mitgefühl;
Einfühlungsvermögen; psychische Wahrnehmung;
Ungebundenheit; Ekstase; Transzendenz; Mystizismus
Herrscher über:
Fische und das zwölfte Haus

Neptun wurde im Jahre 1795 zum ersten Mal gesehen, aber daß es sich dabei um einen Planeten handelte, bemerkte man erst 1846. Diese Unsicherheit in bezug auf die Identität ist typisch für die Neptunenergie, die die Eigenschaft eines Chamäleons hat, ständig die Erscheinung zu ändern und sich einfacher Definition zu entziehen. Historische Ereignisse in der Mitte des neunzehnten Jahrhunderts halfen den Astrologen dabei, das Wesen Neptuns zu erkennen. In der europäischen Medizin wurde Äther als Anästhetikum eingeführt und die Technik der Hypnose entwickelt. Zur gleichen Zeit, zu der die Medizin Techniken entwickelte, um Schlaf und Trancen zu erzeugen, wurde die Welt der europäischen Kunst und Literatur von den Träumen und der Vorstellungskraft der Romantik davongerissen. Ganze Gemeinschaften machten sich in Europa, China und Indien auf die Suche nach gelobten Ländern, vorangetrieben durch Phantasien von einem besseren Leben. Es war die Zeit des Goldrausches, und die Hoffnungen waren groß. Es gab einen verständlichen Drang, der verzweifelten Armut und den bestehenden sozialen Gegebenheiten zu entkommen. Der Drang auszubrechen zeigte sich auch durch das Entstehen neuer Freizeitbeschäftigungen – Darbietungen der Laterna Magica und Fotografie. Substanzen, die bewußtseinsverändernd wirkten, wurden auf der ganzen Welt leichter zugänglich, besonders Alkohol, Tabak und Opium. Gleichzeitig entstand eine Vielzahl neuer religiöser Bewegungen, einschließlich des Mormonentums und des Spiritismus. Religiöse und spirituelle Glaubensrichtungen begannen sich auszubreiten oder wurden der einen Kultur von der anderen aufgedrängt. Während die Entdeckung des Uranus einherging mit der Eröffnung neuer Denkansätze, wurde die Entdeckung des Neptun begleitet von einer Öffnung zu neuen Träumen, Visionen, Phantasien, Bewußtseinszuständen und zum Mystizismus.

Mythologisch gesehen hat Neptun eine starke Beziehung zum Meer. Das Meer ist ein universales Symbol für den Beginn des Lebens und für das Unbewußte. In Mythologie und Träumen bedeutet Meer eine Quelle der Inspiration und die Erneuerung des Lebens. Die babylonische Göttin Tiamat und die indische Göttin Kali wurden beide als »die Tiefe« bezeichnet, aus der das Leben hervorkam. Die nahöstliche Göttin Mari symbolisierte die uranfänglichen Wasser und trägt in Darstellungen eine dunkelblaue Robe mit Perlenhalsband. Einige Gottheiten sollen, schon versehen mit ihren magischen Fähigkeiten, aus dem Meer geboren worden sein, zum Beispiel die griechische Aphrodite und die Maorigöttin Maui.

Die große Anzahl wunderbarer Meeresgeschöpfe in Mythen und Märchen, von den Meerjungfrauen bis zu den Seeschlangen, kündet von der zauberhaften Schönheit und den verborgenen Gefahren des Meeres und der Neptunenergie. Der neptunische Teil des Selbst sucht einen Zustand der Einheit ohne Begrenzungen durch Raum und Zeit; wie das Meer ist er ein formloser, unendlicher Strom. Das Bewußtsein der Einheit mit der Schöpfung ist ein zentrales Element der mystischen Erfahrung. Nach diesem Bewußtsein wird in der Meditation, dem Gebet, dem rituellen Gesang, Trancen, Fasten und Tanz gesucht. Diejenigen, die sich der ekstatischen Energie des Neptun hingeben, können durch diese Disziplinen die Schleier des Maya oder die Illusion von der Wirklichkeit hinter sich lassen, um eins zu werden mit der universellen Lebensquelle. In vielen Kulturen agiert die Schamanin oder Medizinfrau als Brücke zwischen der spirituellen Welt und der Welt der Materie. Ein erschöpfendes Training öffnet den Weg zu psychischer und spiritueller Erfahrung. Die schamanistische Weisheit betont, wie wichtig es ist, die saturnalischen Eigenschaften der Selbstdisziplin, der Reife und der Ausdauer zu verinnerlichen, wenn man auf die neptunische Suche nach Erleuchtung geht.

Neptun ist die höhere Oktave zu Venus, und die neptunische Sensitivität besitzt eine enge Beziehung zu venusischen Bereichen der Kreativität, besonders zu den nichtverbalen Künsten – Musik, Tanz, Fotografie und Malerei. Film und Theater sind ebenfalls geeignet für das neptunische Bedürfnis nach Phantasie und Einfühlungsvermögen. Durch die Energie Neptuns spüren wir, daß wir eins werden mit dem, was wir in der erhöhten Stimmung des Schöpfungsprozesses erschaffen. Diese Kreativität kann sich transformierend, wie magisch, auswirken – auf den Zuschauer oder -hörer genauso wie auf den Schaffenden.

Die Neptunenergie in uns transzendiert persönliche Begrenzungen und entwickelt Mitgefühl; wir können anderen Lebewesen nichts zuleide tun, wenn wir wirklich glauben, daß sie ein Teil von uns und wir ein Teil von ihnen sind. Während die Uranusenergie nationale Grenzen überspringt, nimmt Neptun sie nicht einmal wahr; dieser Teil von uns erfährt nur eine

Welt, ein Universum. Die Konzentration auf das Spirituelle und das Imaginative lenkt uns von dem Bedürfnis ab, Reichtum anhäufen oder Macht über andere haben zu wollen.

Die Heilenergie des Neptun besteht in liebender Freundlichkeit und Mitgefühl, sie wird in der tantrischen Tradition »Karuna« und im Lateinischen »caritas« genannt (bezeichnenderweise gibt es dafür keine genaue englische Übersetzung, auch das deutsche Wort »Nächstenliebe« trifft die Bedeutung nur ungefähr). In vergangenen Kulturen war es besonders die Arbeit der Tempelpriesterinnen, wie der »devadasis« in Indien und der heiligen Mütter Japans, Liebe und Mitgefühl gegenüber der Gemeinschaft zum Ausdruck zu bringen. Eine der Möglichkeiten, dieses Mitgefühl auszudrücken, war mit Hilfe der Sexualität, und die heilige Hure ist eine archetypische Ausprägung Neptuns mit der Verbindung ihrer Fähigkeiten Lieben, Heilen, Vergeben und Prophezeiung. In der Vergangenheit war sie geehrt und angesehen, und in der christlichen Kultur wird dieser Archetyp durch Maria Magdalena repräsentiert.

Es fällt dem menschlichen Bewußtsein nicht leicht, die Neptunenergie zu beinhalten, denn sie überflutet die Grenzen des Selbst und der Zeit. Wenn der Neptunanteil des Selbst dominant wird, beschreiben uns andere als »wie im Traum« oder »daneben«, denn wir sind dann in gewissem Sinne außer uns. Während nur wenige von uns die Neptunenergie einsetzen, um einen Zustand mystischer Einheit zu erreichen, ist uns doch allen das Bedürfnis nach dem Einssein eigen.

Die Menschheit hat viele Hilfsmittel zur Bewußtseinserweiterung gebraucht – bewußtseinsverändernde Drogen, Alkohol mit seiner Vorgeschichte in den ekstatischen Weinkulten des Dionysos, tantrische Sexualpraktiken, Musik vom Stammestrommeln bis zu klassischen und Rockkonzerten. Um die Quelle der Neptunenergie zugänglich zu machen, ist es nötig, daß wir unser schärferes Bewußtsein nach seiner Erfahrung erhalten, dann wird es förderlich sein für unser ganzes Leben. Die imaginative Empfindsamkeit des neptunischen Teils der Psyche kann sich nur entwickeln, wenn wir jede vorhandene Erfahrung voll gebrauchen, anstatt sie dauernd erneuern zu wollen.

Jede neptunische Handlung, sei es Meditation, das Trinken von Alkohol oder die Entwicklung einer lebhaften Phantasie, kann als Fluchtmöglichkeit aus der Erfahrung des Schmerzes, der Langeweile oder der Desillusionierung in unserem täglichen Leben dienen. Wenn sie auf diese Art gebraucht werden, verlieren diese Fähigkeiten ihre schöpferischen, verändernden Eigenschaften und haben nur die Funktion, uns gegen die Wirklichkeit abzustumpfen.

Die Selbstzerstörung, die sich daraus entwickeln kann, ist die sehr wirkliche Gefahr in dem Ozean der Neptunenergie. Die Teile unseres Selbst, auf die wir uns im Falle einer solchen Gefahr berufen müssen, sind die solare Bewußtheit und das saturnalische Selbst, die zusammen die Küstenlinie der Selbst-Bewußtheit, der Selbsterkenntnis und der Selbstdisziplin bilden. Wenn man nach dem ursprünglichen Grund für eine selbstzerstörerische Gewohnheit sucht, kommt sehr oft das neptunische Selbst zum Vorschein, geschwächt durch fehlende Anerkennung und spirituelle Desillusionierung. Das neptunische Selbst muß frei Gefühle von Liebe, Verbundenheit und Empfindsamkeit ausdrücken können.

Diejenigen, bei denen Neptun im Horoskop eine besonders starke Stellung einnimmt, haben ein besonderes Bedürfnis, eine Ausdrucksmöglichkeit für diese Energie zu finden. Oft verstehen und erfahren sie intuitiv die Gefühle anderer. Ohne die natürliche oder erlernte Fähigkeit, sich davor zu schützen, kann das für Gefühle extremer Verletzlichkeit oder sogar Wahnsinn verantwortlich sein.

Medizinisch herrscht Neptun über das lymphatische System, das schädliche Fremdkörper und Giftstoffe aus dem Körper ausscheidet und zerstört. Wenn das Immunsystem nicht unterscheiden kann zwischen dem, was zu uns, und dem, was nicht zu uns gehört, bricht die Abwehr zusammen, und wir sind Krankheiten ausgeliefert. Der neptunische Teil unseres Selbst braucht diesen Schutz, sowohl körperlich als auch gefühlsmäßig und psychisch, um die schädlichen Dinge herauszufiltern, die wir aus der äußeren Welt aufnehmen können. Unsere solaren, saturnalischen und uranischen Energien können uns helfen, wenn wir uns zu offen und verletzlich fühlen, indem sie unseren Sinn für Individualität und Grenzen wiederherstellen.

Viele von Natur aus psychisch besonders empfindsame Menschen sind als geistig labil eingestuft worden, eine Vorstellung, die Doris Lessing in *Die viertorige Stadt* untersucht.[10] Indem wir diese Fähigkeiten erkennen und uns in ihrem vernünftigen Gebrauch üben, erlangen wir oft einen stabilen, eher saturnalischen Rahmen für unser Selbst. Viele Menschen mit starker Neptunenergie sind von Natur aus Heiler, und wir alle gebrauchen unser Neptunselbst, wenn wir uns in Nächstenliebe um unsere Mitmenschen kümmern.

Ein häufig auftretendes Problem bei der neptunischen Sorge um andere ist das Fehlen von Anerkennung; besonders von Frauen ist immer erwartet worden, daß sie ohne Anerkennung oder Erwiderung für andere sorgen. Während der neptunische Teil des Selbst vielleicht darauf besteht, daß Anerkennung unnötig ist, kann sich doch unbewußt ein Widerwille entwickeln, der zu einem Märtyrersyndrom und emotionaler Erpressung führen kann. Gleichzeitig wird der Person, für die gesorgt wird, nicht wirklich geholfen, wenn sie passiv und vom Versorger oder Heiler abhängig wird. Jenen, die Neptun stark in ihrem Horoskop vertreten haben, kann es helfen, wenn sie darauf achten, ihre Gefühle bewußt einzusetzen und ein alternatives Ventil für ihre Energien zu haben, indem sie sich schöpferisch äußern.

Es ist für die Befriedigung unserer Neptunseite des Selbst notwendig, daß wir Schönheit und Magie erfahren, damit wir Raum und Zeit bekommen, die Augenblicke der Transzendenz im täglichen Leben zu finden. Dann kann uns unsere neptunische Empfindsamkeit einen Weg der Verbindung zur Erde und ihren Bewohnern zeigen, die in Liebe, Anerkennung und wahrem Heilen besteht.

Pluto

Drang zur Transformation
Initiation; Tod; Wiedergeburt und Regeneration;
Macht; Krise
Herrscher über:
Skorpion und das achte Haus

Die Entdeckung eines weiteren neuen Planeten im Jahre 1930 bedeutete, daß sowohl Astrologen als auch Astronomen dringend umdenken mußten. Die Astronomen mußten ihre Vorstellung von der Größe des Sonnensystems um mehr als ein Drittel erweitern. Die Astrologen wurden mit der Aufgabe konfrontiert, ihr Bewußtsein sogar noch über die spirituellen Höhen des Neptun hinausgehen zu lassen, um die Bedeutung des neuen Planeten zu erfassen. Ein wichtiges astrologisches Zeichen wurde durch das elfjährige englische Mädchen gesetzt, das den Planeten Pluto nannte, nach dem römischen Gott, der sowohl als Herr der Unterwelt als auch als Herr des Reichtums bekannt war. Schon nach kurzer Zeit wurde Pluto von Astrologen als Planet des Todes, der Wiedergeburt und der Transformation charakterisiert.

Die Unterwelt wird üblicherweise in den Mythologien der Welt als sowohl Kammer des Todes wie auch Schoß der Geburt dargestellt, normalerweise wird sie von der Göttin als altem Weib beherrscht. In Norwegen bringt Hel, die Königin der Unterwelt, allen den Tod, sogar den Göttern; in Hawaii führt das heilige Höhlentor des Todes zu der Vulkangöttin Pele; in Griechenland hieß es, tote Männer würden zur Brautkammer der Unterweltgöttin Persephone geführt. Die Eingeborenen Amerikas und die Hindus haben den gemeinsamen Glauben an die Wiedergeburt aus dem Schoß der Erde nach ihrer Wiedervereinigung mit der Mutter Erde bei ihrem Tode. Diese Mythen vermitteln uns eine umfassendere Perspektive auf den Tod, als das bei zeitgenössischen Kulturen üblicherweise der Fall ist. Wenn wir den Tod als Teil eines unvermeidlichen zyklischen Prozesses sehen, können wir leichter den Übergang von einer Stufe des Lebens zu einer anderen akzeptieren, und die Angst, mit der wir heute normalerweise dem Tod entgegensehen, wird geringer. Im Tarot wird die Karte »Der Tod« positiv gesehen, als Karte der Befreiung von der Vergangenheit, die den Weg für neue Anfänge frei macht.

Astrologisch gesehen zeigt uns Pluto die Tatsache, daß wir im Laufe unseres Lebens vielen Toden begegnen und daß der Tod, den wir normalerweise als das Ende des Lebens betrachten, nur ein weiterer Punkt des Überganges ist. Tod ist wie die Puppe, aus der der Schmetterling hervorgeht; er ist ein Kokon der Transformation.

Die Entdeckung Plutos fiel in eine Zeit der Härte und Desillusionierung in der Weltgeschichte. Die dreißiger Jahre lagen zwischen den beiden Weltkriegen – eine Zeit, in der auch die Weltwirtschaft zusammenbrach. Faschismus und organisiertes Verbrechen waren auf dem Vormarsch, atomare Waffen in der Entwicklung. Es war eine Zeit, in der die Menschheit einen großen Teil ihrer Arglosigkeit in bezug auf die menschliche Natur verlor, denn diese Phänomene machten unseren Haß und Rassismus, unsere Gier, Grausamkeit und Gewalttätigkeit sichtbarer. Seitdem hat die Menschheit mit dem Wissen gelebt, daß wir zu einer Art gehören, die zu Völkermord und globaler Zerstörung fähig ist.

Pluto hat auch mit dem Vorgang der Beseitigung zu tun. Plutos Wirken ist wie ein Furunkel, der die eingeschlossenen Gifte zum Vorschein bringt, normalerweise unter großem Schmerz und häßlich anzusehen. Dieses Jahrhundert hat die menschliche Rasse mit ihren eigenen Giften in Form der Weltkriege, Atomwaffen und weltweiten Umweltverschmutzung konfrontiert. Das Aufbrechen eines Furunkels jedoch ist ein Teil eines Heilungsprozesses, der einerseits dem Körper gestattet, Toxine loszuwerden, der uns aber auch warnt, daß wir mit innerem Abfall überfüllt sind. Pluto sagt uns, daß der gegenwärtige giftige Zustand der Welt in einen Heilungsprozeß verwandelt werden könnte, wenn wir der gegenwärtigen Situation ins Auge sehen und sie bearbeiten würden, anstatt sie zu unterdrücken, zu ignorieren oder uns ihr zu unterwerfen.

Wenn ein Mensch chronisch krank ist, gibt die Krise einer akuten Krankheit die Möglichkeit, Gifte auszuscheiden und die Gesundheit für die Zukunft zu verbessern, und die Weltkrisen dieses Jahrhunderts sind begleitet gewesen von einem neuen Bewußtsein dessen, wie man heilen kann. Während die Menschheit ihre Unschuld verloren hat, haben sich Methoden des transformierenden Heilens entwickelt, die mit Hilfe der tiefen Ebenen in uns arbeiten. Die analytische Psychologie ist zwischen den Weltkriegen entwickelt worden und hatte neue Ansätze in der Psychotherapie zur Folge. Wir lernen auf eine Weise, wie wir mit dem Unbewußten arbeiten können, die der alten Heilweisheit ähnlich ist, und bringen gleichzeitig die neue Weisheit mit ein, die aus der neueren Erfahrung stammt. Mit diesen therapeutischen Methoden können wir anfangen, den schrecklichen Aspekten der menschlichen Natur ins Auge zu sehen und mit ihren Ergebnissen zu arbeiten. Beim Umgang mit der zerstörerischen Art der Menschheit können weder Unwissenheit noch Unterdrückung oder Vergebung wirklich zu Veränderungen führen. Die Veränderung muß sich aus einer bewußten Wahrnehmung unserer gemeinsamen menschlichen Tiefen entwickeln, aber auch aus dem Willen, diesem Bewußtsein entsprechend zu handeln.

Während die Energie Neptuns aufsteigt und annimmt, steigt die Energie Plutos ab und konfrontiert. Wir begegnen dem plutonischen Teil des Selbst durch die Erfahrung tiefreichender Konfrontation. Diese Konfrontation besiegt und transformiert uns durch ihre Intensität. Die Bereiche des Lebens, in denen wir am ehesten dieser Art der Konfrontation begegnen, werden im Horoskop durch die Position und Aspekte Plutos angezeigt. Der plutonische Weg zur Regeneration und Transformation führt hinab in die düsteren Tiefen unserer Alpträume. In ihrem Buch *The Descent to the Goddess*[11] gebraucht Sylvia Brinton Perera den alten sumerischen Mythos vom Abstieg der Göttin Inanna in die Unterwelt ihrer Schwester Erishkegal, um diese Reise nach unten zu illustrieren. Diese Art der Reise hat sowohl persönlich wie global betrachtet eine große Bedeutung. Der Abstieg ist weder einfach noch angenehm; denn Inanna war es auferlegt, daß ihr die Kleider vom Leib gerissen wurden, daß man sie tötete und dann zum Verrotten aufhängte. Im übertragenen Sinne bedeutet dieser Mythos den Vorgang, bei dem unsere alte Identität und Fassade abgerissen, vergangene Verhaltensmuster abgelöst und wir über unsere Unschuld hinausgetragen werden. Der Vorgang der Initiation ist weder schmerzlos noch kurz, doch sein Ergebnis ist eine Wiedergeburt des Selbst und eine Erneuerung des Geistes. Wir gehen daraus unbeschwert durch die große Bürde der Vergangenheit hervor. Plutonische Energie macht es uns möglich, dem entgegenzutreten, was uns in Form unserer Neurosen, Traumata und unterdrückten Ängste terrorisiert. Die Entscheidung, diesen Schritt zur Selbst-Konfrontation zu machen, kann bewußt oder unbewußt getroffen werden; wenn der Abstieg erst einmal begonnen hat, ist das nicht mehr wichtig. Wir müssen uns darüber im klaren sein, daß die Unterwelt auch die Macht und die Stärke enthält, die notwendig sind, um dem Schmerz und der Angst zu begegnen. Nach dem Abstieg kommt der Aufstieg. Wenn der Vorgang der Konfrontation mit alten Ängsten, Blockaden und Tabus erst abgeschlossen ist, können wir neu gestärkt mit Lebenskraft und einem machtvollen Glauben an unsere Überlebensfähigkeit wieder daraus hervorgehen.

Plutoenergie wirkt auf der Achse zwischen »festhalten« und »loslassen«. Diese Achse hat viel mit dem richtigen Gebrauch von Macht zu tun. Es ist sehr wichtig, daß wir diese beiden Energieformen verstehen, um im

Gleichgewicht zu bleiben. Die Weisheit des Wissens um den richtigen Zeitpunkt zum »Loslassen« und um den richtigen Zeitpunkt zum »Festhalten« kommt mit der Erfahrung. Wir können uns verletzen, indem wir an einer Beziehung, einer Stellung oder einem Ideal festhalten, von denen wir auf einer tiefen Ebene wissen, daß sie tot sind. Zu einem anderen Zeitpunkt können wir zerstören, was wir schätzen, indem wir Ängste, Wut und Unsicherheit außer Kontrolle geraten lassen. Die plutonische Reise schließt diesen richtigen Gebrauch von Macht und Kontrolle mit ein. Wir alle haben persönliche Macht, obwohl manche von uns sich dessen eher bewußt sind als andere. Solange wir nicht einige der Initiationsriten des Pluto erlebt haben, ist es wahrscheinlich, daß wir diese Macht aufgrund unseres Unwissens und unserer Angst falsch einsetzen.

Diejenigen, bei denen Pluto im Horoskop eine starke Position hat, haben einen besonders starken Antrieb und müssen den tiefsten Teilen des Selbst entgegentreten. Wenn sie sich der Konfrontation entziehen, neigen sie oft dazu, plutonische Energie in besitzergreifende oder beherrschende Verhaltensmuster zu übertragen. Ein starker Pluto verleiht große Macht, andere zu beeinflussen; die Kenntnis des eigenen Selbst ist für die vernünftige Anwendung dieser Macht nötig.

Mit der Erfahrung der plutonischen Reise ins Selbst jedoch kommt die Fähigkeit, anderen beim Abstieg zu helfen; und die Selbstkenntnis, die verhindert, daß man Macht mißbraucht, wird die Erfahrung auch vermitteln. Es ist für stark plutonische Menschen wichtig, eine Möglichkeit zu finden, wo sie ihre Erfahrung einsetzen können, denn sie können transformative Heiler und Lehrer sein. Ohne eine entsprechende positive Ausdrucksmöglichkeit kann sich ihre Intensität wie eine Zeitbombe anfühlen. Plutos Energie enthält eine große Macht, die, falsch angewandt, zerstörerisch sein kann; aber den Deckel auf der plutonischen Energie zu halten verstärkt nur die Wahrscheinlichkeit, daß das passiert. Wir könnten uns in Vulkane verwandeln, indem wir uns an unseren machtvolleren Energien festhalten. Nach einer Zeit der lebenslangen Unterdrückung wird sogar die schüchternste und schwächste Person explodieren. Die Explosion kann nach innen losgehen in Form einer zerstörerisch fortschreitenden Krankheit oder eines Nervenzusammenbruchs, wenn der unterdrückte Teil der Psyche ausbricht.

Physiologisch gesehen beherrscht Pluto die vitalen Funktionen der Ausscheidung und der Regeneration. Wenn Darm und Blase nicht mehr arbeiten, wird der Körper mit seinen eigenen Toxinen überladen. Die ebenfalls im Becken angeordneten Geschlechtsorgane bringen die sexuelle Kraft zum Ausdruck, die neues Leben willkommen heißt.

Wir können zerstört werden, indem wir die Energie Plutos einschränken. Indem wir es wagen, die Unterwelt zu betreten, entdecken wir jedoch die Reichtümer, die Pluto regiert. Die plutonische Energie gehört zu unseren machtvollsten Trieben und Gefühlen. Sie beinhaltet Besitzstreben, Haß, Rache, Besessenheit und Wut. In derselben Energie finden wir auch Sexualität, Mut, Glaube, Integrität, Vertrauen und den Willen, durch Transformation und Wiedergeburt hindurchzugehen. Wenn persönliche oder gesellschaftliche Moralbegriffe verhindern, daß die zerstörerischen Elemente in der menschlichen Natur anerkannt werden, dann verlieren wir den Zugang zur schöpferischen und belebenden Kraft Plutos. Das Bewußtsein Plutos verlangt, daß wir all unsere Gefühle anerkennen und die Verantwortung annehmen, uns auszusuchen, wonach wir uns richten wollen.

Wir können unser plutonisches Bewußtsein in der Gemeinschaft und auf einer globalen Ebene einbringen, indem wir der augenblicklichen Krise entgegentreten. Dadurch wird die Transformation von Geschlagenheit und Verzweiflung in Stärke und Glauben möglich. Indem wir die Krise in der plutonischen Heilung erkennen, die in der ganzen Welt eingetreten ist, erlangen wir den nötigen Einblick, um handeln zu können. Das Mandarin-Wort für Krise ist *weiji*. Das *I Ging* läßt uns *weiji* besser verstehen, indem es dort als eine Zeit bezeichnet wird, in der die Möglichkeit zur Veränderung besteht, zu einem Übergang von der Unordnung zur Ordnung.[12] Hinter dem Zusammenbruch liegt die Wiedergeburt.

Anmerkungen

1 Zur Illustration der Planetenbedeutungen aus der Mythologie haben sich die Autorinnen auf die Bücher gestützt, die in der Bibliographie unter der Abteilung »Mythologie, Religion und Geschichte« stehen. Eine besonders viel gebrauchte Quelle war Barbara Walkers *The Woman's Encyclopedia of Myths and Secrets* (Frauenenzyklopädie der Mythen und Geheimnisse). *The New Larousse Encyclopedia of Mythology*, Patricia Monaghans *The Book of Goddesses and Heroines* (das Buch der Göttinnen und Heldinnen), Merlin Stones *Ancient Mirrors of Womanhood (2 Bde)* (alte Spiegel des Frauseins) und Lawrence Durdin-Robertsons *The Goddesses of Chaldea, Syria and Egypt* sind auch sehr häufig herangezogen worden.

2 Lantero, Ermione, *The Continuing Discovery of Chiron* (die fortlaufende Entdeckung des Chiron), Samuel Weiser, 1984.

3 Dobyns, Zipporah Potenger, *Introduction to the Asteroid Ephemerides* (Einleitung zu den Asteroidenephemeriden), TIA Productions, Los Angeles 1977; Donath, Emma Belle, *Asteroids in Synastry*, Geminian Institute, Dayton (Ohio) 1977.

4 Jacobson, Ivy Goldstein, *The Dark Moon Lilith in Astrology* (der dunkle Mond Lilith in der Astrologie; privat veröffentlicht), Kalifornien 1961.

5 Für mehr Information über die Planeten verweisen wir die Leserinnen auf folgende
  Bücher:
  Arroyo, Stephen, *Astrology, Karma and Transformation*, CRCS Publications, 1978.
  Cunningham, Donna, *An Astrological Guide to Self-Awareness* (ein astrologischer
  Führer zur Selbst-Bewußtheit), CRCS Publications, 1978.
  Mayo, Jeff, *The Planets and Human Behaviour* (die Planeten und menschliches Verhalten), L. N. Fowler, 1972.
6 Shuttle, Penelope, und Redgrove, Peter, *Die weise Wunde Menstruation*, Gollancz,
  1978.
7 Stone, Merlin, *Paradise Papers* (Papiere des Paradieses), Virago, 1977.
8 Greene, Liz, *Saturn, Die Rückkehr des Saturn* (Saturn, neue Aussichten auf einen alten
  Teufel), Hugendubel Verlag, München 1985, S. 10–11.
9 Die Autorinnen danken Ewa Wojakowska für ihre Hilfe beim Verständnis des uranischen Prinzips, wie es sich in der Gesellschaft äußert. Siehe ihren Artikel *New Perspec-
  tives in Psychiatry* im Jahrbuch des Institute of Psychosynthesis, Band III, c/o 1 Cambridge Gate, London NW1 4JN.
10 Lessing, Doris, *Die viertorige Stadt.*
11 Perera, Sylvia Brinton, *Descent to the Goddess – A Way of Initiation for Women*
   (Abstieg zur Göttin – ein Initiationsweg für Frauen), Inner City Books, 1981.
12 Wilhelm, Richard, *I Ching*, Routledge & Kegan Paul, 1968.

5
Die Zeichen verstehen

Die vier Elemente
und die drei Qualitäten

Die griechischen Astrologen entwickelten eine Methode, um die zwölf Zeichen des Tierkreises besser zu verstehen. Sie ordneten die Zeichen nach den vier *Elementen* ihres philosophischen Systems und nach den drei Arten der Aktivität, die astrologische *Qualitäten* genannt werden.

Abbildung 5.1 zeigt, wie die Tierkreiszeichen den *Elementen* und *Qualitäten* zugeordnet sind.

Die vier Elemente: Feuer, Erde, Luft, Wasser

Die vier Elemente helfen uns, das Wesen der Welt, die wir erfahren, zu verstehen. Jedes hat starken Bildwert für unsere Vorstellungskraft.

Die persischen Magier betrachteten alle vier Elemente als heilig, und ihr philosophisches System beeinflußte die griechischen Astrologen. In einem Mythos der Hindus verteilt die Große Mutter Kali die Elemente, um Leben zu spenden; dabei bildet das Wasser das Blut, die Erde den festen Körper, die Luft verleiht den Atem, und das Feuer erzeugt die Lebenswärme. Jedem dieser Elemente sind viele Symbole zugeordnet; die Gegenstände, die die griechische Göttin Nemesis trägt, sind ein Kelch, der das Wasser symbolisiert, ein Stab für das Feuer, ein Rad für die Erde und ein Schwert für die Luft. Diese vier Symbole bildeten später die Grundlage sowohl für die vier Farben der Tarotkarten als auch für die modernen Spielkarten.

Die Elemente bilden einen wichtigen Teil unseres tagtäglichen Denkens und Sprechens. Wir reden von »schwimmen«, wenn wir Unsicherheit meinen, werden »angefeuert«, sind »abgebrannt« oder »in der Patsche«, haben »die Füße auf dem Boden« oder »Rückenwind« oder finanziell noch »Luft«; lauter sehr bildliche Beschreibungen, die Bezug auf die Elemente nehmen.

Durch unser Geburtsbild gibt uns die Astrologie eine Vorstellung

127

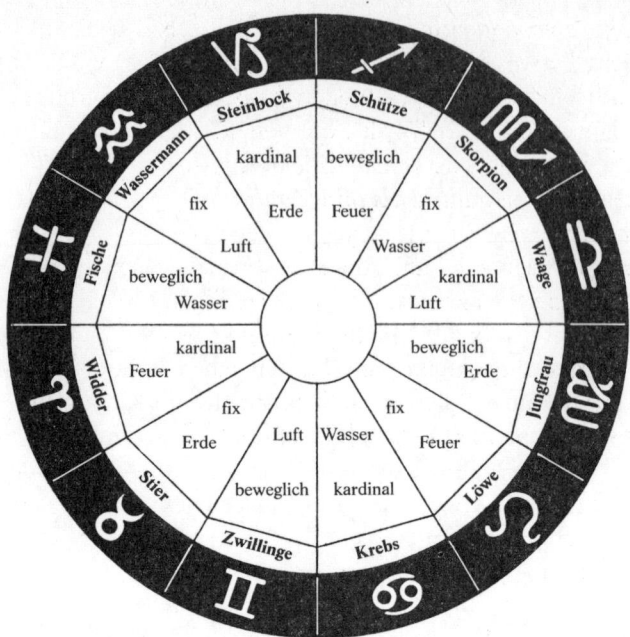

Abb. 5.1   Das Rad des Tierkreises

davon, welches Verhältnis wir zu den vier Elementen haben. Die zwölf Zeichen des Tierkreises teilen sich in diese Elemente, wie in Abbildung 5.2 dargestellt.

Jede dieser Dreiergruppen von Zeichen pro Element heißt *Dreieck*.

In der traditionellen Astrologie werden die Wasser- und Erdzeichen als weiblich und die Feuer- und Luftzeichen als männlich betrachtet. Das zugrundeliegende Vorurteil der Astrologie war, daß Feuer und Luft »männlich« genannt wurden, weil sie reiner und näher am Geist sind, während die »weiblichen« Elemente Erde und Wasser als tieferstehende Materie angesehen wurden. Diese Vorstellung stammt noch von Aristoteles. Es ist wichtig, daß wir diese Wertung nicht länger beibehalten.

Erd- und Wasserenergien haben eine gemeinsame Richtung zu Vergangenheit und Gegenwart mit einer Betonung von Dauerhaftigkeit, Bindung und Werten. Feuer- und Luftenergien sind zur Zukunft ausgerichtet und betonen Neuerungen, Unabhängigkeit und Philosophien.

Die meisten Menschen identifizieren sich eng mit einer oder zwei der elementaren Bewußtseinsarten (zum Beispiel empfinden sich manche als »feurige« Person). Die Elemente, mit denen jemand weniger vertraut ist,

128

scheinen ihr eher anderen zugehörig als sich selbst (»meine Tochter ist eine irdische Person, ich nicht so«). Tatsächlich haben wir aber alle diese vier Bewußtseinsarten in verschieden großen Anteilen in uns. Mit Hilfe dieses elementaren Modells als Rahmen können wir uns und andere besser verstehen und bekommen gleichzeitig neue Einsichten in unsere verschiedenen Beziehungen zu anderen.

Astrologen haben die Elemente in Verbindung gebracht mit Jungs Vorstellung von den vier Funktionen der Intuition (Feuer), der Wahrnehmung (Erde), des Denkens (Luft) und des Fühlens (Wasser). Die Jungsche Astrologie gibt uns Möglichkeiten, die Elemente in der Persönlichkeit ins Gleichgewicht zu bringen. Für ein genaues Studium dieser Ideen ist Liz Greenes Buch *Relating*[1] sehr hilfreich, und in Marie-Louise von Franz' *Lectures on Jung's Typology*[2] findet sich die zugrundeliegende Theorie.

Die Elemente im Horoskop

Eine Betonung eines Elements ergibt sich aus der Stellung der Sonne, des Mondes, des Aszendenten oder einer Anzahl anderer Planeten in einem der entsprechenden Elementenzeichen. Zum Beispiel hätte ein Geburtsbild eine Betonung des Elements Luft, wenn Sonne und Venus in der Waage, Mars im Wassermann und Uranus in den Zwillingen stehen würden. Die Stärke eines Elements im Horoskop ist allerdings nicht nur eine Frage des Zusammenzählens der Anzahl von Planeten pro Element; man sollte unbedingt daran denken, daß Sonne, Mond, Merkur, Venus, Mars und Aszendent und Himmelsmitte eine stärkere Stellung im Horoskop haben als die fünf äußeren Planeten. Man sagt, ein Element sei von geringerer Bedeutung, wenn kein Planet in einem dem Element zugeordneten Tierkreiszeichen steht oder wenn es nur einer oder zwei sind. Wenn zum Beispiel jemand Pluto im Löwen hat und sonst keinen anderen Planeten in einem Feuerzeichen, dann hat er wenig Feuer. Es gibt nur selten Geburtsbilder, die völlig ausgewogen sind; die meisten haben ein oder zwei Elemente besonders durch Planetenstellungen betont, was weder eine besondere Tragik noch einen besonderen Bonus im Leben bedeutet. Die Elementenverteilung zeigt, auf welches Element (oder welche Elemente) wir von Natur aus am besten eingestimmt sind (die betonten) und mit welchen wir mit mehr Bewußtsein arbeiten müssen (die schwachen).

Die Elemente helfen uns aber nicht nur, die vier grundlegenden

Wesensarten des Bewußtseins im Selbst zu verstehen, sondern sie bieten uns auch eine Einführung in die Zeichen des Tierkreises.

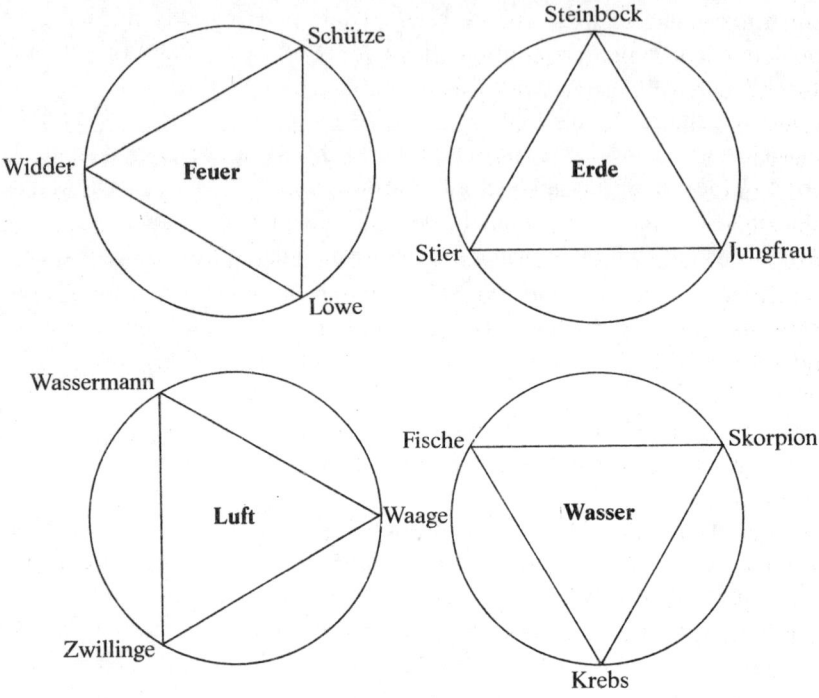

Abb. 5.2   Die vier elementaren Dreiecke

Feuer

Die Energie des Feuers ist heiß, beweglich und dramatisch. Es ist eine Energie, die wir mit feurigen Leidenschaften, aufbrausenden Stimmungen, hitzigen Debatten, glühendem Glauben und großer Wärme zum Ausdruck bringen. Jemand Feuriger lebt vom Herzen aus, geht das Leben mit natürlichem Selbstbewußtsein und Optimismus an und ist inspiriert von der Herausforderung des Lebens. Im Feuer liegt wahre Romantik, die besonders von den Dingen angesprochen wird, die gerade hinter dem Zaun oder auch am anderen Ende der Welt liegen – das größte Abenteuer, der vollendete Liebhaber, der erleuchtete Lehrer. Widder, Löwe und Schütze haben vielleicht unterschiedliche Ziele, aber sie verfolgen sie auf gleiche Art.

Die feurige Wahrnehmung ist visionär und intuitiv. Wenn wir mit

130

Feuerenergie handeln, folgen wir unserem Gefühl und unserer ersten Eingebung und verschieben die Vernunft auf später. Mit dieser Handlungsweise im Einklang zu sein bedeutet, mit uns selbst im Einklang zu sein; anders ausgedrückt heißt das, wir müssen uns selbst als Mitte sehen. Das wird Feuertypen gegenüber oft als Anklage gebraucht, aber in der Mitte zu sein ist keine negative Eigenschaft, sondern wir können sehr viel Gutes aus ihr beziehen. Allerdings ist es wahr, daß sich aus einem Übergewicht an Feuerenergie ein Mangel an Empfindsamkeit in den Beziehungen zu anderen entwickeln kann. Wenn wir angeheizt sind, schwelgen wir in unserer eigenen Dynamik und Intensität und neigen dazu zu vergessen, daß nicht alle ein so starkes Gefühl von persönlicher Identität und Sendung haben. Wir können unsere Feuerenergie am besten dazu einsetzen, uns und andere mit dem Glauben zu inspirieren, daß alles und jedes möglich ist. Das ist das Talent, das hinter den Führungsqualitäten der Feuerzeichen liegt.

Wenn Widder, Löwe oder Schütze im Geburtsbild betont sind, wird die Kreativität sehr wichtig, denn sie ist die natürliche Form der Selbstverwirklichung. Die Feuerzeichen lieben das Rampenlicht und sind nicht befangen. Der Feuerteil in uns will Anerkennung und wird ärgerlich und frustriert, wenn man ihn für selbstverständlich hält. Wenn wir uns so fühlen, ist es wichtig, daß wir es zum Ausdruck bringen und dementsprechend handeln, denn sonst kann unser Feuerselbst verbittert und schwach werden. Feuer braucht Brennstoff, und das Feuer in uns braucht neue Erfahrungen, Anerkennung und Freude, um zu verhindern, daß es ausbrennt und in Apathie verfällt. Ohne Feuer kann das Leben bedeutungslos werden, und Identitätskrisen können uns unbeweglich machen. Um unser Feuer zu nähren, müssen wir jeden Tag als Möglichkeit begrüßen, unser Leben neu zu erschaffen.

Das Feuer des *Widders* wird durch Handlung und Beginn ausgedrückt. Widder wird auch als Pionier bezeichnet, denn die Widderpersönlichkeit sucht neue Grenzen, ist fasziniert von dem, was vor ihr liegt, und ist ständig dorthin unterwegs. Sie richtet ihre Energien auf Selbstvertrauen und Unabhängigkeit.

Das Feuer der *Löwin* ist eine freudige Energie der Selbstverwirklichung und der Kreativität. Die Löwepersönlichkeit braucht Publikum, mit dem sie ihre Gaben teilen kann, denn sie sucht ein Verhältnis der Anerkennung und des Bewußtseins zwischen sich und der äußeren Welt herzustellen.

Die *Schützin* gebraucht ihr Feuer auf der Suche nach Abenteuern in der Welt des erweiterten Bewußtseins, auf ihrer Suche nach dem Sinn im

Leben. Dieses letzte Feuerzeichen ist sozial orientiert, besonders in seinem Interesse für die Lehren der Welt.

Erde

Die Energie der Erde ist instinktiv, formend und »geerdet«. Erdig zu sein bedeutet, Kontakt zu den Sinnen zu haben, durch die wir unsere Welt kennen und uns mit ihr verbinden. Unsere Erdenergie wendet unsere Aufmerksamkeit der äußeren Welt zu, gibt uns eine Basis, von der aus wir handeln, und läßt den Sinn für unsere Effektivität entstehen. Die Erdzeichen sind die »Handelnden« des Tierkreises, die, mit den Füßen fest auf dem Boden, den Weg zeigen, auf dem Visionen und Ideen Wirklichkeit werden. Die Erdpersönlichkeit hat den Realitätssinn und die Praxisbezogenheit, um wahrzunehmen, wie die Welt funktioniert, und das macht sie fähig, auf wirkungsvolle Weise am Lauf der Dinge teilzuhaben.

Unsere erdhaften Sinne bemühen sich, der Beliebigkeit der Materie einen Sinn zu geben. Unsere Erdelemente genießen es, Fähigkeiten zu erwerben und zu gebrauchen, die uns in die Lage versetzen, das Leben so zu formen, wie wir es wollen. Die Erdpersönlichkeit hat große Ausdauer und Selbstdisziplin in der Verfolgung ihrer Ziele, zusammen mit Geduld und Stabilität, die ihrem Verständnis des langsamen, organischen Wesens des Wachstums entstammen. Der Erdwahrnehmung ist von Natur aus Bescheidenheit eigen, die sich aus ihrem Bewußtsein von ihrer Stellung im Universum ergibt. Es ist ein Bewußtsein, das nie die Nabe im Rad unterschätzt. Diejenigen Menschen, bei denen die Erde im Horoskop betont ist, fühlen sich oft zu handwerklichen Tätigkeiten und Fähigkeiten hingezogen, weil in ihnen die Kreativität mit Praktikabilität verbunden ist und weil sie den Weg zur Unabhängigkeit eröffnen. Wir gebrauchen unsere Erdenergie auf der Suche nach Möglichkeiten, um auf eigenen Beinen zu stehen. Eine Erdarbeiterin hat einen instinktiven Respekt vor und einen sinnlichen Genuß an dem Material, das sie gebraucht, denn sie schätzt die Gaben der Erde. Die erdige Wahrnehmung sieht, daß ökologisches Bewußtsein sehr sinnvoll ist, denn die Welt, die uns erhält und ernährt, muß beschützt werden.

Erdhafte Menschen fühlen sich in ihren Körpern zu Hause und haben oft Freude daran, an den Körpern anderer zu arbeiten oder für sie zu sorgen. Unser Erdelement unterschätzt nie den Wert einer sanften Massage, eines duftenden Bades oder einer wohlschmeckenden Mahlzeit. Wenn man sich jedoch zu sehr mit dieser körperlichen Bewußtheit identifiziert, kann das zu einem Mißtrauen gegenüber dem führen, was jenseits der körperlichen Ebene liegt; das äußert sich bei erdbetonten Typen in Furcht vor dem Tod oder Skepsis vor spirituellen Dingen. Mit zuviel Erde können wir im Schlamm steckenbleiben oder uns festfahren, können den Überblick verlieren durch zuviel Beschäftigung mit praktischen Einzelheiten. Ohne Erde jedoch haben wir keine Lebensgrundlage, keine Basis, auf der wir stehen können. Wenn wir uns ungeerdet fühlen, ist es Zeit, uns den materiellen Quellen zuzuwenden, die uns erhalten.

Die *Stier*-Erdigkeit zeigt sich auf eine sinnliche, konkrete Art, mit dem Ziel, eine gute Lebensqualität für alle zu erreichen. Die Stierpersönlichkeit arbeitet mit großer Bestimmtheit und Überzeugtheit ihrem Ziel entgegen, ohne dabei ihren Sinn für Schönheit und Freude zu verlieren.

Die Erde der *Jungfrau* zielt darauf ab, einen Sinn für Ordnung zu erzeugen. Jungfrau hat die Fähigkeit, alles und jeden, der ihr begegnet, zu analysieren, um damit ihr Verständnis von sich und der Welt zu vergrößern. Sie sucht nach nützlichen Wegen, ihr Wissen und ihre Fähigkeiten mit anderen zu teilen.

Die Erde bei der *Steinbock*-Persönlichkeit ist konstruktiv und entschieden, sie sucht nach Möglichkeiten für eine bessere Gesellschaft durch ihre Arbeit. Die Steinbockpersönlichkeit nimmt ihr Bewußtsein für persönliche Verantwortung der Welt gegenüber ernst und genießt es, Fähigkeiten zu erwerben, die sie braucht, um ihre Ziele zu erreichen.

Luft

Mit Luftenergie verbinden wir uns leicht; Ideen, Personen und Kulturen kommen durch die kommunikativen Fähigkeiten ihres Luftelements zusammen. Um Luft hereinzulassen, müssen wir unsere Fenster öffnen, und die Luftpersönlichkeit ist neuen Ideen und Einsichten gegenüber immer offen, mit denen sie ihre Kenntnis der Welt vergrößert, was ihr einen großen Horizont und dauerhaft jugendliche Ausstrahlung verleiht. Die luftige Welt ist ideal; wir alle bauen Luftschlösser, doch stark luftbetonte Menschen können in ihrer Suche nach Perfektion ganze Städte bauen. Diese luftige Suche bedarf eines Systems, das einen klareren Blick auf uns und die Welt verspricht, oft sogar erzeugt, sei es nun philosophisch, politisch, psychologisch oder spirituell. Das Element Luft betont das Menschliche, denn keines der Symbole der Luftzeichen, weder Zwillinge (die Zwillinge) noch Waage (die Waagschalen), noch Wassermann (der Wasserträger), ist tierisch, und das wesentlichste Anliegen des Luftigen ist der Fortschritt der Menschheit in Richtung auf mehr Zivilisation. Die Ideale unseres Luftselbst können jedoch schmerzliche Folgen haben, denn wenn wir den Kopf in den Wolken haben, kann der Kontakt mit der Wirklichkeit der Erde erschütternd sein.

Wenn wir die Welt aus einer luftigen Perspektive beobachten, gewinnen wir einen größeren Überblick, weil wir uns distanzieren können. Wir gebrauchen unsere losgelöste Luftenergie, um objektiver zu sein. Luftige Menschen können handeln wie das Auge im Tornado und still und ruhig bleiben in der Aktivität des Lebens, dessen Prinzipien sie gelassen beobachten. Nicht alle Luftpersönlichkeiten sind Intellektuelle, aber der Luftgeist stellt phantastische Beziehungen her, um zu Harmonie und Ausgewogenheit zu gelangen. Die Ästhetik der Luft ist klassisch und elegant, sie erzeugt zum Beispiel auf Systemen aufgebaute Musik oder mit philosophischen Idealen konstruierte Gebäude.

Trotz des Schwerpunkts auf Ideen und Idealen sind Luftpersönlichkeiten menschenorientiert, lieben Gesellschaft und Konversation und haben starke soziale Bedürfnisse. Trotzdem empfinden Luftmenschen oft Furcht vor dem, was sie als das irrationale und überwältigende Wesen der Gefühle erkennen, denn das bedroht ihre distanzierte Stellung. Andere werden der Luftpersönlichkeit manchmal vorwerfen, sie sei »kalt«, doch das entspringt dem mißverstandenen Bedürfnis der Luftigen nach bleibender Offenheit, Fairneß und Harmonie in ihrer Beziehung zu anderen.

Bei einem Mangel an Luft fühlen wir uns wie erstickt, denn wir können nicht mit anderen kommunizieren, neue Einsichten gewinnen oder für eine bessere Welt planen. Wenn wir uns so fühlen, sollten wir beweglicher werden, um uns der luftigen Energie der Veränderung zu öffnen.

Die Luftenergie der *Zwillinge* richtet sich auf Worte und Ideen, liebt es, schnell und mit breitem Interesse zu sprechen, zu schreiben und zu lernen. Die Zwillingepersönlichkeit ist wie ein Kind, das die Welt mit der Frage »Warum?« angeht, und ist von jedem bißchen Wissen, das ihr begegnet, fasziniert.

Die Luft der *Waage* wird durch Energie für Beziehungen ausgedrückt und durch die Ideale von Liebe und Frieden. Das Glück der Waage liegt in Harmonie und Schönheit, und sie wird von Natur aus angezogen von sozialen und künstlerischen Beziehungen.

Die Luftigkeit des *Wassermanns* umfaßt die ganze Welt in ihrer Suche nach einer besseren Welt durch weitreichende Konzepte. Die Wassermannpersönlichkeit liebt Neuerungen und ist oft ihrer Zeit voraus in ihrer Vision von der Richtung, in der wir uns alle bewegen könnten.

Die Energie des Wassers ist fließend und stark. Das Wasser hat eine uralte, ursprüngliche Macht, die in der Vielzahl der Schöpfungsmythen zum Ausdruck kommt, die mit einer Flut beginnen. Wasser enthält verborgene Tiefen und Mysterien. Die Tiere, die mit den Wasserzeichen verbunden sind – Krebs, Skorpion und Fische –, sind alle schon sehr alte Wesen, die normalerweise vor der menschlichen Welt sorgfältig verborgen leben und die einen starken Instinkt haben. Die wäßrige Seite unseres Selbst ist unsere Gefühlsebene und unser Unterbewußtsein; zu ihr gehören unsere Empfindsamkeit, unsere Verletzlichkeit und unsere Phantasie.

Wäßrige Persönlichkeiten haben von Natur aus viel Mitgefühl für andere, aber auch eine feine Wahrnehmung für die Vielschichtigkeit menschlicher Naturen und ihre Beweggründe. Sie werden von Natur aus enge Mensch-zu-Mensch-Beziehungen aller Art suchen, in denen sie ihr Gefühlsselbst erforschen können. Ein Vorherrschen des Wassers im Horoskop bedeutet oft die Fähigkeit zu heilen und zu beraten, denn wäßrige Menschen unterstützen, hören gut zu und akzeptieren die ganze Bandbreite menschlicher Gefühlsregungen.

Die Empfindungen, die uns beim Wasser begegnen, kennen keine Grenzen; sie reichen von überwältigender Furcht und Besessenheit bis zu unbedingter Liebe und Vertrauen. Wasser braucht eine Begrenzung, oder es fließt davon, und oft hat eine wäßrige Persönlichkeit das Bedürfnis nach Begrenzung in einem Rahmen der Sicherheit. Dieser kann die Form einer festen Bindung in einer Beziehung haben, einen besonderen eigenen Raum oder eine besondere spirituelle Übung.

Wenn wir Ruhe um uns herum herstellen, haben wir eine größere Sicherheit, den Sprung ins Unbewußte zu wagen, ein Schritt, der lebenswichtig für die Verwirklichung all unserer Möglichkeiten ist. Ohne unsere Wasserwahrnehmungen wären wir befremdet von den Vorgängen zwischen uns und anderen. Für die wäßrige Persönlichkeit, die anderen sehr viel Aufmerksamkeit entgegenbringt, ist es jedoch sehr wichtig, ihre eigenen emotionellen Bedürfnisse nicht zu vergessen und sich darum zu kümmern, daß sie befriedigt werden, sonst wird sie vielleicht emotionell unterernährt und voller Vorwürfe auf der Strecke bleiben.

Die wäßrige Wahrnehmung ist subjektiv, sie sieht die ganze Welt in ihren eigenen Begriffen als eine Sammlung von Menschen, die denjenigen ähneln, die sie schon kennt. Während das zu Schwierigkeiten bei der Wahrnehmung größerer sozialer Vorgänge führen kann, versteht die wäßrige Persönlichkeit die Gefühlswirklichkeit, die wir alle gemeinsam haben – und die über kulturelle und geschlechtliche Trennungen hinausgeht.

Durch Wasser fühlen wir unseren Weg in die Welt, oft nicht verbal: durch weinen, sich lieben, malen und musizieren. Dies sind alles Tätigkeiten, die wäßrige Persönlichkeiten ohne Mühe und mit Phantasie tun können und die als Lösung der Schleusen wirken. Wenn wir das Gefühl haben, auf dem Trockenen zu liegen, dann können wir uns diesen Tätigkeiten zuwenden, um wieder eine Verbindung zum Wasser des Lebens zu bekommen.

Das Wasser der *Krebs*-Persönlichkeit umarmt und nährt alle in ihrem Umkreis, sie sucht nach einer liebevollen Umgebung, aus der heraus sie in die Welt hinausgehen kann. Sie erforscht ihr eigenes Unterbewußtsein, indem sie eine enge Verbindung zu dem herstellt, was sie als ihre Wurzeln empfindet, verbunden mit einer sehr phantasievollen Kreativität.

Die Wäßrigkeit des *Skorpion* wird intensiv in einer Erforschung der verborgenen Bereiche der menschlichen Natur und der sozialen Tabuzonen des Lebens zum Ausdruck gebracht. Die Skorpionpersönlichkeit fühlt sich von den Tiefen ihres Selbst und dem der anderen angezogen, die sie erforscht, indem sie ihren Ängsten entgegentritt und sich Herausforderungen schafft.

Das Wasser der *Fische* ist ozeanisch; die Fischepersönlichkeit fühlt sich überall zu Hause und ist aufnahmebereit für alles, was ihr begegnet. Sie sucht eine Einheit mit der Welt und die Mittel, ihre umfassende Sichtweise zum Ausdruck zu bringen.

Verbindungen der Elemente

Man findet nur sehr selten Horoskope, in denen nur ein Element vorherrscht; viel häufiger hat ein Horoskop Stärken in zwei oder sogar drei Elementen. Daraus folgen Bilder, die die Elemente miteinander verbinden und die uns helfen bei der Art, in der wir Beziehungen herstellen mit Menschen, deren Schwerpunkt bei einem anderen Element liegt.

Feuer und *Erde* erzeugen heiße Lava, Metallverbindungen und Ziegel; die Verbindung wurde schon »Dampfmaschine« genannt, weil sie so stark ist. Die Fähigkeiten der Intuition und der Empfindung werden im Jungschen Schema als gegensätzlich betrachtet, und ihre Verbindung ist extrem dynamisch. Feuer hat Vorstellungskraft und Selbstvertrauen, während Erde praktisch und ausdauernd ist, und wenn die beiden sich begegnen, vollbringen sie oft etwas mit großem Ehrgeiz. Wenn sie zusammenarbeiten, sind Feuer und Erde von ungeheurer Vitalität, aber wenn sie disharmonisch sind, wird das vulkanische Feuer die Erde mit seiner Ruhelosigkeit unsicher machen, oder die Erde wird das Feuer mit ihrer realistischen Sehweise ersticken.

Feuer und *Luft* zusammen bedeuten eine große Menge an heißem Wind oder rasendem Feuer, denn Feuer und Luft mit ihren Ähnlichkeiten stimulieren sich gegenseitig und erschaffen in diesem Prozeß sehr viel Energie. Der Feuer-Luft-Typ ist ungeheuer kommunikativ und ein aufregender Denker, normalerweise mit einem wirklichen Sinn für Humor. Dies erzeugt eine erfrischende Lebendigkeit, aber zu viele Höhen können zu einem Bedürfnis nach etwas. Erdigkeit führen. Wenn sie nicht im Gleichgewicht sind, kann die Luft das Feuer ausblasen, genau wie ein rationaler Denker den mit der Vorstellungskraft unterdrücken kann. Umgekehrt kann das Feuer die Luft mit seiner erstickenden, immer expansiven Energie verzehren.

Feuer und *Wasser* erzeugen Dampf, und das ist eine sehr flüchtige Verbindung, die leidenschaftliche Gefühle und ungeheure Sensibilität mit sich bringt. Die Mischung ist problematisch, weil diese beiden Elemente so extrem unterschiedliche Naturen haben. Und doch kann Feuer dem Wasser Mut und Vertrauen zu seinem Gefühlsausdruck verleihen, während Wasser dem Feuer die Empfindsamkeit geben kann, seine Vorstellungskraft vorsichtig in die Welt einzubringen. Wenn jedoch Feuer das Wasser verdunsten läßt und die Gefühle mißachtet werden, kann das zu emotioneller Instabilität führen. Wenn Wasser das Feuer löscht, können daraus Depression und Frustration entstehen.

Erde und *Luft* erzeugen zusammen einen Sandsturm; es entsteht sehr viel Bewegung, die aber ziemlich trocken sein kann. Wenn sie zusammenarbeiten, können Erde und Luft erfinderisch sein und sehr effektives Denken erzeugen. Die Luft bringt der Erde Veränderung und beschleunigt ihre Arbeit, während die Erde die Luft bodenständig macht, so daß Gedanken in die Tat umgesetzt werden können.

Erde und *Wasser* erzeugen Schlamm, eine klebrige Verbindung, die jedoch ein sehr großes Potential enthält. Erde und Wasser zusammen können gut formen, wie mit Lehm, und stetiges Wachstum erzeugen, wie bei Stalagmiten. Diese Verbindung erzeugt ernsthafte Gefühle und bewußtes Handeln. Ein Übergewicht des Wassers verwandelt die Erde in Sumpf, wo es leicht möglich ist, in Pflichtgefühlen zu versinken. Die Überbetonung der Erde kann zähen Schlamm bedeuten, bei dem das Bedürfnis nach Veränderung zugunsten des emotionalen Wachstums verleugnet wird.

Luft und *Wasser* ergeben Nebel, eine ätherische Verbindung. Gemeinsam haben diese beiden Elemente das Bedürfnis, im Geiste und in den Gefühlen zu leben, aber sie haben auch Schwierigkeiten im Umgang mit der Realität. Denken und Fühlen sind im Jungschen Schema Gegensätze, und ihre richtige Verbindung ist äußerst kreativ, sie erzeugt phantasievolles Denken und die Fähigkeit, Gefühle zu erforschen.

Die Qualitäten

Wenn man die zwölf Tierkreiszeichen in vier Gruppen von je drei Zeichen teilt, werden die *Elemente* des Tierkreises erkennbar, während die Aufteilung derselben zwölf Zeichen in drei Vierergruppen die *Qualitäten* des Tierkreises zum Vorschein bringt (siehe Abbildung 5.3). Diese Qualitäten heißen *kardinal, fix (fest)* und *beweglich*.

Jede Gruppe von vier Zeichen derselben Qualität heißt *Viereck*.

Während die Elemente die Wahrnehmungsarten beschreiben, beschreiben die Qualitäten die Handlungsweisen, und zwar Aktion wie Reaktion betrifft. Die Verteilung der Qualitäten im Geburtshoroskop wird in der gleichen Weise bestimmt wie bei den Elementen.

Kardinal – die Energie des Anfangs

»Kardinal« kommt vom lateinischen Wort für »Ecke«, und auf den vier Zeichen Widder, Krebs, Waage und Steinbock liegen die Ecken des Tierkreises. Widder und Waage beginnen an den Tagundnachtgleichen (Äquinoktien), Krebs und Steinbock an den Sonnwendpunkten; damit bezeichnen sie die Jahreszeiten in der gleichen Weise, wie die Eckpunkte beim Kompaß die Himmelsrichtungen bezeichnen.

Kardinale Aktivität ist beginnend, nach vorn gerichtet auf einen neuen Anfang hin, so wie er oft zu Beginn einer neuen Jahreszeit stattfindet. Astrologisch sind die Kardinalzeichen außerordentlich aktiv und enthusiastisch in ihrer Suche nach Lebenserfahrungen. Wenn ein Horoskop die Kardinalzeichen stark betont hat, lebt die entsprechende Person ihr Leben in einem schnellen, handlungsgeladenen Tempo. Menschen mit kardinaler Betonung kanalisieren ihre Energie lieber für äußere Ereignisse, und ihre Art der Reaktion ist sofortiges Handeln. Das kann zu einem krisengeschüttelten Lebenswandel führen. Doch ein kardinaler Typ zieht das der Langeweile auf jeden Fall vor.

Diese vier Zeichen drücken ihre kardinale Energie in dem Bereich aus, in dem sie sich jeweils am wohlsten fühlen.

Widder, als Feuer- und Kardinalzeichen, liebt schnelles körperliches Handeln. Widder ist immer bereit zu neuen Abenteuern und Forschungen, das »kardinalste der kardinalen« Zeichen. Am glücklichsten ist der Widder immer zu Beginn eines neuen Projekts und beim Ergreifen der Initiative.

Die *Krebs*-Persönlichkeit mit ihrer wäßrigen Kardinalität ergreift die Initiative im Bereich der Gefühle und der Phantasie, denn dort ist sie am empfindsamsten. Die Forschungen, die sie macht, liegen oft im kreativen Bereich, und die eingegangenen Risiken gehören zur Gefühlsebene.

Die Kardinalität der *Waage* wirkt durch das Element der Luft und bezieht sich auf die Welten der sozialen Begegnung und der Kommunikation. Hier richten sich die Initiativen auf die Erhaltung der Harmonie in der Arbeit für den Frieden und das Zusammentreffen von Menschen in aufregenden Begegnungen.

Steinbocks erdige Natur schafft eine Erdung für die kardinale Energie. Steinbock stellt die Pioniere der Organisation, die verantwortlichen Führungskräfte und die Initiatoren neuer Gemeinschaften. Der Enthusiasmus dieses Zeichens zielt auf die Planungs- und Bauphasen jeden Projekts.

Alle diese Zeichen lieben Neuanfänge, frischen Enthusiasmus und den Mut, auf dem Weg nach vorn Risiken einzugehen. Das vorsichtige Zeichen Steinbock zeigt, daß man Risiken nicht übereilt eingehen soll.

Fix – die Energie des Erhaltens

Die fixen Zeichen erscheinen auf dem Höhepunkt einer jeden Jahreszeit – einer Zeit, zu der ihr Ausdruck am größten ist. Diese Zeichen sind die Ankerpunkte des Tierkreises. Folgend auf den initiierenden Impuls der Kardinalzeichen, bedeuten die fixen Zeichen Tiefe und Bedeutung durch ihr Hervorbringen eines starken Sinnes für Werte. Von dieser Grundlage aus handeln die fixen Zeichen mit Ausdauer, Treue, Bestimmtheit und Beständigkeit, und nicht ohne Grund werden Stier, Löwe, Skorpion und Wassermann als die machtvollsten der Tierkreiszeichen angesehen. Die fixen Zeichen werden nicht so einfach gefährdet; sie haben tief verwurzelte Angewohnheiten und empfinden Veränderungen als schwierig. Die üblichste Reaktionsweise fixer Energie ist die des Widerstandes, und »loslassen« kann in allen Bereichen des Lebens ein Problem sein. Das revolutionäre fixe Zeichen Wassermann macht klar, daß das nicht unbe-

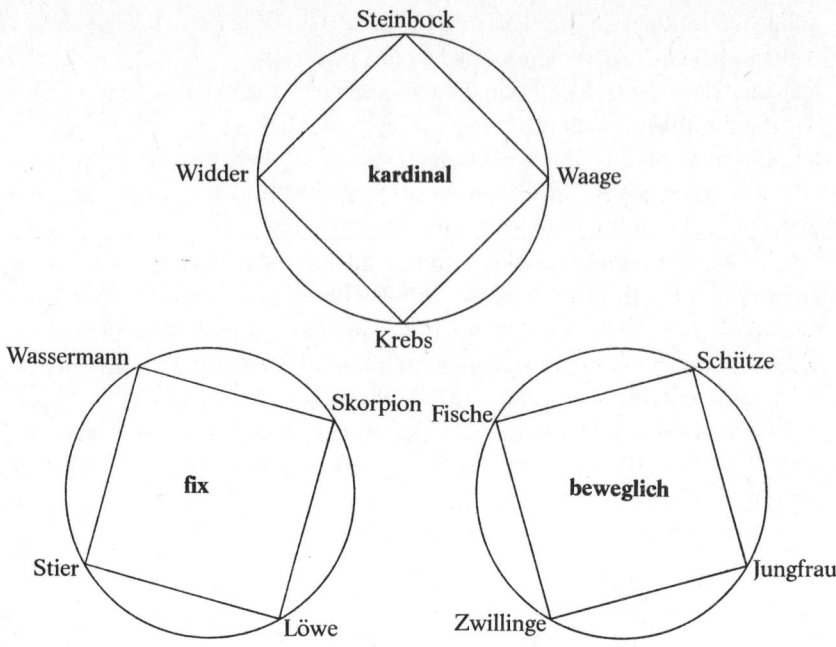

Abb. 5.3   Die drei Vierecke der Eigenschaften

dingt Konservatismus bedeutet, sondern eher eine bestimmte Art von Weitblick und Absicht.

Die starke Gegenwart der fixen Zeichen ist in jedem der vier Elemente spürbar.

Die fixen Eigenschaften des *Stiers*, verbunden mit seinem irdischen Wesen, bedeuten große Stabilität. Stier kann manchmal sehr langsam sein, ist aber auch sehr durchdringend. Die Beständigkeit der Stierpersönlichkeit wird in ihrer Anlage zu praktischen Begabungen, die oft sehr schöne Ergebnisse hat, in Anwendung gebracht. Stierenergie steht auf festem Boden, nimmt große Arbeitslasten auf sich und behält doch eine sinnliche Freude am Leben bei.

Beim *Löwen* verbindet sich Feuer mit der fixen Qualität zu einer starken Individualität. Dem Löwen ist ein natürliches Selbstvertrauen eigen, das zu einem Reichtum an persönlichem Ausdruck führt, der oft in schöpferische Bemühungen gelenkt wird. Dieses Zeichen zeigt Würde, Stolz und Schönheit, die aus einem Wissen um den Wert des Selbst hervorgehen.

140

Die Fixheit des *Skorpions* im Bereich des Wassers wird durch den Ausdruck »stille Wasser sind tief« am besten illustriert. Die intensiven Gefühlswahrnehmungen der Skorpionpersönlichkeit führen zu einem leidenschaftlichen Engagement im Leben, so daß wenige Bereiche unerforscht bleiben. Ihre starke Verbindung zum Unbewußten verleiht ihr ein tiefes Verständnis, und sie empfindet die Bestimmung, andere mit ihren Wahrnehmungen herauszufordern und zu konfrontieren.

Die *Wassermann*-Persönlichkeit hat, als Luft- und fixes Zeichen, einen weitreichenden Intellekt, den sie gebraucht, um ihre eigenen Werte herauszuarbeiten. Diese bilden die Basis ihres persönlichen Idealismus; Wassermann hat eine starke Verbindung zur ganzen Menschheit. Ihrer unerschütterlichen Art unterliegt das Fixe des Wassermanns.

Durch die fixen Zeichen können wir uns mit Sicherheit und Stabilität versehen, die aus unserem Wissen um unsere grundlegenden Lebensprinzipien hervorgehen.

Beweglich – die Energie der Veränderung

Die beweglichen Zeichen fallen zusammen mit den Zeiten, in denen die Jahreszeiten sich ändern, Zeiten, in denen das, was vorher festen Bestand hatte, plötzlich abbricht, um Platz für Neues zu schaffen. Es ist eine unvorherbestimmbare Zeit, die nach Anpassung verlangt.

Die beweglichen Zeichen lösen die fixen Eigenschaften der vorhergehenden Zeichen auf. Bewegliche Energie ist offen für Veränderungen und reagiert schnell auf neue Umstände und Ideen. Stark bewegliche Persönlichkeiten, die im Horoskop eine Betonung von Zwillinge, Jungfrau, Schütze und Fische haben, sind geistig aktive Menschen, deren Interesse sich auf Wissen konzentriert. Sie wollen ihr Bewußtsein verändern und sind immer auf der Suche nach neuen Wegen, um sich und ihr Leben zu verbessern. Bewegliche Energie verleiht einen beweglichen und beeindruckbaren Zugang zu Dingen. Es existiert eine bemerkenswerte Dualität in allen beweglichen Zeichen, die ihnen die Fähigkeit verleiht, beide Seiten gleichzeitig zu sehen. Jedoch kann bewegliche Energie im Extremfall dazu führen, daß ein Zyklus von ruheloser Unentschlossenheit entsteht, der die Nerven schwer belastet.

Diese Übergangsqualität im Tierkreis wird durch die vier beweglichen Zeichen auf verschiedene Art zum Ausdruck gebracht.

Die luftige Beweglichkeit der *Zwillinge* verleiht geistige Brillanz, vom Denken nach verschiedenen Seiten bis hin zu den Wortspielen. Intellektuelle Neugierde und Toleranz sind zwei der Hauptwesenszüge der Zwillinge. Sie haben auch die Fähigkeit, sich schnell zu verändern, um sich neuen Konzepten anzupassen, die ihnen begegnen.

Die *Jungfrau*, das bewegliche Erdzeichen, wendet ihren beweglichen Geist in vielen praktischen Lebensbereichen an. Sie verfolgt sorgfältig nützliche Wege, um sich und ihr Leben auf allen Ebenen zu verbessern und sich zurechtzufinden.

Die *Schütze*-Persönlichkeit verbindet Beweglichkeit mit Feuer in ihrer Suche nach Weisheit. Dieses Zeichen bewegt sie, weite Reisen zu machen, um neue Wahrheiten und neuen Sinn für ihr Leben zu entdecken, dabei wird sie von einem intuitiven Optimismus motiviert. Die Schütze-persönlichkeit geht die Entwicklung ihrer Philosophie in einem Geist des feurigen Abenteuers an.

Die *Fische*, als bewegliches Wasserzeichen, sind gefühlsmäßig extrem offen und haben viel Mitgefühl und Einfühlungsvermögen. Die Fische-persönlichkeit treibt bereitwillig in das Leben derer, die sie liebt, paßt sich schnell den neuen Qualitäten jeder gefühlsbetonten Begegnung an und experimentiert ungehindert mit ihrer lebhaften Vorstellungskraft.

Anmerkungen

1 Greene, Liz, *Relating: An Astrological Guide to Living with Others on a Small Planet* (Beziehungen herstellen: ein astrologischer Führer zum Leben mit anderen auf einem kleinen Planeten), Coventure Ltd, London 1977.
2 von Franz, Marie-Louise, *Lectures on Jung's Typology* (Vorlesungen zu Jungs Typologie), Spring Publications, 1971.

6
Zwölf Wege des Möglichen
Die Zeichen des Tierkreises

In diesem Teil des Buches werden im wesentlichen die Zeichen des Tierkreises als zwölf Arten des Herangehens an die Welt dargestellt und als Wege der kosmischen und menschlichen Möglichkeit beschrieben.[1] Diese begriffliche Fassung ist nicht dazu gedacht, Individuen nach dem Monat ihrer Geburt einzuordnen. Ein Zeichen kann im Horoskop nicht nur durch die Sonne, sondern auch durch die Position des Mondes, durch den Aszendenten, andere stark plazierte Planeten oder Planetenkombinationen betont sein. Wenn wir von *Widder* oder *Stier* sprechen, meinen wir eine abstrakte Essenz aus Widder und Stier; wenn wir von *Widdern* oder *Stieren* sprechen, meinen wir all jene, bei denen diese Zeichen betont sind, sei es durch Sonne, Mond oder Aszendent.

Um diese breitere Definition jedes Zeichens deutlich zu machen, geben wir Beispiele bekannter Frauen, bei denen das Zeichen im Horoskop auf verschiedene Weise betont ist. Normalerweise haben die Frauen die Sonne im entsprechenden Zeichen, aber manchmal beziehen wir uns auch auf Mond oder Aszendenten.

Manche Menschen haben Sonne und Mond im selben Zeichen (auch Sonne und Aszendent); man nennt sie »doppelte« Widder, »doppelte« Stiere usw. Normalerweise entwickeln sie die Charakteristika des Zeichens besonders stark. Dennoch manifestieren weder sie noch irgend jemand anderes die Energie nur *eines* Zeichens; manche Frauen werden zweimal zitiert, einmal unter dem Sonnenzeichen und einmal unter dem Zeichen, in dem bei ihrer Geburt Mond oder Aszendent standen. Die Beschreibung des Zeichens als Ganzes wird auf die Beschreibung der Frauen, die wir als Beispiele geben, nicht besser passen als auf andere, die mit ähnlicher Betonung im Tierkreis geboren wurden. Es ist nicht sehr hilfreich, Helen Keller zum Beispiel nur als »Krebs« zu betrachten. Sie war eine Krebsfrau, aber sie war auch Fisch, denn sie hatte den Mond in den Fischen.

Fast jeder hat in seinem Horoskop mehrere Zeichen betont (siehe

Kapitel 1, S. 23). Genaugenommen können wir jedes Horoskop als alle Zeichen enthaltend betrachten, denn alle sind da, stärker oder schwächer ausgeprägt, und geben uns verschiedene Möglichkeiten zur Betrachtung der Teile unseres Lebens, die durch die Häuser repräsentiert werden (siehe Kapitel 7, S. 253). Manche Zeichen stellen Wege zu unserem Leben dar, die uns vertraut sind, während andere Wege bezeichnen, die uns weniger zugänglich sind. Solche Zeichen sind in der Person verborgen und äußern sich nicht offen in der Art, wie der entsprechende Mensch lebt. Selbst wenn kein Planet oder kein Eckpunkt des Horoskops ein Zeichen betont, sind seine Möglichkeiten doch da.

Wir möchten Sie bitten, *alle* Zeichen des Tierkreises zu lesen, nicht nur die Ihres Sonnenzeichens, Mondzeichens oder Aszendentenzeichens, denn in jedem Zeichen wird ein Teil Ihres Selbst sein. Wenn wir diese verborgenen Teile von uns entdecken, können wir vielleicht leichter die Ähnlichkeiten zwischen uns und anderen sehen. Astrologie kann man am besten erlernen, indem man die Zeichen von innen versteht und indem man jeden Zugang zum Leben als gleichwertig empfindet.

Widder

Symbolfigur: das Lamm oder der Widder
Der Weg der Aktion
Zugang zum Leben durch kardinales Feuer:
initiativ, abenteuerlustig, mutig, energievoll,
impulsiv, direkt
Herrschender Planet: Mars

Hintergrund des Zeichens

Das erste Zeichen des Tierkreises, Widder (lat. Aries), repräsentiert den
Drang vom Formlosen zur Schöpfung. In der Astrologie der Hindus
entspringt der Blitzstrahl des Widders aus dem Akasha, den Urwassern
des vorhergehenden Zeichens, der Fische. Widder symbolisiert den Willen zum Handeln. Die Babylonier gebrauchten nicht von Anfang an das
Bild des Widders für dieses Zeichen, sondern nannten es »den gedunge-
nen Arbeiter«, was anzeigt, daß der Monat des Widders eine Zeit der
besonderen Aktivität war, zu der man zusätzliche Hilfe brauchte. Das
entspricht der Energiefülle des Widders, auf die man in Augenblicken der
Krise zurückgreifen kann.

Schafe waren bei den Sumerern und in Babylon – dem Entstehungsort
der auf uns überkommenen Astrologie – von großer Bedeutung; die
Göttin Inanna gab das zu erkennen, indem sie den Schäfer Damuzi zum
Liebhaber erwählte anstelle seines Rivalen, eines Bauern.

Der Widder wurde in Ägypten verehrt, wo verschiedene Götter mit
Widderköpfen dargestellt wurden, aber auch in Griechenland. Die berühmteste Manifestation war der goldene Widder des Hermes, der durch
die Lüfte fliegen, sprechen und denken konnte. Sein Vlies wurde das
Objekt der großen Fahrt Jasons und der Argonauten, und es ist daher
nicht erstaunlich, daß der Widder das bekannteste Symbol für das Zeichen wurde. Aber in der alten Geschichte war es nicht das einzige. Es gibt
Belege dafür, daß das ursprüngliche Symbol für das Zeichen Widder in
Ägypten das Mutterschaf war, *Seret*, ein Symbol der Fruchtbarkeit. Von
frühen hebräischen Stämmen wissen wir, daß sie Rachel als das »göttliche Mutterschaf« verehrten, eine mitfühlende Gottheit, die die Mutter
des »heiligen Lammes« war. Das passendste aller Symbole für das Zeichen Widder ist das Lamm, in gemäßigten Klimazonen ein Symbol des
Frühlings, denn Widder ist das Zeichen der Anfänge. Das astrologische

Jahr beginnt am ersten Tag des Widder, das entspricht auf der Nordhemisphäre der Frühlings-Tagundnachtgleiche.

Die Pionierin

Während die Knospen sich öffnen, Tiere aus dem Winterschlaf erwachen und der Saft in die Bäume steigt, zeigt das neugeborene Lamm einen spielerischen Enthusiasmus, der Gedanken an den nahenden Sommer aufkommen läßt. Widder besitzt die Persönlichkeit des Lammes: unschuldig und energievoll. Der Impuls der Widderpersönlichkeit ist es, hinaus ins Unbekannte zu springen, und wie das Lamm kann sie auch nicht lange liegenbleiben. Der Widdergeist ist der der Pionierin, der risikofreudigen Abenteurerin. Die Widderpersönlichkeit initiiert neue Projekte und Ideen; sie überquert allein Kontinente und fliegt über unbekannte Meere. Sie erfreut sich daran, bis an ihre Grenzen zu gehen und hinter den Grenzen der Erschöpfung neue Energiequellen zu entdecken. Wie die jungen Initiierten vieler Stammesvölker befindet sie sich immer wieder in Situationen, wo ihre Ausdauer, ihre Stärke und Überlebensfähigkeit bis zum Äußersten auf die Probe gestellt werden, und sie ist mit den nötigen Fähigkeiten ausgestattet, in vielen gefährlichen Unternehmungen zu überleben. Sie entscheidet sich schnell, und ihr Körper zeigt ihre natürliche Intelligenz in seinen Handlungen. Später sieht sie sich nach den vollbrachten Dingen um und wundert sich, wie sie es lebend geschafft hat – und doch wird sie dieselben Risiken immer wieder eingehen.

Nicht jede Widderpersönlichkeit macht sich auf in die Wildnis von Erde, Wasser oder Himmel; manche der Risiken, die sie eingeht, sind auch emotionell, intellektuell, gesellschaftlich, politisch oder finanziell, aber sie entwickelt immer den klaren Widderantrieb. Dieses Zeichen ist sowohl feurig als auch kardinal, und damit verbindet es die Qualitäten des lodernden Feuers mit denen des initiativen Kardinalzeichens. Ihre Impulsivität bringt die Widderpersönlichkeit oft in Schwierigkeiten, da sie sich nur selten umsieht, bevor sie springt, aber wenn sie in einem Durcheinander landet, schüttelt sie den Staub ab, lacht und lebt auf den nächsten Sprung zu. Sie läßt sich nicht die Zeit, die Gefahren wahrzunehmen, auf die sie sich zubewegt. Wenn sie wirklich alles begreifen würde, was ihr passiert, könnte sie sich nicht in der besonderen, extrovertierten Weise entwickeln, wie es die Widderpersönlichkeit tut, denn Vorsicht würde ihr Handeln behindern. Widder hat die lebhafte, klar geformte

Sichtweise des jugendlichen Geistes und neigt zu der Ansicht, daß andere aus Mücken Elefanten machen.

Ideen inspirieren die Widderpersönlichkeit; Geschichten von unerforschten Möglichkeiten nehmen ihre Phantasie gefangen, und sie rauscht von dannen, um sie in der Wirklichkeit wiederzufinden. Widder ist das Zeichen, das den Kopf beherrscht, und kann sehr intellektuell sein, ohne in einem geistigen Elfenbeinturm zu leben. Die Widderdenkweise ist scharfsinnig; sie ist einschneidend, weil sie ein direktes Verständnis besitzt und sofort zur Sache kommt. Mit klarer Absicht durchschneidet sie wirre Gedankengänge, verworrene Denkweisen und Sentimentalität. Sie kann mit ihrer dahingleitenden Phantasie sehr ungeduldig werden, reagiert aber positiv auf das Epische und das Heroische.

Die Weisheit des Narren

Die scharfe Intelligenz des Widders geht einher mit der Unschuld des Narren im Tarot. Dieses »Närrische« hat keine Ähnlichkeit mit Dummheit, es ist eher ein Produkt des Mutes. Man sieht den Narren im Tarot mit sehr wenig Gepäck auf seine Lebensreise ziehen, angetrieben von Hoffnung und Vitalität. Der Tierkreis ist rund, und nach der Entwicklung vieler komplexer Vorstellungen in Skorpion, Schütze, Steinbock, Wassermann und Fischen kehren wir wieder zur weisen Einfachheit des Widders zurück und wischen die geistige Unordnung beiseite, die sich angesammelt hat. Die Weisen des Zenbuddhismus lehren die Notwendigkeit, sich den »Anfängergeist« zu erhalten oder ihn zurückzugewinnen, denn er enthält sowohl den Zweifel als auch die Möglichkeit zu verstehen, daß »die Welt ihre eigene Magie hat«. Wir haben es nicht nötig, jeden Teil unserer Erfahrung mit symbolischen Interpretationen aufzuladen. Die Einfachheit des Widders ist entwaffnend und hilft anderen, die sich in ihrer Vielfalt verlieren, zu einer klareren Sichtweise zu kommen.

Die Widderpersönlichkeit ist eine aufregende Gefährtin, denn sie lebt im Augenblick. Sie weiß, wie sie präsent sein und die erstaunliche Tatsache genießen kann, daß sie und alles andere existiert. Sie hat ihre Fähigkeit, zu staunen oder Freude zum Ausdruck zu bringen, nie verloren. Das Prinzip des Widders ist Selbstbestätigung, das freudige »Ich bin, ich lebe« des Neugeborenen, das vom Wunsch zu leben ergriffen wird.

Die Liebe zum Selbst und zum Leben ist die Saat, aus der jede andere Liebe wächst. Der Tierkreis lehrt eine spiralförmige, nicht eine lineare Entwicklung, in der jedes Zeichen die Exzesse des vorhergehenden korrigiert. Die Selbstbestätigung des Widders ist das natürliche Korrektiv für die Tendenz zum Märtyrertum beim vorhergehenden Zeichen, den Fischen.

Die Kriegerin

Die Widderpersönlichkeit entwickelt sich zur Kriegerin durch Einfachheit und natürliches Zutrauen. Sie hat ein drängendes Bedürfnis zur Aktivität; wie sie denkt, muß sie auch handeln. Sie ist ganz auf ihr Vorhaben eingestimmt, jeder Muskel gehorcht ihrem Willen durch eine instinktive Konzentration. Mit dieser Fähigkeit, Energie zu Aktivität zu konzentrieren, ist sie oft eine gute Sportlerin, wie zum Beispiel Sue Barker mit Sonne im Widder oder Martina Navratilova mit Mond in diesem Zeichen. Die Widderpersönlichkeit versucht, sich selbst zu schlagen, ihre eigenen Rekorde, ihre persönliche Bestleistung zu übertreffen. Wie die amerikanische Sportdirektorin Donnis Thompson könnte sie ihre Widderfähigkeiten zum Beispiel einsetzen, um die Besten zu trainieren.

Heutzutage beschäftigen sich Widder oft mit Kampfsportarten, denn die meditative Konzentration auf den wirkungsvollen Gebrauch des Körpers ist eine Widdertätigkeit. Selbst im friedlichsten Lamm existiert der Instinkt des Widders, mit dem Kopf zu stoßen, ein spielerisches Erproben der Kraft ohne zerstörerische Absicht.

Als Kriegerin ist es die Aufgabe der Widderpersönlichkeit, sich und ihre Leute zu verteidigen. Das Bild des Kriegers ist uns heute nicht mehr vertraut, denn wir kennen nur noch den widerwilligen Soldaten, der in Kriegen stirbt, die er nicht wollte, oder den brutalen Söldner, dem es Spaß macht, sich durch Töten seinen Lebensunterhalt zu verdienen. Idealerweise hat die Kriegerin ein heiliges Ziel, respektiert das Leben und ist in den Künsten der Konzentration, Meditation, Ausdauer und in Kampfarten sorgfältig ausgebildet. Sie ist bereit, in Verteidigung dessen, was ihr heilig ist, zu sterben, sucht aber nicht den Krieg oder den Ruhm dadurch, daß sie andere einschüchtert. Sie kennt ihre eigenen Fähigkeiten und wird mit Respekt behandelt.

Vor dem Zeitalter der Fische (das etwa mit der christlichen Ära begann) gab es außer Kriegern auch Kriegerinnen, und in den Schriften der griechischen Geschichtsschreiber finden wir Berichte über Kulturen von Amazonen. Von ihnen wurde auch in Kleinasien und Afrika berichtet. Während der Endphase des vorangehenden Widderzeitalters wurde der

Bereich von Meroe, flußaufwärts von Ägypten, von den Kandaken regiert, einer Dynastie von Kriegerin-Königinnen, die von ihren Zeitgenossen respektiert und gefürchtet wurden. Die lange Tradition der Kriegerinnen in Afrika ist, genaugenommen, bis heute nicht abgebrochen, man denke an die berühmten Amazonen von Dahomey.

In der chinesischen Oper wird die Schwertfrau-Heldin von ihrem Publikum geliebt, und ihre legendären Ursprünge finden sich tief in den Anfängen der Volksstruktur. Auch die Kelten waren berühmt für ihre kämpfenden Frauen. Boadicea ist nur eine von vielen in der britischen, irischen und französischen Geschichte. Als Johanna von Orleans die Kleidung der Kriegerin anlegte, wurde sie vom Volk begeistert aufgenommen – vielleicht, weil sie uralte Erinnerungen an die Kriegerinnen der Keltenstämme wachrief.

Aus den Mythen und Märchen können wir erkennen, daß ein wahrer Krieger niemals Schwachen gegenüber brutal oder unterdrückerisch ist: Die chinesischen Schwertfrauen sind von einer mitfühlenden Sanftmut, die keltischen Heldinnen beschützten die wilden Tiere.

Die Widderkriegerin wird zu allem hingezogen, was schwach und unbeschützt ist, denn sie wird von einem Impuls der Liebe getrieben, der durch Grauen vor dem Leiden angeregt wird. Heutzutage finden Widder oft Inspiration in dem mythischen Bild der amerikanischen Ureinwohner, das vom Regenbogenkrieger berichtet, der nach einer Prophezeiung einst kommen wird, um die Erde und ihre Geschöpfe zu beschützen.

Die Widderpersönlichkeit vergißt jedoch oft, daß sie selbst ebenso verletzlich ist wie die Geschöpfe, die sie beschützt; ihr Symbol ist der Widder oder das Lamm, nicht Wolf oder Tiger. Ihr Mut und ihre Lebenskraft verbergen ihre Unsicherheit, denn obwohl sie furchtlos erscheint, kann sie sich doch verloren und allein fühlen. Ihr Trost ist das Handeln, das ihr auch den Weg nach vorn weist. In Krisen ist sie am fähigsten; ihre Pionierqualitäten machen sie zur natürlichen Führungspersönlichkeit. Sie haßt es, in Situationen zu sein, in denen sie nichts tun kann, und stürzt sich oft sofort auf eine Verbesserung der Zustände, wenn sie jemanden im Unglück sieht. Manchmal mischt sie sich auch ein und ist zu ungeduldig, wenn sie Leute sieht, die sich selbst in ihrem eigenen Tempo zu helfen versuchen. Die Widderfrau kann eine sich heftig einsetzende Mutter sein, die für ihre Kinder und deren Rechte kämpft, aber wenn sich ihre Widderenergie darauf beschränkt, ihre Kinder zu beschützen, kann es sein, daß ihnen dadurch die Möglichkeit genommen wird, für sich selbst zu kämpfen.

Die Widderfrau findet die Einschränkungen der traditionellen Frauenrolle besonders belastend. Sie braucht einen Bereich, in dem sie ihre Fähigkeiten anwenden und ihre Zuschauer wirklich oder symbolisch mit dem schnellen Spiel ihres Schwertes beeindrucken kann. Am glücklichsten ist sie dabei, wenn sie einen Sparring-Partner hat, der zum Beispiel ihren schnellen Verstand in einem Wortgefecht übt. Ihre Kreativität kann die Widderpersönlichkeit zum Beispiel in der Herstellung von Werkzeugen, als Schreinerin, Juwelierin oder Bildhauerin zum Ausdruck bringen. Mehr als jedes andere Zeichen brauchen Widder die Ausdrucksmöglichkeit der Kreativität oder etwas, wofür sie kämpfen können, was über die Sorge für ihre Familie hinausgeht.

Die Welt herausfordern

Es gibt viele Möglichkeiten für eine Widderin, ihren Pioniergeist zum Ausdruck zu bringen. Zum Beispiel politisch wie die Widderin Aleksandra Kollontai, die nicht nur Revolutionärin, sondern auch eine vollendete Staatsfrau war. Die Widderin Sirimavo Bandaranaike in Sri Lanka war die erste Frau der Welt, die Premierministerin wurde. Isadora Duncan hatte Mond und Aszendenten im Widder, und ihr bejahender Geist machte ihre Neuerungen auf dem Gebiet des Tanzes bemerkenswert und eindrucksvoll. Bette Davis wehrte sich gegen das Glitzerimage eines Stars und kämpfte mit allen Studios, um rauhe und unliebsame Persönlichkeiten spielen zu können. Billie Holiday hatte den Widderantrieb und -mut, auf die sozial angesehene Rolle der schwarzen Künstlerin als einfache Unterhaltungssängerin zu verzichten; sie provozierte ihr weißes Publikum mit Liedern über Rassismus, ungeachtet der Tatsache, daß das keine besonders publikumswirksame Reklame war.

Ob sie nun eine politische oder kulturelle Kämpferin ist – die Widderfrau muß oft feststellen, daß die Gesellschaft noch keinen Platz für sie hat. Sie ist häufig gezwungen, eine männliche Verkleidung anzunehmen, nicht weil sie wie ein Mann sein muß, sondern weil das der einzige Weg ist, auf dem sie ihre Kraft und ihre Energie zum Ausdruck bringen kann in einer Welt, die diese Eigenschaften als typisch männlich betrachtet. Die Widderin Königin Christina von Schweden kleidete sich wie ein Mann und blieb in ihrer aktiven Rolle als Herrscherin unvergeßlich.

Berühmte heroische Widderinnen geben uns Anregungen, und wir können von diesen Frauen lernen, wie nötig es ist, daß der Heldenkult in eine Kultur der Liebe und der Lebenserhaltung eingebettet ist. Die Unschuld des Widders geht im Blutbad des Krieges verloren, und bald kommt die Erkenntnis, daß die Romantik des Abenteuers fadenscheinig wird.

Wenn die Widderpersönlichkeit jedoch versucht, ihr Bedürfnis nach Konkurrenz und Aktivität zu unterdrücken, kann es passieren, daß die aggressive Seite des Widders eher hervorgekehrt als versteckt wird. Widder sind oft fast irrtümlich destruktiv; sie sind nicht übelwollend, sondern bringen nur ihr unterdrücktes Bedürfnis nach Wachstum zum Ausdruck. Ihre Fehler sind wie bei einem unternehmungslustigen Kind: Sie machen sich die Reaktion der anderen nicht bewußt, sind ungeduldig, impulsiv und tollkühn. Diejenigen, die das Kind in sich zurückweisen und sich selbst zu ernst und wichtig nehmen, werden Widder sehr anstrengend finden. Die Widderpersönlichkeit rümpft die Nase über alle Spielverderber, aber sie muß lernen, ihr Verhalten zu mäßigen und sich in der Gesellschaft zurechtzufinden, wenn sie nicht ausgestoßen werden will. Aus diesem Grund sucht sie oft nach Möglichkeiten, ihren Überschwang zum Ausdruck zu bringen, ohne dabei jemandem zu nahe zu treten. Im Sport kann sie sich zum Beispiel ungehindert austoben, und ältere Widder arbeiten oft mit jungen Leuten zusammen, die mit ihren Energien besser übereinstimmen als ihre Altersgenossen. Was die Arbeit betrifft, tun sich Widder oft als Selbständige am leichtesten, oder indem sie allein mit einer Firma zusammenarbeiten. Widder müssen mit ihrer eigenen Geschwindigkeit arbeiten, bei ihrer Energie und ihrem Tempo kommen andere oft nicht mit.

Überschwang der Gefühle

Oft verlieben sich Widder in jemanden, der ruhiger, langsamer und friedlicher ist und der all die Fehler und Qualitäten hat, die ihnen abgehen. In einer Beziehung kann die Widderpersönlichkeit selbstsicher und bestimmt sein, und manchmal nehmen ihre Gefühle sie so sehr in Anspruch, daß ihr entgeht, was die andere Person sagt. Doch trotz ihrer Tendenz, sich selbst nicht übersehen zu können, ist ihre Liebe klar und stark, und sie ist eine lebhafte und leidenschaftliche Partnerin. Sie bringt feurige Energie, die warm und direkt ist, in ihre Partnerschaften, und ihre

Ehrlichkeit durchschneidet das Gefühlsgewirr, das aus Abwehrhaltung entstehen kann. Oft gibt sie ihrem Geliebten eine neue Chance für Gefühle, denn ihre direkte Art macht ihren Partner sicherer, wenn er gehemmt ist durch den Versuch, alte Wunden zu schützen. Die Widderpersönlichkeit kann das Neue besonders gut willkommen heißen, während sie die Vergangenheit schnell loszuwerden versucht, und oft kann ihr Überschwang der Gefühle auf ihren Partner abfärben, der sich dann etwas vom Mut des Widders ausleiht, um neu anzufangen.

Der Eifer und die Initiative der Widder in sexuellen Beziehungen werden gewöhnlich eher betont als ihre Sinnlichkeit. Astrologen, die die traditionellen Geschlechterrollen nicht in Frage stellen, betrachten Widder als ein Zeichen, das Männern eher entspricht als Frauen. Und doch entdecken wir beim Widder wie bei den meisten Zeichen starke Aspekte weiblicher Sexualität.

Als Freunde werden Widder geachtet, denn sie haben einen klaren Willen. Man kann ihnen zutrauen, daß sie egoistische Motive eher ganz offen darstellen als verbergen, daß sie ihre Karten offen auf den Tisch legen und ihre Interessen klar vertreten. Viele werden von dieser Offenheit eingenommen, und ihre sagenhafte Frechheit führt sowohl zu Verwirrung als auch zu Bewunderung. Die Widderpersönlichkeit ist immer bereit, für die, die sie liebt, einzutreten, und diese wissen, daß sie sich in jeder Krise auf sie verlassen können.

Reife

Beständige Aktivität ist selbst für Widder nicht immer möglich. Krankheit oder Verantwortungen können sie anbinden und sie in das vielfältige Leben anderer Menschen verstricken. Sie kommen dann durcheinander, wenn sie mit einer Wirklichkeit konfrontiert werden, die nicht in ihre klaren Kategorien paßt. Sie haben Schwierigkeiten, sich gleichzeitig zwei widersprechenden Ideen zuzuwenden, und sind oft nicht in der Lage, ihre eigene Ambivalenz zu beschreiben.

Das Unbehagen, das sie dabei empfinden, ist der Beginn eines Prozesses der Selbsterkenntnis. Mit Reife kann die Widderpersönlichkeit sich die Weisheit des »Anfängergeistes« erhalten und trotzdem anerkennen, daß es vielleicht nicht immer eine sofortige Lösung für jedes Problem gibt, das ihr begegnet. Diese Reife der Ansichten ist für sie oft nicht leicht zu gewinnen. Die Jugend ist ihr natürlicher Lieblingsbereich, und der Vorgang des Alterns kann für sie besonders schwierig sein. Sie wird vielleicht Hilfe brauchen, um ihr den Weg ins mittlere Alter zu ebnen, denn sie wird bitter, wenn sie bemerkt, daß sie Gelegenheiten zu Aktionen und Abenteuern verpaßt hat. Wenn sie jedoch den Übergang einmal geschafft hat, provozieren ihre Vitalität und ihr Enthusiasmus in den späteren Jahren die Gesellschaft in ihren Vorstellungen von dem, was dem Alter angemessen ist. Die Widderfrau hat die Würde der vitalen und rebellischen älteren Frau, die das Vorbild der Konvention durchbricht. Fortgesetzte Aktivität (auch wenn sie nicht mehr körperlich ist) ist lebenswichtig für ihr Wohlbefinden und ihr Glück; Reize erhalten Widdern die Spannung. Die Würde der aktiven Widderfrau ist ein Grundton des zwanzigsten Jahrhunderts.

Und dennoch, trotz der zunehmenden Möglichkeiten, die Frauen zur Aktivität gegeben sind, haben viele das Gefühl des unschuldigen Selbstwertes, das Widdern eigen ist, vergessen. Für diejenigen Frauen, in deren Horoskop Widder betont ist, ist entscheidend, daß sie es wiederentdecken. Alle Frauen müssen den Widderteil ihrer Persönlichkeit wiederentdecken (denn wir alle haben jedes Zeichen in uns, und sei es auch nur als Embryo), ebenso wie alle Männer das Wesen der Waage entdecken müssen. Die Entwicklung der Möglichkeiten aus diesen beiden Zeichen ist dringend nötig, um eine Gesellschaft wieder ins Gleichgewicht zu bringen, die unter dem Übermaß an Widderdrang zum Handeln leidet. Widderfrauen werden sich vielleicht als Initiatorinnen der nötigen Veränderungen entdecken.

Die Widderpersönlichkeit hat einen starken Glauben an ihre Fähigkeiten, und andere können von ihr eher lernen zu sagen »Ich kann« als »Ich kann nicht«. In diesem, dem klarsten und direktesten der Zeichen, gibt der Widder ein lebhaftes Vorbild für jene, deren Leben zu komplex geworden ist und die von Ängsten und Verantwortungen niedergedrückt werden. Widder zeigt uns, wie wir unsere Sicherheit wiedergewinnen können, wie wir teilhaben können an dem inspirierenden Mut des Widderpioniers, der sich von dem ihn beengenden Wirrwarr loslöst. Wir sehen die Widderpersönlichkeit charakteristisch dargestellt, wenn sie allein auf dem Gipfel eines Berges, in der Wüste oder auf hoher See ist. Sie entdeckt ihr Selbstgefühl und ihre spirituelle Einheit mit dem Universum durch die Ermunterung in der Aktion. Allein mit den Elementen ist sie sich ihrer tiefen Lebensfreude bewußt.

Stier

Symbolfigur: die Kuh oder der Stier
Der Weg der Natur
Zugang zum Leben durch fixe Erde:
beständig, entschlossen, ruhig, sinnlich,
produktiv, fruchtbar
Herrschender Planet: Venus

Hintergrund des Zeichens

Dieses Sternzeichen ist seit dem Zeitalter des Stiers (etwa 4000 VCÄ bis 2000 VCÄ) als Kuh oder Stier bekannt; damals gab es in verschiedenen Teilen der alten Welt religiöse Riten, die heilige Rinder mit einbezogen. Die besondere Bedeutung der Rinder scheint mindestens bis zur letzten Eiszeit zurückzureichen. Höhlenbilder beweisen, daß gehörntes Vieh von besonderer Bedeutung war, wahrscheinlich weil es die Menschen an die Mondsichel erinnerte. Viele Jahrhunderte später wurden in Kreta Stier-springer dazu ausgebildet, wagemutige Sprünge über Stiere hinweg aus-zuführen, und die Hörner des Stiers waren ein zentrales Motiv in der Kunst des Palastes von Knossos. Hinter den Geschichten von der kreti-schen Königin Pasiphaë, die sich mit einem Stier paarte, um den Minotau-rus zu gebären, stehen die Erinnerungen an den heiligen Stier, der der Gefährte der Göttin war. In Kanaan nahm die Göttin Asherah die Gestalt der heiligen Kuh an, und es ist ihr goldenes Kalb, dessen Kult in der Bibel erwähnt wird. In Ägypten war die Kuh die älteste Gestalt der Göttinnen Isis, Hathor und Neith. Die Mutterkuh besprengte den Himmel durch ihre Milch mit Sternen (die bis heute noch Milchstraße genannt werden), und sie war die Schöpferin aller Dinge, die die Sonne gebar. Mesopotami-sche Könige beanspruchten ihr Recht zu regieren, weil sie »mit der heiligen Milch der Ninhursag« genährt worden waren, jener sumerischen Göttin, die manchmal als heilige Kuh dargestellt wurde.

Älter als die Mythen von Zeus' Abenteuern als Stier und der Rivalität seiner Frau mit seinen anderen Geliebten sind Geschichten von der weißen Mondkuh als Gestalt der Göttinnen Hera, Europa und Io. Klassi-sche Dichter schrieben von der Konstellation sowohl als »Io« als auch als »Stier«. Die heilige Kuh der frühen Sternenbetrachter wurde auf eine Art verehrt, die heute nur wenige Menschen außerhalb von Indien verstehen können. Anstatt sie als dumm zu behandeln, sah man die Kuh als Symbol der Liebe der Göttin zu ihren Geschöpfen, die sie mit ihrer Milch ernährte.

Die Konstellation war eine der ersten, die einen Namen bekam, und erweckte besondere Aufmerksamkeit, weil sie die Plejaden – auch Siebengestirn genannt – enthielt, eine kleine, aber bemerkenswerte Sternengruppe, die in der ganzen Welt dazu verwendet wurde, anhand ihres Aufgangs die Zeit für Feste zu bestimmen.

Das Hauptfrühlingsfest, das in den gemäßigten Zonen der Nordhalbkugel gefeiert wurde, war die Ankunft der Göttin als Maikönigin, Blumenherrin und knospende Erde. Man feierte das Maifest (auch Walpurgis), wenn die Sonne im Stier stand, als Nacht, in der die Feen unterwegs waren und das Landvolk draußen in den Feldern und Wäldern blieb. Das Zeichen wird von der Venus beherrscht, der römischen Version der keltischen Maigöttin Blodeuwedd, die mit Hilfe von Magie aus Blumen gebildet wurde. Im Laufe des Mai trugen ihre Verehrer manchmal die Feenfarbe Grün, um die Erde zum Blühen und Reifen zu bewegen, und Grün war immer eine der Farben des Zeichens Stier. Ähnliche Feste wurden und werden auf der ganzen Welt zum Willkommen des Frühlings gefeiert, oft in Verbindung mit Fruchtbarkeitsriten. Um die Zügellosigkeit der Mainacht zu verhindern, verboten die Puritaner in Großbritannien den Maibaum und die überschwengliche Verehrung der Maigöttin. Der Stiergeist der Sinnlichkeit und Freude war eine heidnische Bedrohung für den vernunftbetonten Glauben und erinnerte die Menschen an eine ältere Religion, die die menschliche Liebe und Sexualität eher als etwas Heiliges und nicht als etwas Profanes ansah.

Liebevolle Sinnlichkeit

Die Stierpersönlichkeit wird von der warmen Sinnlichkeit der Blumengöttin berührt, und diejenigen, die in diesem astrologischen Monat geboren sind, haben etwas von ihrer leichten Grazie und vollen Freude am Körperlichen. Sie lieben es, Zuneigung zu zeigen, zu berühren und berührt zu werden.

Sowohl Stier als auch Kuh wurden als Geschöpfe der Göttin betrachtet, aber das Sternzeichen Stier zeigt eher die ruhige Stabilität der Kuh als die Erregbarkeit des Stiers. Stierpersönlichkeiten sind normalerweise in ihrem Gefühlsleben nicht sehr komplex. Sie lieben tief, einfach und lange. Sie neigen dazu, Veränderungen in ihren Beziehungen als bedrohlich zu empfinden, und entwickeln starke Bindungen zu jenen, an denen ihnen liegt.

155

Die Stierpersönlichkeit ist eine sinnliche und aufregende Liebhaberin, die ihre Partner wieder zu ihrer Erde zurückführt, wenn sie den Kontakt dazu verloren haben. Stier bedeutet nicht, von Leidenschaft getrieben zu sein, sondern einen langsamen, leichten Sinn für die Freude zu haben, die alle Beziehungen der Stierpersönlichkeit belebt. Für sie ist Zuneigung eine tiefe, nicht eine oberflächliche Empfindung – genau die Kraft, die sie in bezug auf ihre Freunde, ihre Familie und ihren Geliebten am meisten motiviert. Obwohl ihre sehr sinnliche Natur sie zu vielen sexuellen Erfahrungen führen könnte, neigt die Stierpersönlichkeit zu Monogamie, weil sie ihre Zeit und ihren Raum einsetzt, um eine tiefe Liebe zu entwickeln. Und doch scheint sie die Erinnerung an die Freiheiten der Maifeste zu bewahren, denn sie teilt ihre Freuden mit ihren Freunden und hat dabei vielen gegenüber eine eher allgemein körperliche als eine rein sexuelle Offenheit. Sie besitzt nicht den Ausdruck von Geheimnis wie das gegenüberliegende Zeichen Skorpion, aber ihr Bedürfnis nach hochwertigen Beziehungen bedeutet, daß sie Kontakt zu wenigen sehr engen Freunden hält, die sie auch auf einer tieferen Ebene kennen und ihre Beständigkeit zu schätzen wissen. Sie würde ihren Umkreis großzügig erweitern, wenn andere Menschen sich die Mühe machten, den gleichen hohen Standard der Beziehung zu wahren; sie liebt es, die Menschen um sich zu haben wegen ihrer Wärme und Nähe.

Stiere sind gewöhnlich gelassene Naturen, die nicht schnell rot sehen, doch wenn sie zu sehr provoziert werden, explodieren sie vor Wut, eher wie Kühe, die plötzlich wütend werden können, wenn Gewitter in der Luft liegt. Aber das kommt selten vor, und die Freunde einer Stierpersönlichkeit verlassen sich normalerweise auf ihr freundliches Wesen. Der Stierimpuls entspricht der Phase nach der Geburt im Leben eines Neugeborenen, wenn es lernt, was ihm gefällt und was nicht. Es entdeckt die Freuden des Wohlbefindens, der Wärme und der Nahrung und hat eine Abneigung gegen extreme Temperaturen, Unbequemlichkeit, Hunger und Schmerz. Das Kind erfreut sich so lange der Anregung durch neue Erfahrungen, wie seine Mutter in sicherer Nähe bleibt, und die Stierpersönlichkeit hat dasselbe Bedürfnis, jederzeit in Kontakt mit der Erdenergie zu bleiben. Wenn sie sich sicher fühlt, zentriert durch ihre Erfahrung des Körperlichen und der offenen Zuneigung, dann ist sie auch bereit, Neuem zu begegnen. Geerdet in ihren instinktiven Reaktionen, kann sie sehr klar zum Ausdruck bringen, was ihr gefällt und was nicht. Sie braucht keine halbe Stunde, um herauszufinden, ob ihr ein Film gefallen hat, normalerweise kann sie es sofort sagen.

Schöpferische Freude

Stiere haben große Freude an Kunst und Musik, einen guten Geschmack in bezug auf Kleidung und Einrichtung, den die meisten Menschen als angenehm empfinden, und ein gutes Ohr für Harmonien. Einer der positivsten Wege für die Stierpersönlichkeit ist der Ausdruck durch irgendeine Art schöpferischer Arbeit, wo sie ihren Sinn für das Schöne gebrauchen kann. Wenn sie etwas herstellt, bekommt sie dadurch ein tieferes Gefühl für ihren eigenen Wert, und sie wird sehr viel Freude daran haben, etwas anzuschauen und zu befühlen, das sie gemacht hat und das ihr gefällt. Sie kann Künstlerin sein, und besonders neigt sie zum Handwerklichen, zum »Machen«. Sie liebt es, Dinge zu tun, die nicht nur schön, sondern auch nützlich sind, denn Stiere sind immer im Grunde ihres Herzens praktisch gesonnen. Sie haben ihre Füße fest auf dem Boden, und ihre Ästhetik wird von der Funktion des Kunstwerks bestimmt. Das bedeutet, daß Stiere oft im Bereich des Designs arbeiten. Sie würden sich jedoch nicht zu einem sparsamen Funktionalismus hingezogen fühlen, denn ihre Sinnlichkeit bewegt sie dazu, nach einer Synthese von Nützlichkeit und Vergnügen zu suchen. Mit welchem Material auch immer sie arbeiten, haben sie großen Respekt vor ihm als Materie, und ihre Entwürfe bringen seine eigentliche Schönheit zum Vorschein, ob es sich nun um Ton, Stein, Stoff oder Holz handelt.

Die visuellen Fähigkeiten der Stierpersönlichkeit sind einzigartig und hängen zusammen mit ihrer Empfindsamkeit auf sinnliche Anregungen. Wenn sie einen Raum betritt, nimmt sie alles darin wahr, wird sich auch der feinen Abstufungen von Farben und Material bewußt. Ihre Wahrnehmung ist so wichtig für sie, daß sie einen großen Teil des Tages damit verbringt, richtig aufzunehmen, was sie sieht.

Die Stierpersönlichkeit kann auch Wissenschaftlerin sein, die sich für die Beobachtung und Beschreibung der physischen Welt interessiert und Achtung vor den Naturgesetzen des Universums hat. Sie wird jedoch nicht sehr viel Interesse an wissenschaftlicher Spekulation haben, sie zieht es vor, ihre Fakten zu belegen und wieder zu belegen, bevor sie ihnen traut. Aus diesem Grund wird sie seltener zu den Neuerern gehören, denn sie besitzt nur wenig von der intuitiven Fähigkeit, einen Sprung im Dunkeln machen zu können. Aber die Stierpersönlichkeit muß nicht dauernd Neues entdecken, um mit ihrer Umgebung oder ihrer Arbeit zufrieden zu sein. Sie könnte zum Beispiel Ingenieurin oder Mechanikerin sein, denn sie achtet die Materie und interessiert sich dafür, wie sie sich verhält und wie man sie zu etwas Nützlichem verarbeiten kann.

Sei sie nun Wissenschaftlerin, Mechanikerin, Ingenieurin, Bäuerin oder Baumeisterin, die Stierpersönlichkeit wird ihrer Arbeit nie kühl oder losgelöst gegenüberstehen. Ihre sinnliche Beziehung zu ihren Materialien bringt die Künstlerin und Handwerkerin zum Vorschein, welche Aufgabe auch immer sie erfüllt. Sie zeichnet sich dadurch aus, daß sie nicht durch den Wunsch getrieben wird, ihr Projekt zu vollenden; sie erfreut sich eher am Vorgang des Machens, als daß sie nach vorn spurtet, sie kann im Augenblick leben und ihn genießen.

Als Musikerin hat sie die Ausdauer, ein Instrument zu erlernen oder ihre Stimme auszubilden. Stier beherrscht die Kehle und den Hals, und Stierpersönlichkeiten sind oft gute Sängerinnen, denen das ganze Potential ihres Körpers für ihre Musik und zum Ausdruck von Rhythmus durch das Spielen von Schlaginstrumenten oder den Tanz zur Verfügung steht. Berühmte Stierfrauen schließen viele Sängerinnen ein: Ella Fitzgerald, Ma Rainey, Judy Collins, Barbra Streisand und Dame Nelly Melba. Der Stierinstinkt zur Schöpfung von Schönem war ein Teil des Geheimnisses und der Ausdruckskraft von Greta Garbo, die sowohl den Mond als auch den Aszendenten im Stier hatte.

Viele Stiere besitzen charismatische Fähigkeiten, weil sie sich ihrer eigenen Körper bewußt und ihrer eigenen Wirklichkeit so sicher sind. Sie strahlen nicht nur Sinnlichkeit, sondern auch Vertrauen aus; sie verstehen ihre eigene Erfahrung, weil sie fest auf dem Boden des sinnlichen Gefühls steht. Für andere, deren Sinn für die Wirklichkeit weniger bestimmt ist, können Stiere eine beneidenswerte Ruhe haben, denn sie hinterfragen und quälen sich nicht ständig selbst. Ihr Zugang zum Leben wurzelt tief in ihren Instinkten, und sie wissen, wie sie sich mit den angenehmen Eindrücken versehen müssen, die sie brauchen.

Die Liebe der Stierpersönlichkeit zur Qualität kann zum Beispiel auch durch das genießerische Interesse an Essen und Trinken und ein wollüstiges Vergnügen an einer schönen Umgebung zum Ausdruck kommen. Wenn das Nachgeben in diese Leidenschaften ihre Gesundheit bedroht, muß sie andere Wege finden, sich Freude zu bereiten – lieber Sauna und weicher Stoff als Sahnetorten und gute Weine. Es kann sein, daß sie auf ihre Ausgaben achten muß, während sie sich um ihre ästhetischen Bedürfnisse kümmert, obwohl sie oft genauso leicht zu Geld zu kommen scheint, wie sie es auch ausgeben kann. Etwas Reiches in ihrer Persönlichkeit scheint Reichtümer anzuziehen. Normalerweise kann sie gut mit Geld umgehen, denn sie weiß, was sie will, und hat so eine feste Grundlage für Ausgaben und Sparen.

Die luxuriöse Stierpersönlichkeit kann faul sein, aber sie hat auch noch eine andere Seite: pflichtbewußt, ausdauernd und bestimmt. Sie ist bereit, hart zu arbeiten, um sich mit Angenehmem zu umgeben, und sie schätzt die Vorzüge von Geld. Ihren Freunden gegenüber ist sie auch großzügig. Oft ist sie an finanziellen Dingen interessiert und kann sparen und investieren. Andere, die weniger Sinn für das Praktische haben, werten sie oft als materialistisch ab, übersehen dabei aber, daß Entscheidungen über Geld eine Möglichkeit für sie sind, wichtige Entscheidungen darüber zu treffen, was sie schätzt, und sie mit einem Weg versehen, auf dem sie sich selbst kennenlernen kann.

Erdgebunden

Manchmal wird eine Stierpersönlichkeit auch ein weniger bequemes Leben wählen, solange sie nur starke Verbindungen mit der Erde behält. Sie zieht vielleicht ein einfaches Haus mit großem Garten oder das Leben im Wohnwagen auf dem Land vor. Sie ist glücklich in ländlicher Umgebung und langweilt sich selten, denn der Rhythmus der Jahreszeiten gibt ihr die gemessene Art an Veränderungen, die sie braucht. Die Natur spiegelt ihre eigenen Vorgänge des langsamen und zentrierten Wachstums. Sie hat ein Gefühl für die Bedürfnisse der Erde in ihrer Umgebung und nimmt ihre Verantwortung für Land, das sie versorgt, sehr ernst. Es ist möglich, daß sie sich an ökologischen Aktionen beteiligt oder sich einer besonderen Gegend zuwendet: ihrem Tal oder ihrem Garten. Sie baut Pflanzen als Nahrung, zum Heilen oder für die Schönheit an, vielleicht läßt sie ihren Garten auch zur Natur zurückkehren und verwildern oder zur Wiese werden, um ein Heim für die Tiere zu schaffen, die sie liebt. Zu Bäumen fühlt sie sich besonders hingezogen, vor allem zu großen Bäumen wie der Eiche, der Ulme und der Zeder, denn sie haben die gleiche Ausdauer, und ihre Wurzeln reichen tief in den Boden. Stiere lieben und studieren oft die Beschaffenheit der Erde, sammeln Steine oder Mineralien. Die Stierpersönlichkeit respektiert Menschen, die eng mit dem Land verbunden leben, und sie teilt ihre Ehrfurcht vor den Vorgängen des Keimens und Wachsens. Obwohl sie oft in bezug auf »übersinnliche« Dinge skeptisch ist, ist ihr der Gedanke an Energieströme, die durch die Erde fließen, nicht fremd. Sie empfindet ihren Körper als Erweiterung der Erde, und es ist für sie notwendig, daß man sie langsam und in Ruhe wachsen läßt wie einen Baum, der jedes Jahr neue Jahresringe in seinem Holz bekommt. Wie ein Baum kann sie auch nur wachsen, wenn sie gut verwurzelt ist, und deshalb braucht sie eine beständige Umgebung. Sie hat in ihrer Arbeit gern eine kontinuierliche Linie; die Stabilität des Stiers macht sie besonders wertvoll für jede Organisation oder Einrichtung. Oft zieht sie Routine und klar definierte Aufgaben vor und wählt Berufe, die diese Voraussetzungen haben. Welche Arbeit auch immer sie macht, die Stierpersönlichkeit wird immer wieder das Praktische schätzen und mit ihm die Heiligkeit der Erde und die Weisheit des Körpers. Naturheilkundliche Medizin entspricht ihr, weil sie die Körpermechanismen zur Selbstregulation und zur Selbstheilung respektiert. Es ist gut möglich, daß sie eine Begabung zum Massieren hat oder als Heilerin arbeitet. Sie ist offen gegenüber Biodynamik und anderen Arten von Therapie, die dem Körper und seinen Ausdrucksformen viel Aufmerksamkeit widmen. Wenn Stiere etwas mit ihren Sinnen berühren und erfahren können, werden sie es respektieren und daran glauben.

Die Stierpersönlichkeit hat gern durch Sport und körperliche Übungen Kontakt mit ihrem Körper. Besonders angezogen wird sie von Marathonsportarten, die ihre Ausdauer mehr zum Vorschein bringen als kurze, schnelle Läufe, bei denen es kaum Zeit gibt, loszulaufen. Genausogut ist es möglich, daß sie eine gute Tänzerin wird, wie die englische Margot Fonteyn und die indische Mansingh. Stiere betreiben vielleicht auch Yoga, T'ai Chi oder eine der orientalischen Kampfsportarten. Auch Selbstverteidigung finden sie anziehend, nicht wegen des aufregenden Kampfes, sondern weil man mit Angriffen am besten fertig wird, wenn man wirklich in seinem Körper geerdet ist.

Da sie grundlegend von Zuneigung angezogen wird, ist die Stierpersönlichkeit den Bedürfnissen anderer gegenüber, die in Schwierigkeiten sind, nicht unempfindlich; normalerweise wird sie mit sehr praktischer Hilfe reagieren. Die Lage der Hungrigen, der Heimatlosen und der im Exil Lebenden bewegt sie, und sie wird keine Zeit mit Mitleidsgefühlen verschwenden, wenn sie das Gefühl hat, daß man die entsprechende Lage verhindern könnte.

Eine Stierin, Sylvia Pankhurst, hat sich zum Beispiel eine praktischere und weniger mit Ruhm belohnte Wirklichkeit im Londoner Osten ausgesucht als ihre Mutter Emmeline oder ihre Schwester Christabel – beide berühmte Frauenrechtlerinnen –, wodurch sie zeigt, wie die Bindungen eines Stiers das Bedürfnis nach einer luxurösen Umgebung übertreffen können.

Im großen und ganzen tendieren Stiere zu konservativen Ansichten, ihre Ideen jedoch können oft konservativ im Sinne von erhaltend sein, denn viele Linksdenkende hatten die Vorsicht des Stiers oder neigten sogar zu einer ähnlichen Verhärtung der Ansichten wie ihre politischen Gegner. Eine Stierpersönlichkeit sieht ihre eigenen Werte gern als die einzig möglichen und hält leicht ihre Wirklichkeit für die einzige. Sie kann auch Ereignisse sehr vordergründig oder materiell verstehen, indem sie feinere oder geistigere Wahrnehmungen eher mißachtet, die sie in ihrer geheimnisvollen Art oft beunruhigen oder ängstigen.

Die grundlegend materialistische Weltsicht ist auch die Ursache für die stierischen Fehler der Überschätzung von Besitz und der Tendenz, Menschen nur durch ihre eigenen Bedürfnisse wahrzunehmen. Die Stierpersönlichkeit ist ganz erdverbunden mit ihren Gefühls- und sexuellen Bedürfnissen, und ihre praktische Art kann auf andere, die eher auf höheren Ebenen leben, einen gefühllosen Eindruck machen. Sie wird entnervt durch Menschen, die an etwas endlos herumarbeiten, und kann leicht in eine Spirale von Mißverständnissen geraten, weil sie die Worte anderer so wörtlich nimmt. Sie wird dann stur und defensiv und klammert sich an äußere Fakten, ohne den dahinterstehenden Sinn zu beachten.

Wachstum

Durch ihre Sturheit riskiert die Stierpersönlichkeit, sich von den Möglichkeiten persönlicher Veränderung auszuschließen. Das kann wirklich schädlich für sie sein, obwohl es lange dauern wird, bis sie bemerkt, was sie versäumt hat. Doch trotz der fixen Natur des Stiers ist er kein statisches Zeichen; er ist eher ein Zeichen des Wachstums. Das Wachstum von Stieren ist langsam und kaum wahrnehmbar; wir erwarten auch nicht, daß sich die stierischen Blumen der Nordhalbkugel vor unseren Augen öffnen, noch daß die Herbstblätter der Südhalbkugel über Nacht braun werden. Weil Stiere so schwer zu überzeugen oder zu bekehren sind, sind ihre Veränderungen um so eindrucksvoller und dauerhafter, wenn sie dann stattfinden. Man kann sie nicht hetzen, aber es lohnt sich, auf sie zu warten. Indem sie sich mit ihrem eigenen Tempo bewegt, lehrt die Stierpersönlichkeit andere, daß Geschwindigkeit nicht notwendigerweise besser ist als Langsamkeit, denn wie der Igel wird sie vor dem Hasen das Ziel erreichen.

Die Stierpersönlichkeit wird von ihren Instinkten geleitet, muß aber nicht notwendigerweise durch ihren Instinkt von der eigentlichen Bedeutung weg zum allzu wörtlichen Verständnis gezogen werden. Sie engagiert sich in dem prägenden Prozeß, ihre eigenen Werte zu erlernen und zu entdecken, was sie will und nicht will auf einer Ebene, die tiefer liegt als jene, zu der ihre spontanen Instinkte sie leiten können. Dieser Prozeß des Kennenlernens der Werte wird in der Zulugeschichte von der Regengöttin Mbaba Mwana Waressa dargestellt, die erzählt, wie sie sich häßlich machte, um herauszufinden, ob ihr sterblicher Mann dann immer noch ihre innere Schönheit erkennen würde.

In einer frühen Phase ihrer Entwicklung neigt die Stierpersönlichkeit dazu, vor Häßlichkeit und allem, was sie sich nicht sofort erklären kann, davonzulaufen; wenn sie aber ihr Verständnis erweitert, wird sie sich der inneren Schönheit unter der Oberfläche eher bewußt, genauso wie sie die Wurzeln und Mineralien im Innern der Erde liebt. Immer praktisch und wirklichkeitsnah eingestellt, drückt sich ihre Intuition durch ihre körperlichen Instinkte und die Reaktion ihres »Bauches« aus und wird dann klarer, indem sie mehr Erfahrungen durch ihre Sinne gewinnt.

Immer wenn die Stierpersönlichkeit sich ihrer Richtung nicht sicher ist oder die Versuchung empfindet, ihrer eigenen Weisheit zu mißtrauen, kann sie sich der Erde, ihrer Quelle, zuwenden, um von ihr Sicherheit und Inspiration zu erhalten. Sie sieht dort, im Boden und in den wachsenden Pflanzen, eine Bestätigung ihrer eigenen Natur, ihrer Stabilität und ihrer Fähigkeit, Schönes zu erschaffen.

>»Zur Quelle zurückzukehren ist Stille,
das ist der Weg der Natur.
Der Weg der Natur ist unveränderlich.
Das Beständige zu kennen ist Einsicht.«
Tao Te Ching.[2]

Zwillinge

Symbolfigur: die Zwillinge
Der Weg der Gewandtheit
Zugang zum Leben durch bewegliche Luft:
erfinderisch, kommunikativ, geschickt,
neugierig, vielseitig, schnell
Herrschender Planet: Merkur

Hintergrund des Zeichens

Zwillinge war eine der Konstellationen, die schon früh entdeckt wurden, und in vielen Kulturen sah man die beiden sehr hellen Sterne als Zwillinge an. Das Symbol hatte große Kraft, denn das Phänomen von Zwillingsgeburten hat die Menschheit immer fasziniert und ist zum Symbol in der Entwicklung von Ideen geworden. Manche Kulturen sahen Zwillinge als besonders segensreich oder sogar göttlichen Ursprungs an. In Westafrika haben Zwillinge ein System von religiösen Riten und eine bildhauerische Tradition angeregt. In vielen Kulturen stehen Zwillinge als Symbol für die Dualität in allen ihren Manifestationen: identische Paare, einander ergänzende Gegensätze, einander widersprechende Gegensätze. Ein widersprüchliches Zwillingspaar sind Kain und Abel oder der im keltischen Mythos existierende »wyrd« des Königs, ein Schattenzwilling, von dem man glaubte, daß er den König eines Tages stürzen würde.

Zwillinge können polar sein, aber nicht notwendigerweise antagonistisch oder gegensätzlich; die Chinesen zum Beispiel nannten die Zwillinge Yin/Yang und stellten sie als weiblich/männliches Zwillingspaar dar. Isis, Repräsentantin des Lebens, wurde oft mit ihrer Zwillingsschwester Nephythys dargestellt, die den Tod repräsentierte und die Toten mit ihren geflügelten Armen beschützte, die sie über ägyptischen Gräbern ausgebreitet hatte.

Am häufigsten in astrologischen Darstellungen abgebildet sind Castor und Pollux, die Söhne der Leda (eine Form der Großen Göttin), wobei der Vater des einen Zeus und der Vater des anderen ihr sterblicher Mann war. Als der sterbliche Castor in einer Schlacht tödlich verwundet wurde, betrauerte ihn sein göttlicher Bruder so leidenschaftlich, daß Zeus sie zusammen als die Zwillingssterne an den Himmel versetzte. Manchmal werden die Zwillinge auch als zwei Frauen oder als Junge und Mädchen dargestellt. In vielen Mythologien gibt es die Zwillinge von Licht und

Dunkelheit, und hinter jedem Zwillingspaar steht die mehr oder weniger deutliche Gestalt der Großen Göttin, die sie gebar. Die Göttin ist auch gegenwärtig in der Geschichte der Zwillinge Romulus und Remus, der Gründer Roms, und zwar in der Form einer Wölfin, die die Waisen säugte. Sie steht stellvertretend für das mütterliche Ganze, die Einheit, die vor der Aufspaltung in die Dualität existierte.

Verbindungen herstellen

Die Zwillingspersönlichkeit sucht immer die Ganzheit, welchen Weg sie auch einschlägt, sie will jedesmal den anderen mit erforschen, den sie nicht eingeschlagen hat. Viele Zwillingemenschen haben zwei Berufe, zwei Wohnungen, zwei Nationalitäten und zwei wichtige Bezugspersonen. Das Problem der Zwillinge ist, die Ganzheit und Einheit zu finden, Brücken zwischen den gegensätzlichen Phasen der Wirklichkeit zu bilden, die sie klar erkennen. Ihr erfinderischer Geist schafft die Brücken und macht Kommunikation möglich.

Die Zwillingspersönlichkeit verliert nie das Interesse des Kindes am Wissen. Als Erwachsene ist sie nicht zufrieden mit dem, was sie im Laufe ihrer Jugend gelernt hat, und sie sammelt weiter Wissen an, lernt neue Sprachen mit dem Wunsch, sie zu verstehen. Sie hat einen klaren Blick für Fakten, ein scharfes Ohr und eine Fähigkeit zu schauspielern. Mit ihrer Liebe zu Worten und Ideen schätzt sie Wortspiele und macht sich Gedanken über die Herkunft von Wörtern, und manchmal beleidigt sie damit andere. Worte und Ideen sind für sie wie Teile eines Geduldsspiels, die sie so lange herumschiebt, bis sie ein neues Muster gefunden hat, das ihr gefällt.

Die Zwillingspersönlichkeit hat die Fähigkeit, sich sozusagen für alles zu interessieren, was man ihr anbietet. Vielfalt ist für sie lebenswichtig; ihr Schmetterlingsgeist ist flink – sie denkt so schnell und unerwartet, daß ihr nur wenige folgen können. Ideen berauschen sie, jede bezaubert sie, bis die nächste kommt.

Bei der Arbeit braucht sie ständig Stimulation und ist nur gut in Bereichen, die ihr Abwechslung bieten. Sie hat die intuitive Fähigkeit, in ihren Zuhörern zu »lesen«, und paßt das, was sie sagt, instinktiv ihren Erwartungen an. Dadurch ist sie oft besonders gut als Lehrerin, Verkäuferin oder in der Werbung. Wenn sie spricht, ist es, als habe sie einen »automatischen Piloten«, der sich für sie um die Einzelheiten kümmert. Sie kann eine fähige Politikerin sein, denn sie kann auch mit Zwischenru-

164

fern geschickt und klug fertig werden, und gewöhnlich überstrahlt sie ihre Gegner. Kommunikation macht ihr Freude, und sie liebt Briefe und Telefongespräche und genießt die Technologie, die Verbindungen auf große Ferne möglich macht. Journalismus und Rundfunk sind besonders zwillingstypische Bereiche, und als Luftzeichen liebt sie es, auf Sendung zu sein, sei es als Ansagerin, Discjockey, Interviewerin oder als Persönlichkeit in Talkshows.

Da sie von Routine und Wiederholungen schnell gelangweilt sind, lieben die Zwillinge das Spontane. Sie können extrem modern sein, denn sie haben engen Kontakt mit dem Zeitgeist und besitzen einen ausgeprägten Instinkt für das Neue. Die Zwillingspersönlichkeit ist in einem Augenblick leicht und luftig und im nächsten schon im Abgrund und neigt dazu, sich an ihr Glück nicht mehr zu erinnern, wenn sie erst einmal depressiv ist, oder an ihre Traurigkeit, wenn es ihr gutgeht. Sie ist ein Geschöpf des Augenblicks mit einem hervorragenden Gedächtnis für Fakten, aber ihre Gefühlserinnerung ist nur kurz. Sie braucht den Ring, den der König in der Sufigeschichte bekam. Er hatte um ein Geschenk gebeten, das seine dauernd wechselnden Gemütszustände festigen würde, und der Ring hatte die Fähigkeit, die fließenden Gefühle seines Trägers zu stabilisieren, sei er nun traurig oder glücklich. Auf ihm waren die Worte eingraviert: »Auch dies wird vorübergehen«.

Die Brücke zum Gefühl

Obwohl die Zwillinge, was die Oberfläche betrifft, das veränderliche Zeichen sind, finden sie tiefgreifende Veränderungen sehr schwierig. Wenn jemand der Zwillingspersönlichkeit eine Idee anbietet, die neu und für sie aufregend ist, könnte sie versucht sein, sich im Licht dieser Idee erforschen zu wollen. Die Gefahr ist, daß sie sich nur auf einer intellektuellen Ebene engagiert und dabei die Herausforderung außer acht läßt, eine Brücke von den Gedanken zu den Gefühlen zu schlagen. Im Bereich der Gefühle kann sie sich verlieren und muß sich vielleicht (intellektuell) erarbeiten, ob sie etwas fühlt oder nur denkt, daß sie etwas fühlt. Diese Distanz kann sie für andere Menschen zum Problem werden lassen, die sie oft als gefühllos oder oberflächlich empfinden. Sie sind betroffen durch ihre Unfähigkeit, ernst zu sein, denn wenn eine Zwillingspersönlichkeit mit einer Situation nicht zurechtkommt, rettet sie sich durch Scherze heraus und kann dabei wenig empfindsam sein. Es ist nicht so, daß sie keine Gefühle hätte, nur oft hat sie Angst vor ihnen. Sie fürchtet, die gedankliche Kontrolle (ihre Sicherheit) über die Gefühle und ihr

Unbewußtes zu verlieren, und sie redet teilweise deshalb so viel, um die Stille in sicherem Abstand zu halten, denn wer weiß, was sie enthält.

Viele Zwillingsmenschen fürchten die Teile in sich, die sie weniger kennen, und die allgemein gebräuchliche Behauptung, daß Zwillinge gespaltene Persönlichkeiten sind, kann sehr schmerzlich sein. Genaugenommen ist das weniger bekannte »Zwillings-«Selbst ein Teil der Psyche von uns allen, und die Dualität der Zwillinge ist weit entfernt sowohl von der echten Schizophrenie als auch von gespaltenen Persönlichkeiten. Aber die Zwillingspersönlichkeit ist sich tatsächlich sehr der Polaritäten in ihrem Innern bewußt, zwischen dem Zwilling, den sie kennt, und dem anderen, den sie fürchtet. Mit scheinbarer Unschuld schiebt sie den unbequemen Zwillingsteil ihres Selbst weg und enteignet ihn. Sie kann ihn jedoch nicht völlig loswerden, und ihre Angst bleibt so lange bestehen, wie sie weiter versucht, sich zu entkommen, oder sichergeht, daß immer ein Hintertürchen offen ist, wenn sie in eine neue Situation gerät.

Der Reifeprozeß, der wichtig für ihre Entwicklung ist, besteht darin, daß sie lernt, Verantwortung für ihre Handlungen und Gefühle zu übernehmen und sich damit von der Angst vor ihrem inneren Double zu befreien. Wenn sie erst einmal zu ihren ambivalenten oder negativen Gefühlen anderen gegenüber stehen kann, wird sie sich nicht mehr so gespalten fühlen.

Den Geist gebrauchen

Genauso wie die Zwillingspersönlichkeit lernen muß, wie sie ihren Geist beruhigen kann, genauso wichtig ist es für sie, ihn zu trainieren, herauszufinden, was sie mit ihm anstellen kann. In früheren Zeitaltern betrachtete man die Fähigkeiten des Geistes als magisch und als Geschenk der Götter, denn so waren auch Erfindungen, die uns heute eher klar und rational erscheinen, wie zum Beispiel das Alphabet und der Gebrauch von Zahlen. Zwillinge müssen ihren Geist voll ausschöpfen, um über ihn hinauszuwachsen.

Im Gegensatz zu ihrem Gegenüber im Tierkreis, dem Schützen, neigen die Zwillinge dazu, ihr Wissen nicht zu einem großen Glaubensgebilde zu ordnen, sondern sammeln eher eine Schatztruhe voller ungeordneter Fakten, vergleichbar mit einem Elsternnest, in dem sowohl weggeworfene Stückchen wertlosen Silberpapiers als auch schwere Silberlöffel liegen können. Das Vorgehen der Zwillingspersönlichkeit, das von anderen oft als fehlende Urteilsfähigkeit abgetan wird, hat auch seine Vorteile. Wie das Elsternnest enthält ihr Geist kaum Dinge, die am rechten Ort sind. Für sie *sind* all die glänzenden Teile Gold, denn ihre Wahrnehmung und ihre Erfahrung sind für sie wichtiger als die Zustimmung eines Kritikers von außen. Es kann sein, daß sie sich mehr für das Geschenkpapier als für das Geburtstagsgeschenk interessiert.

Ihre Abhängigkeit vom Denken bedeutet nicht, daß die Zwillingspersönlichkeit eine starre oder phantasielose Denkerin ist. Sie springt zur Seite ins Unbekannte, überbrückt zwei Welten. Und wenn ihr zwei Wirklichkeiten begegnen, die sich trotz all ihre Mühe nicht vereinbaren lassen, findet sie philosophischen Trost im Paradoxen. Sie liebt Rätsel, scheinbare Unmöglichkeiten und Scherzfragen.

Viele literarische Traditionen enthalten die Rätsel, die Zwillinge lieben. Die Kelten gebrauchten Rätsel und das Paradoxe häufig; sie fanden einen Weg in die Bereiche der Magie durch die Tür, die Paradoxa im Geist öffnen. Besonders magische Zeiten waren paradox, weil sie weder das eine noch das andere waren: zwischen den Jahreszeiten zur Sonnenwende und den Äquinoktien, zwischen den Richtungen an Kreuzungen, zwischen Tag und Nacht in der Dämmerung. Das sind die dämmergrauen Bereiche, die die Zwillinge für sich öffnen, indem sie sich auf die schwarzweiße Welt der Dualität und Polarität konzentrieren, die Welt der Doppelsicht.

In einer Tradition, die von den Kelten sehr weit entfernt ist, gebrauchen die Zenmeister oft Paradoxa als »Trick«, um die Gewohnheiten des Geistes zu durchbrechen. Die Zwillingspersönlichkeit konzentriert sich auf den Geist, aber durch ihr Interesse an Rätseln und »Tricks« kann sie ihren eigenen Weg aus der Falle finden, den ein rein geistiger Zugang erzeugen kann. Denn in ihrer beständigen Suche nach dem fehlenden Teil des Geduldsspieles ist sie sich nicht immer darüber im klaren, daß das Teil, das sie sucht, vielleicht nicht durch Worte definierbar ist, oder daß sein eigentliches Wesen überhaupt in seiner Undefinierbarkeit besteht. Wenn sie nicht genügend Raum läßt für das, was sie nicht wissen kann, wird sich ihr das Paradoxe entziehen. Doch in irgendeiner Phase ihres Lebens wird der Drang, zu belegen und es wissen zu wollen, sie dazu führen, dem Unerreichbaren, Unverständlichen entgegenzutreten. Das ist für die Zwillingspersönlichkeit oft ein langer Prozeß. Sie haßt Langeweile, weil sie sich ohne Anregungen vielleicht selbst entgegentreten muß. Im stillsten See wird ihr Bild am besten gespiegelt, und in der tiefsten Stille wird sie ihr eigenes Herz und ihren eigenen Atem hören. So verbringt sie ein Großteil ihres Lebens damit, Ruhe mit Aktivität und

Stille mit Geräusche zu füllen. Schließlich kann sie einen Punkt erreichen, wo diese Taktik ihre Wirkung verliert. Indem sie der scheinbar schrecklichen Leere entgegentritt, kann die Zwillingspersönlichkeit einen Frieden finden, der ihr in all ihren merkurialischen Reisen gefehlt hat.

Sich erden

Für die Zwillingspersönlichkeit ist es ungewöhnlich, aber doch hilfreich, über die Art nachzudenken, in der sie mit ihrem Körper umgeht, oder über die Empfindungen, die sie in seinen verschiedenen Teilen spürt. Selten beachtet sie ihren Körper viel, läßt Mahlzeiten aus und neigt dazu, auch andere Körperfunktionen außergewöhnlich lange zu vergessen. Sie braucht gutes Essen und guten Schlaf mehr als jedes andere Sternzeichen; wenn sie ermüdet ist, kann es sein, daß sie sich dumm, die anderen kränkend, oberflächlich und ruhelos benimmt. Dann kann sie ihre freundliche Empfindsamkeit anderen gegenüber verlieren und neugierig und gefühllos werden.

Sie kann von ihrem eigenen Ärger oder Schmerz überrascht werden, von dem sie wirklich nicht gedacht hätte, daß er unter der Oberfläche vorhanden war. Ihre Ängste betreffen ihren Körper sehr direkt. Weil sie fürchtet, eingeengt zu werden, ist es möglich, daß sie zu Gefühlen des körperlichen Erstickens neigt. Sie kann zum Beispiel zu flach atmen oder andere Probleme mit ihrer Lunge haben (die von den Zwillingen regiert wird), und ihre Gefühle können sich auf direktem Weg als Asthma ausdrücken. (Im Gegensatz zur äußeren Erscheinung ist Asthma mehr eine Behinderung der Ausatmung denn der Einatmung: Zwillinge nehmen alles auf, lassen sich aber oft nicht genug Zeit, etwas von der überflüssigen Information und Erfahrung wieder herauszulassen, die sie aufgenommen haben.) Atemübungen können ihren Lungen helfen, die leicht auf Streß empfindlich regieren. Übungen in Selbsthypnose können Zwillingen ein Gefühl der Selbstbeherrschung und des Einflusses auf ihre körperlichen Erfahrungen geben, so daß ihr Körper nicht länger ein Grund zur Panik für sie ist. Für sie ist jede Technik geeignet, die die Macht des Geistes über die Materie zum Ausdruck bringt, denn Zwillinge haben tiefen Respekt vor der Macht der Gedanken. Sie profitieren von Meditation oder Yoga, denn viele ihrer Probleme entstehen aus der Zerstreuung ihrer Energien. Handwerkliche Tätigkeiten sind eine andere Möglichkeit, die eigene Mitte zu finden, denn das Zeichen Zwillinge regiert auch die

Hände. Viele handwerkliche Tätigkeiten erlauben es Händen und Augen, ohne die ständige Einmischung des Bewußtseins zusammenzuarbeiten, und das ist eine Quelle der Ruhe für Zwillinge.

Die Gauklerin

Alle Luftzeichen erfahren Schmerz und Desillusionierung, weil die Welt nicht dem Ideal entspricht, das sie sich gemacht haben. Die Zwillingspersönlichkeit trägt den Schmerz des enttäuschten Kindes mit sich herum, unsicher, wie sie nun das schreiende Kind in ihrem Innern ernähren und trösten kann. Daher erwartet sie oft soziale Anerkennung und Aufmerksamkeit von ihrem Publikum, indem sie sich zur Gauklerin macht, zum Clown, dessen Maske die Tränen versteckt. Sie hat den Witz und eine Menge von gesammelten Informationen, um andere zu unterhalten, und sie kann sich damit vielleicht sogar ihren Lebensunterhalt verdienen. Am Ende der Shows sagt sie sich: »Keiner würde mich lieben, wenn ich nicht weitermachen würde« und untergräbt damit die Sicherheit, die sie gerade zu gewinnen versucht hat. Marilyn Monroe hatte die Sonne in den Zwillingen, Judy Garland den Mond; ihr früher Tod unterstreicht die Unsicherheit hinter der Fassade der erfolgreichen Darstellerin. Wenn sie unsicher ist, wird die Zwillingspersönlichkeit oft von ihren Trieben, Bedürfnissen und Ängsten angetrieben, zur Gauklerin zu werden, die von ihren Geistesgaben lebt, zur Taschenspielerin, deren Hand das Auge täuscht, während die Zunge schnell dahinplappert. Man wirft ihr oft vor, sie versuche, andere emotional zu manipulieren, aber die Zwillingspersönlichkeit strebt nicht bewußt nach Macht oder danach, jemand anderen zu verletzen. Manchmal arbeitet ihre natürliche Schlauheit fast *gegen* sie: Sie weiß, daß die Welt draußen gefährlich ist, und ist sicher, daß sie damit klarkommt. Sie hat den naiven Glauben, daß sie für nichts etwas bekommen kann, und wie so oft bei ihr befriedigt sie das sehr, denn es verstärkt ihr Vertrauen in ihre Überlebensfähigkeit. Sie glaubt, daß sie mit Reden aus jeder Lage herauskommt, und gewöhnlich ist es auch so.

Wenn Zwillinge Geschichten erzählen, verzieren sie sie oft spontan – sie können nicht anders – und glauben später vielleicht sogar selbst an ihre Hinzufügungen und Ausschmückungen. Für sie ist die Idee wichtig, nicht die Fakten, ähnlich dem Ausspruch Blakes: »Alles, was man glauben kann, ist ein Abbild der Wahrheit.«

Zwillinge können sich am besten ausdrücken, wenn sie ihre Fähigkeiten zum Improvisieren in den Dienst des Schöpferischen stellen und Geschichten erzählen oder schreiben. In der Welt der Phantasie können sie werden, was oder wer sie wollen, und können alle Rollen spielen; hier wird ihre Gewandtheit zur Virtuosität. Es ist möglich, daß sie Disziplin brauchen, um die Geschichte eine Zeitlang in ihrem Innern zu behalten, sie nicht auszusprechen oder hinzuschreiben, sondern noch zu pflegen und wachsen zu lassen.

Eine der ersten englischen Romanautorinnen, Fanny Burney, hatte die Sonne in den Zwillingen, und ihr sind viele Zwillingsautorinnen gefolgt. Zwillinge können Worte mit satirischer Präzision gebrauchen, wie es die Romanautorin Ivy Compton-Burnett klar beweist. Viele Zwillinge schreiben ein Tagebuch (Anne Frank, die berühmteste Tagebuchautorin, war Zwilling), und für sie ist es oft ihre größte Gefühlsquelle. Als beweglichstes der Zeichen kann die Zwillingspersönlichkeit sich fast jeder Situation anpassen, mit der sie konfrontiert wird, und darin besteht ihre ungeheure Stärke. Als wahres Luftzeichen treibt sie um Hindernisse herum. Sie kann so angepaßt werden, daß sie ihre eigene Identität bezweifelt. Sie mag die Geschichte von dem Philosophen, der träumte, er sei ein Schmetterling, und der sich, als er erwacht war, fragte, ob er nicht ein Schmetterling wäre, der träumt, er sei ein Mensch. Sie denkt oft nach. Es verunsichert sie, macht sie aber auch beweglich und spontan.

Berühmte schöpferisch und erfinderisch tätige Zwillinge weisen oft das kindhafte Wesen des Zeichens auf, die »Peter-Pan«-Persönlichkeit. Edith Piaf, die den Mond in den Zwillingen hatte, beeindruckte ihre Zuhörer mit einer paradoxen Reife hinter ihrem Aussehen eines Lausbuben von der Straße. Sowohl Isadora Duncan als auch Amelia Bloomer, die beide die Sonne im Zwilling hatten, wiesen die beengenden Konventionen der passenden Kleidung und des für Frauen passenden Verhaltens zurück. Aus ihrem widersetzlichen Beispiel ist für alle Frauen wieder etwas von der Freiheit des Kindes zurückgewonnen worden. Keine von ihnen kümmerte sich darum, wie sehr man sich über sie lustig machte, sie blieben so unbeeindruckbar wie Gauklerinnen.

Ihren Zwilling finden

Peter-Pan-Zwillinge ziehen es oft vor, in das Niemandsland des idealisti-
schen Luftzeichens zu fliegen, anstatt sich erwachsenen Verpflichtungen
zuzuwenden. Sie gebrauchen manchmal eine Vielzahl an Gefühlsver-
wicklungen, um der Wirklichkeit zu entkommen. Die typische Zwillingspersönlichkeit hat einen zwingenden Charme und weiß nie, was sie von
anderen Leuten will. Oft hängt sie von einem Partner ab wegen der
Sicherheit, von der sie behauptet, sie nicht zu brauchen.

Sie hat jedoch eine innere Sehnsucht nach einer zweiten Seele, einer
Gefährtin, einem Schwester- oder Bruderzwilling, der ihre Interessen
versteht. Sie braucht eine Beziehung, die sich mit ihr verändert, ein
Gegenüber, das ihre Voreingenommenheit versteht und ihre Unbestän-
digkeit toleriert. Sie braucht es, daß der Kontakt zwischen ihnen auf der
geistigen Ebene sehr eng ist, und diese Verbindung wird ihnen helfen,
über die Gefühlsverwirrungen des Zwillings hinwegzukommen.

Sei es einem Geliebten, einem Partner oder einem Freund, die Zwillingspersönlichkeit hat aus der unerschöpflichen Tiefe ihres »Elsternn-
stes« an Ideen und Erfahrungen immer viel zu geben. Ihr Interesse an
ihren Freunden ist echt, und sie liebt ihren »Zwilling« – zu welchem
Zeichen auch immer er gehören mag – mit uneingeschränkter Zuneigung.

Die schwesterliche Art ihrer Liebe bedeutet nicht, daß sie ohne Leidenschaft ist; mit ihrem geistigen Zwilling verbindet sie ein Band von großer
Tiefe. Dennoch ist die Beziehung nicht immer von emotioneller oder
sexueller Art; sie kann eine tiefe Freundschaft sein oder eine Bindung an
einen Verwandten. Die Zwillingspersönlichkeit liebt besonders das Verhältnis zwischen Schwestern, Brüdern oder Kusinen und Vettern in
großen Familien. Sie hat ein genauso leichtes und freies Verhältnis zu
ihren Kindern wie die Tänzerin und Sängerin Josephine Baker, die Wai-
senkinder aus der ganzen Welt adoptierte und sie ihre »Regenbogenfami-
lie« nannte.

Die Alchimistin

Die Zwillingspersönlichkeit kann in sich sehr glücklich und ausgeglichen
sein, zufrieden mit ihrer eigenen Dualität. Denn sie ist die Alchimistin,
die Wissen gebraucht, um die Elemente umzuwandeln, die Magierin, die
weiß, daß Worte der Ursprung der Macht sind. Sie kann den Apfel vom

171

Baum der Erkenntnis stehlen oder ihren Geist dazu bringen, die doppelten Gefilde der Idee und der Form zu überbrücken, und kann das innere Bewußtsein mit der äußeren Wirklichkeit verbinden. Sie schießt vom einen zum anderen wie der schnellfüßige Merkur, der sie regiert, und sie lebt, um ihre Geschichte zu erzählen.

Krebs

Symbolfigur: der Krebs
Der Weg der Phantasie
Zugang zum Leben durch kardinales Wasser:
*sinnlich, emotional ausgeglichen, nährend,
kreativ, beschützend, beharrlich*
Herrschender Planet: der Mond

Hintergrund des Zeichens

Der Krebs ist von allen Zeichen am wenigsten sichtbar und wurde in alten Zeiten »Die Macht der Dunkelheit« genannt; es ist das Zeichen der sanften Dunkelheit des Meeres, des Schoßes und der Nacht. Sein Symbol war fast immer ein Geschöpf mit einer harten Schale: die Schildkröte, der Skarabäus, der Krebs und die Languste. In Ägypten war der Lebenslauf des Skarabäus das Symbol für die Regeneration und die Wiedergeburt der Seele, ebenso wie Schmetterlinge den Kreislauf der Transformation symbolisieren. Die Sonne wurde dargestellt bei ihrer Reise im Boot des Skarabäus durch die Nacht, damit sie am nächsten Morgen wieder aufgehen konnte. Diese nächtliche Reise der Sonne hatte in der ägyptischen Religion noch eine andere symbolische Ebene; sie stellte die Reise der Seele zwischen den Tagen zweier Inkarnationen dar.

Sowohl die chaldäischen als auch die platonischen Philosophen sahen den Krebs als Tor, durch das die Seelen vom Himmel ins irdische Leben kamen. Das Boot oder die Arche ist ebenfalls ein Symbol für das Zeichen Krebs. In vielen unterschiedlichen Kulturen symbolisierte das Boot den Schoß, der das Kind als Fahrgast trug, oder die Vulva, durch die es ins Leben kam, denn die Öffnung der Vulva hat die Form eines Bootes.

Wegen der langen Verbindung des Zeichens mit Geburt und Fruchtbarkeit ist es mit der Großen Göttin als Mutter in Zusammenhang gebracht worden. Robert Graves beschreibt, wie einer der Mythen des Herkules aus einer Zeit des Kampfes zwischen patriarchalischen und die Göttin verehrenden Kulturen hervorgegangen ist.[3] Im Kampf des Herkules mit der Hydra (die Graves als Darstellung der Religion der Göttin betrachtet) kämpft der Krebs auf der Seite der Göttin und zwickte Herkules in den Fuß. Für diesen Dienst stellte Hera den Krebs an den Himmel.

Die verletzliche Krebspersönlichkeit kann eine Kämpferin sein, die ihre weichen inneren Teile im Innern einer harten Schale verbirgt. Sie ist qualifiziert, abenteuerlich und kann sehr hart wirken, aber sie hat die Schale bekommen, weil die Person in ihrem Innern so empfindlich ist. Die Welt, in der sie lebt, ist die des beweglichen und von Gezeiten schwankenden Meeres. In Träumen und Phantasien repräsentiert das Meer die Gefühle, das Unbewußte und die geschlechtliche Lust. Die Krebspersönlichkeit hat, wie das Meer, viele Stimmungen. Manchmal wird sie von ihren eigenen Gefühlen überflutet, und dann, wenn ihre »Flut« sich zurückzieht, fühlt sie sich ausgetrocknet, leer und erschöpft, auf ihrem emotionellen Tiefpunkt angekommen. Die Menschen in ihrer Umgebung sind erstaunt über ihre Gefühlsumschwünge. Aber die Krebspersönlichkeit ist beharrlich, und man kann sich darauf verlassen, daß sie ein Projekt, das sie begonnen hat, auch zu Ende führt. Ihre Bewegung findet ausschließlich im Bereich der Gefühle, der gezeitenähnlichen Stimmungen, statt. Genauso sicher wie das Meer zu manchen Stunden des Tages Ebbe hat, kann man sich darauf verlassen, daß es zu einer anderen Tageszeit Flut haben wird. Der Planet, der den Krebs beherrscht – der Mond –, wird oft als unbeständig und veränderlich beschrieben, aber er ist absolut verläßlich. Die schmale Sichel des neuen Mondes erscheint immer wieder nach den Nächten der Dunkelheit, in denen der Mond unsichtbar ist. Den Stimmungsschwankungen der Krebse liegt eine Festigkeit zugrunde, wie der Strand, dessen Felsen nur langsam durch die Schwankungen der Gezeiten abgewaschen werden. Sie haben ein Bewußtsein von winzigen Veränderungen und zyklischem Wachstum, wie die Meereslebewesen, die so erstaunlich empfindlich auf die Anziehungskraft des Mondes auf die Erde reagieren.

Die Krebspersönlichkeit kann bei den Menschen in ihrer Nähe auch emotionale Tiefen wahrnehmen, denn da sie selbst eine Schale hat, läßt sie sich durch die Verkleidungen der anderen nicht trügen. Mary Shelley, die den Aszendenten im Krebs hatte, beschwor in ihrem Buch *Frankenstein* ein furchtbares Monster, das in seinem Innern ein Geschöpf mit verletzlichen Gefühlen war. Die fließenden Stimmungen des Krebses schaffen eine außerordentliche Gefühlsbreite für Autorinnen oder Künstlerinnen mit der Sensitivität der Käthe Kollwitz, die sich sehr lebhaft der Erfahrung der Menschen in ihrer Umgebung im Deutschland der zwanziger und dreißiger Jahre bewußt war. Krebspersönlichkeiten können auch Ausdrucksmöglichkeiten als Schauspielerinnen finden, wie zum Beispiel bei der aus Barbados stammenden Elizabeth Clarke, die auch Dichterin und Dramatikerin ist.

Praktische Empfindsamkeit

Die Krebspersönlichkeit gebraucht ihre Phantasie, um Eingang in die Erfahrung anderer zu finden. Ihre Empfindsamkeit und ihr Mitgefühl werden gewöhnlich in praktischer Weise zum Ausdruck gebracht, und diese praktische Einstellung trägt ganz wesentlich zu ihrem Gleichgewicht bei, das verhindert, daß sie von ihrer gefühlsbetonten Natur überwältigt wird. Die Krebspersönlichkeit wendet ihren Blick nach innen auf ihr eigenes Gefühlsleben, ihre Phantasie und ihre Intuition. Sie sieht das Innenleben jeder Gruppe, mit der sie zu tun hat, und kann eventuell auch übersinnliche Fähigkeiten entwickeln. Oft muß sie für Bedürfnisse ihrer Gefühle und ihrer Phantasie kämpfen, um anerkannt zu werden. Sie versteht mühelos die Bedeutung von Veränderungen für die Gefühlssphäre als Folgen der Gesetzgebung oder der Gepflogenheiten der regionalen Ämter und kann Zahlen oder die schwülstige Sprache offizieller Verlautbarungen in gefühlsmäßig bedeutungsvolle Bilder umsetzen. Aus diesem Grund kann sie zu den geeignetsten Leuten gehören, die für eine Sache oder Kampagne schreiben können.

Sie interessiert sich besonders für die Art und Weise, in der man sein Heim gestalten kann. Ihr eigenes Heim bringt sehr stark ihre Persönlichkeit zum Ausdruck, und sie verbringt viel Zeit damit, einen Ort daraus zu machen, der ihr eine emotionale Rückzugsmöglichkeit bietet. Durch ihre Begabung, menschliche Bedürfnisse nach Geborgenheit und Sicherheit zu erkennen, und durch ihre Verbindung von Phantasie und Praktikabilität ist sie gut geeignet, in den Bereichen Architektur und Design zu arbeiten. Sie hat einen Sinn für das »Heim«, das vom kleinsten Zimmer bis hin zum Planeten als Heim der Menschheit und anderer Geschöpfe reicht. Sie beschäftigt sich oft mit Ökologie und dem Schutz der Erde, wobei sie sich Sorgen macht, daß der Erde ihre schützende Hülle abgerissen werden könnte. Krebse sind Gefahren durch Entblößung gegenüber sehr empfindlich, seien sie nun körperlicher oder emotionaler Art. Sie lieben das Gefühl, »im Innern« zu sein, *dazuzugehören*.

Die Krebspersönlichkeit beschränkt ihre Sorge oft auf diejenigen, die »zu ihr gehören«, die ihr Leben oder ihre Herkunft teilen. Die Liebe der Krebse kann grenzenlos und tief wie das Meer sein, und sie fürchten, sich ihr ohne Einschränkung hinzugeben. So setzen sie sich Grenzen und

175

sagen: »Diesen Menschen werde ich alles geben, was ich habe, aber darüber hinaus kann ich nicht mehr teilen.«

Der Gebrauch der Phantasie

Die Angst, ausgeschlossen zu werden, macht die Krebspersönlichkeit unangemessen empfindlich für Kritik. Sie fühlt sich leicht schuldig. Und wenn jemand allgemeine Unzufriedenheit zum Ausdruck bringt, befürchtet sie, die Ursache dafür zu sein. Sie muß sich im tiefsten Sinne des Wortes ein Heim schaffen, sich einen Platz »innendrin« versprechen – ein spirituelles Heim.

Doch manchmal ist es einfacher für sie, andere Menschen zu finden, die sich um sie kümmern, als für sich selbst zu sorgen. Wenn sie zu abhängig wird, kann sie nie die richtige Sicherheit empfinden, die sie sucht, und bleibt leicht verletzlich und empfindlich, von Sorgen geplagt. Ihre verstärkte Empfindsamkeit, die alle Arten von Kritik bemerkt, findet in ihrer außerordentlichen Phantasie einen positiveren Ausdruck. Für sie ist es am besten, sie voll einzusetzen und nicht für ihre Ängste zu verschwenden. Sie kann viele übersinnliche Fähigkeiten entwickeln, wenn sie ihrer natürlichen Intuition folgt. Ihre Empfindsamkeit und ihre Innensicht erlauben ihr, sich sowohl musikalisch als auch schriftstellerisch oder bildnerisch auszudrücken. Ihre Phantasie ist ihre größte Energiequelle; sie kann sie gebrauchen, um ihre Ängste umzusetzen, denn sie ist offen für die Weisheit des Unbewußten. Viele ihrer Sorgen können in kreative Ausdrucksformen umgeleitet werden.

Ernährung, Erziehung und kreative Risiken

Da die Krebspersönlichkeit sowohl gefühlsmäßig als auch physisch Ernährung wichtig findet, kann sie Nahrung wesentlich umfassender verstehen als nur als Brennstoff, den der Körper braucht, um weiter zu funktionieren; sie weiß, daß die Qualität der Nahrung wichtig ist und daß die Menschen, die Nahrung anbauen und kochen, auch mit ihren Arbeitsbedingungen zufrieden und glücklich sein sollten. Krebs beherrscht die Teile des Körpers, die mit Ernährung zu tun haben: den Magen, die Brüste, die das Kind ernähren, die Plazenta, die es vor seiner Geburt versorgt, und den Schoß, der es umhüllt und beschützt.

Das Zeichen Krebs wurde lange wegen seiner erzieherischen Qualitäten mit Mutterschaft in Verbindung gebracht. Das ist nicht unbedingt eine naheliegende Vorstellung angesichts der Erwartungen der Gesellschaft den Frauen gegenüber und angesichts der Tatsache, daß so viele Menschen in ihrem Verhältnis zu ihrer Mutter unausgelebte Gefühle haben. Diejenigen, die auf der Suche nach der »guten Mutter« sind, werden eine Krebspersönlichkeit vielleicht idealisieren, weil sie die erzieherischen Qualitäten zum Ausdruck bringt, von denen sie das Gefühl haben, sie entbehrt zu haben. Die Krebsfrau kann sich stark an den Sockel des »Gute-Mutter«-Bildes klammern, sie braucht es, daß man sie braucht. Das ist jedoch eine gefährliche und uneinträgliche Erhöhung, denn wenn die Bewunderer merken, daß ihre Füße aus Lehm sind, werden sie sie schnell degradieren. Und selbst wenn sie es nicht tun, wird die Krebsfrau enttäuscht sein, denn sie kann keine wahre Kameradschaft mit jenen haben, die sich als ihr nicht ebenbürtig empfinden; Podeste machen einsam.

Krebse neigen besonders leicht dazu, in Situationen steckenzubleiben, in denen sie sich um die anderen kümmern. Sie sehen das Kind im Erwachsenen und reagieren auf Hilferufe, halten aber ihre eigenen Tränen zurück. Sie wissen, daß auch in ihrem Innern ein verletztes und weinendes Kind steckt, aber sie können ihre harte Schale einsetzen, um die Blicke nicht auf die Bedürfnisse dieses Kindes treffen zu lassen, während sie sich selbst mit der Sorge um die anderen beschäftigen. Oft ist der Grund dafür das Unbehagen, das die Krebse gegenüber ihrer eigenen Bedürftigkeit und Verletzlichkeit empfinden.

Doch genauso oft kann die Krebspersönlichkeit außerordentlichen Mut entwickeln und gefühlsmäßige Risiken eingehen, denn dieses Zeichen ist initiativ in der Welt der Gefühle. Oft wird die Krebspersönlichkeit verletzt, wenn ihre Gefühle bekannt werden. Sie empfindet auch ein starkes Bedürfnis nach emotionaler Breite und Entwicklung, denn sie lernt und entwickelt sich hauptsächlich durch ihr Fühlen. Das Paradoxe an der Krebsseele ist die Spannung zwischen ihrer extremen Verletzlichkeit, die dazu führt, daß sie sich einschließt, und ihrer schöpferischen Risikofreudigkeit, mit der sie auf einem Bein im Freien steht. Sie schwankt oft zwischen diesen beiden Extremen oder versucht, sie miteinander zu verbinden, indem sie Risiken eingeht und vorgibt, es sei ihr egal, wie die Situation nun ausgeht. Diese »Wer-gewinnt-verliert-auch-Mentalität« wird von der Intensität, mit der sie frühere Verletzungen noch empfindet, Lügen gestraft. Krebse brauchen sehr lange, um eine Verletzung zu vergessen, und obwohl sie nicht ausdrücklich Rache üben wollen, lösen sie Menschen, die sie verletzt haben, nicht leicht vom Haken ihrer stillen Vorwurfshaltung.

Die Krebspersönlichkeit braucht eine Auswahl von Äußerungsmöglichkeiten für ihre Gefühle. Wenn sie all ihre Gefühle auf einen oder wenige Menschen begrenzt, kann es sein, daß sie versucht, durch diejenigen zu leben, in die sie alles investiert hat. Wenn sie enttäuscht ist, besteht das Risiko, daß sie bitter und vorwurfsvoll wird. Oft wird sie nicht in der Lage sein, diesem Schema zu entrinnen, bis sie einige der Gefühle weiterentwickelt und geklärt hat, die sie in bezug auf ihre eigene Mutter empfindet. Gewöhnlich hat sie eine starke Gefühlsbindung zu ihrer Mutter. Ob sie sie aber idealisiert oder verleumdet, es ist immer möglich, daß sie andere Gefühle verbirgt.

Die äußere Welt

Es ist besonders schwierig für Krebsfrauen, in einer Welt zu leben, die Kindererziehung und -betreuung idealisiert und von Frauen erwartet, daß sie diese Funktion erfüllen, oft sogar ohne finanzielle oder gefühlsmäßige Unterstützung. Wegen dieser Verwirrung empfinden sie häufig die traditionelle astrologische Beschreibung ihres Zeichens als wenig hilfreich. Besonders wahrscheinlich ist das bei einer Frau, die vielleicht die traditionelle Mutterrolle ablehnt und doch feststellt, daß all ihre Fähigkeiten, für Menschen zu sorgen, in der Astrologie auf den Kreis der Familie beschränkt werden. Oft wird ihre Arbeit nicht bezahlt, aber die Krebsfrau hat doch viele andere Möglichkeiten, für Menschen zu sorgen. Sie weiß, wie man anderen Schutz gibt, den sie brauchen, wenn sie sich in neue und tiefe Wasser der Gefühle begeben. Diese Fähigkeiten machen sie geeignet als Therapeutin oder Beraterin. Genauso kann sie auch mit den ganz Jungen oder den Alten und Gebrechlichen arbeiten oder dieselbe Energie darauf verwenden, ein Projekt aufzuziehen oder eine Sache zu fördern. Emmeline Pankhurst entschloß sich, lieber die Mutter der sozialen und politischen Einheitsbewegung der Frauen zu sein, als ihre Energien auf ihre Familie zu beschränken. Die schwarze amerikanische Frauenrechtlerin Ida B. Wells war eine Frau der Familie, war aber nicht auf die traditionelle Weise häuslich, sie war hingebungsvoll mit ihren Kindern, haßte aber Hausarbeit. Sie wandte ihre Energie für politische Arbeit und Journalismus auf.

Krebse können von Natur aus gut organisieren und schaffen in kurzer Zeit unwahrscheinlich viel Arbeit mit ihren Energieausbrüchen. Da Krebs ein kardinales, initiatives Zeichen ist, haben die unter ihm Geborenen ein starkes Bedürfnis, in der Welt machtvoll und effektiv zu sein, und wenn das nicht zum Ausdruck kommt, ist es wichtig, daß ihre Arbeit in

menschlichen Beziehungen von den Menschen in ihrer Umgebung anerkannt und geschätzt wird.

Wenn eine Krebspersönlichkeit sich ihres Bedürfnisses nach einem
größeren Aktionsradius bewußt ist, fühlt sie ihre Einschränkungen sehr
deutlich. Charlotte Perkins Gilman schrieb von ihren Einschränkungen
durch die Familie und die Ehe in dem Buch *The Yellow Wallpaper* (die
gelbe Tapete)[4]; dort wird das Gefühl von Beengung in einer für den Leser
fast überwältigenden Art beschrieben.

Das unentschlossene Verhältnis der Krebse zur Sicherheit zeigt, wie
die Strukturen, die wir erschaffen, um unseren Bedürfnissen zu begegnen, zum Gefängnis werden können, das alle anderen Bedürfnisse nach
Veränderung, Forschung und Freiheit ausschließt.

Da Krebs das Heim regiert, übersehen viele, daß er auch das Zeichen
der Seefahrt ist. Viele Krebse waren große Seefahrer und Forschungsrei-
sende, die in ihren wie ein Schoß geformten Booten zu neuen Ufern
reisten. Wenn Krebse erst einmal einen Hafen haben, zu dem sie zurückkehren können, dann reisen sie in die Weite. Sie haben ein ungeheures
Bedürfnis nach Entdeckungen, wie zum Beispiel die Fliegerin Amy John-
son, die die Sonne im Krebs hatte. Obwohl sie sich eher durch die Luft als
durchs Wasser bewegte, überquerte sie auf ihren Flügen die ungeheure
Welt der einsamen Meere.

Die Entdeckungen der Krebse sind nicht nur geographischer Art; sie
entdecken auch neue Bereiche des Geistes und der Gefühle. Die Krebsin
Helen Keller entdeckte neue Möglichkeiten der Kommunikation und
bewirkte, daß taube und blinde Kinder unterrichtet wurden. Ihre Schriften sind voller Bilder von zerrissenen Fesseln.

Krebs als Reisende kann die Stürme auf hoher See voraussehen und ihr
Boot mit der genauen Präzision einer Steuerfrau lenken, deren Körper
instinktiv reagiert und die eins wird mit ihrer Kunst. Wenn sie sich in ein
Abenteuer begibt, versehen sie ihre Erinnerungen an ihr Heim und ihre
Vergangenheit oft mit der Sicherheit, die sie für ihre Reise braucht.

Ebbe und Flut

Durch ihre Beziehungen zur Geburt und zu dem Kind im Innern hat die
Krebspersönlichkeit viele Verbindungen zur Vergangenheit, nicht nur zu
ihrer eigenen, sondern zu der Vergangenheit ganzer Zivilisationen und
Kulturen. Sie ist sehr an Geschichte interessiert und spürt oft die emotio-
nelle Vergangenheit eines Dinges oder eines Ortes. Sie hat einen Sinn für

179

Kontinuität, für einen ununterbrochenen Kreislauf menschlichen Bewußtseins, der sich durch Tausende von Jahren zurückerstreckt. Besitztümer werden als heiliges Erbe erfahren, und sie trägt viele davon zusammen. Sie liebt Antiquitäten und erfreut sich daran, wie sich die vergangene Geschichte des Gegenstandes mit ihrer Gegenwart verbindet. Krebs ist das Zeichen der weit zurückreichenden Erinnerung, der Möglichkeiten früherer Leben und früher Erinnerungen aus diesem Leben. Ihre Erinnerung an und ihre Anerkennung für das kindliche Bedürfnis nach Liebe verleihen ihr eine tiefe und mitfühlende Weisheit. Sie weiß, daß die in den Gefühlen Reisende ein Klima liebender Freundlichkeit braucht, um ihre Stärken zu erhalten. Ihre eigene Liebe ist empfindsam und bewußt und beinhaltet sowohl für sich als auch für andere die Möglichkeit der Vergebung, der Anerkennung, des Schutzes und des Zugeständnisses, wieder eine Einheit werden zu können. Die Sanftheit der Krebse verleiht uns Einblicke der Erinnerung an die Zeit vor der Trennung, an Liebe, die bedingungslos erschien, stärker als jede Gefahr. Diese Inspiration gibt der Krebspersönlichkeit ihre starken spirituellen Wurzeln. Sie ist am glücklichsten, wenn sie unter Menschen ist, die ihr Verständnis und ihr mystisches Wesen teilen und die doch ihrem reisenden Geist erlauben, Risiken einzugehen, sie ihr von Stimmungen gelenktes, zyklisches Selbst leben lassen. Sie braucht Bindungen und Stabilität, einen Hafen, denn ihre innere Welt ist ganz Ebbe und Flut. Sie will andere kennenlernen, die ihren Glauben an die alles übertreffende Bedeutung der Liebe teilen; als Gegenleistung für diese Sicherheit gibt sie tiefe und verbindliche Hingabe und teilt ihre intuitiven Wahrnehmungen mit anderen. In einer sexuellen Beziehung können Krebse zutiefst liebevolle und leidenschaftliche Partner sein, die ihre Geliebten das gezeitenhafte Wesen einer ozeanischen Sinnlichkeit erfahren lassen.

Krebse leben wie Meerestiere, die sowohl das Meer als auch den Strand bewohnen, je nach dem Stand der Gezeiten. Manchmal sind sie auf dem Strand der Realität, manchmal im Meer der Phantasie. Sie sind sich deutlich ihrer inneren Zyklen bewußt, ihrer Bedürfnisse nach innerem Leben oder Leben in der Welt, allein zu sein oder Beziehungen zu anderen Menschen zu haben. Sie leben in Harmonie mit ihrem fließenden Dasein.

Sei sie nun leicht und glänzend oder zurückgezogen und verschlossen, die Krebspersönlichkeit ist die Tänzerin, die ihrem Vorbild entspricht, die Tochter des Mondes.

Löwe

Symbolfigur: die Löwin oder der Löwe
Der Weg des Selbstausdruckes
Zugang zum Leben durch fixes Feuer:
selbstsicher, dramatisch, beherrschend,
großzügig, treu, spielerisch
Herrschender Planet: die Sonne

Hintergrund des Zeichens

Die Sterne der Konstellation Löwe wurden schon in sehr frühen Zeiten als »Löwe« bezeichnet. Der Löwe war in den alten Kulturen Afrikas als Symbol der Macht und der Autorität bekannt. Die Kulturen Ägyptens und Äthiopiens setzten den Löwen ausgiebig in ihrer heiligen Kunst ein, und das Mysterium der Sphinx mit dem Löwenkörper hat die Phantasie der Menschen bis zum heutigen Tag gefesselt. Im babylonischen Mythos von der Erschaffung der Welt durch die Göttin Tiamat war der »große Löwe« eines der Geschöpfe, das sie schuf, damit es für sie kämpfte. In der Form der kanaanitischen Anath und der arabischen Allat wurde die Göttin selbst als Löwin dargestellt. Die ägyptischen Göttinnen Tefnut und Sekmet waren löwenköpfig, während sich die sanfte Katzengöttin Bastet in einen Löwen verwandelte, wenn sie verärgert war.

Diese Zusammenhänge zeigen die Achtung und den Respekt, die der Löwin entgegengebracht wurden, und belegen die dem Zeichen innewohnende Würde. Die Löwin wurde in alten Zeiten verehrt, während sie jedoch in neueren Mythen kaum vorkommt, wo Löwen normalerweise mit Mähne dargestellt und als »König der Tiere« geehrt werden. Menschen aber, die in der Nähe von Löwen leben, wissen, daß die Löwin den Hauptanteil der Jagd bestreitet. Die Löwinnen-Göttin ist auch spielerisch und repräsentiert den freien Lauf der weiblichen Sexualität. Die Löwin Tefnut stellte die »Feuchtigkeit« dar, und Sekmet wurde mit Süße und Genuß in Verbindung gebracht; sie wurde als »die Löwin in Hitze« angesprochen. Wir finden diese Themen in dem den Genuß liebenden Zeichen *Löwe* wieder, das die Süße der körperlichen Liebe ausgiebig genießt. Manchmal wurde der Löwe als Gefährte der Göttin dargestellt; Löwen begleiteten die Sonnengöttinnen Wurusemu und Arinna auf ihren Abbildungen und Statuen. In Indien wird die Göttin Parvati/Durga mit einem Löwen zusammen dargestellt.

Der Löwe hat eine enge Verbindung zur Sonne (seine Mähne erinnert manche an die Sonnenstrahlen), und in der nördlichen Hemisphäre ist die Sonne am kräftigsten, wenn sie durch das Zeichen Löwe geht. Regenten saßen in alten Zeiten auf Thronen in Löwenform, die ihre von der Göttin gegebene Autorität unterstreichen sollten. Überbleibsel dieser Sitte sind die mit Klauen versehenen Beine, die man heutzutage an Thronen und antiken Stühlen findet. Man nahm an, die Göttin oder ihre Repräsentantin zähme den Löwen durch ihre innere Macht, die das Geschöpf instinktiv verehrte. Es gibt die Geschichte von der Nymphe Cyrene, die einen Löwen überwand, der Libyen terrorisierte, und die als Belohnung einen Teil des Königreiches bekam. Dieses Bild der Frau, die den Löwen zähmt, ist im Tarot als Karte der *Kraft* erhalten geblieben: die Macht und die Gestalt der Ganzheit, die durch Sanftheit zähmt, wo Gewalt versagt.

Der Mut zum Selbstausdruck

Die Frau mit dem Löwen ist ein Symbol für die innere Macht der spirituell entwickelten Löwepersönlichkeit, die die Fähigkeit besitzt, andere mit ihrer Integrität zu beeindrucken, ohne sie mit ihrem Ego zu erschlagen oder ihre gesamte Umgebung zu unterdrücken. Aber viele Löwepersönlichkeiten muß man in den Kreisen betrachten, in denen sie sich bewegen; sie finden es schwierig, nur eine aus einer Menge zu sein, sie wollen sich wie eine Königin fühlen und strahlen wie die Sonne. Obwohl die Löwepersönlichkeit introvertiert sein kann (wie Emily Brontë), zieht sie doch gewöhnlich durch irgendeine Art von Charisma die Aufmerksamkeit auf sich und kann ungeheuer schamlos extrovertiert sein. Sie hat das Bedürfnis nach Anerkennung und Beifall, und das kann für sie wichtiger sein, als ihresgleichen zu finden. Ausgestattet mit glanzvoller Lebensart und einem Flair von Spontaneität und kreativer Geste, wie man es bei der Löwe-Frau antrifft, ist es ein Vergnügen, ihr zuzusehen. Sie ist sich auch oft humorvoll ihrer eigenen königlichen Art bewußt. So wie die Löwin Mae West sagt: »Man kann des Guten nicht zuviel haben« – und damit meint sie sich selbst.

Von Natur aus zieht die Löwepersönlichkeit Kritik genausooft an wie Zustimmung. Viele werfen ihr vor, sie sei angeberisch und habe es nötig, in der Mitte des allgemeinen Interesses zu stehen. Die Löwepersönlichkeit ist durch diese Kritik leicht verletzt und nimmt sie normalerweise einfach nicht zur Kenntnis, indem sie sich vor ihren Verleumdern verschließt und sich auf die Anerkennung konzentriert, die sie bekommt. Es ist leicht, Löwen zu verletzen, denn sie sind so klar erkennbar; wenn sie angeben, erkennt man ihre Verletzlichkeit besonders gut. Löwepersönlichkeiten sind nicht hinterlistig, die Löwin weiß, was sie will, und verlangt es mit Selbstvertrauen. Oft haben diejenigen, die sie kritisieren, nur nicht den Mut, für sich dieselbe Anerkennung zu fordern, obwohl sie ein sehr großes Bedürfnis danach haben; hinter ihrer Zurückhaltung kann man doch den Neid erkennen. Für diejenigen, die Angst haben, ihre eigene Kreativität und Vitalität zum Ausdruck zu bringen, weil sie Angst vor Kritik haben, ist die vitale Anwesenheit einer Löwepersönlichkeit eine klare Beleidigung. Ohne den Impuls des Löwen fehlt uns der Sinn für Majestät; wir fühlen uns durch die Meinungen derer, die uns umgeben, eingeschränkt, sind nicht in der Lage, ein Wort zu sprechen, zu singen oder einen Schritt zu tanzen. So wie bei allen anderen Zeichen haben wir auch den Löwen *in irgendeiner Form* im Horoskop, und sein Impuls ist es, der die Kreativität der Geschichtenerzählerin, der Tänzerin und der Schauspielerin bewirkt, Menschen, die alle bereit sind, die Aufmerksamkeit der Menge zu ertragen. Die Löwepersönlichkeit wird nicht von Befangenheit beherrscht, sondern von Selbstbewußtsein belebt. Sie kann sich genausowenig daran hindern, wie die Sonne aufhören kann zu scheinen, und wenn andere ihr selbstbewußtes Auftreten, ihre Freude und ihre Vitalität nicht ertragen können, müssen sie sich in Sicherheit bringen. Wer von Mae Wests Glitzern Kopfschmerzen bekommt, muß eben eine Sonnenbrille tragen. Normalerweise hat die Löwepersönlichkeit Verständnis dafür, daß sich einige ihrer Freunde zurückziehen, wenn sie »voll drauf« ist – vorausgesetzt, sie sind nicht unfreundlich und bringen ihre Würde nicht in Unordnung.

Die Kraft, die Löwen beanspruchen und zum Ausdruck bringen, ist die gerechtfertigte und richtige Kraft des Individuums, das sich selbst nah ist; die Kraft von Gesundheit und Vitalität, das strahlende innere Licht, das es uns möglich macht, zu heilen, wenn wir krank sind. Eine Person, die ihre eigene Kraft kennt, versetzt sich in die Lage, die Sonne in ihrem eigenen Sonnensystem zu werden, die integrative Mitte.

Bevor wir uns aufwerfen, die Löwepersönlichkeit für ihren Überschwang und ihr Selbstvertrauen zu kritisieren, kann es uns vielleicht helfen, wenn wir uns vorstellen, wie die Welt aussähe, wenn jeder so strahlen könnte. Traurigerweise sind die meisten Menschen in ihrem Selbstausdruck gehemmt, glauben kaum an ihre eigene Schönheit oder Güte. Wir können den Löwen als dasjenige Zeichen betrachten, das seine Sonnenkraft noch nicht vergessen hat. Die Löwepersönlichkeit hat den Mut, gesehen zu werden, mit ihrer Kreativität Risiken einzugehen und dem Leben entgegenzusehen. Es ist der Mut aller Menschen, die darstellen; Kritiker aus Gewohnheit oder von Berufs wegen können das nicht verstehen, wenn sie nicht selbst schon einmal etwas von sich aus- oder dargestellt haben.

Unter ihrem glänzenden Äußeren ist die Löwepersönlichkeit genauso verletzlich wie alle anderen; ihr Bedürfnis nach Anerkennung stammt genauso oft aus ihrem Mangel an Selbstwertgefühl wie bei anderen Zeichen. Wenn sie wirklich selbstbewußt ist, möchte sie nur teilen; sie sehnt sich nicht nach Publikum, sondern sie erfreut sich daran. Von der Sehnsucht angetrieben, macht sich die Löwin wirklich verletzlich, denn sie wird nur selten Anerkennung erlangen, wenn sie mit Gier danach verlangt. Ihr unsicheres Bedürfnis nach Anerkennung und Geltung wechselt oft ab oder verbindet sich sogar mit wirklich kreativem Selbstausdruck. Ihre Bewunderer sind oft sehr liebevoll und tolerant, was ihre Schwächen betrifft, und auch in bezug auf ihr Ego, das danach verlangt, von »Höflingen« umgeben zu sein wie die Sonne von Planeten.

Das großmütige Herz

Die Löwepersönlichkeit ist beliebt. Sie entwaffnet ihre Freunde mit ihrem Charme und ihrer von Natur aus liebenswürdigen Art. Das Licht, das Löwen erleuchtet, stammt aus dem Herzen, das von diesem Zeichen beherrscht wird. Die Löwepersönlichkeit ist großzügig und großherzig und gewinnt neue Freunde leicht, unkompliziert und unschuldig. Denjenigen, die sie liebt, ist sie aus tiefstem Herzen treu ergeben und bleibt ihnen gegenüber beständig, was diese oft überrascht, da sie glauben, ihr Erfolg mache sie unbeständig. *Liebe* ist ein Zentralthema ihres Lebens und ihrer ganzen Erfahrung. Ihr Glauben und ihre Freude am Leben verleihen ihr die Fähigkeit, anderen Wärme zu geben. Viele verlassen sich darauf, daß ihr sonniges Gemüt sie aufmuntert, und was sie zu einer Gruppe beiträgt, kann man kaum ermessen. Ihre große Gabe ist es, Menschen dazu zu bewegen, daß sie ein eigenes Selbstbewußtsein entdecken können; das schafft sie oft durch das Beispiel ihrer Kreativität. Ihre Kreativität kann künstlerischer Art sein, aber typischerweise drückt sie sich in Form irgendeiner Unterhaltung für andere aus. Ihr schöpferischer Ausdruck kann jedoch möglicherweise nicht die allgemein anerkannte Form haben; viele Künstlerinnen und Darstellerinnen hatten keine anderen Mittel des Selbstausdrucks als durch ihre Häuser, ihre Gärten und ihre Kleider.[5]

In ihrem Selbstausdruck kann die Löwepersönlichkeit sehr offen ihre Verletzlichkeit und ihre Bedürfnisse zeigen, trotz ihres ungeheuren Stolzes. In ihrem Akt der emotionalen Selbstdarstellung kann sie so ehrlich sein, daß sie nicht das »Gesicht« oder ihre Stärke in irgendeiner Weise verliert; sie hat ihre eigenen Begriffe gebildet. Sie lebt ihre Tragödien aus, sie empfindet sie aber nicht weniger intensiv, weil sie weiß, wie sie ihre Erfahrung um der Wirkung willen verstärken muß. Löwen sind immer in der Lage, die dramatischen Möglichkeiten jeder Situation wahrzunehmen, und haben es gern, wenn das Leben von Ritualen und Festlichkeiten begleitet wird. Sie lieben Partys und merken sich Jahrestage, Durch- und Übergänge. Sie würden für jemanden, den sie lieben, ein ausgiebiges Begräbnis vorziehen und nicht versuchen, ganz allein mit dem Schmerz fertig zu werden. Ein reserviertes Bewußtsein wie zum Beispiel das der Briten finden Löwen manchmal unbequem oder peinlich, und oft leben sie glücklicher in Kulturen, die expansiver sind.

Die Anführerin

Die Löwepersönlichkeit hat die Fähigkeit, in einem Projekt oder einer Organisation die Fäden in der Hand zu halten. Ihre Begabung als Anführerin entstammt ihrer Fähigkeit, zu inspirieren und den zurückhaltenderen und vorsichtigeren Seelen in ihrer Umgebung Glauben und Mut zu verleihen. Weil sie keine Angst vor dem Rampenlicht hat, kann sie Sprecherin für ihre Sache sein wie Vijaya Pandit, die indische Feministin und Frauenrechtlerin, die später Ministerin wurde. Indem sie als Direktorin oder Organisatorin die Mitte bestimmt, wird es weniger selbstbewußten Menschen unter ihrer Leitung möglich, zu wachsen. Die theosophische Bewegung hatte die sehr löwische Helena Blavatsky als Kopf der Organisation und als Inspiratorin.

Sei sie nun Darstellerin, Organisatorin, Sportlerin, die die Verantwortung für ein Team trägt, oder sei sie eine großherzige Freundin, die Löwin muß manchmal vorsichtig sein, daß ihr Ego nicht aus der Fassung gerät. Auf alten Statuen tragen Löwen die Göttinnen, sie sind Vehikel und Kanal, damit die universelle Liebe und die Kreativität in die Welt kommen können, sie hat diese Energien jedoch nicht erfunden und kann sie auch nicht besitzen.

Während Löwen praktische Aufgaben sehr gut delegieren können, die sie selbst nicht so gut ausführen könnten, müssen sie sich vorsehen, damit sie sie nicht abwerten und auf Menschen übertragen, die sie insgeheim für langweilig halten. Denn Löwen können Snobs sein und sich nur für jene interessieren, die Stil und Charisma haben. Das ist ihre schwierigste Seite, aber sie meinen es nicht böse. Ihr Problem dabei ist eher, daß sie es nicht bemerken, als daß sie anderen gegenüber absichtlich eine negative Haltung einnehmen.

Verletzlichkeit

Die Löwepersönlichkeit wächst und entwickelt sich, indem sie sich der Kritik stellt und annimmt, wovor sie sich immer verschlossen hat. Es mag sein, daß man ihr vorwirft, sie sei zu selbstherrlich oder zu dogmatisch, denn Löwe ist ein fixes Zeichen. Die Kritik trifft tief. Die Löwin ist die Märchenkönigin, der es so lange gutgeht, wie ihr Volk sie liebt, und die krank wird, wenn ihre Popularität sinkt. Sie erfährt Kritik als Abwesenheit von Liebe und fühlt sich durch einen Freund verraten, der nicht uneingeschränkt auf ihrer Seite steht. Sie kann eine Zurücksetzung nicht verstehen, wenn sie liebt, und sie erfährt nur ungern, daß niemand verpflichtet ist, sie zu lieben, nur weil sie eine bestimmte Person schätzt. Gewöhnlich zieht sie sich zurück, wenn sie nicht angenommen wird.

Und doch kann irgendwann in ihrem Leben die Löwepersönlichkeit nicht mehr wieder zu einem neuen Publikum entkommen. Entweder findet sie keines mehr, oder ihre Sonnenschein-Kraft versteckt sich hinter einer Wolke, und sie gerät in Panik und wird durch den Verlust depressiv. Ständige Enttäuschung kann sogar den Löwegeist brechen, und Schmerz gegenüber sind Löwen besonders verletzlich, weil ihr Herz so offen ist. Es ist aber möglich, daß sie den Punkt erreichen, wo sie ihre Rollen erkennen, die Masken ablegen und sich fragen, wer sie wirklich sind, wenn sie sich nicht besonders darstellen. Aber was auch immer der Grund für die Verletzung der Löwepersönlichkeit sein mag, sie wird dadurch in einen weiterhin bewegend verletzlichen Zustand versetzt. Der mächtige Löwe ist zur Strecke gebracht wie jener, der in einem Netz gefangen war und von einer Maus befreit wurde. In einer anderen Geschichte konnte der Löwe wegen eines Dorns in seiner Pfote nicht laufen, und Androkles entfernte ihn. In beiden Geschichten wird dem Löwen von einem schwächeren Wesen geholfen, und oft lernen Löwen genau auf diese Art den Wert von Menschen kennen, die ihnen unbedeutend erschienen waren, und wie sie der Stille zuhören und das Unauffällige bemerken können. Löwen können vom gegenüberliegenden Zeichen Wassermann lernen, den Wert jedes Individuums zu schätzen.

Wenn die Löwepersönlichkeit Fehler von sich bemerkt, hat sie die heilende Kraft, sich zu vergeben und wieder neu anzufangen. Sie ist nicht engstirnig, und das große Herz des Löwen macht es ihr möglich, sich von den härtesten Rückschlägen zu erholen; sie kommt wieder auf die Beine. Sie braucht aber Hilfe von ihren Freunden; einfache Zuneigung bedeutet ihr sehr viel, und man sollte nie unterschätzen, welchen Unterschied das bedeuten kann. Geschenke, Briefe, Einladungen sind Balsam für ihre Seele.

Platz für Freude

Den größten Teil ihres Lebens lebt die Löwepersönlichkeit so machtvoll ihre eigene Kreativität, daß sie sich von den kreativen Erzeugnissen der anderen ernähren muß. Sie liebt dramatische Musik (sei es Rock oder Klassik), große Theateraufführungen oder Epen. Sie hat eine besondere Vorliebe für die Spezialeffekte im Kino, denn sie besitzt die Phantasie eines Kindes und hat das Spielen nie vergessen. Sie braucht in ihrem Leben sehr viel Spaß. Sie liebt alle Arten von Spielen – Sport, Glücksspiele und Geschicklichkeitsspiele. Obwohl sie eine hervorragende Spielerin sein kann, nimmt sie diese Dinge nie allzu ernst. Am meisten liebt sie es, die Routine zu durchbrechen, indem sie spontan irgend etwas tut. Kinder werden durch ihren persönlichen Magnetismus stark angezogen und auch durch die Tatsache, daß sie von Natur aus Geschichtenerzählerin ist. Sie kann ganz versunken mit Kindern spielen, weil sie selbst oft in einer Phantasiewelt der Heldinnen, Drachen und Bösewichter lebt.

Löwen sehen das Leben oft als eine von der Phantasie geschaffene Erweiterung ihrer eigenen Rolle, als Arena für ihre Kühnheit. Sie halten viel von Ehre und Integrität, und ihre Ethik scheint aus der Zeit des Rittertums zu stammen, als Königinnen, Könige und Ritter sich verschwenderisch vergnügten und rauschend lebten.

In ihrer Phantasiewelt begegnet die Löwepersönlichkeit Kindern als Gleichgesinnten. Weil sie *tatsächlich* größer ist als sie, muß die Löwin nicht so laut brüllen wie sonst, und wenn sie es doch tut, finden die Kinder es toll. Viele Löwefrauen haben Bücher für Kinder geschrieben, zum Beispiel Beatrix Potter und Edith Nesbit. Auch viele berühmte Pädagoginnen hatten einen starken Löwen im Horoskop. Bei Maria Montessori war der Löwe im Aufgang, und sie war die erste, die das Spielen beim Lernen als besonders wichtig erkannte. Arbeit mit Kindern finden Löwen anziehend, aber sie brauchen eine gewisse Weite, um ihre Persönlichkeit ausbreiten zu können, und vertragen keine Einschränkungen durch Regeln. Viele Löwen sind Lehrer, aber andere ziehen es vor, ihre Zuhörer selbst zu bestimmen, und würden lieber Straßensänger im Regen sein, als sich der Autorität anderer unterwerfen zu müssen.

Viele Löwepersönlichkeiten sind große Rednerinnen und gebrauchen ihren Sinn für das Dramatische, um politische, pädagogische oder philosophische Dinge zum Ausdruck zu bringen. Anna Julia Cooper war eine solche Löwin – sie war eine der ersten schwarzen Frauen in den USA, die einen Universitätsabschluß hatte, und sie vertrat die Sache der Frauenbildung, wie sie sagte, »um die weibliche Seite der Wahrheit zu befreien«. Die traurigsten Löwen sind diejenigen, die ihre geistige Wendigkeit nicht voll zum Ausdruck bringen können. Die meisten Löwen werden wahrscheinlich nie berühmt, können aber im Leben glücklich werden, weil es ihnen möglich ist, in ihrer eigenen Umgebung mit ihrem kreativen Selbstausdruck zu leuchten.

In Beziehungen zu anderen wird deutlich, wie verletzlich die Löwepersönlichkeit ist. Sie bringt sich voll in Liebesbeziehungen ein, und wie unpraktisch auch immer die Beziehung sein mag, wird sie doch ganz davon absorbiert. Besonders stark ist die Löwin bei Ferienliebschaften, aber sie verhält sich ihrem Partner gegenüber nicht flüchtig oder ausbeutend; in jede Beziehung läßt sie leidenschaftliche Liebe und Sehnsucht einfließen. Sie ist sehr romantisch veranlagt und wird leicht sentimental.

Sie braucht sehr viel Raum und Zeit, um ihre Gefühle zum Ausdruck zu bringen, wobei ihr oft ihre dramatische Phantasie zu Hilfe kommt. Sie liebt es, für jemanden, den sie liebt, zum Geburtstag etwas ganz Besonderes zu veranstalten, oder jemanden, der von einer Reise kommt, mit Musikinstrumenten und kostümiert abzuholen. Aber Prunk bedeutet bei ihr nicht etwas Überflüssiges, und sie liebt ihren Partner, ihre Freundin, ihre Schwester und ihre Kinder mit starker und tiefer Liebe. Sie ist die Zusammenfassung jedes Epigrammes über die Liebe, das uns je bewegt hat, und sie ist auch Klischees gegenüber nicht abgeneigt, wenn sie nach Wahrheit klingen. Sie würde es immer vorziehen, geliebt und ihre Liebe wieder verloren zu haben, als die Liebe nicht kennenzulernen, und sie verliert den Rest der Welt gern um der Liebe willen. Sie bringt alles, was abgedroschen oder fade geworden ist, wieder ins Leben zurück, wenn sie es mit ihrer Midas-Art berührt (denn Löwe beherrscht das Gold).

Wie Gold übersteht ihre Liebe alle Prüfungen; wie die Strahlen der Sonne leuchtet sie ununterbrochen aus dem feurigen Löwenherzen.

Jungfrau

Symbolfigur: die Kornjungfrau
Der Weg der Klarheit
Zugang zum Leben durch bewegliche Erde:
geschickt, scharfsinnig, analytisch,
nachdenklich, ernst, aufmerksam
Beherrschender Planet: Merkur

Hintergrund des Zeichens

Diese Konstellation wurde schon seit langer Zeit als Göttin betrachtet, denn die Anordnung der Sterne erinnert an eine Frau, die eine Garbe hält. Die Vorstellung der Großen Göttin ist so umfassend, daß sie nicht durch ein Zeichen allein ausgedrückt werden kann, und doch finden wir in der Jungfrau mehr als in jedem anderen Zeichen Vorstellungen von der Göttin, wie sie von ihren Anbetern am tiefsten verehrt wurde. Man betrachtete die Göttin sowohl als die fruchtbare Mutter Erde, als heilige Jungfrau, Königin des Himmels und die Frau, die im Verborgenen lebt; sie war in jeder Frau. Die ältesten Attribute der Jungfrau waren Ertragreichtum und Fruchtbarkeit. Der älteste Name für Jungfrau bedeutet sowohl »Furche« als auch »Vulva«, denn jede Spalte in der Erde betrachtete man als Symbol für die Genitalien der großen Mutter.

Jungfrau repräsentiert die Ernte (die Mutter Demeter), aber auch den hineingesäten Samen (die Tochter Persephone). In Amerika gab es die Mutter des Mais und die blaue Kornjungfrau, und in Europa machten die Menschen zur Zeit der Ernte Puppen aus Korngarben, die den Segen der Kornjungfrau/-mutter während des ganzen Jahres erhalten sollten. Die scheinbar paradoxe Verbindung von Sexualität und Jungfräulichkeit war für die Völker, die die Göttin verehrten, kein Widerspruch. Die Sexualität war heilig, und das Wort »Jungfrau« war nicht so wie heute gleichbedeutend mit Zölibat oder sexueller Unerfahrenheit. Eine Jungfrau war eine Frau, die nicht zu einem bestimmten Mann gehörte, die ihre eigene »Herrin« und sich ihrer Kräfte und ihres Wertes bewußt war. Sie ging Beziehungen ein und hatte Geschlechtsverkehr, wenn sie es wollte, gab aber nie ihr Recht zur Selbstbestimmung auf.

Viele Völker glaubten an die Fähigkeit der Frauen, sich ohne ein Zutun der Männer fortpflanzen zu können, und Kinder, deren Väter unbekannt waren, bezeichnete man oft im Altertum als »jungfräulich« geboren. Es sieht so aus, als ob in Babylon die Tempelpriesterinnen der Ishtar, die Quadishtu, Jungfrauen (im alten Sinne des Wortes) gewesen wären; sie dienten der Göttin durch den Ausdruck heiliger Sexualität.

Es hat auch den Anschein, als wenn sogar die berühmten vestalischen Jungfrauen Roms, die abseits der Gesellschaft lebten, um die heiligen Feuer der Vesta zu hüten, nicht von Anfang an zölibatär gelebt hätten. Erst in den letzten Jahren des Zeitalters des Widders (bis zum ersten Jahrhundert VCÄ) entwickelte sich scheinbar eine neue Vorstellung von jungfräulicher Heiligkeit. Das heilige Zölibat wurde in den meisten Kulturen die offizielle religiöse Haltung vor der heiligen Sexualität. In der christlichen Welt wurde die Jungfrau Maria das Vorbild für alle Frauen, seien sie nun Nonnen oder Mütter. Aber innerhalb dieses Idealbildes der sexuellen Abstinenz lebte das uralte Bild von der jungfräulichen Göttin weiter. Die Jungfrau Maria wurde zur Himmelskönigin, Erbin der Symbole und Titel der Göttinnen, deren Stelle sie einnahm. An manchen Orten lebte die Religion der Göttin im Untergrund weiter. In Frankreich wurden Kirchen und Kathedralen zueinander in einer Formation gebaut, so daß sie auf der Landkarte die Konstellation des Zeichens Jungfrau bildeten – ein Zeichen der Verehrung der heiligen Jungfrau. Die »Jungfrau«-Kapellen, -Kirchen und -Kathedralen waren das Zentrum vieler Kulte und langlebiger religiöser Traditionen. Die *Roma*-Zigeuner besuchten sie, um Sara-Kali, die schwarze Jungfrau, zu verehren, den »Ursprung der Lebensquelle, die durch das Volk der Zigeuner fließt«.

Jungfrau heute

Heute leben Jungfraupersönlichkeiten in einer Zeit, in der das Wort Jungfrau kindische Sexualwitze über ihr Sternzeichen provoziert. Viele junge Frauen wachsen auf, nicht nur im Glauben an ihr eigenständiges Recht, Sex zu genießen oder abzulehnen, wann sie es wollen (wie bei den Jungfrauen des Altertums), sondern oft auch im Glauben an eine heilige Jungfräulichkeit, die sie auf alle Fälle bewahren müssen. Und doch fürchten sie, zu lange Jungfrauen zu bleiben, weil sie dann als alte Jungfern beschimpft und der Frigidität beschuldigt werden könnten. Die Jungfraupersönlichkeit muß sich von all diesen Verzerrungen der Bedeutung ihres Zeichens lösen. Die uralte Tradition, auf die sie sich berufen kann, ist die der autonomen und kreativen Frau, die ganz das Leben ihrer Umgebung teilt und doch ihre eigene Herrin ist.

190

So wie Demeter ihrem Volk die Fülle der Ernte brachte, so ist auch heutzutage die Jungfraupersönlichkeit oft Gärtnerin oder Bäuerin. Sie hat ein inniges Verhältnis zur Erde und allem, was wächst, und sie reagiert sowohl instinktiv als auch willentlich, wenn es darum geht, eine Zerstörung wieder in Ordnung zu bringen, die der Natur zugefügt worden ist. Sie versteht ohne Schwierigkeiten die vielfältigen Zwischenbeziehungen von Pflanzen und Tieren in der scheinbar »wilden« Natur und findet die Möglichkeit interessant, ihre Umgebung so zu ordnen, daß auch Pflanzen überleben können, die für die Wildnis zu zart sind. Jungfrauen leben lieber zusammen mit der Natur, als daß sie ihr ihren Willen aufzwängen. Oft heißt es, sie hätten ein gutes Gefühl für Pflanzenpflege, und es kann sein, daß Jungfrauen die Devas von Orten und Pflanzen wahrnehmen können. Gewöhnlich sprechen sie nicht mit anderen darüber und sind auch mißtrauisch gegenüber blumigen Beschreibungen übersinnlicher Phänomene; ihr Verhältnis zu Pflanzen und Orten ist gleichzeitig voller Verehrung, aber auch sachlich.

Geist und Körper

Da es sowohl intellektuell als auch praktisch ist, stellt Jungfrau das Erdzeichen dar, das eine Verbindung zwischen der Welt der Materie und der Welt der Vorstellung bildet. Für lateinisch sprechende Völker schien das griechische Wort »Idea« die Worte »in-dea« anklingen zu lassen, das heißt »die Göttin im Innern«; und Okkultisten glaubten, Ideen kämen aus der jungfräulichen weiblichen Seele der Welt – ein Archetyp der Jungfraupersönlichkeit. Die Jungfrau verachtet den Körper nicht oder hält Geist und Gedanken für heiliger als Materie, denn unterbewußt weiß sie, daß das Wort »Materie« oder »materiell« vom lateinischen »mater« für Mutter kommt, dem Körper der Erde, den sie liebt und respektiert.

Jungfrau ist ein Zeichen mit einer hochentwickelten geistigen Ebene, die aber auch Kontakt zur Erde hat, denn sie sieht Geist und Körper nicht in der dualistischen Weise wie die Zwillinge. Die Jungfrau wird auch wie dieses Zeichen von Merkur beherrscht und hat großes Interesse an Worten als Vehikel für Ideen. Zwei berühmte Autorinnen zeigen uns diese besondere Faszination der Jungfrauen: Edith Sitwell mit Sonne und Gertrude Stein mit Mond in der Jungfrau. Jungfrauen bringen ihre wirklich beachtlichen geistigen Fähigkeiten in jedes Projekt ein, das sie unterstützen wollen. Sie sind mit mehr Scharfsinn fähig zu unterscheiden und zu erkennen als jedes andere Zeichen, und sie haben eine Abneigung gegen alles in der Welt der Ideen, was minderwertig oder zweitklassig ist; sie wollen mehr als nur einfache Lösungen.

Die Jungfrau gebraucht ihre klaren kritischen und analytischen Fähigkeiten, um ihre Wahrnehmung der Welt zu ordnen, und konzentriert sich mit Liebe und Präzision auf Einzelheiten. Sie kann jedes Thema, das sie interessiert, mit unvergleichlicher Gründlichkeit untersuchen, obwohl sie vielleicht den Dingen nicht ganz so sehr auf den Grund geht wie Skorpione oder sie nicht so umfassend bearbeitet wie Schützen. Ihr geht es vor allem um die Wahrheit, aber sie glaubt nicht, daß die Wahrheit besonders tief an unzugänglichen Stellen am Ende der Welt verborgen liegt; sie findet sie in ihrer ganzen Umgebung wieder.

Jungfrauen haben sehr oft eine erstaunliche manuelle Gewandtheit und können sorgfältige handwerkliche Arbeiten erzeugen. Man glaubte, die großzügige Göttin manifestiere sie nicht nur als Kornmutter, sondern auch als Schutzpatronin handwerklicher Tätigkeiten wie Spinnen, Weben und Korbflechten. Die Jungfrau ist stolz auf ihre Arbeit und gibt ihr in ihrem Leben einen hohen Stellenwert. Die größte Befriedigung gewinnt sie aus der Überzeugung, daß sie ihre Arbeit ihren Ansprüchen gemäß ausgeführt hat. Ihre Nähte sind auf der Rückseite genauso ordentlich wie auf der Vorderseite. Ihre Freude an perfekt ausgeführten Einzelheiten mit feinen Materialien ist ein Ausdruck ihrer Sinnlichkeit und ihrer Achtung vor der Erde. Denn die Jungfraupersönlichkeit besitzt ein starkes Bewußtsein für die Schönheit der physischen Gestalt als Ausdruck einer Idee. Als Künstlerin liebt sie Arbeiten im Detail, wie zum Beispiel die chinesisch-amerikanische Yee Wah Jung, die große Mosaikfassaden geschaffen hat. Die Präzision und Klarheit der Jungfrau kann auch durch Musik zum Ausdruck gebracht werden, wie es zum Beispiel bei Clara Schumann und der modernen Komponistin klassischer Hindustanimusik, Prabha Atre, der Fall ist.

Ihr Bewußtsein von der Verbindung zwischen Geist und Körper erklärt den Hang der Jungfrau zum Heilen. Sie kann sowohl in der Schulmedizin, als Ärztin, Krankenschwester, Gemeindeschwester oder Physiotherapeutin, arbeiten als auch in alternativen Formen des Heilens. Sie wird angezogen von Lehren, die die Einstellung vertreten, daß unsere Nahrung einen Einfluß auf unsere Erfahrungen und unser Verhalten haben kann, und sie interessiert sich für die reinsten und organischsten Produkte, wenn es um ihre Nahrung und Ernährung geht. Jungfraupersönlichkeiten arbeiten besonders gut als Ausbilderinnen, die es vorziehen, nicht die Probleme der Menschen für sie zu ordnen, sondern sie zu lehren, wie sie sich am besten um sich selbst kümmern können; sie geben auch gern ihr

Vertrauen in die innere Heilungsfähigkeit des Körpers weiter. Während sich die Skorpionheilerin mehr für den inneren Vorgang der Krankheit interessiert, konzentriert sich die Jungfrau auf die gesunde Funktionsweise des Körpers, der sein Ungleichgewicht selbst wieder ins Lot bringt.

Die Jungfrau Hygieia soll die alten Griechen die Kunst des Heilens gelehrt haben, und ihre moderne Nachfolgerin ist oft eine Jungfraupersönlichkeit, die sich der Aufgabe verschrieben hat, anderen zu helfen, um eine möglichst effiziente Arbeitsweise des Körpers innerhalb der ererbten Gegebenheiten zu erreichen. Genauso, wie die jungfräulichen Priesterinnen den Menschen zeigten, wie sie Pflanzen gebrauchen konnten, lernt die heutige Jungfrau von pflanzlichen oder homöopathischen Heilmitteln, sie glaubt daran, daß die Erde den Bedürfnissen aller Menschen entgegenkommt.

Optimismus von Grund auf

Jungfrau ist ein wirklich revolutionäres Tierkreiszeichen und reagiert oft unerwartet und überraschend, denn ihre Ideen sind eine Herausforderung für jede Selbstzufriedenheit und jeden Fatalismus. Die Jungfrau gibt in kaum einer Situation auf; wie düster auch immer die Aussicht sein mag, sie sieht immer einen Weg. Ihr Optimismus basiert auf einer genauen Einschätzung dessen, was machbar ist. Durch ihre Fähigkeit, zu erkennen, wie aus jeder Situation durch gezielten Einsatz etwas zu machen ist, wird aus der Jungfrau eine wirkliche Heilerin – sie bringt »Medizin« im weitesten Sinne des Wortes.

Sie hat die Hingabe des mittelalterlichen Alchimisten und versucht beständig, das Gold zu läutern, von den unedleren Metallen zu trennen, und wie ein wahrer Alchimist weiß sie auch, daß das Werk nicht vollendet werden kann, solange das Selbst nicht geläutert ist. Die Jungfrau ist ihrem persönlichen Wachstum verpflichtet und sucht das Abenteuer in der Selbsterforschung. Sie ist sehr beweglich und bereit, den Rahmen ihrer Ideen zu ändern, um sich selbst und ihre Umgebung völlig neu betrachten zu können. Sie braucht etwas Zeit, um ihre Erfahrung und ihre Reaktion zu analysieren. Es kann für sie sehr nützlich sein, ein Tagebuch zu führen oder irgendeinen anderen Weg zu finden, um den Vorgang der Verfeinerung ihres Selbst aufzuzeichnen. Wie ein Alchimist sucht sie nach der Quintessenz aus ihrer Erfahrung. Wenn sie sich klar darüber geworden ist, was entscheidend für sie ist, hat die Jungfraupersönlichkeit viel Mut in ihren Überzeugungen. Ohne melodramatische Elemente lebt sie ihre Vorstellungen aus und zeigt die Wirklichkeit hinter ihren Worten.

Jungfraupersönlichkeiten brauchen eine Arbeit, der sie sich widmen und durch die sie ihre Überzeugungen zum Ausdruck bringen können. Die Jungfrau Nancy Prince war eine Schwarze, die in ihrer Arbeit mittellose junge Leute im Amerika des neunzehnten Jahrhunderts unterstützte. Margaret Sanger gab Frauen mehr Kontrolle über ihren Körper, indem sie Familienplanung lehrte, und in England widmete Annie Kenney ihr Leben dem Einsatz für das Frauenwahlrecht. Eine moderne Jungfrau ist Margo St. James, die die Selbsthilfegruppe COYOTE (Call Off Your Old Tired Ethics – schmeiß deine alte abgenutzte Moral über Bord) gründete, die für die Rechte von Prostituierten eintritt. Wenn eine Jungfraupersönlichkeit sich selbst treu bleibt, hat sie keine Angst; Sofia Perovskaya, die wegen eines erfolgreichen Attentats im Gefängnis war, schrieb: »Ich habe gelebt, wie es meine Überzeugung verlangte, ich konnte nicht anders; jetzt erwarte ich das, was auf mich zukommt, mit klarem Bewußtsein.«

Oft arbeitet die Jungfrau hinter den Kulissen, ohne daß man es bemerkt, denn Ruhm und Dankbarkeit motivieren sie nicht. Die wichtigen medizinischen Forschungen von Irene Joliot-Curie sind im Schatten ihrer berühmten Mutter und auch ihres Mannes kaum aufgefallen – so geht es vielen Jungfrauen. Sie haben den Drang, ihre gesamten Fähigkeiten in den Dienst ihrer Sache zu stellen, und sie interessieren sich nicht für die Macht, die der Erfolg ihnen verleihen kann. Sie legen allerdings Wert auf Genauigkeit und sind sehr empfindlich, wenn man ihre Arbeit mißversteht. Der Impuls, nützlich zu sein, kann dazu führen, daß sie die ganze Arbeit tun und andere den Dank bekommen. Eine Jungfrau wird ihre ganze Arbeitskraft einsetzen, um jemandem zu helfen, wenn sie sieht, daß diese Person von praktischer Hilfe wirklich profitieren würde, aber sie wird selten ihre Anerkennung zum Ausdruck bringen, wenn sie sie nicht wirklich empfindet. Sie bleibt ihren eigenen Maßstäben treu.

Sich absondern und Beziehungen eingehen

Die Reinheit und Integrität, die mit Jungfrau assoziiert wird, drückt sich oft in der Welt der Ideen aus. Sie kann ihre eigenen Vorstellungen zurückhalten, auch wenn sie in der unvollständigen Welt um sich herum lebt. Manchmal jedoch muß sie sich eher zurückziehen, als daß sie einen Kompromiß eingeht. Es hieß, die griechische Göttin Dike habe den

Glauben an die Menschheit verloren, aber anstatt ihre Ideale zu opfern, verließ sie die Erde und lebt fortan am Himmel als Konstellation Jungfrau. Ihre menschlichen Gegenstücke sehnen sich oft nach Alleinsein und Abstand. Die Jungfrau liebt es, bei sich zu sein, auf diese Art kann sie viel Selbstvertrauen entwickeln. Sie ist lieber allein, als Zeit bei Menschen zu verschwenden, die sie nicht interessieren. Ihr Gefühl von Distanz zur Welt ist hilfreich bei ihrer Hingabe an eine Sache oder ein Projekt, an die von ihr gewählte Arbeit. Wie die Tempelpriesterinnen der Vergangenheit lebt sie vielleicht etwas abseits der Welt, möglicherweise nur in Begleitung ihrer Katze, denn dieses selbstgenügsame und anspruchsvolle Tier hat viele Ähnlichkeiten mit dem Zeichen Jungfrau. Im zwanzigsten Jahrhundert ist Greta Garbo zum Archetypus für die zurückgezogene Jungfrau geworden, sie konzentrierte das öffentliche Interesse auf sich, indem sie gern allein sein wollte. Und doch bekommen Beziehungen der Jungfrau gut, denn sie erlauben ihr, ihre Bemühungen und ihre Liebe für die anderen zum Ausdruck zu bringen. Sie kann zum Beispiel als Beraterin arbeiten und dabei ihre beachtliche Einsichtsfähigkeit und ihre klare Betrachtungsweise einsetzen, um anderen zu helfen, daß ihr Leben eher für sie arbeitet.

In Liebesbeziehungen sucht die Jungfrau eine verläßliche Partnerschaft oder eine verbindliche Freundschaft, die nicht nur ihrem hohen Anspruch an persönliches Benehmen entsprechen, sondern auch ihrer Verpflichtung an einen spirituellen oder ideellen Lebenszweck. Sie geht nicht leicht Beziehungen ein und behält immer einen Teil ihres Selbst für sich und bleibt damit unberührbar. Innerhalb der Beziehung ist sie immer auf der Suche nach Möglichkeiten, sowohl sich als auch das Verhältnis zu ihrem Partner zu verbessern und perfektionieren.

Ständige Verbesserung

Der Hang der Jungfrau zur Perfektion, zur ständigen Verbesserung, kann für andere manchmal schwer zu ertragen sein. Die Jungfrau verbindet ihre Liebe und ihr Mitgefühl durch Scharfsinn. Sie behält ihre Fähigkeit zur Kritik und ist im Gegensatz zum gegenüberliegenden Zeichen Fische nie sentimental. Das kann der Beziehung sehr dienlich sein. Aber das Objekt ihrer Prüfung findet es vielleicht unmöglich, sich zu entspannen. Hier kann die Jungfrau von den Fischen lernen, die Dinge manchmal gehen zu lassen, wie sie wollen, selbst wenn sie sich im »Recht« fühlt. Der Heilimpuls der Jungfrau kann verzerrt sein zu einem Bedürfnis, alles zu reparieren und aufzuräumen. Sie kann es nicht ertragen, wenn andere Menschen in Unordnung leben, und muß sich oft zurückhalten, damit sie sich nicht einmischt und zu verbessern versucht. Für den Geist der Jungfrau ist die Demut wesentlich, mit der sie die Entscheidung anderer Menschen annehmen kann, aber es ist möglich, daß sie sich mit Gewalt daran erinnern muß, daß andere ein Recht haben, ihr Leben in Unordnung zu bringen, wenn sie das wollen. Ihre Hinwendung zum Detail kann sich zu Pedanterie und Geschäftigkeit entwickeln, und ihre beschränkte Perspektive kann einengend sein und weit entfernt von der zulassenden und großzügigen, gebenden und vergebenden Art der Kornmutter, deren Verehrung einst im Zusammenhang mit dem Zeichen Jungfrau stand. Ihre Weigerung, etwas Unordnung zuzulassen, das uralte Chaos zu akzeptieren, kann zwanghaft werden und zu Krankheiten führen. Vor allem muß die Jungfraupersönlichkeit sich selbst vergeben, sich ein paar Fehler zugestehen. Wenn sie verkrampft wird, muß sie sich von der Engstirnigkeit befreien, die oft einhergeht mit einem untergründigen Gefühl von Minderwertigkeit.

Jungfrauen sind im Grunde genommen deshalb so perfektionistisch, weil sie oft einen Mangel an Selbstvertrauen haben. Immer wieder fühlen sie sich zurückgesetzt und sehnen sich danach, anderen zu helfen, damit sie sich nützlich und von anderen gebraucht fühlen, einen Platz haben. Zurückgewiesen zu werden, ist für die Jungfrau sehr schmerzlich und wiederholt oft den Beginn einer neuen Situation, wo sie doch wieder zurückgewiesen werden wird. Es ist ganz wichtig, daß sie in ihrem Innern zu der Überzeugung kommt, daß sie ein liebenswerter Mensch ist, auch ohne etwas dafür tun zu müssen, daß sie »ein Recht hat, hier zu sein, so gut wie die Bäume und die Sterne«. Wenn sie dieses Recht erst einmal für sich entdeckt hat, wird es ihr möglich, sich von anderen angenommen zu fühlen, und ihr kritisches Wesen kann sich entspannen, da ihre eigenen Ängste vor Einsamkeit und Unsicherheit sie nicht mehr beherrschen.

Ein hilfreiches Bild für die Jungfraupersönlichkeit ist das des orientalischen Teppichknüpfers, der immer die Pflicht hatte, bei jedem Teppich einen Fehler zu machen. Die Unvollständigkeit war für das Muster notwendig, damit nicht der Mensch versuchte, die Weisheit der Natur zu übertreffen, die immer ein paar Fehler macht.

Ganzheit

Die Jungfrau kann ihre Reinheit auch in einem Gefühl der Ganzheit zum Ausdruck bringen, anstatt Vollendung als Abwesenheit von »Fehlern« zu betrachten. Die Ganzheit der Jungfrau betrifft den Körper, die Gefühle, den Geist und die Seele. Sie wird im jungfräulichen Verhalten ausgedrückt durch Integrität – ein Wort, das Ganzheit bedeutet – und durch das Interesse der Jungfrau an Gesundheit – ein Wort, was auch Ganzheit bedeutet. Ihre Selbstheilungskräfte kommen zum Tragen, wenn sie bemerkt, daß sie auch ohne beständiges Streben schon vollendet und ganz ist, wie alle Geschöpfe.

Der Instinkt der Jungfrau, Einzelheiten zu verstehen, ist ebenfalls Teil ihres Bedürfnisses nach Ganzheit. Sie teilt die Welt in Teile auf, damit sie sie besser verstehen kann. Mit ihren hohen Maßstäben entscheidet sie, sich auf das Bestmögliche zu konzentrieren. Durch ihren Instinkt zu heilen trägt sie jene Teile in das Ganze zurück, die gefehlt haben. Und doch wird sie in ihrem Bedürfnis, die Wahrheit in ihrem ganzen Umfang zu verstehen, oft mit dem Paradoxen konfrontiert, denn in einem unendlichen Universum kann man nicht alles verstehen. Die alte Vorstellung von der jungfräulichen Göttin schloß dieses Paradoxon ein, und die Jungfrau entdeckt in ihrer Suche nach der Wahrheit, daß sie in den Räumen zwischen den Dingen existiert, die sie benennen kann.

> Denn ich bin die erste und die letzte
> Ich bin die Verehrte und die Verhöhnte
> Ich bin die Hure und die Heilige
> Ich bin die Gattin und die Jungfrau
> Ich bin die unverstehbare Stille
> Ich bin die Äußerung meines Namens.

(Elaine Pagels, *The Gnostic Gospels*[6])

Waage

Symbolfigur: die Waagschalen
Der Weg der Augewogenheit
Zugang zum Leben durch kardinale Luft:
gerecht, liebevoll, kooperativ, harmonisierend,
fördernd, anerkennend
Beherrschender Planet: Venus

Hintergrund des Zeichens

Die Waage ist das einzige der zwölf Zeichen, das nicht von einer Person oder einem Tier symbolisiert wird; bei ihr geht es mehr um abstrakte Vorstellungen als bei jedem anderen Zeichen.

Der lateinische Name für die Waage, »Libra«, stammt von der libyschen Göttin des heiligen Gesetzes, die die Waagschalen der Rechtssprechung trug, und ihr ägyptisches Gegenstück war Maat, der Geist des Gleichgewichts, der Gerechtigkeit, der Wahrheit und Richtigkeit. Maat lebte sowohl in Personen als auch außerhalb von ihnen und wurde daher die »doppelte Maat« genannt, denn sie umfaßte sowohl das individuelle als auch das kosmische Bewußtsein. Die Ägypter glaubten, daß nach dem Tode das Herz in den Waagschalen der Maat gegen eine Feder aufgewogen würde. Maat verhängte allerdings keine Strafen; sie war die Personifikation der Wahrheit, der Geist, der alle Lebewesen belebt, sowohl die göttlichen als auch die menschlichen. Wenn das Herz dann zu schwer war, mußte die Seele ohne Schuld oder Strafe wieder in die nächste Inkarnation auf die Erde zurückkehren, bis es leicht genug war für die endgültige Befreiung. Maat hatte keinen Tempel, denn sie war nicht festzulegen, sie war die natürliche Ordnung selbst. In Einklang zu sein mit natürlichen Wahrheit und Gerechtigkeit schafft Harmonie, und Maat symbolisierte diese Eigenschaft.

Der Wunsch nach Ausgewogenheit

Die Waagschalen der Maat sind das passendste Symbol für Waagepersönlichkeiten, die ständig damit beschäftigt sind, die Dinge in ihrer Umgebung ins Gleichgewicht zu bringen und um sich herum Harmonie zu schaffen. Als kardinales Zeichen ergreift die Waage die Initiative, um die

Ordnung wiederherzustellen, aber im Gegensatz zu ihrem Gegenüber Widder vermeidet sie gewöhnlich die direkte Konfrontation. Der Ansatz der Waage gleicht der chinesischen Vorstellung von Yin – die sanfte Strenge, die Hindernisse umgeht.

Die Waage hat besondere Affinitäten zum Fernen Osten und fühlt sich von Kulturen wie der japanischen angezogen, wo Ästhetik sehr hoch geschätzt wird. Sie ist sich des Raums um einen Gegenstand ebenso bewußt wie des Gegenstandes selbst, und sie berücksichtigt die Stellung und Ausgewogenheit der Faktoren einer jeden Situation genausosehr wie die Art ihrer Komponenten. Die chinesische Vorstellung von Tao, der Ausgewogenheit, und vom Verhältnis von Yin und Yang zueinander entspricht ebensosehr der Waage wie die Waagschalen der Maat. In der chinesischen und der japanischen Kultur findet die Waage ihre Werte berücksichtigt, und daher kann sie sich in einer fernöstlichen Umgebung besonders gut entspannen, denn sie birgt für sie mehr Ruhe als jede andere. Sie hat keinen Spaß an einer disharmonischen, überstimulierenden oder lauten Umwelt, denn sie ist immer auf der Suche nach Schönheit und versucht, sich damit zu umgeben. Sie kann in einem Zimmer geschickt ganz kleine Veränderungen vornehmen, so daß die Harmonie seiner Proportionen verbessert wird. Im wesentlichen versteht sie Schönheit als die äußerliche Manifestation natürlicher Ordnung. Der Gedanke der Schönheit ist ein wesentliches Element in der Kultur der Navajos, die davon sprechen, daß man »den Pfad der Schönheit geht«, um zu erklären, wie man mit der Natur eher zusammenarbeiten soll als versuchen, sie zu kontrollieren.

Waagepersönlichkeiten sind oft Künstler, wie die französische Malerin Susanne Valadon, bei der die Waage am Aszendenten war, denn ihr Bedürfnis nach Harmonie ist gepaart mit einer Fähigkeit, sie aktiv zu schaffen. Oft haben diejenigen, die es verstehen, Schönes zu schaffen, auch das Selbstvertrauen, Initiativen für den Frieden zu beginnen. Wenn eine Waage etwas tut, was ihr gefällt, bekommt sie oft von innen ein tiefes Bedürfnis nach Harmonie für die ganze Welt. Ihre eigene Schöpfung läßt sie glauben, daß das möglich ist, denn sie schafft Schönheit aus unbearbeitetem Material. Die Jicarilla-Apachen erzählen von der ersten Frau, Wildes Pony, die lernte, aus Ton Gefäße zu machen, und die dann die heilige Friedenspfeife schuf, die sie ihrem Volk vermachte.

Den Frieden schaffen

Sehr viele Waagepersönlichkeiten werden durch die Friedensbewegung angezogen, wo sie versuchen können, die Initiative ihres kardinalen Zeichens einzusetzen, um das Gleichgewicht der Welt wiederherzustellen. Die Waage hat den Mut der Friedensstifterin, die auf das Schlachtfeld geht oder in der Nähe von Nuklearwaffen Wache hält. Die Philosophie der Gewaltlosigkeit zieht sie an.

Ein weiteres Symbol für die Waage ist die Taube, der Vogel des Friedens, der Venus heilig, dem Planeten, von dem man schon lange glaubt, daß er dieses Zeichen beherrscht. Der friedensstiftende Instinkt der Waage erspart sehr viele gewaltsame Auseinandersetzungen. Die Waagepersönlichkeit hat große Fähigkeiten im Bereich der Diplomatie und des Taktes; sie weiß, wie man einen Vorschlag annehmbar formulieren, gesträubte Federn glätten und verletzten Stolz besänftigen kann. Im Gegensatz zum gegenüberliegenden Zeichen Widder, dessen direkte und kämpferische Methoden zu Konflikten führen können, sucht die Waage immer die Wogen zu glätten.

Die Art der Waage, die Initiative zu ergreifen, ist oft sehr kunstvoll. Sie überdenkt den Standpunkt eines jeden und macht dann einen Vorschlag, der so ausgelegt ist, daß er sogar für den Unversöhnlichsten annehmbar wird. Sie ist ganz unaufdringlich dazu in der Lage, die einzelnen Änderungen oder Kompromisse zu erkennen, zu denen jede Partei bereit wäre, und sie gebraucht ihren scharfsinnigen diplomatischen Geist, um eine Lösung zu erarbeiten, die für niemanden einen Gesichtsverlust bedeutet.

Die Waagepersönlichkeit besitzt Ausgeglichenheit und ein ruhiges Gemüt, sie kann besonders gut Menschen zusammenführen; die amerikanische Feministin Perle Mesta zum Beispiel war sowohl als politische Anführerin als auch als Diplomatin berühmt. Die Waage stellt Menschen einander vor, die später historische Arbeitsverhältnisse haben, ihre Fähigkeiten vereinfachen viele gesellschaftliche Situationen. Ihr wesentlichstes Talent ist Fairneß, die Fähigkeit, den Standpunkt eines jeden zu sehen und sich dafür zu interessieren, was sie einander mitzuteilen haben.

Ihre Methoden lassen sie jedoch nicht mit allen gut auskommen, denn diejenigen, die an Dinge direkter herangehen, mißtrauen ihr leicht. Die Waagepersönlichkeit will oft in Konfliktsituationen mit jedem gut zurechtkommen; sie nimmt eine abwartende Haltung ein, weil sie sich nicht auf eine Seite schlagen kann, ihre besorgte Fairneß kann sich zu drohender Unentschlossenheit entwickeln, wenn es darum geht, gerade jetzt zu handeln.

Es gibt jedoch in der westlichen Welt eine Tendenz, die Handlungsweise des Widders zu idealisieren und die Methoden der Waage als zu verfeinert abzulehnen. Oft gebrauchen diejenigen, die wenig Macht haben, die besänftigenden Methoden der Waage, um sich zu schützen, um ihre Bedürfnisse zu befriedigen und um Veränderungen in der Welt herbeizuführen. In den meisten Gesellschaften hat das bedeutet, daß die Frauen die Waagerolle übernommen haben, als die Hand, die die Wiege schaukelt, und als die Macht *hinter* dem Thron. Mütter, Gattinnen, Töchter, Schwestern, Geliebte, Konkubinen und Kurtisanen haben weitreichende Wirkungen in der Geschichte gezeigt, indem sie die Taktik der Waage gebrauchten, und Vorurteile gegenüber diesem Zeichen sind oft ein Ausdruck von Frauenhaß bei Männern oder einem Mangel an Selbstwert bei Frauen. Der Impuls der Waage bringt Frauen dazu, sich durch Reden aus gefährlichen Situationen zu retten, und das ist eine ebenso wertvolle Begabung angesichts eines Vergewaltigers oder Mörders wie Kühnheit bei körperlicher Selbstverteidigung.

Ein neues Verständnis

Da der Zugang der Waage zur Welt in der Vergangenheit als Frauen besonders angemessen betrachtet worden ist, besteht heute ein dringendes Bedürfnis, dieses Zeichen ohne eine solche Voraussetzung neu zu definieren. Und tatsächlich sind zum gegenwärtigen Zeitpunkt beide Geschlechter damit beschäftigt, die Fähigkeiten zu erlernen, die beim anderen Geschlecht vorher überbetont waren: Männer lernen die Sanftheit der Waage zu gebrauchen, während Frauen die Direktheit des Widders entdecken. Selbst unter diesen Umständen können Frauen doch Ruhm für die ihnen »angemessenen« Züge des Zeichens erlangen, während die anderen Seiten ihrer Waagenatur unerkannt bleiben. Brigitte Bardot zum Beispiel ist sehr bekannt wegen ihrer Erscheinung (eine körperliche Manifestation der Harmonie der Waage), aber besonders ihre Bemühungen um die Rechte der Tiere sind ein wirklicher Ausdruck des Waageimpulses zur Gerechtigkeit.

Waagefrauen überraschen oft den Astrologen. Martina Navratilova zum Beispiel scheint oberflächlich betrachtet mehr von ihrem Widdermond zu haben als von ihrer Waagesonne, aber dieser Eindruck kann auch der Tatsache zuzuschreiben sein, daß wir das Zeichen noch nicht voll verstanden haben. Viele Waagefrauen haben die Notwendigkeit empfunden, für die Gerechtigkeit zu arbeiten, ohne die befriedenden Taktiken zu verwenden, die traditionellerweise zu diesem Zeichen gehören. Heute können Waagepersönlichkeiten sich von Winnie Mandela inspirieren lassen, die die Sonne in der Waage hat. Sie hat auch Jupiter in diesem Zeichen, was das umfassendere politische Verständnis zeigt, das ihren von der Waage bewegten Mut und ihr Ideal von Frieden und Gerechtigkeit bestimmt.

Es ist unwahrscheinlich, daß wir das Zeichen richtig verstehen, solange es nicht eine Ausgewogenheit der Macht zwischen Männern und Frauen und zwischen allen Völkern der Welt gibt. Das Paradoxon für die Waage ist die Schwierigkeit, sowohl Frieden als auch Gerechtigkeit herzustellen, wenn sie mit Unterdrückung konfrontiert ist. Es ist möglich, daß die Menschheit schon sehr bald ein neues Verständnis dafür entwickeln wird, auf welche Art Harmonie hergestellt werden kann, und die Waagepersönlichkeiten selbst werden diejenigen sein, die verändern, und diejenigen, die verändert werden. Ein Durchbruch zu neuen Möglichkeiten könnte sich vielleicht zu dem Zeitpunkt ergeben, wenn die Astronomen in der Lage sind, den neuen Planeten Persephone genau auszumachen, der zur Zeit jenseits der Umlaufbahn des Pluto gesucht wird. Vielleicht wird man feststellen, daß Persephone eher der beherrschende Planet der Waage ist als die Venus, denn Persephone war die griechische Göttin, die das Gleichgewicht zwischen den Jahreszeiten repräsentierte und die mit den Äquinoktien im Frühling und im Herbst in Verbindung gebracht wurde, die Zeit, zu der die Sonne in der nördlichen und südlichen Hemisphäre in der Waage steht.

Das persönliche Gleichgewicht finden

Zur Zeit der Äquinoktien sind Tage und Nächte gleich lang, und eine Jahreszeit löst die andere ab. Es ist eine Zeit, in der man sich von der vergangenen Jahreszeit lösen muß, eine Zeit des Annehmens. »Wandelbare Frau«, die Schöpferin bei den Navajos, lehrt von den Zyklen von Sommer und Winter, der Zeit von Saat und Ernte, von Geburt und Tod. Wie »Wandelbare Frau« bemüht sich die Waagepersönlichkeit um das Gleichgewicht zwischen den archetypischen Gegensätzen, denn sie wurden zu einer Zeit geboren, zu der Licht im Gleichgewicht mit Dunkelheit war. Dieses Verhältnis zum Gleichgewicht erfahren Waagepersönlichkeiten nicht immer auf die leichte Art. Der Idealismus der Waage macht es ihr in der Welt der Realität sehr schwer, die enttäuschend weit von der sozialen Harmonie entfernt ist, die sie sich vorstellt. Menschen schockieren sie durch ihre Aggressionen, ihre Intoleranz und ihren Willen, aus egoistischen Gründen die übergeordnete Harmonie zu zerstören, und dieses Verhalten bereitet ihr auch ebensoviel Schmerz, wenn sie es in ihrem eigenen Innern entdeckt.

Die Waagepersönlichkeit kann Ungleichheit in jeder Beziehung nur schwer ertragen, aber sie mag auch nicht ihren Ärger zum Ausdruck bringen, wenn sie mit Ungerechtigkeiten konfrontiert wird. Sie haßt Streit und emotionale Ausbrüche, die sie für unproduktiv hält. Ihre Vorstellung von Kooperation ist inspirierend, kann aber zu emotionaler Unterdrükkung führen, da die Waagepersönlichkeit es schwer hat, ihre eigenen Emotionen zuzulassen, die ihren Verhaltensidealen Gewalt antun: Ärger, Ablehnung, Eifersucht und Besitzdenken. Sie hat auch Schwierigkeiten, mit dem Ärger anderer Menschen ihr gegenüber fertig zu werden, denn sie sieht sich als jemanden, der immer gute Absichten hat und unschuldig ist. Das Verleugnen ihrer eigenen negativen Gefühle und die Angst vor gewaltsamen Gefühlen der anderen können sie krank machen, und eine persönliche Therapie, die ihr hilft, die in ihrem Innern unterdrückten Teile zu erkennen und zu ändern, kann sehr nützlich für sie sein.

Waagepersönlichkeiten fühlen sich oft von Menschen angezogen, die eher stark und geradeheraus sind als diplomatisch und kooperativ. Was sie an den anderen faszinierend findet, sind ihre eigenen Eigenschaften, die sie nie erschlossen hat. Solange die Waage noch ihre eigenen verborgenen Stärken auf ihre Freunde projiziert, solange versucht sie auch, sich selbst auszuweichen. Indem sie ihre eigene Stärke wirklich anerkennt, kann sie sich von dem Bedürfnis nach sozialer Anerkennung befreien, das ihren persönlichen Ausdruck möglicherweise behindert. Wenn die Waage vor unangenehmen Dingen davonläuft und vorgibt, die Welt sei nur eitel Friede und Freude, dann findet sie eher eine oberflächliche als eine natürliche Harmonie. Wenn sie für »Frieden um jeden Preis« Kompromisse eingeht, wird sie entdecken, daß ein Frieden nicht anhält, wenn er nur oberflächlich hergestellt ist, daß Bitterkeit oft der Lohn einer zu leichten Lösung ist. Sie kann von dem ihr gegenüberliegenden Zeichen Widder lernen, wie wertvoll Konfrontationen sind, aber auch von dem vorangehenden Zeichen Jungfrau. Die Griechen glaubten, die Jungfrau halte die Waage der Gerechtigkeit, und gerade das Zeichen Jungfrau unterzieht alles einer genauen Analyse und entzieht sich nie der Wahrheit.

Die Waage hat ihren eigenen inneren Ausgleichsmechanismus, der sie dazu zwingt, sich immer weiter mit allem auseinanderzusetzen, dem sie eigentlich lieber aus dem Wege gehen möchte, bis sie einen Platz dafür findet und das Gleichgewicht wiederherstellen kann. Ihre instinktive Tendenz zur Vermeidung von Disharmonie ist stark, aber ihre Verpflichtung gegenüber der Gerechtigkeit ist noch stärker. Wenn andere ihr Verhalten kritisieren (und sie nicht nur anschreien), kann sie offen und gerecht zuhören, und ihr Bedürfnis nach Kooperation führt zu vielen hilfreichen Entdeckungen und Veränderungen.

Die Waagepersönlichkeit schätzt die Einsichten, die ihr andere Menschen vermitteln, und hat ein tieferes Verständnis vom Wert zwischenmenschlicher Beziehungen als jedes andere Tierkreiszeichen. Sie bringt ihre beste Energie in die Arbeit im Team oder in einer Partnerschaft ein und ist besonders gut bei Kooperativen und Kollektiven. Ihre Ideale der Kooperation sind inspirierend und notwendig in einem Zeitalter, das barschen Individualismus romantisiert hat.

Die Idealistin

Die Waagepersönlichkeit kann ihr Bedürfnis nach Harmonie durch Kunst oder Musik zum Ausdruck bringen, um ihre idealistische Weltsicht auszudrücken, und es ist sehr wahrscheinlich, daß sie auch andere damit anregt. Die Waagepersönlichkeit Jenny Lind, die schwedische Sängerin aus dem letzten Jahrhundert, hatte eine ungeheure Wirkung auf ihre Zeitgenossinnen, und das nicht nur wegen ihrer außerordentlichen Stimme, sondern weil ihre Ideale von sozialer Gerechtigkeit sie dazu bewegten, in den Ländern, in denen sie auftrat, Tausende für die Bedürftigen hinzugeben.

Die intellektuellen Fähigkeiten und die Offenheit gegenüber Ideen, die Waagepersönlichkeiten auszeichnen, bringen sie oft zur Philosophie (wie zum Beispiel bei der politischen Theoretikerin Hannah Arendt, die Waage war), denn sie lieben es, abstrakte Vorstellungen ins Gleichgewicht zu bringen. Die Waage vermeidet es, definitive oder endgültige Behauptungen aufzustellen, und bleibt lieber eine offene als eine entschiedene Denkerin.

Der Waageidealismus erstreckt sich auf alle Beziehungen. Sie hat eine klare Vorstellung davon, wie das Verhältnis der Partner in einer sexuellen Beziehung sein sollte: eine Begegnung mit gegenseitigem Respekt, Interesse, Sorgfalt und verbindlicher Liebe. Sie gebraucht den Ausgleich, der durch die andere Person vorgegeben ist, um sich selbst besser kennenzulernen und in der Umwelt konstruktiv zu sein, denn sie sieht sich durch die Augen ihres Liebhabers wie in einem Spiegel.

Die Waage schätzt die Werbung in der Liebe, ihr Zeremoniell und ihre stilisierten Rituale, und sie kann Stunden damit verbringen, eine besondere Dinnerparty oder ein sorgfältiges Geschenk vorzubereiten. Wenn man in den Genuß der Wertschätzung einer Waagepersönlichkeit kommt, kann das eine sehr bestätigende Erfahrung sein. Sie sieht die innere Schönheit des anderen Menschen und läßt diejenigen, die sie liebt, sich schön und ihrer Aufmerksamkeit wert empfinden.

Ihr Idealismus in Beziehungen kann die Waage aber auch zur übertriebenen Romantikerin machen, so daß sie in sich selbst verliebt ist, ihre Beziehung auf einen Sockel stellt und ihren Geliebten nicht als ganze Persönlichkeit mit eigenen, widersprüchlichen Bedürfnissen sieht. Sie kann auch auf der Suche nach dem idealen Partner sein, den sie irgendwo zu finden sucht, oder sie kann bestrebt sein, ihren Partner zu ihrem Ideal hin erziehen zu wollen.

Die Beschäftigung mit der Liebe kann die Waagepersönlichkeit von der Wirklichkeit entfremden, genauso wie es sein kann, daß sie sich durch die Überbetonung ihrer Kunst, der Schönheit oder abstrakter Vorstellungen der Welt entfremdet. Es wirkt vernichtend auf sie, wenn ihr Elfenbeinturm zusammenbricht. Sehr oft verhält sich ihr Geliebter nicht so, wie es die Waage von ihm erwartet, und dann fühlt sie sich tief verletzt und im Stich gelassen. Sie ist auch hin- und hergerissen zwischen dem Bedürfnis nach einer festen Beziehung und ihrer Suche nach vollendeter Übereinstimmung. Oft äußert sich das in einer monogamen Serie, wo die Waagepersönlichkeit völlig einer Person verbunden ist, bis die Beziehung auseinandergeht, woraufhin sie sich wieder verliebt und das Ganze von vorn beginnt. An irgendeinem Punkt ihres Lebens muß sie dann vielleicht ihre Verhaltensweise überdenken und sich überlegen, ob sie immer so weitermachen will. Vielleicht wird es nötig sein, eine Zeitlang zölibatär zu leben oder auch weiter in einer unvollständigen Partnerschaft zu bleiben und sie zu verbessern versuchen, und zwar eher durch praktische als durch ideelle Arbeit. Wenn sie fähig ist, eine Beziehung anzunehmen, die nicht ganz ideal ist, wird sie vielleicht am Ende entdecken, daß sich ihre Erwartung doch noch erfüllt.

Die Waage Marie Stopes zeigte die positive Sichtweise ihres Tierkreiszeichens zu sexuellen Beziehungen; ihr Interesse an Empfängnisverhütung entstand nicht nur durch ihr Bedürfnis nach Gerechtigkeit für Frauen, sondern auch durch ihre Sorge um die Qualität der Beziehungen zwischen Frauen und ihren Partnern.

Waagepersönlichkeiten sind sehr gut in Beziehungen von Mensch zu Mensch und können gute Berater oder Therapeuten werden. Die Waage versteht, daß die Beziehung zwischen zwei Menschen der Mikrokosmos innerhalb eines großen Ganzen von politischen, sozialen und internationalen Beziehungen ist. Sie glaubt, daß die Beziehung zweier Menschen immer die Grundlage für alle großen Fortschritte ist und daß die Macht der Liebe im weitesten Sinne des Wortes die Welt verändern kann.

Bei Yoko Ono ist die Waage am Aszendenten, und in ihrem Leben herrschen die Waagethemen Kunst, Frieden und große Liebe vor. Bei weniger betonten Waagepersönlichkeiten stellen sich die Inspiration des Ideals und seine Freuden und Enttäuschungen in kleinerem Maßstab und in den sanfteren Farben, die der Waage eigen sind, dar. Die Schalen der Waage sind das Symbol ihres Instinkts für Harmonie und Gleichheit. In allen Beziehungen ist die Waage empfindlich für ein Ungleichgewicht der Kräfte und für jede Überbetonung der Erfahrungen nur eines Partners. Ihr Ideal steht ihr immer vor Augen: der Welt eine Vorstellung von der vollendeten Liebe zu geben.

In der Zeit ihrer Reife entwickelt sich die Vorstellungskraft der Waagepersönlichkeit von ihren frühen romantischen Gefühlen weg, hin zu einem umfassenden Verständnis ihrer ausgewogenen Liebe, so daß der Geliebte nicht höher bewertet wird als die Liebende und die selbstsüchtigen Bedürfnisse des Ego die Beziehung nicht mehr bestimmen. Liebende und Geliebter, Freund und Freundin sind gleich; zwischen ihren Bedürfnissen gibt es keine Konflikte oder Verhandlungen, sondern sie werden gemeinsam in offenem Waagevertrauen zusammengelegt. Die Waage liebt ihren Freund wie sich selbst, denn sie weiß, daß der Atem der Maat, das kosmische Bewußtsein, genauso durch den einen strömt wie durch den anderen.

Skorpion

Symbolfigur: der Skorpion
Der Weg der Betroffenheit
Zugang zum Leben durch fixes Wasser:
intensiv, scharfsichtig, konzentriert,
leidenschaftlich, kraftvoll, findig
Beherrschender Planet: Pluto

Hintergrund des Zeichens

Die Konstellation des Skorpions ist die einzige, die wirklich so aussieht, wie ihr Name sagt; das mag vielleicht erklären, warum sie sowohl von den Zivilisationen Zentralamerikas als auch von den Babyloniern und den Ägyptern so genannt wurde. In der alten Mythologie gibt es eine Fülle von Skorpionen. Sie symbolisieren normalerweise Tod oder die Kräfte der Regeneration; überall scheint der Skorpion eine Verbindung mit dem Totenreich gehabt zu haben. Die babylonische Große Mutter Tiamat schuf die Skorpionfrauen, die den dunklen Durchgang zur Unterwelt bewachen. Wie alle ihre Schöpfungen kämpften sie für die Rechte der Mütter gegen das Patriarchat.

Die Ägypter waren sehr beeindruckt von den mütterlichen Fähigkeiten der Skorpione, die ihre Jungen aus dem Beutel befreien, in dem sie geboren werden, und sie auf ihren Rücken klettern lassen. Dort verdreifachen sie ihre Masse, indem sie durch Osmose dem Körper der Mutter Feuchtigkeit entziehen. Vielleicht ist diese Verbindung mit der Mutterschaft der Grund dafür, daß sieben Skorpione der Isis zugehörig waren und daß die Skorpiongöttin Selket das Kind Horus bewachte, nachdem Isis es geboren hatte. Selket, die in verschiedenen Statuen als Frau mit einem Skorpion auf dem Kopf oder als Skorpion mit Frauenkopf dargestellt wurde, begegnete den Seelen in der Unterwelt. Manchmal wurde sie mit geflügelten Armen dargestellt, die die Toten beschützen, und sie trug das Zeichen des Heilens, den Ankh. Sie war auch abgebildet auf den Ecken der Sarkophage und auf den Krügen, die die Gedärme der Mumien enthielten. Diese Verbindung besteht immer noch, denn Skorpion beherrscht den unteren Abschnitt des Darms und das Rektum der Lebenden.

Durch alle alten Mythen und die Geschichte vergangener Kulturen erkennt man immer wieder die Verbindung des Skorpions mit Geburt, Tod und Heilen. In dieser Beziehung ähnelt Skorpion dem Krebs, aber Skorpion konzentriert sich mehr auf den Bereich Heilen, Tod und Regeneration. Für den Skorpion ist die Geburt das Ende eines Vorganges, die Reinkarnation als Folge eines vorausgegangen Todes. Skorpion ist das Zeichen aller alten Frauenmysterien, der verborgenen und heiligen, wie der Mysterien von Eleusis in Griechenland. Skorpion will das Geheimnis von Geburt, Sexualität und Tod und die Bedeutung des Lebens verstehen. Die Skorpionpersönlichkeit erkennt instinktiv Sexualität als sowohl heilige als auch heilende Kraft und bemüht sich, einen Weg zu finden, das in einer Welt zum Ausdruck zu bringen, die oft ihre Wahrnehmungen trivialisiert oder zur Sensation erklärt. Sie erkennt auch Macht, wo immer sie ihr begegnet, und geht nicht naiv davon aus, daß jede Macht etwas Schlechtes ist; sie berücksichtigt ihren Sinn, um sie zu bewerten.

Skorpion beherrscht die Chirurgie, das Messer, das heilt, wenn es zum richtigen Zeitpunkt auf die richtige Art eingesetzt wird. Die Skorpionpersönlichkeit weiß, daß Macht dafür gebraucht werden kann, zu schaden oder zu verletzen, und betrachtet daher die Motivation jener, die mit Macht umgehen, genauer. Ihre eigene Intensität dient als Licht, das ihr bei ihren Arbeiten im Hintergrund in jeder Situation, in die sie kommen mag, leuchtet, denn sie liebt es, geheime Dinge zu erkunden. Skorpion ist kein einfaches Zeichen, aber die scheinbare Schwere wird von einem unvergleichlichen Mut begleitet. Während Widder aufgrund eines naturgegebenen Impulses mutig handelt, hat Skorpion eher die überlegene Tapferkeit, um den herausforderndsten Widrigkeiten entgegenzutreten und sie durchzustehen. Die Willensstärke des Skorpions erkennt man im Leben der chinesischen Kaiserin Tzu Hsi und die Entschiedenheit im Leben der Ghanesin Alice Appea, deren Arbeit der Errichtung der Organisation für afrikanische Einheit galt. In der Welt der Literatur hatte die Doppelskorpionin George Eliot den Mut, ein für ihre Zeit sozial gewagtes Leben zu führen, denn sie lebte »in Sünde« mit ihrem Geliebten, gestärkt von ihrer kreativen Fähigkeit und ihrem Willen. Die Dichterin Natalie Barney zeigte eine ähnliche Mißachtung für die Konventionen, indem sie ganz offen als Lesbierin lebte.

Skorpion ist das Zeichen der Ausdauer und der Bestimmtheit, das fixeste der fixen Zeichen, wo es um den inneren Sinn geht, ein Wasserzeichen, das sogar noch ausdauernder ist als die Erdzeichen, wenn sein Wille erst einmal aktiviert ist. Das Wasser des Skorpions ist nicht das wechselnde Meer des Krebses oder der stille, ruhige Teich der Fische, sondern es entspricht mehr dem unterirdischen Fluß, der in einen Abgrund stürzt – gerade und machtvoll. Skorpion hat ein dringendes Bedürfnis danach, die verborgenen Bereiche des Lebens und des Selbst zu erforschen, sich hineinzustürzen. Die Skorpionpersönlichkeit glaubt an ihre Wahrnehmungen und ist kühn genug, sich die Macht zu nehmen, ihre Pläne in die Wirklichkeit umzusetzen. Ihre Willensstärke kann andere mitreißen, so wie ihr Mut. Sie hat das Selbstvertrauen und den Glauben an die Heilung, so daß sie andere zu schmerzlichen Veränderungen bringen kann, wenn sie offen dafür sind. Diese Fähigkeit übt sie entweder durch ihre persönlichen Beziehungen oder in ihrer Arbeit als Therapeutin oder Heilerin aus.

Die dem Tierkreiszeichen ebenfalls zugeordneten anderen Symbole sind die Schlange und der Adler. Die Schlange ist schon seit langer Zeit mit Heilkraft in Verbindung gebracht worden – mit dem Gift, das den Tod, oder, wenn es in genau der richtigen Art angewandt wird, die Heilung bringen kann. Der Adler versinnbildlicht den sich erhebenden Geist der Skorpionpersönlichkeit, der das Gegengewicht darstellt zu dem Bedürfnis, die Tiefen auszuloten. Sie ist sich sehr wohl der Möglichkeit bewußt, wie man das Gute und das Böse polarisieren kann, auch wenn sie nicht die Höhen mit dem Guten und die Tiefen mit dem Bösen gleichsetzt.

Die Reise in die Unterwelt

Die Skorpionin lernt nur aus Erfahrung; Informationen aus zweiter Hand haben für sie keinen Sinn, und daher macht sie oft außerordentliche Erfahrungen mit spirituellen Höhen und Tiefen. Sie hat ein starkes Bedürfnis nach Gefühl: Für sie ist es gefährlicher, nichts zu fühlen als schmerzliche Extreme. Auf diesem Weg hat sie eine Menge traumatischer und stürmischer Beziehungen; sie setzt sich mit dem Verborgenen in der menschlichen Persönlichkeit auseinander; mit dem Mißbrauch von Macht; mit zerstörerischen Verhaltensweisen bei sich und anderen. Manchmal erlebt sie den Tod eines geliebten Menschen oder entkommt selbst nur knapp dem Tod. Während eine andere Person vielleicht gebrochen wäre, wird die Skorpionpersönlichkeit gestärkt, und ihre Weisheit nimmt durch die transformative Kraft des Schmerzes, den sie erlebt hat, zu. Sie weiß, wie man ein Geschenk selbst aus den Klauen des schrecklichsten Monsters entgegennimmt, wie man in die Unterwelt hinuntergeht und dann lebend und regeneriert wieder emporsteigt. Bei den seltenen Gelegenheiten, wo sie von dort nicht zurückkehrt, läßt sie ein Geschenk aus ihren Entdeckungen zurück. Daß Marie Curie das Radium entdeckte, war eine Folge ihrer Skorpionausdauer und Entschlossenheit. Aber schließlich war der Skorpionstich dieser Substanz zuviel für sie.

Die Skorpionpersönlichkeit hat den Mut, tief in ihr eigenes Inneres zu sehen, aber sie tut das, wenn die richtige Zeit dafür gekommen ist. Sie läßt sich von niemandem drängen und will nicht dort hingeschleift werden. Sie hat einen Instinkt dafür, was sie erforschen soll und wann. Aus diesem Grund kann sie eine hervorragende Psychotherapeutin sein, denn ein Teil der Fähigkeit, anderen beim Sprung in das Unterbewußte zu helfen, ist zu wissen, wann die richtige Zeit dafür gekommen ist. Aufgrund ihrer Konzentration auf das Intensive, das Schwierige und das Schmerzliche sieht sie manchmal bei anderen Tiefe und Schwere, wo in Wirklichkeit nichts Derartiges ist. Doch ihr Wissen aus den eigenen transformativen Erfahrungen ist von ungeheurem Wert für andere, wenn sie erst einmal gelernt hat, ihre Erfahrungen mitzuteilen, ohne die anderen zu erschrecken oder durcheinanderzubringen. Wenn die Skorpionpersönlichkeit tief in ihr Inneres schaut, findet sie nichts, was besonders böse oder furchterregend wäre; sie ist einfach ihrer eigenen negativen Seite gegenüber ehrlicher als die meisten von uns. Sie kennt ihre Eifersucht, ihr Besitzdenken, ihre Abneigungen und ihren Haß sehr gut. Der Grund dafür ist ihr unwahrscheinlicher Wille; ihre Bedürfnisse sind sehr stark, und deshalb fällt es ihr schwer, loszulassen. Oft ist sie sehr zurückhaltend, denn sie will nicht, daß jeder die negativen Gefühle bemerkt, mit denen sie ringt. Das intensive Gefühl, das Skorpione von ihrer emotionellen Verletzlichkeit haben, macht sie oft den Motiven anderer Menschen gegenüber mißtrauisch. Sie kennen die menschliche Natur von innen her und wissen, wie tief Verletzungen gehen können.

Die Einfachheit erfahren

Die Skorpionpersönlichkeit muß lernen, sich selbst zu vertrauen, und das gelingt ihr, wenn sie ihr Wissen um ihre innere Güte und ihre Fähigkeit, mit allen Herausforderungen zu leben, gebraucht. Wenn sie erst einmal Vertrauen zu diesem verletzlichsten Teil von sich gefunden hat, kann sie sich der Welt öffnen. Vertrauen ist nicht leicht für sie; sie sieht immer die verborgenen Tiefen, aber manchmal sieht sie die Oberfläche nicht. Es kann sein, daß sie die Hilfe eines anderen braucht, um das Offensichtliche zu erkennen und ihm zu vertrauen – einfache Zuneigung und Freude und gute Absichten bei anderen, denn ihr eigener Schmerz macht diese Empfindungen vielleicht für sie unsichtbar. Von dem ihr gegenüberliegenden Zeichen Stier kann die Skorpionpersönlichkeit lernen, diese weniger dramatischen, aber stabilisierenden Aspekte zwischenmenschlicher Beziehungen zu würdigen. Ihr Verdacht, die anderen seien Heuchler und Wichtigtuer, und ihr Bewußtsein von den dunklen Strömungen in ihrem eigenen Selbst verleihen ihr manchmal paranoide Züge.

Um diese Verhaltensmuster zu verändern, muß die Skorpionpersönlichkeit den Wert eines weniger aufregenden und dafür gleichförmigeren Lebens wirklich empfinden. Das ist der eher simple Zugang zum Leben, den Skorpione meistens verachten; sie sehen herab auf jene armen Seelen, die einen so langweiligen Weg gehen. Aber solange sie nicht Respekt für jene empfinden, die nicht durch beständige Krisen der Zerstörung und Regeneration leben, schließen sie sich selbst aus. Sie bleiben zurück mit einem Gefühl, am Rande zu stehen oder für den Rest der Welt zu intensiv oder zu extrem zu sein. Und wenn sie diese Distanz spüren, werden andere dieses Gefühl aufgreifen und die furchtbarsten und unannehmbarsten Empfindungen aus ihrem eigenen Selbst auf sie projizieren.

Die Skorpionpersönlichkeit in der Gesellschaft

Jetzt, am Ende des zwanzigsten Jahrhunderts, ist der Weg für sie besonders schwer. Genauso wie es hieß, Hades oder Pluto (der Planet, der den Skorpion beherrscht) habe Persephone geraubt und vergewaltigt, als sie mit ihren Freundinnen über eine Blumenwiese ging, so fühlen sich Frauen der heutigen Zeit oft vergewaltigt durch ihre Erfahrungen von den Mysterien des Skorpions. Geburten finden nicht mehr in dunklen Räumen in der Gegenwart weiser Frauen statt, sondern unter dem grellen Licht der Technologie. Sexualität wird für den Profit der Pornographen zur Sache erklärt und trivialisiert, und der Tod und die Sterbenden werden aus dem Bereich der Erfahrung der meisten Menschen der Gesellschaft entfernt. Es ist eine Situation von großem Ungleichgewicht, und das fühlen Skorpionpersönlichkeiten in ihrem Unbewußten. Sie wollen das Geheimnis wieder zurückhaben, wollen die Nacht für sich, wollen dem Verborgenen und dem Heiligen in der menschlichen Erfahrung wieder Respekt verschaffen. Sie könnten sich zum Beispiel damit beschäftigen, die Situation bei Geburten zu verändern, so daß sie nicht mehr nur physisch sicher sind, sondern auch sicher für die Psyche von Mutter und Kind. Vielleicht arbeiten sie auch dafür, die Aufmerksamkeit auf die Gefahren der Pornographie zu lenken oder Räume zu schaffen, wo diejenigen sich erholen und heilen können, die Opfer von Vergewaltigung oder Inzest waren. Vielleicht kümmern sie sich auch um Sterbende oder Trauernde und versuchen, die Erfahrung des Todes wieder in die Gesellschaft als Ganzes zurückzutragen. Ein anderer Skorpionweg führt in und durch den Wahnsinn, und die Skorpionpersönlichkeit beschäftigt sich daher vielleicht mit den geistig Behinderten oder Kranken. Aber sie muß sich auch vorsehen, daß sie sich nicht zu sehr in die schwierigen Bereiche der menschlichen Erfahrung vertieft; sie muß Sorge tragen, daß sie bei dem Schwerkranken ebensosehr den Lebensimpuls unterstützt wie den Todesvorgang – daß sie sich genauso für die Gesundheit interessiert wie für die Krankheit.

Die populäre Astrologie erklärt in ihren Kolumnen gewöhnlich nichts über die Tiefen der Macht und der Weisheit, die in diesem Zeichen liegen. Es heißt nur, Skorpione seien geheimnisvoll und sexy, von großer Intensität, nichts wird aber gesagt über die Bedeutung des Geheimnisses, der Sexualität und der Intensität für ihre menschliche Erfahrung. Der Sinn hinter der Sexualität, hinter Leben und Tod, kann uns durcheinanderbringen und ängstigen. Dunkelheit und Tiefe werden irrtümlich mit dem Bösen gleichgesetzt, und ein Skorpion findet sich inmitten all dieser Ängste in einer Gesellschaft, die sowohl das Unbewußte als auch das Erhabene verdrängt.

Die Skorpionpersönlichkeit kann auf diese Situation reagieren, indem sie ihr natürliches Bedürfnis nach Macht auslebt, vielleicht sogar ihren Wunsch, andere zu beherrschen. Sie kann Gebrauch machen von der Macht, die andere an sie abgeben, von dem Charisma und der Anziehungskraft, die sie bekommen hat, weil das Geheimnisvolle und die »dunklen Kräfte«, die die Menschen fürchten, auf sie projiziert worden sind. Das ist oft die Überlebenstechnik der Skorpione, aber ihre Einsamkeit wird dadurch verstärkt. Wenn ihre Freunde zuviel Respekt für sie haben, tauschen sie oft Freundschaft gegen Macht oder Status und fühlen sich dann sehr leer durch diese Veränderung.

Skorpione laufen besonders dann Gefahr, in dieser Falle gefangen zu werden, wenn sie es vermeiden, in ihre eigenen Tiefen zu sehen. Was sie nicht anerkennen, scheint anderen gegenüber nach Anerkennung zu schreien. Ihre intensivsten Gefühle, so negativ auch immer sie aussehen mögen, sind die Grundlage für jede Transformation. Die Schlange ist nicht nur bekannt für ihr Gift, sondern auch für die Fähigkeit, ihre alte Haut abzustreifen und aus dem Vorgang mit neuer Haut hervorzugehen, die noch Raum für Wachstum bietet. Dieser Prozeß der Regeneration und Transformation ist die große Stärke der Skorpionpersönlichkeit. Wenn sie an ihrem »Gift« festhält, macht sie sich vielleicht selbst mit ihrer Macht krank, es wird ihr übel vor Bitterkeit, oder sie vergiftet sich dadurch, daß sie sich selbst haßt. Oft hält sie noch an Gefühlen fest, wenn sie schon lange nicht mehr brauchbar sind für ihren Wachstumsprozeß. Ihr Wunsch nach Gerechtigkeit und Ausgleich für Verletzungen ist nachtragend wie aus uralten Zeiten, bis sie sich, wie der Adler, hoch über ihren Schmerz erhebt. Am wichtigsten ist dabei, daß sie erkennt, wie sehr sie selbst für ihre Verletzung mitverantwortlich ist und dafür, wie sie sich am Schmerz festhält und Wunden dazu gebraucht, voranzukommen. Indem sie die Verantwortung für ihren eigenen Anteil daran übernimmt, beginnt ihre Transformation. Wie schlecht auch immer sich die Skorpionpersönlichkeit in sich fühlen mag, ihre nächste Haut wartet schon darauf, die Rolle der alten, abgenutzten zu übernehmen. Sie muß nur die alten Verhaltensmuster abstreifen.

Trotz ihrer Intensität hat die Skorpionpersönlichkeit oft den Anschein, als sei sie sehr ruhig und unwahrscheinlich beherrscht. Diese Ruhe ist vielleicht einer ihrer größten Vorzüge. Wenn sie aber noch nicht ihren inneren Frieden gefunden hat, ist ihre Ruhe vielleicht nur die eines schlafenden Vulkans, der den irreführenden Eindruck erweckt, die Vulkangöttin Pele sei nicht da, während sie nur schläft. Ihre wahre und innere Ruhe steht ihr in Krisen bei, denn sie hat keine Angst davor, die Herrschaft zu übernehmen und Anführerin oder Heilerin zu werden. Wenn sie sich ihrer eigenen inneren Stärke sicherer wird, kann die Skorpionpersönlichkeit sich auch von dem Bedürfnis trennen, zu manipulieren oder jede Situation unter Kontrolle haben zu wollen. Während ihr Glaube an die eigene Transformation wächst, wird sie sicherer, daß sie es schaffen wird, ihre Verletzlichkeit zu schützen, ohne mit ihrem Skorpionschwanz um sich zu schlagen. Ihr starkes Gefühl für Sinn und Willen kann sie durch ihren Stolz und ihre Hartnäckigkeit hindurchführen.

Die Wirkung einer Skorpionpersönlichkeit auf andere kann fesselnd sein. Bei Bette Davis und Edith Piaf sehen wir die anziehende Wirkung des Skorpionaszendenten; das Publikum wird gefesselt vom Blick des Skorpions, der die Menschen an die Tiefen erinnert, in die sie sich nicht hineinzustürzen wagen.

In Beziehungen fordert und erwartet die Skorpionpersönlichkeit eine Menge. Sie ist sehr empfindsam und findet sofort einen innigen Zugang zu anderen. Sie kann plötzliche und heftige Liebe und Haß empfinden, die vielleicht aus dem Wissen herrühren, das sie unbewußt mit der natürlichen psychischen Fähigkeit des Wasserzeichens erworben hat. Sie sehnt sich nach einer innigen, transformativen und dauernden Einheit mit einem anderen Menschen, in der die Sexualität die tieferen Geheimnisse ihrer Verbindung zum Ausdruck bringen wird. Wenn sie eine solche Beziehung findet, schätzt sie sie sehr hoch ein und kämpft energisch darum. Eifersucht ist so lange ein Problem, wie sie anderen noch mißtraut, und sie empfindet sich als der Gnade ihrer eigenen tiefen Sehnsucht nach Liebe und sexuellem Ausdruck ausgeliefert. Das treue Wesen der Skorpionpersönlichkeit geht einher mit einer unwahrscheinlichen Angst davor, betrogen zu werden, dabei macht sie den Betrug dadurch wahrscheinlicher, daß sie sich so mißtrauisch und paranoid verhält. Sie wird schockiert durch die zufälligen Verletzungen, die sie Menschen in ihrer Umgebung jenen zufügen sieht, die sie lieben. Skorpione verletzen vielleicht andere, aber nicht zufällig. Für sie ist Sexualität ein großes Mysterium, und sexuelle Beziehungen sind heilig. Trotz ihrer Leidenschaftlichkeit sind sie oft zurückhaltend, weil sie fürchten, den anderen mit ihrer Intensität zu überrumpeln oder ihre Verletzlichkeit zu früh erkennbar werden zu lassen. Vielleicht wählen sie auch manchmal das Zölibat und den Weg der Spiritualität, weil es der weniger bedrohliche Weg ist, die Intensität zu erfahren, nach der sie sich sehen.

Die Leidenschaft der Skorpionpersönlichkeit kann sich ebenso für eine Sache oder einen Glauben äußern wie für einen Menschen oder für das Unendliche. Trotz ihrer Tendenz, in die höchsten Höhen zu rauschen und sich in die tiefsten Tiefen zu stürzen, weiß sie doch, daß diese scheinbaren Gegensätze eine Illusion sind. Sie glaubt nicht wirklich an die Trennung zwischen Sexualität und Spiritualität – für sie bleibt sexuelle Erfahrung die transformative Kraft von Religion, während spirituelle Erfahrung die Intensität der Lust und die Hingabe des Liebesaktes hat.

Es ist für die Skorpionpersönlichkeit nicht immer einfach, ihre Rolle anzunehmen, und die Skorpionnatur kann sich anfühlen wie eine schwere Last. In Statuen der ägyptischen Göttin Selket sehen wir, wie sie ihre Hände zum Himmel erhoben hat, frei von jeder Last. Wenn die Skorpionin ihre Art erst einmal angenommen hat, kann sie ihre Macht spüren – als Heilerin, als Wandlerin durch die Nacht, als Beobachterin des Unbekannten und als diejenige, die hinuntersteigt in die Tiefe und zurückkehrt als Führerin zur Transformation.

Schütze

Symbolfigur: der Zentaur
Der Weg des Erforschens
Zugang zum Leben durch bewegliches Feuer:
*expansiv, philosophisch, weise, optimistisch,
unabhängig, suchend*
Beherrschender Planet: Jupiter

Hintergrund des Zeichens

Der Mythos der Zentauren kommt aus Indien und aus der Ägäis, wo man glaubte, halb menschliche, halb pferdähnliche Geschöpfe würden bei Hochzeiten die Braut rauben. Sie scheinen die Freiheit des Geistes repräsentiert zu haben, die Frauen ungern durch Heirat aufgaben. Man glaubte, Zentauren seien große Zauberer und hervorragende Heiler. Der berühmteste war Chiron, der sanfte und weise König der Zentauren, der eine unheilbare Wunde empfing, als er einen anderen heilte, und der so zum »verwundeten Heiler« wurde. Er war auch ein berühmter Lehrer, und viele griechische Helden waren seine Schüler. Heute scheint mehr seine Rolle als Lehrer für das Tierkreiszeichen Schütze von Bedeutung. Die Weisheit der Zentauren ergab sich aus der Tatsache, daß sie zwei Bereiche kannten: den menschlichen und den tierischen. Nur das Tierkreiszeichen Schütze hat diese Breite der Perspektive. Da Zentauren halb Mensch, halb Pferd waren, glaubten die Menschen, sie seien Kinder der Göttin in menschlicher Gestalt mit ihrem Gefährten in der Gestalt eines Hengstes, denn in Indien wurde früher jedes Jahr eine rituelle Hochzeit zwischen den beiden zelebriert. Auch das Pferd galt im gesamten Altertum als Manifestation der Großen Göttin. In Kreta war sie bekannt als die weiße Stute Leukippe und in Indien als Saranyu, die Stuten-Mutter.

Bei den Kelten hieß die weiße Stute Epona, und ihr großes Bild ist in Uffington in England in einen Hügelabhang aus Kalk eingegraben. Die Kultur der Stutengöttin wurde von den Amazonen am Ufer des Schwarzen Meers aufrechterhalten. Sie sollen die ersten gewesen sein, die Pferde zähmten, und eine Amazone war mit ihrem Roß so sehr im Einklang, daß die beiden sich wie ein Wesen zu bewegen schienen. Die Sternenkonstellation Schütze wurde manchmal auch als Bogen dargestellt (in China) und als Pferd (in Indien). Sie war auch als Stern der Diana bekannt, zu Ehren der Jägerin Artemis/Diana, die die Mondgöttin der Amazonen war.

Schützen besitzen die Liebe der Amazonen für freien Raum; sie brauchen Raum, um sich zu bewegen, und freie Fläche, um hindurchzugaloppieren. Sie lieben Sport und leben gern außerhalb der Stadt oder gehen oft aus der Stadt, um das umliegende Land zu erkunden. Sie hassen es, eingesperrt zu sein, denn ihre Gedanken brauchen viel Raum, ihr Geist muß frei sein, und ihr Blick benötigt eine breite Perspektive, damit sie zufrieden sind.

Die Erforscherin der Wildnis

Die Schützepersönlichkeit sucht immer nach etwas, das größer ist als sie – sie möchte reisen, um einen größeren Horizont zu bekommen und um ihre Weltanschauung mit der anderer Völker zu konfrontieren. Mit natürlicher Philosophie schüttelt sie Schwierigkeiten ab, denen sie begegnet, und ist beweglich und anpassungsfähig, hat einen offenen Verstand und nimmt es mit der Wahrheit sehr genau. Sie möchte immer noch über den nächsten Hügel hinwegsehen, besonders wenn sie glaubt, daß sie von dort aus einen besseren Überblick hat. Anstatt sich für die Einzelheiten zu interessieren wie Zwillinge und Jungfrau, will sie alles »mit Perspektive« sehen. Obwohl sie es liebt, das kulturelle Klima eines fremden Landes in sich aufzunehmen, behält sie doch immer das Gefühl dafür, wie sich diese Kultur zu anderen verhält. Sie hat Erinnerungen aus der Vergangenheit, aus der sie kam, und einen Sinn für die Zukunft, in die sie gehen wird. Wie bei allen Feuerzeichen fängt ihr Enthusiasmus innerhalb von Augenblicken Feuer, aber die Schützin kann immer zu ihrer breiteren Perspektive zurückkehren. Dieses Bewußtsein macht es ihr möglich, über ihre Reisen zu schreiben; damit macht sie ihre Wahrnehmungen nachvollziehbar für die Menschen in ihrer Heimat, wie zum Beispiel bei den Schützinnen Dervla Murphy und Margaret Mead.

Schützen leben oft in ihnen fremden Ländern und gebrauchen den Standpunkt der anderen Kultur, um ihren eigenen Hintergrund zu überdenken, damit sie mehr den Wald als die Bäume sehen. Die kanadische Künstlerin Emily Carr lebte in einem Urwald mit zahmen Tieren und in Kontakt mit eingeborenen Völkern. Ihre Bilder spiegeln ihre sehr schützenhafte Beziehung zur Wildnis. Schützen lieben riesige Schluchten, Wasserfälle, majestätische Gebäude und symphonische Musik, alles, was Natur oder Menschheit geschaffen haben, das durch seine Tiefe, Breite oder Höhe Bewunderung erweckt. Diese Bewunderung, die die Schützepersönlichkeit der wilden Natur entgegenbringt, führt dazu, daß sie Verständnis für Spiritualität und Religion hat; diese Suche nach etwas, das größer ist als das Selbst, wird auch erkennbar in der Lyrik der Schützinnen Emily Dickinson und Christina Rossetti. Die Schützepersönlichkeit ist manchmal zutiefst unzufrieden mit den bestehenden Religionen, die sie kennt, aber sie hat einen Sinn für die Verehrung und wendet sich damit der Natur zu oder befaßt sich mit abstrakten Vorstellungen, die ihr zusagen. Sie liebt es, nach den Sternen zu sehen und sich vorzustellen, wie weit entfernt sie sind, oder mit Ideen von Unendlichkeit und Relativität zu ringen.

Die Philosophin

Die Schützepersönlichkeit braucht immer ein Ziel, das sie anstreben kann, denn ihr Geist ist wie der Pfeil, der von einem Bogen fliegt – wenn er ziellos abgeschossen wird, kann er verlorengehen. Mit einer Philosophie, an die sie glauben kann, wird ihr Tierkreiszeichen zum optimistischsten aller Zeichen. In einer Glaubenskrise kann es sein, daß sie pessimistisch und depressiv wird, und doch wird sie früher oder später einen neuen Glauben oder einen neuen Inhalt finden, denn die Schützin glaubt fest, und ihr natürlicher Optimismus stellt sich von allein wieder her. Zu manchen Zeiten kann sie die Begeisterung und die Unbeweglichkeit einer frisch Bekehrten annehmen. Sie kann in ihrer Philosophie, ihrer Politik oder in ihrem spirituellen Leben fanatisch und begeistert werden, vielleicht sogar rechthaberisch oder moralistisch. Wenn sie jedoch ihre Beweglichkeit zurückgewinnt, erkennt sie sofort die Notwendigkeit, das Selbst in die Gesellschaft zu integrieren. Für sich wünscht sie eine sozial nützliche Funktion und nimmt sie oft auch als Anwältin oder Schiedsrichterin ein. Sie versteht sich besonders gut auf den Ablauf von Streitigkeiten, und viele Schützinnen sind gute Juristinnen. Auch als Politikerin sind sie in ihrem Element, denn sie haben Freude an Debatten und besitzen die Weitläufigkeit des Geistes und das Selbstvertrauen, ihre Vorstellungen kraftvoll und mit Witz vorzutragen. Wie das entgegengesetzte Zeichen Zwillinge besitzen Schützen natürliche Intuition, die sie einsetzen, wenn sie in der Öffentlichkeit sprechen. Sie können bei voller Geschwindigkeit einen neuen Kurs einschlagen, um sich den Bedürfnissen anzupassen, die sie spüren. Die Schützin beschäftigt sich mit der etablierten Ordnung in der Gesellschaft, ist aber nicht automatisch konservativ. Die Schützepersönlichkeit glaubt eher an den korrekten Ablauf von Gesetz und Regierung als die ebenfalls politisch interessierte Wassermannpersönlichkeit.

Sie identifiziert sich mit der Gesellschaft als Ganzem in ihren Bemühungen, ethisch akzeptable und friedliche Lösungen für die politischen Probleme zu finden, die sie sieht.

Der Archetypus hinter der Schützepersönlichkeit ist die weise Lehrerin, die absolut gerechte Richterin, die spirituelle Anführerin oder Philosophin. Sie arbeitet in der Tradition von Deborah und den anderen »Müttern Israels«, die als »Richterinnen«, das bedeutet *weise Regentinnen*, bekannt waren. Aus dem alten Griechenland gibt es nur noch wenige Spuren von den vielen Philosophinnen, wie zum Beispiel die Lehrerin des Sokrates, Diotima; aber die Tradition der weiblichen Weisheit blieb bestehen. Die Gnostiker in den ersten Jahrhunderten der christlichen Ära beschrieben Weisheit als die weibliche Gottheit Sophia, die später von den Alchimisten Mitteleuropas angerufen wurde. Die Tradition von der weisen Frau als Richterin und Lehrerin gibt es auf der ganzen Welt, und bis zum heutigen Tag nehmen Frauen in manchen Stammeskulturen diese Rollen ein. Wie die weise Frau, der das Wohlergehen der ganzen Gemeinschaft am Herzen liegt, suchen Schützen immer nach einem Weg, jedes Wissen, das sie erlangen, in ein größeres Ganzes einzuordnen, womit sie sich in immer umfassendere Zusammenhänge der Einheit begeben. Vom Standpunkt der Gemeinde aus betrachten sie die Nation, und manche Schützen bleiben möglicherweise in dieser Position hängen, denn ihr Hang zur Größe läßt sie oft einem sentimentalen Patriotismus anhängen. Aber die philosophische und ethische Perspektive des Schützen kann auch weiterführen zu einer internationalen und damit der größten denkbaren Vorstellung von Ganzheit.

Die Schützepersönlichkeit bringt den Drang zur Einheit auf viele Arten zum Ausdruck – zum Beispiel auch durch Beschäftigung mit Sachgebieten, die eine große und Vergleiche zulassende Breite besitzen, wie zum Beispiel Philosophie, Literatur, Religionswissenschaften und Ideengeschichte. Die Schützepersönlichkeit kann ihren Ausdruck in Reisen oder in politischen oder sozialen Aufgaben, an die sie glaubt, finden. Die moderne Schützin wird von der Wachstumsbewegung angezogen (denn der beherrschende Planet Jupiter hat mit Wachstum zu tun), und die Vorstellung persönlichen Wachstums liefert ihr ein Vorbild für die Möglichkeit der Gesellschaft.

Die Schützepersönlichkeit braucht ein Ventil für ihre Ideen, weil sie so viel über die Gesellschaft und den Zustand der Welt nachdenkt. Es kann sein, daß sie schreiben kann, sie könnte aber genausogut Lehrerin sein oder jemand, der bei den Diskussionen anderer vermittelt. Obwohl sie feurig und enthusiastisch ist (und nie schwerfällig), besitzt sie doch die

Fähigkeit, den Ablauf der ganzen Unterrichtsstunde oder Debatte im Auge zu behalten. Dadurch hat sie eine große Begabung als Leiterin für Gruppenarbeiten und kann vielleicht andere Menschen freier machen, damit sie sich mehr einbringen können, während sie den Überblick über das Ganze behält. Sie hat die Fähigkeit, die grundlegenden Themen jeder Debatte oder Diskussion zu erkennen und sie zu ihrem logischen Schluß hin zu entwickeln. Sie schießt den Pfeil des Schützen in das Zentrum der Angelegenheit. Wenn sie ihre Standpunkte darlegt, hören ihr die Menschen ernsthaft zu. Manchmal kann es jedoch vorkommen, daß die Schützepersönlichkeit sich so sehr in den philosophischen Spitzfindigkeiten eines Themas verliert, daß sie den Blick auf die praktische Wirklichkeit verliert, die nach sofortigem Handeln verlangt.

Sinn

Das Gewicht, das Schützen auf Wachstum, Streben, Sinn und Bedeutung legen, bringt sie manchmal in Gefahr, großspurig zu werden. Sie beeindrucken Menschen, und wenn es ihnen gelingt, kann es sein, daß sie sich zum Guru hochstilisieren. Solange kein Kind plötzlich von der Unsichtbarkeit des Kaisers neuer Kleider spricht, gelingt es der Schützepersönlichkeit oft, sich mit bewundernden Suchenden und Schülern zu umgeben. Aber wenn sie zu weit geht, macht sie sich lächerlich, und ihre Ideen wirken plötzlich großtuerisch oder sogar abgedroschen. Wenn sie feststellt, daß sogar ihr Optimismus und ihre Begeisterung ihrem Publikum zuviel sind, ist der Moment gekommen, vom gegenüberliegenden Zeichen Zwillinge zu lernen, wie man etwas mit Leichtigkeit angeht, wie man etwas geschickt vorschlägt und nicht schwerfällig versucht, die größte Menge an Bedeutung aus der kleinsten Sache herauszuholen.

Wenn sie schon lange Lehrerin war, ist es sinnvoll für sie, jemanden zu finden, von dem sie lernen und so ihr Gefühl für Verhältnisse wiederherstellen kann. Normalerweise ist es möglich, Schützen mit Lachen aus ihrer Überschätzung zu holen, denn sie haben Humor und Freude am Kontakt mit den Menschen in ihrer Umgebung.

Die Optimistin

Gewöhnlich kommen Schützen gut mit Menschen zurecht; ihre Leichtigkeit im gesellschaftlichen Umgang und ihre Frohnatur lassen andere sich wohl fühlen. Die Schützepersönlichkeit kann ein kluger Kopf sein und die Ironien und Kontraste des Lebens vergnüglich finden, wobei sie immer sicher ist, daß sich ein Weg auftun wird, und sie wird damit einen willkommenen, erfrischenden Einfluß auf ihre weniger unternehmungslustigen Freunde haben. Ihre Begeisterung ist die Bewegkraft vieler Dinge, und sie glaubt an sie alle – so kann sie auf einer weltlichen Ebene eine hervorragende Händlerin sein, die nie absichtlich die Käufer täuscht, weil sie immer Vertrauen in die Dinge hat, die sie verkauft. Oft ist ihre Begeisterung verbal und nicht von Handlung begleitet, manchmal wendet sie sich einem neuen Projekt zu, wenn das alte anfängt, harte Arbeit zu bedeuten.

Schützen neigen dazu, viele Versprechungen zu machen, und oft führt ihr Bedürfnis, dabeizusein, nur dazu, daß andere enttäuscht werden. Sie müssen sich realistisch vor Augen führen, wieviel Zeit sie für jedes Projekt haben, bevor sie ihre Phantasie mit sich durchgehen lassen. Doch ohne das Gefühl, wirklich etwas Sinnvolles zu tun, können sie sich in Wunschträumen und belanglosen Begegnungen verschwenden. Dann sind sie mit den »richtigen« Leuten zusammen, warten auf eine günstige Gelegenheit, und schließlich erwähnen sie die »richtigen Namen« (denn sie können manchmal Snobs sein). Wenn die Schützepersönlichkeit nicht psychisch oder spirituell wachsen kann, dann wächst sie körperlich – indem sie zuviel ißt. Sie hat einen Hang zum Exzeß: zu Parties, Alkohol und Drogen. Eine ganze Anzahl von Schützephantasien ist unter dem Einfluß von Alkohol oder Haschisch entstanden und dann in der harten Wirklichkeit der »realen Welt« wieder eingestürzt.

Es kann sein, daß sich die Schützepersönlichkeit darauf verlegt, große finanzielle Pläne und »ein gutes Leben«, wie es der Reichtum mit sich bringt, anstreben zu wollen. Ohne eine sinnvolle Philosophie, die ihren Gebrauch materieller Dinge lenkt, kann sie einem hektischen und hedonistischen Lebensstil verfallen, hinter dem tiefe Desillusionierung und Zynismus liegen.

Die aus sich herausgehende Schützenatur ist großzügig und verteilt gern ihr Glück um sich herum. Der Schützeoptimismus kommt am wenigsten sinnvoll aber auch in der Spielerin zum Ausdruck, die immer glaubt, daß sie jetzt gleich Glück hat, daß das nächste Pferd *wirklich* das richtige ist(denn die Stuten-Göttin hat immer noch ihre Anhänger). Die

Schützepersönlichkeit hat auch oft Glück, vielleicht weil sie scharfsinnig genug ist, die Gelegenheit wahrzunehmen, wenn sie gekommen ist, und weil sie immer bereit ist, zu glauben und schnell zu reagieren.

Der Enthusiasmus der Schützen kann zu angeberisch sein; wenn es ihnen gutgeht, neigen sie dazu, die Reaktionen der anderen Menschen nicht zu beachten, und treten ihnen dadurch leicht auf die Füße. Da sie die Ehrlichkeit lieben, können sie taktlos sein und dann mit ihrem grenzenlosen Optimismus glauben, sie könnten das alles später wieder gutmachen. Sie haben viel Charme, sollten sich auf diese Tugend aber nicht verlassen, sonst könnten sie ein paar böse Überraschungen erleben.

Freiheit und Wachstum

Die Schützepersönlichkeit ist auf sehr gutmütige Art gern mit anderen Menschen zusammen. Die Freiheit der größeren sozialen Gruppe vermittelt ihr ein Gefühl von Sicherheit, das ihr oft in einer Zweierbeziehung fehlt, in der sie leicht durch das Gefühl beherrscht wird, sie sei angebunden. In ihrer engsten Beziehung kann sie unter der zwanghaften Vorstellung leiden, der andere versuche, sie einzuengen, selbst wenn es sich dabei nur um ihre Phantasie handelt. Sie fühlt sich eingeschränkt durch ihre eigenen Bedürfnisse nach Liebe, und sie hat das ziemlich unrealistische Ziel völliger Unabhängigkeit. Wenn sie eine enge Beziehung wünscht, kann sie daraus das Gefühl entwickeln, sie habe versagt, und es kann sein, daß sie lange braucht, um zu verstehen, daß ihre Gefühlsbedürfnisse genauso wichtig sind wie ihre Bedürfnisse nach Raum und Freiheit.

Sie braucht allerdings unbedingt genügend geistigen und gefühlsmäßigen Raum, um ihr Gefühl von sich im Verhältnis zum Universum zu erhalten und zu entwickeln. Wenn sie immer nur in die Sterne in den Augen ihres Geliebten sieht, hat sie keine Zeit, die Sterne am Himmel zu betrachten, und dann leidet sie an ihrer großen Sehnsucht nach Grenzenlosigkeit und Unendlichkeit. Wenn sie genug Raum für dieses Gefühl von Unendlichkeit hat, ist sie eine phantasievolle Geliebte und es ist aufregend, in ihrer Nähe zu sein, oft ist sie auch eine wiederbelebende Kraft im Leben ihres Partners. Ihr Optimismus und ihr Enthusiasmus sind unterstützende und heilende Eigenschaften. In der Sexualität ist sie leidenschaftlich und energievoll, und wenn sie die Liebe entdeckt, stellt sie fest, daß sie nicht nur ein aufregender Sport, sondern vielmehr auch ein Teilen von Ideen und Vorstellungen ist.

Die Schützepersönlichkeit hat eine romantische Vorstellung vom Leben und glaubt oft, daß, wenn sie nur weit genug reist, sie auch den idealen Geliebten oder Lehrer finden wird. Diese Romantik kann im täglichen Leben zu einer Form von Eskapismus werden, denn die Schützesuchende versäumt es dabei, die Beziehungen richtig zu würdigen, die sie schon gefunden hat. Wie die Kinder in Maeterlincks *Blue Bird* folgt sie dem blauen Vogel des Glücks über die ganze Welt und findet schließlich heraus, daß er in ihrem eigenen Garten nistet.[7] Schließlich entdeckt sie immer mehr, wie wertvoll Verbindlichkeit in Beziehungen ist. Wenn sie eine gewisse Reife erlangt hat, projiziert sie ihre Abhängigkeit nicht mehr auf ihren Partner und fängt an, ihr eigenes Liebesbedürfnis zu akzeptieren. Wenn sie eine Beziehung eingeht, die ihrer philosophischen Denkweise entgegenkommt (die ein Gefühl von Freiheit und gegenseitigem Respekt einschließt, das jedem der Partner seine oder ihre eigene Würde zugesteht), dann ist die Schützepersönlichkeit frei, aber doch gebunden. Das volle Schützepotential kann sich erst entwickeln, wenn sie ein solches Verständnis von Gebundenheit erreicht hat, ob sie nun in einer Beziehung, einer Philosophie oder einem Glauben zum Ausdruck kommt.

Wenn sie erst von der beständigen Suche und dem Streben ihrer frühen Jahre losgekommen ist, entwickelt die Schützepersönlichkeit das Bewußtsein ihres Selbst im Zusammenhang mit der ganzen Schöpfung. Mit mehr Bewußtsein als dem »Ich bin« des Widders sagen Schützen »Ich weiß, daß ich bin« oder »Ich entdecke mich«. Ihre größte Entdeckung ist ihr Gewissen, ein Wort, das etwas mit »wissen um« zu tun hat und das nicht notwendigerweise Schuld oder Angst beinhaltet. In manchen Sprachen wird es mit demselben Wort übersetzt wie »Bewußtsein« und hat die gleiche reflektive Qualität vom Wissen um das Selbst. Eine Schütze-Gottheit ist die iranische Anahita, die Mutter der Weisheit, an deren Tempel in Persepolis eine ewige Flamme brannte und die Worte eingraviert waren: »Ich bin die Bewußtheit deines eigenen Selbst«.

Steinbock

Symbolfigur: die Ziege
Der Weg der Bindung
Zugang zum Leben durch kardinale Erde:
motiviert, verantwortlich, erfahren, bestimmt,
kompetent, sinnlich
Beherrschender Planet: Saturn

Hintergrund des Zeichens

Die Konstellation Steinbock wurde von den Babyloniern entdeckt, die sie als die Fisch-Ziege sahen: Kopf und Vorderbeine einer Ziege und der Schwanz eines Fisches. Dieses Bild gehörte zu ihrer Göttin Ea, der »Antilope des unterirdischen Ozeans«, und die Mythen erzählen von dem Helden oder der Heldin, die aus den Wassern der Ea hervorsteigt und die Künste der Zivilisation mit ans Ufer bringt: Landwirtschaft, Astronomie, Mathematik, Lesen und Schreiben, Architektur und Medizin.

Frühe babylonische Abbildungen zeigen die Ziege, wie sie an den Blättern vom Baum des Lebens knabbert. Auf einem prähistorischen Felsenbild, das scheinbar ein von Priesterinnen zelebriertes Ritual zeigt, ist eine Ziege dargestellt; das Tier wurde lange als heilig betrachtet. Die Griechen berichten, wie Zeus die Ziege Amaltheia an den Himmel versetzte als Belohnung dafür, daß sie ihn nährte, als er ein Säugling war und sich vor seinem zerstörerischen Vater Chronos verbergen mußte. Amaltheia war eine Wunderziege, die auch die Götter selbst mit Bewunderung erfüllte, denn sie war das Symbol einer früheren Ziegengöttin, die die Olympier ersetzten. Zeus' Mutter Rhea wurde mit Ziegen in Verbindung gebracht. Auch mitteleuropäische Legenden erzählen von der Liebesgöttin, die ihrem Geliebten nur mit einem Netz bekleidet und auf einer Ziege reitend begegnete. Die Ziegen waren der keltischen Blodeuwedd heilig, und die aus dem Mittleren Osten stammende, bärtige Göttin Mylitta erschien ebenfalls nackt und auf einer Ziege reitend.

Die Griechen stellten Pan, den großen Gott der wilden, ungezähmten Natur, als mit den Beinen und Hörnern einer Ziege ausgestattet dar. In einer Geschichte wird er in den Ziegen-Fisch wie die babylonische Ea verwandelt. Pan überlebte im mittelalterlichen Europa als der Gott der Hexen und der Gefährte ihrer Göttin.

Die Kirchenväter verwandelten die Figur des Pan in den Teufel, und der gespaltene Huf, einst das Zeichen des Geliebten der Göttin, wurde zum Attribut der Finsternis. Die Freiheit und Unschuld im Leben der Ziegenherden in Bergen und Wäldern wurde vergessen, und damit auch ein Teil des Steinbockcharakters. Mit der Unterwerfung der Natur und dem Verlust der wilden Orte, die Pan beherrschte, ist es für die Steinbockpersönlichkeit schwerer geworden, ihr ganzes Wesen zu entdecken.

Bei den Römern war die Göttin Vesta mit dem Tierkreiszeichen verbunden, sie wachte über Herd und Familientraditionen. Diese Seite des Steinbocks ist besser bekannt geworden. Tradition – nicht notwendigerweise nur die der Familie – ist der Steinbockpersönlichkeit wichtig, und sie hat gern das Gefühl, daß ein langes Erbe an Weisheit aus der Vergangenheit auf sie überkommen ist.

Die Baumeisterin und Bergsteigerin

Der wesentlichste Steinbockdrang ist es, Weisheit zu erlangen, von allen Erfahrungen der Vergangenheit zu profitieren und eine Gesellschaft aufzubauen, die funktioniert. Steinböcke verehren die Weisheit, versuchen sie aber nicht um ihrer selbst willen zu erlangen wie Schützen; sie wollen sie angewandt im praktischen Gebrauch sehen: nicht in der Bibliothek, sondern in der Werkstatt. Manchmal arbeiten sie mit ihren Händen als Baumeisterinnen oder Schreinerinnen; manchmal sind ihre Konstruktionen eher metaphorischer Art, aber sie sind immer auf die Wirklichkeit zugeschnitten. Die Steinbockpersönlichkeit arbeitet zum Beispiel, um Organisationen aufzubauen, wie Clara Barton, die das Rote Kreuz gründete, oder um Unternehmen aufzubauen, wie Helena Rubinstein und ihre Konkurrentin Elizabeth Arden. Sie wird weder von harter Arbeit verschreckt, noch hat sie Angst davor, Verantwortung zu übernehmen.

Als kardinales (initiatives) Zeichen, das gleichzeitig die praktische Seite des Elements Erde besitzt, hat Steinbock die Ausdauer, jahrelang für neue Initiativen zu arbeiten. Wie die Ziege kann die Steinbockpersönlichkeit jede Höhe erklimmen. Sie ist ehrgeizig, aber ihr Ehrgeiz dient der Fortentwicklung ihrer Vorstellungen. Sie ist nicht an Macht als solcher interessiert, sondern eher zu dem Zweck, ihre Arbeit effektiver und stärker zur Wirkung kommen zu lassen. Sie braucht einen schwierigen Aufstieg vor Augen, um sich ihres Platzes in der Welt zu versichern.

Steinbock ist ein Erdzeichen und fühlt sich als Teil der Erde. Wenn die Steinbockpersönlichkeit auf Berge klettert, versucht sie nicht, sie zu erobern oder die Natur ihrem Willen untertan zu machen. Je höher sie klettert, desto mehr fühlt sie sich als Teil des Felsens, den sie berührt. Ähnliches passiert, wenn es um eine schwierige Aufgabe geht: Durch metaphorischen Schweiß und Tränen werden sie und ihre Herausforderung eins sein. Auf dem Gipfel des Erfolges verliert sie sich nicht in Euphorie, sondern erinnert sich an jeden Teil ihres Aufstiegs. Sie sucht nicht nach leichten Höhen; für sie ist Schwierigkeit ein wesentlicher Teil des Vorgangs. Wenn sie etwas erreicht hat, was unmöglich erschien, sieht sie sich nach einer neuen Herausforderung um, denn an den Grenzen des Möglichen wird sie erst richtig lebendig, und genau dort lernt sie sich auch selbst kennen. Während Widder die typischen Pioniere sind, unternimmt die Steinbockpersönlichkeit Herausforderungen, die nicht direkt sensationell sind, aber eher dauerhafte Wirkungen haben.

Normalerweise kann sie ziemlich sicher sein, daß sie eine Verantwortung findet, die sie übernehmen kann, irgendein monumentales Projekt. Ihr Unwohlsein ohne ein Vorhaben entsteht teilweise daraus, daß sie nicht genug von ihrem eigenen, inneren Leben weiß, und Inaktivität führt sie näher an das Unbewußte heran. Sie fühlt sich frustriert, wenn sie keine Verantwortung übernehmen kann, denn sie spürt, daß ihr Weg draußen in der Welt liegt, manchmal vor den Augen der Öffentlichkeit. Denn obwohl sie nicht das gleiche Bedürfnis nach Publikum hat wie Löwen, will sie doch entsprechende Anerkennung für die Arbeitskraft, die sie investiert hat. Sie versucht immer auf dem langen Weg und mit der Beharrlichkeit ihrer Phantasie ihre eigene Ausdauer zu prüfen. Sie besitzt eine große Widerstandskraft und kann, wie ein Kamel oder ein Kaktus, unter Umständen überleben, die jeden anderen besiegen würden.

Steinbock beherrscht das Skelett, den Teil des Körpers, der am längsten dem Verfall standhält und der die Stabilität für den ganzen Organismus bestimmt. Die Stärke der Steinbockpersönlichkeit kommt von innen, im Gegensatz zur scheinbaren äußerlichen Stabilität des mit einer harten Schale versehenen Krebses. Sie äußert sich in allen ihren Projekten – ihre Kollegen betrachten sie als das Rückgrat der Gruppe oder Organisation. Ihre Solidarität und Beständigkeit überdauern die enthusiastischen und spontanen Beiträge der Feuer- und Luftzeichen.

Reife

Ihre guten Eigenschaften sind die der Erde: Ausdauer, Widerstandsfähigkeit und Beständigkeit. Das Symbol der gnadenvollen Güte der Erdgöttin ist das Füllhorn, das der Ziege Amaltheia entliehen war, und es wäre unvernünftig, die Gaben zu verschmähen, die herausfallen. Ohne die Reife in der Voraussicht der Steinböcke würde nichts sehr lange anhalten, und die Gesellschaft hätte nichts, auf das sie bauen, keine Vergangenheit, auf die sie sich beziehen könnte. Die Reife der Steinböcke bedeutet in diesem Falle, daß sie schon früh in ihrem Leben einen reifen Kopf auf jungen Schultern tragen. Als kleine Erwachsene haben sie einen Ernst, der ihre Jahre übersteigt und mit dem sie schon Verantwortung in der Familie übernehmen. Oft finden sie es leichter, sich unter Erwachsenen zu bewegen als unter Gleichaltrigen. Viele Steinböcke arbeiten mit alten Menschen, denn sie haben Ehrfurcht vor ihrer Weisheit und Erfahrung, die in den Kulturen des Westens nicht oft vorkommt. Bei nicht industrialisierten Völkern und im Fernen Osten werden die Steinbockwerte viel höher eingeschätzt. In China bedeutet die Vorstellung von der kindlichen Treue und dem Respekt vor den Ahnen und ihrem geistigen Erbe immer, daß ältere Menschen mit derselben Zärtlichkeit verehrt werden, die Menschen aus dem Westen gewöhnlich ihren Kindern entgegenbringen. Dieser zärtliche Zugang zu alten Menschen ist typisch für die Steinbockpersönlichkeit.

Die Verantwortlichkeit, die schon bei kleinen Kindern möglich ist, wird öfter in präindustriellen Gesellschaften erkennbar, wo junge Ziegenhirten den wertvollen Familienbesitz hüten. Und doch kann man sie auch beobachten, wie sie mit ihren Ziegen spielen oder die Panflöte blasen. Das heutige Steinbockkind spielt oft nicht mehr genug und profitiert sehr von Aufenthalten auf dem Land, wo es diese Seite seiner Natur ausleben kann. Kindheit und Erwachsenwerden sind nicht die besten Zeiten der Steinböcke, sie werden zusehends glücklicher, je älter sie werden. Im mittleren Alter sind viele Steinböcke erst in der Lage, sich zu entspannen und sich von ihrem Antrieb, etwas zu erreichen, und ihrem starken Bedürfnis nach Sinn zu lösen, womit sie wieder etwas von der Freiheit der Ziege zurückgewinnen. Viele haben weiterhin Erfolg, sozusagen trotzdem, wie zum Beispiel Billie Jean King, die immer wieder gewann und Steinbock im Aszendenten hat.

Die Rückkehr des Saturn, die im Alter zwischen achtundzwanzig und dreißig Jahren erfolgt, ist für Steinböcke besonders wichtig. Zu dieser Zeit müssen sie wesentlichen Veränderungen und Entscheidungen entgegensehen, denn Saturn, der sie beherrschende Planet, hat den Tierkreis einmal ganz umrundet. Für viele Menschen ist das eine schwierige Zeit, aber Steinböcke haben jetzt das Gefühl, daß ihre Zeit erst richtig beginnt. Normalerweise gehen sie aus dieser Veränderung gestärkt und aufgewertet mit einer klareren Vorstellung von ihrem Lebensweg hervor. Wenn sie diese Gelegenheit verpassen, haben sie beim zweiten Saturnübergang etwa im Alter von achtundfünfzig Jahren wieder eine Gelegenheit, sich zu konsolidieren.

Die Steinbockpersönlichkeit ist nur manchmal die Rebellin, nur selten heftig, und doch kann sie radikale Denkweisen haben. Wie bei Simone de Beauvoir wird das radikale Steinbockpotential vorsichtig, beständig und bedächtig in seiner Politik sein. Sie wägt Ideen vorsichtig gegeneinander ab, und wenn sie einen revolutionären Gedanken faßt, können wir sicher sein, daß der Hintergrund dafür sorgfältig untersucht worden ist. In jeder Sphäre des Lebens ist sie vorsichtig und sorgfältig und hat es eher schwer, dem Glück zu vertrauen.

Vergangene Härten

Aufgrund der Verantwortung, die sie übernimmt, grollt die Steinbockpersönlichkeit oft jenen, die nicht genauso hart gearbeitet haben wie sie, denn ihr fehlt die Lebensfreude der anderen. Ihre von Natur aus ernsthafte Stimmungslage kann in Düsterkeit oder Depression umschlagen, und sie kann von Grund auf pessimistisch sein. Sie hat dann das Gefühl, daß niemand versteht, wie absolut hilflos und undankbar ihr Kampf ist. Trotz all ihrer Betonung der Verantwortlichkeit kann es lange dauern, bis eine Steinbockpersönlichkeit die Verantwortung für ihre eigenen Entscheidungen übernimmt. Wenn sie sich überarbeitet und Vergnügen und Spontaneität zugunsten von Selbstdisziplin und Pflichterfüllung aufgibt, dann war das ihre freie Entscheidung. Sie kann von anderen Toleranz lernen, die sie von vielen ihrer integrierten Regeln befreien wird, mit denen sie sich selbst unterdrückt.

Diese Tendenz zu unnachgiebig harter Arbeit bei Steinböcken entstand nicht aus dem Nichts. In einem sehr frühen Alter haben Steinböcke normalerweise einen enttäuschenden Verlust erfahren, sind dem Widerstreben der Verweigerung begegnet. Es kann sein, daß sie sich auf einer ganz tiefen Ebene abgelehnt und nicht geliebt fühlen, denn dieses Zeichen ist am weitesten entfernt von den nährenden, beschützenden Eigenschaften des Krebses. Sie hatten vielleicht Schwierigkeiten mit ihrer Mutter, oder ihre Familie war durch äußere Umstände nicht wirklich in der Lage, sie so herzlich willkommen zu heißen, wie es jedes Neugeborene braucht. Aber selbst wenn ihre Eltern sie sehr geliebt haben, sind Steinböcke manchmal noch in irgendeiner Weise unsicher. Sie haben den Verdacht, Liebe könnte an Bedingungen geknüpft sein, daß man sie bezahlen muß und daß sie von Wohlverhalten und Erfolg abhängig ist. Oft haben ihre Eltern in ihrer Familie dasselbe erlebt, und das Gefühl von Pflicht wird von Generation zu Generation weitergegeben. Das Bedürfnis der Steinböcke, Erfolg zu haben und sich zu beweisen, ist ein Element ihrer Versuche, mit ihrer grundlegenden Unsicherheit fertig zu werden, für sich selbst die Überzeugung zu gewinnen, daß sie der Liebe wert sind. Eltern, die ihre Kinder erziehen, indem sie besonderes Gewicht auf Schuld und Belohnung legen, verstärken diese Unsicherheit, und Steinböcke mußten oft mit einem strengen Elternteil zurechtkommen, das den Wert von Gefühl und Intuition nicht erkannte.

Dies ist ein sehr alter Schmerz für die Steinbockpersönlichkeit, und es kann sein, daß sie Zeiten der Depression und der Zurückgezogenheit überwinden muß, die sie selbst nicht versteht. Ein Teil des Prozesses der Selbstheilung wird es dann sein, daß sie das ungeliebte Kind in sich entdeckt; dadurch wird sie aus der öden Welt, in der sie lebt, zum Überfluß des Steinbockfüllhorns und der Freiheit der Berge gelangen. Sie glaubt nur deshalb, daß sie es auf der Welt schwer hat, weil das ihre erste Erfahrung war, als sie gelernt hat, was von der Welt zu erwarten ist. Die Vorstellung vom Füllhorn sieht ganz anders aus, denn die Erdmutter überschüttet mit ihren Gaben aus dem Füllhorn diejenigen, die es verdienen, und diejenigen, die es nicht verdienen, genau gleichermaßen.

Saturnalien

In bäuerlichen Gesellschaften hat es immer die Notwendigkeit gegeben, hart zu arbeiten, selbst wenn auch die Vorstellung vom Land, in dem Milch und Honig fließen, vom Land des Überflusses, da war, um die Menschen in schlechten Zeiten zu unterstützen. Fülle konnte nur erreicht werden, wenn die Menschen durch Regeln und Vorschriften gebunden waren – das Saatgut durfte nicht zum Backen von Brot verwendet werden, sonst gab es keine Ernte im kommenden Jahr.

Doch einmal im Jahr, wenn die Sonne im Steinbock stand, feierten die Menschen eine Zeit der Ungebundenheit, *Saturnalien* genannt. Der Geist dieses Festes blieb in Großbritannien in der Tradition der Maskenspiele zur Wintersonne erhalten – eine Gelegenheit für chaotische Vergnügungen. Dieses Element der Steinböcke erkennen wir an ihrem Humor. Sie haben oft eine Art von Selbstironie, die sehr komisch ist, trockenen Humor und eine zynische Art, die Welt zu betrachten. Ihre ironischen Witze gehen davon aus, daß wir ihre Erwartung teilen, daß alles sehr hart kommen wird; sie sind auch in der Lage, wegen ihres Pessimismus über sich selbst zu lachen. Ihr Humor ist der Hebel, den sie gebrauchen können, um sich vor Depression zu bewahren. Da sie einem Erdzeichen angehören, ist es gut möglich, daß sie praktische Scherze machen und Leuten Streiche spielen, wie es Gnomen oder Heinzelmännchen tun. Diese kleinen Wesen, frech, aber hart arbeitend, sind typisch für den Steinbock und trugen traditionsgemäß die dem Steinbock entsprechenden Farben Dunkelgrün und Dunkelbraun. Sie halfen auch im Haushalt, so sagten die Leute vom Land, aber wenn man sie nicht erkannte und im stillen belohnte, verlegten sie sich auf zerstörerische Streiche.

Die Steinbockpersönlichkeit durchbricht ihre ernste Art auch in ihrer Sexualität. Sie empfindet alle ihre fünf Sinne sehr direkt und zelebriert ihren Genuß am Körperlichen mit ihrem Sexualpartner, wie es ein Erdzeichen tut. Pan bedeutete für die Welt der Griechen die Macht des körperlichen Genusses, Sex als Elementarkraft der Natur und Lust in ihrer ursprünglichen Bedeutung als Freude. Wir sehen die lustvolle, Freuden genießende Steinböckin in Janis Joplin, die ein Leben aus lauter Saturnalien zu leben schien, obwohl sie auch die Eigenschaft der hart arbeitenden Ausdauer besaß, die für ihr Sonnenzeichen typisch ist. Die körperliche Art des Zeichens wird auch von Anaïs Nin in ihren erotischen Schriften hervorgehoben, die Steinbocknatur ihres Mondes ist offensichtlich.

Die zur Wintersonnenwende, dem ersten Tag des Steinbock und dem dunkelsten Tag des Jahres in der Nordhemisphäre, angezündeten Lichter erinnern uns an das Feuer der sexuellen Lust oder an den Funken des Humors inmitten der kalten Erde der Pflicht und harten Arbeit. Durch den Ausdruck ihrer Sexualität, normalerweise in einer festen und liebevollen Bindung, gewinnt die Steinbockpersönlichkeit die verlorenen Elemente ihrer Persönlichkeit zurück, die Freiheit der Berge und Wälder. Sie empfängt die Gaben der Zivilisation, ein Erbe, auf das sie aufbauen kann, und ein Gefühl der Verpflichtung jenen gegenüber, die die Welt schon wieder verlassen haben. Diese Gaben behindern vielleicht etwas das spontane Handeln, und indem sie sie annimmt, sollte sie sich an die Bedeutung des Humors und der erdigen Sexualität des Steinbocks erinnern.

Emotionale Beständigkeit

In persönlichen Beziehungen ist die Steinbockpersönlichkeit beschützend denjenigen gegenüber, die sie liebt. Sie möchte alles, was sie selbst erreicht hat, für den Menschen, den sie liebt, einsetzen. Für sie selbst kann es schwer sein, Hilfe anzunehmen, denn sie ist stolz und fürchtet Schwäche und Abhängigkeit. Dennoch braucht sie beständige und geordnete Beziehungen, auf die sie sich verlassen kann. Sie behandelt ihr Gefühlsleben sehr vertraulich und bemüht sich, daß ihre Beziehungen von außen gut aussehen, denn ihre Würde ist leicht zu verletzen.

Ihre Ausdauer bedeutet, daß sie jeder Beziehung eine gute Grundlage gibt, um erfolgreich zu sein. Eine typische, lebenslange Freundschaft bestand zwischen der französischen Malerin Rosa Bonheur und ihrer Freundin Nathalie Micas. Die Bonheur hatte den Mond im Steinbock, und sie erreichte sowohl Reichtum als auch Ruhm während eines langen Lebens als Malerin von Tieren. Ihre Steinbockausdauer zeigt sich in der Tatsache, daß sie jahrelang in Schlachthäusern Tieranatomie studierte und dabei auch nicht gefühlsmäßig abgelenkt wurde von ihrer großen Liebe zu Lebewesen.

Die Weisheit der Erde

Im Steinbock liegt ein Geheimnis, das nicht leicht zu verstehen ist. Es wird dargestellt durch das alte Bild des Einhorns, das ursprünglich eine Ziege war. Es ist interessant, daß die Chinesen dieses Zeichen den Delphin nennen, denn wir wissen nicht, was diese intelligenten Lebewesen denken. Steinbock hat eine tiefe Weisheit, die aus der engen Verbundenheit mit der Erde hervorgeht. Jahrelange Selbstdisziplin machen den Weg zum spirituellen Verständnis bereit. Wenn sich die Steinbockpersönlichkeit in der Welt zurechtgefunden hat, ist es gut möglich, daß sie sich der Spiritualität oder dem Okkulten zuwendet; die Platoniker nannten dieses Zeichen »Tor der Seelen«, durch das die andere Welt zu erreichen war. Die Steinbockpersönlichkeit kommt jedoch immer wieder auf die irdische Ebene zurück; sie glaubt, daß die Erleuchtung einen praktischen Nutzen haben sollte, und gebraucht ihr spirituelles Verständnis, um zu lehren oder zu heilen.

Steinbock, dieses scheinbar konventionellste aller Zeichen, birgt Überraschungen, und obwohl sie widersprüchlich zu sein scheinen, sind sie es nicht wirklich, sondern sind vielmehr ein Teil der dualistischen Natur eines Zeichens, das teils Ziege, teils Fisch ist und zwei Welten umfaßt. Der Fischteil der Steinbockpersönlichkeit ist verborgen, denn gewöhnlich hat sie vergessen, wie sie aus den Wassern des Unbewußten emporgekommen ist. Sie hält sich nicht nur für ein Landlebewesen, sondern sogar für eines, das höher hinaufreicht als jedes andere, ein Gebirgsbewohner auf den Gipfeln des Erfolgs. Sie sieht das ihr gegenüberliegende Zeichen Krebs im Meer der Gefühle und der intuitiven Erfahrung schwimmen, während sie selbst ihr Gefühlsleben an seinem »richtigen« Ort bewahrt. Und doch ist es notwendig, daß sie irgendwann ihre verborgene Seite erkennt und ihre Tiefen erfährt. Wenn sie das getan hat, ist sie wieder freier, den Weg auf den Gipfel weiterzugehen.

Wenn sie ganz oben angekommen ist, schaut sie umher, um alles zu überblicken, was sie auf ihrem Weg aufgebaut und getan hat, und ist zufrieden mit ihrem Erfolg. Sie weiß, daß das, was sie macht, solide und dauerhaft ist, weil sie soviel geduldige Arbeit hineingesteckt hat. Wenn sie diesen Punkt erreicht, wird ihr klar, daß sie auch einen einfacheren Weg hätte gehen können, daß ihre Selbstdisziplin nicht so hart hätte sein müssen und daß sie es sich auch leichter hätte machen können. Und doch hat sie durch ihre Anstrengungen eine weitere und umfassendere Perspektive gewonnen, und sie hat sie wirklich gewonnen, nicht nur als Vorstellung oder Phantasie, wie es andere Zeichen vielleicht getan hätten. Um sie herum wehen die vier Winde, aber unter ihren Füßen spürt sie die feste Erde, die Tausende von Metern hinunterreicht zu ihren Wurzeln.

Wassermann

Symbolfigur: der Wasserträger
Der Weg des Idealismus
Zugang zum Leben durch fixe Luft:
schwärmerisch, prophetisch, revolutionär,
weitreichend, losgelöst, exzentrisch
Beherrschender Planet: Uranus

Hintergrund des Zeichens

Das Zeichen Wassermann ist schon in sehr frühen Zeiten mit einem Wasserkrug in Verbindung gebracht worden. Bei den Sumerern wurde der Krug von der Göttin Gula, die der Heilung und den Geburten vorstand, getragen; ihre Urne der Fruchtbarkeit symbolisierte den schwangeren Schoß. Die ägyptische Göttin Nut wurde dargestellt als Himmel. Milch strömte aus ihren Brüsten und die Wasser aus ihrem Schoß, und die Hieroglyphe für ihren Namen war ein gerundeter Krug. Im Hebräischen ist Wassermann DLY oder Delilah, deren Name »ihr Wasserkrug« bedeutet.

In den frühesten Zeiten wurde das himmlische Wässern immer im Zusammenhang mit weiblicher Sexualität und Fruchtbarkeit gesehen; der akkadische Name für Wassermann war »Sitz der fließenden Wasser«. In späteren Zeiten wurde das Zeichen Wassermann als junger Mann dargestellt – in Ägypten als Hapi, der Nilgott, der die Wässer der Überschwemmung ausgoß, wenn der Mond voll im Wassermann stand. Die griechische Geschichte von Hebe und Ganymed erklärt teilweise die Änderung, mit der sich das Zeichen vom weiblichen Bild wegbewegte. Hebe war die Mundschenkin der Götter und Göttinnen, die sie mit dem Trank der ewigen Jugend erfrischte. Eines Tages rutschte sie aus und fiel, wobei sie ihre Genitalien enthüllte. Möglicherweise war eine solche Enthüllung einst heilig, denn frühere Legenden aus Ägypten und von den Sumerern berichten, wie die Kranken geheilt wurden durch die Macht der heiligen Genitalien der Göttinnen Hathor und Ninhursag. Doch in der griechischen Geschichte war den Göttern die Entblößung der Hebe peinlich. Sie wurde verbannt, und an ihrer Stelle kam Ganymed, der androgyne Knabe und Liebhaber des Zeus.

Die heutige Wassermannpersönlichkeit geniert sich oft, wenn sie mit den Leidenschaften und Gefühlsverwirrungen des menschlichen Lebens konfrontiert wird; die frühen Assoziationen zu diesem Zeichen sind längst vergessen. Aber sie hat eine Verbindung mit dem Prophetischen behalten und weiterentwickelt. Wassermann ist das Zeichen der noch kommenden Zeiten, das wird symbolisiert durch das ungeborene Kind, das in den Wassern des »krug«-ähnlichen Schoßes schwimmt. Der Krug des Wassermanns wird auch in Verbindung gebracht mit dem Kessel der keltischen Göttin Cerridwen; wer einen Schluck daraus trank, bekam unendliches Wissen und die Kraft der Prophezeiung verliehen.

Obwohl Wassermann den Titel »himmlischer Wasserträger« hat, sehen wir ihn jetzt als Luftzeichen, denn Wassermann sitzt in den regenschweren Wolken über dem Strom aus dem Krug. Die Wassermannpersönlichkeit besitzt die Konzentration des Luftzeichens auf Ideen und Ideale, und sie ist eine Träumerin, die in der Welt des Morgen lebt. Überströmend wie der Wasserkrug ist auch ihre Vorstellungskraft (überströmend von Plänen für die Zukunft), und von ihrem Standpunkt in den Wolken aus hat sie eine weite Aussicht, die ihr die ganze Menschheit vor Augen führt. Wie die Waage sehnt sie sich nach einer sozialen Ordnung, die ihre Ideale verwirklicht, und sie hat die feste Überzeugung, daß sie auch erreicht werden können. Sie bezieht ihre Ideen aus ihrem prophetischen Gefühl, Ideen, die ihr nicht nur sagen, daß es so sein sollte, sondern auch, daß es so sein wird. Sie hat die Zukunft gesehen und weiß, daß sie funktioniert. Es kann sein, daß sie von ihren Visionen schreibt, und oft ist sie eine Radikale wie die britische Sozialistin Beatrice Webb oder wie die indische Feministin und Romanautorin Sarojini Naidu, die mit Ghandi arbeitete. Sie kann auch Revolutionärin sein wie Angela Davis, die ein doppelter Wassermann ist. Wenn ihre Stärken auf einem ganz anderen Gebiet liegen, wie bei der Sängerin Leontyne Price (die Mond im Wassermann hat), dann zeigt sie zumindest ihre Treue zu ihrer politischen Einstellung öffentlich.

Wassermannfrauen unterstützen Bewegungen, die Personenkulte vermeiden, und versuchen, die Führung auf mehrere Personen zu verteilen. Sie fühlen sich zum Feminismus hingezogen, weil er progressiv ist und die Gleichheit aller vertritt, und weil die Vorstellung einer Schwesternschaft, die Vorstellung von Verbindung durch gemeinsame Erfahrung, für sie inspirierend ist. Die doppelte Wassermannfrau Germaine Greer ist typisch wegen ihrer ausgesprochenen Exzentrizität, und, als

wahres Luftzeichen, diskutiert sie über alles. Es gibt auch viele Wassermänner, die radikal denken, sich aber nicht in die augenblickliche politische Szene einfügen lassen. In ihrem Buch *Die sanfte Verschwörung*
schreibt Marilyn Ferguson nicht von Wassermannmenschen, sondern
vom Impuls des Wassermanns.[8] Sie beschreibt ein führerloses Netzwerk,
das durch sein Funktionieren eine andere Art von Gesellschaft schafft,
die auf einer wesentlich erweiterten Vorstellung von den menschlichen
Möglichkeiten aufbaut. Die Wassermannpersönlichkeit denkt viel mehr
über die Organisation der Gesellschaft als Ganzes nach als über die
einzelnen Menschen darin, obwohl sie den Rechten und der Vorstellung
vom Individuum tief verbunden ist. Sie liebt die Menschheit, findet aber
die Leute schwierig. Während sie die Sache der Freiheit des einzelnen
vertritt, die Unterprivilegierten beschützt und für die Rechte des Individuums kämpft, kann es sein, daß sie in harte und restriktive Gruppen
oder Ideologien gerät. Vom Temperament her ist sie Anarchistin, aber
ihre Sorge um das Wohlergehen der Gesellschaft als Ganzes kann sie in
enge »Parteiwege« führen, nicht nur in der Politik, sondern auch in
anderen Bereichen, wo eine starke Idee eine Gruppe zusammenhält. Sie
kann auch Rebellin sein, obwohl sie ein so starkes Bedürfnis nach einer
Bezugsgruppe hat. Sie ist eine zwanghafte »Außenseiterin«, wie sie auch
loyal ist, denn Wassermann wird von dem rebellischen Planeten Uranus
beherrscht, ist aber auch ein fixes Zeichen.

Mit ihrer fixen Treue zu Ideen und Idealen lehnt sie Institutionen,
Gruppen und Menschen ab, von denen sie das Gefühl hat, daß sie dem
Fortschritt im Wege stehen. Die Wassermannpersönlichkeit identifiziert
sich so sehr mit ihren Idealen, daß sie, wenn eine Zeit kommt, in der ihre
alten Ideale keine Bedeutung mehr für sie haben, in tiefste Verzweiflung
gerät, nach dem Sinn ihres Lebens fragt und ihres sonstigen Gefühls für
ihre Ziele und ihrer prophetischen Vorstellungskraft beraubt ist. In einer
solchen Phase ist es wichtig zu erkennen, daß der Zusammenbruch ihrer
alten Handlungsweisen eigentlich ein Durchbruch ist, sei er auch
schmerzlich und desillusionierend. Der Zusammenbruch des Alten ist
notwendig, bevor sich neue Gestalten bilden können, und die Wassermannpersönlichkeit kommt vielleicht mit einem neuen Gefühl für ihr Ich
aus der Wüste zurück. Sie entdeckt vielleicht auch durch ihre Phase der
Sinnlosigkeit, daß man das Leben nicht leben muß, indem man ständig
nach einem Ziel strebt oder von seinem Sinn erfüllt ist. Von dem ihr
gegenüberliegenden Zeichen Löwe kann sie die Fähigkeit erlernen, sich
an dem, was da ist, zu erfreuen und es zu akzeptieren, die Gegenwart zu
erleben, »jetzt und hier« zu sein.

Freundschaft ist der Trost der Wassermannpersönlichkeit, und anders als Schütze oder Skorpion sucht sie in ihren Übergangszeiten nicht einen Lehrer oder Führer, sondern die Gesellschaft von Menschen, die ihr ähnlich sind. Alte Freunde haben für sie eine große Bedeutung, besonders Freundschaften, die die plötzlichen Unterbrechungen, die sie oft bei prinzipiellen Dingen unternimmt, überlebt haben. Obwohl sie sehr treu ist, kann sie in ihrem Verhalten gleichzeitig unfreundlich oder seltsam sein. Sie erwartet, daß man das als oberflächlich und unwichtig betrachtet, und hält Höflichkeit nicht für eine Form von Respekt, sondern für eine lächerliche Konvention. Sie gewinnt leicht neue Freunde, wird zu ihnen aber eher durch Neugier hingezogen als durch ein emotionales Bedürfnis. Ihre Freunde haben die unterschiedlichsten Hintergründe. Kulturelle Unterschiede stimulieren sie, aber sie kann originelle Persönlichkeiten sogar in der konventionellsten Umgebung ausmachen.

Durch Wassermänner bleibt das Wachstum der Gesellschaft erhalten, denn sie bestehen darauf, auch für Außenseiter Platz zu schaffen, für den bizarren Träumer, für den scheinbaren Irren, der zwischen verworrenen Gedanken die Wahrheit sagt. Oft idealisieren sie solche Menschen und würden grundsätzlich lieber einen Landstreicher als einen Minister kennenlernen. Ihre Tendenz zur Umkehr sozialer Normen und Erwartungen gibt ihnen persönliche Befriedigung, kann sie aber ihren Mitmenschen entfremden, und es kann eine Zeit kommen, wo sie sich darüber klar werden. Wenn eine Wassermannpersönlichkeit ihr Gefühl von Einsamkeit loswerden will oder die Überzeugung, ein Prophet zu sein, der ungehört in der Wildnis weint, dann muß sie vielleicht etwas von dem Gefühl aufgeben, daß sie jemand Besonderes ist, der sich durch seine Vorstellungskraft auszeichnet. Sie ist am glücklichsten, wenn sie ihrem Bedürfnis nach Gesellschaft genauso nachkommt wie ihrem Bedürfnis nach Idealen. Wenn sie ihre Tendenz zur Arroganz fallenläßt und ihre verbissene Entschlossenheit, eine Ausgestoßene zu sein, wird sie feststellen, daß es viele Menschen auf der Welt gibt, die ähnliche Vorstellungen haben wie sie.

Ob sie nun gerade eine Zeit der Veränderung durchmacht oder ins Dickicht einer Gruppe einbezogen ist, die Wassermannpersönlichkeit wird ihre Erfahrung normalerweise ehrlich und geradeheraus den anderen mitteilen. Es fällt ihr schwer, ihre Gefühlserfahrung zu vermitteln, aber sie wird ihre veränderte Orientierung klar diskutieren. Sie hat nichts bewußt zu verbergen und ist bereit, über Dinge offen zu sprechen, die andere im Verborgenen lassen würden. Verhaltensnormen interessieren sie wenig, und sie bricht unabsichtlich Regeln, weil sie gar nicht wußte, daß es sie gibt. Durch ihre Naivität kann sie sich erhebliche Schnitzer leisten, und wenn sie Sprecherin für eine Organisation oder Bewegung ist, muß sie von jemandem, der etwas weltklüger ist, entsprechend eingeschränkt werden.

Befreiendes Potential

Die Wassermannpersönlichkeit ist sich sehr deutlich ihres besonderen und einzigartigen Wesens bewußt. Diese lebhafte Individualität haben alle Menschen, aber die stark von Wassermann beeinflußten Menschen sind sich dessen besonders bewußt.

Das Bewußtsein des Wassermannes bewegt sich immer zwischen der Individualität (mit der darin enthaltenen Möglichkeit der Isoliertheit) und dem Einbezogensein in eine Gruppe oder in die Gesellschaft, oder aber es macht die Reise zurück vom Gruppenbewußtsein auf den Standpunkt des Individuums. Von dem vorangehenden Zeichen Steinbock erhält die Wassermannpersönlichkeit ihr Interesse an der Organisation der Gesellschaft, aber im Gegensatz zum Steinbock ist sie unzufrieden mit den augenblicklichen Gegebenheiten. Alle Luftzeichen suchen nach der Vollendung und dem Ideal, und besonders die Wassermannpersönlichkeit macht ausgedehnte Pläne für das menschliche Potential oder setzt es durch wissenschaftliche Entdeckungen frei. In den vergangenen fünfzehn Jahren haben viele Wassermannmenschen ihre Illusionen über die Grenzen der traditionellen Wissenschaft in der Medizin verloren; ihre plötzlichen Einsichten erleuchten ihnen den Weg zum »Rand«. Die Wassermannpersönlichkeit erforscht oft alternative medizinische Möglichkeiten, besonders diejenigen, die die Lebensenergie anerkennen – Homöopathie, Akupunktur, Chiropraktik. Oft übt sie erfolgreich eine dieser Disziplinen aus; ihre einzige Begrenzung ist ihre übertriebene Sorgfalt in bezug auf die technische Korrektheit der Behandlung anstelle ihres Glaubens an die eigenen heilerischen Fähigkeiten.

Wassermann ist lange mit der praktischen Ausübung der Astrologie in Verbindung gebracht worden. Dieses Gebiet finden Wassermänner anziehender als andere Formen der Charakteranalyse und der Voraussage, denn es verbindet das intuitive Element mit dem Wissenschaftlichen und dem Technischen. Wassermann mag es nicht, wenn Wissen unsaubere Kanten hat. Viele Wassermänner finden, daß überhaupt nur die Wissenschaft ihnen eine Vorstellung von der Zukunft geben kann, und Wissenschaft läßt auch genug Raum für Ehrfurcht, denn was die ganz kleinen Einzelheiten betrifft, sind die Werke der Natur wirklich unvergleichlich. Andere tragen ihre hinterfragende unorthodoxe Haltung an die Grenzen der Wissenschaft und kommen zu dem Glauben, daß Wissenschaft und Technologie nicht genügen werden, wenn sich der Mensch nicht weiterentwickelt. Dann wenden sie ihre Aufmerksamkeit und ihren Idealismus dem Potential des menschlichen Bewußtseins zu.

Klarheit

Wassermannseherinnen hat es in der ganzen Geschichte der Menschheit gegeben. Oft haben sie für die Menschenrechte gearbeitet. Starke und eindrucksvolle Wassermannseherinnen entstammen der schwarzen Kirche in den USA. Die Wassermannpersönlichkeit beeindruckt uns durch diese Klarheit, denn sie sieht größere Kontraste als die anderen. Ihre Wahrnehmung konzentriert sich oft auf besonders kontrastreiche Farben, nicht weil sie besonders vereinfachend denkt, sondern weil sie eine Seherin ist, deren Welt vom Blitz der uranischen Intuition erhellt ist, der die kräftigen Töne mehr beleuchtet als die sanften. Elektrizität und Blitz sind Symbole, mit denen die Wassermannpersönlichkeit viel verbindet. Farben, zu denen sie sich am meisten hingezogen fühlt, sind »elektrische« Farben – das grelle Blau, Grün und Gelb, das man oft vor Gewittern besonders deutlich sehen kann; Farben, die unirdisch wirken und außerhalb der Natur zu stehen scheinen. Die visionäre Welt des Wassermannes ist völlig anders, futuristisch und mit nichts zu vergleichen, was wir je gesehen haben, während die magische Welt der Fische mit den Träumen und der Trance vertraut ist, die in unserem Innern sind und darauf warten, entdeckt zu werden. Visionen des Wassermannes erwecken in uns die Erwartung, daß etwas Fremdes erscheint: außerirdische Wahrnehmungen oder eine fünfte Dimension.

Raum für Bewegung

Die Wassermannpersönlichkeit sucht eine Umgebung, die völlig anders ist als die ihrer Kindheit. Wenn sie nicht schon dort geboren ist, zieht es sie oft in die anarchische Innenstadt. Sie macht nicht viel Aufhebens um eine komfortable Umgebung (obwohl sie sich vielleicht von High-Tech-

Möbeln angesprochen fühlt). Sie zieht die Gesellschaft der Armen und der Außenseiter der Heuchelei der Reichen vor und sucht sich die exzentrischsten Gefährten, die Ausgestoßenen, die Seltsamen und die Bohème. Sie glaubt nicht an Normen; zwei lesbische Wassermannfrauen, die die sexuelle Konvention mißachteten, waren zum Beispiel Colette und Gertrude Stein. Die Wassermannpersönlichkeit identifiziert sich mit »Unterschied«, und weil sie *vor* ihrer Zeit geboren ist, hat sie sich oft ihr ganzes Leben lang fehl am Platze gefühlt. Am Rand der Gesellschaft fühlt sie sich wohler als in ihrer Mitte. (Wassermann beherrscht die Blutzirkulation in der Peripherie des Körpers.)

Die Wassermannpersönlichkeit hält auch Abstand zu emotionellen Gewitterzonen. Wenn sie gewaltsamem Verhalten wie Eifersucht, Besitzansprüchen und Rache begegnet, fühlt sie sich sehr unwohl, obwohl sie sich bemüht, zu verstehen, wie der Schmerz, den Menschen erlebt haben, diese Reaktion wohl hervorgerufen haben kann. Sie vermeidet zu engen Kontakt mit den Menschen, denen sie hilft, und ihre Einstellung zur Gleichberechtigung führt dazu, daß sie alle ihre Freunde mit Toleranz und Fairneß gleich behandelt.

Sie sieht den Funken der Individualität in jedem Menschen, und die zwischenmenschlichen Beziehungen sind bei ihr vom Respekt vor dem Wert eines jeden einzelnen inspiriert. Ihre Integrität in persönlichen Verhaltensweisen ist überraschend und bemerkenswert; oft wird sie in ihrer Umgebung sehr geschätzt. Ihr Instinkt versucht, egoistische Motivationen und verzerrte Bedürfnisse der menschlichen Emotionen zu transzendieren. Sie sucht einen Weg, ihre Liebe richtig zum Ausdruck zu bringen und doch sich oder den anderen nicht zu binden; wie die Wassermannfrau Virgina Woolf kennt sie den Wert eines persönlichen Raums. Am glücklichsten ist sie, wenn sich eine Liebesbeziehung mehr auf die Freundschaft als auf die Leidenschaft konzentriert. Sie empfindet ihre Liebe tief und verbindlich, betrachtet aber alles Romantische als sentimental. Sie braucht einen Gefährten, jemand, der ihre Verpflichtungen teilt, mit dem sie lieber dem gleichen fernen Ziel entgegensieht, als daß sie in seine Augen schaut. Wie bei der Waage sind ihre Ideale von zwischenmenschlichen Beziehungen sehr hoch, und oft zieht sie es vor, Bindungen zu einer Gruppe einzugehen, wenn Zweierbeziehungen sie enttäuscht haben.

Die Wassermannpersönlichkeit rationalisiert oft ihre Gefühle und gebraucht eine Sprache, die ihre Handlungen depersonalisiert; »Es war besser, einen anderen Weg einzuschlagen« anstatt »Ich habe mich verändert«. Bevor ihre Visionen Wirklichkeit werden können, muß sie zuerst den Wert und die Gefahren der leidenschaftlichen Intensität erkennen, von der sie wünscht, daß die Menschheit sie transzendiert. Solange sie sich davor scheut, Gefühle zu haben, weicht sie einem tieferen Verständnis ihres Selbst aus. In allen zwischenmenschlichen Beziehungen der Wahrheit verpflichtet, kann sie unabsichtlich unwahr werden, weil sie nicht tief genug nach innen sieht, um ihre eigenen leidenschaftlichen Sehnsüchte und Bedürfnisse zu erkennen. Oft hat sie sich in ihrer Jugend verletzt oder zurückgewiesen gefühlt und hat dann ihre ganze Aufmerksamkeit auf ihre Ideen und Ideale konzentriert, um zu verhindern, daß ihr je wieder ein solcher Schmerz zustößt. Aber solange sie nicht ihre eigene Verletzlichkeit annimmt, werden selbst ihre engsten Freunde das Gefühl haben, daß sie ihr nie wirklich nah sind, und fühlen sich verletzt durch ihre distanzierte Art, mit Dingen umzugehen, die für sie von großer emotioneller Bedeutung sind. Die Wassermannpersönlichkeit riskiert so, ihre Einsamkeit mit sich herumzutragen und die ewige Außenseiterin zu bleiben.

Es gibt eine Möglichkeit für sie, in ihre luftige Umgebung das Leben des Herzens zu tragen, das der natürliche Ort des gegenüberliegenden Zeichens Löwe ist. Wenn jemand sie dazu zwingt, ihre eigenen Gefühle zu erkennen, wird sie sich abwenden, aber sie wird auf die Verletzung, die sie unabsichtlich verursachen kann, reagieren, wenn sie ihr ehrlich und undramatisch erklärt wird. Obwohl sie sich von Natur aus auf die Unterschiede zu ihren Freunden konzentriert, kann sie doch tiefere Verbindungen schaffen, indem sie ihre grundlegende Ähnlichkeit mit den anderen versteht (nämlich daß sie selbst auch verletzt worden ist).

Dadurch, daß sie starke Gefühle in sich oder anderen erkennt und annimmt, erreicht die Wassermannpersönlichkeit eine größere Klarheit, denn sie muß nicht mehr soviel Energie für das Weglaufen verschwenden. Indem sie menschliche Leidenschaften akzeptiert, wird sie Symbole für die tiefe, leidenschaftliche Liebe finden, die sie für die Menschheit und das Universum hegt. Sie wird entdecken, daß ihr Interesse an der Kraft und dem Wert von Freundschaft aus der Stärke ihrer eigenen Gefühle kommt.

Wir leben am Ende einer Zeit, in der Ganymed die Hebe ersetzt hat, und die Wasser des Wassermannes sind voll der Weisheit menschlicher Ideen und Ideale, scheinen aber zuwenig Anerkennung für menschliche Freuden und Sorgen zu enthalten. Die heutige Wassermannpersönlichkeit trägt einen Krug, der voll von Wasser aus einer sehr alten Quelle ist, sprudelnd mit den neuen Ideen eines Luftzeichens. Indem sie selbst daraus trinkt, kann sie mehr von der prophetischen Einsicht gewinnen, die sie inspiriert. Sie spricht zu uns von Bedürfnissen, deren Existenz wir nicht kannten, von den Grenzen des Möglichen. Wir können nicht wissen, was sie uns bringen wird, denn die Ideen, die ihre Vision beleben, sind noch in der Entstehung begriffen. Und doch wird der Krug, den sie trägt, einen langen, namenlosen Durst stillen.

Fische

Symbolfigur: die Fische
Der Weg des Verständnisses
Zugang zum Leben durch bewegliches Wasser:
*mitfühlend, phantasievoll, beeindruckbar,
meditativ, mystisch*
Beherrschender Planet: Neptun

Hintergrund des Zeichens

Das Symbol des Fisches war im Altertum überall von Bedeutung, denn Zivilisation entstand am Ufer von Flüssen, Seen und Meeren. Wasserwege waren Kommunikationsrouten, lange bevor es Straßen gab. Fisch war Grundnahrungsmittel, unterschiedliche Völker begegneten sich an seinem Lebensraum, und ihre Kulturen vermischten sich.

Der Fisch schwimmt durch die Vergangenheit der Menschheit, aber auch durch die Vergangenheit eines jeden Individuums, denn das Kind im Uterus durchlebt eine fischähnliche Entwicklungsphase. Obwohl Fische das letzte Zeichen im Tierkreis ist, wird es durch die Kreisform auch das Zeichen, das vor dem ersten, dem Widder, steht. Fische symbolisiert die Phase vor der Geburt und geht dem Impuls des Widders zur Geburt voran.

Die Göttin Aphrodite wurde mit einem Fisch-Amulett über den Genitalien dargestellt, und durch diese Verbindung waren Fische heilig. Die ältesten Göttinnen des Mittleren Ostens schwammen in den Wassern des Chaos; die Große Mutter der Tiefe war die Fischin Abtu und die Walin Derceto. Die Verehrer der fischschwänzigen Göttin Atargatis fanden Frieden und Abstand von der Welt in ihrem kühlen, stillen Heiligtum, wo in Teichen Fische gehalten und ihre Bewegungen als Orakel interpretiert wurden. Auch viele andere haben seither empfunden, daß das Halten von Fischen ihnen bei der Verwirklichung eines meditativen Lebens geholfen hat. Die Chinesen kultivierten Goldfische, und die christlichen Mönche unterhielten mit Fischen wohlbestückte Teiche, damit sie freitags zu essen hatten, an jenem Tag, der ursprünglich der Aphrodite heilig war, deren Liebesmahl weiterhin verzehrt wurde, auch wenn dem Fest eine andere Bedeutung mitgegeben war.

Die beiden Fische des Tierkreiszeichens sind schon früh in der Geschichte der Astrologie am Himmel erkannt worden, und es wurden

242

Mythen entwickelt, um sie zu erklären. Für die Römer repräsentierten sie Venus und Cupido, die in Fische verwandelt wurden, um dem Monstrum Typhon zu entkommen.

Das Intuitive

Von den Kelten wurden die Lachse besonders verehrt, sie schrieben ihnen die Gabe der Prophezeiung zu. Fische ist ein prophetisches und intuitives Zeichen wie Wassermann, aber die Art, in der sich seine Kräfte manifestieren, ist völlig anders. Während Wassermann ein luftiges oder intellektuelles Zeichen ist, durch das wie Blitze die Intuition zum Ausdruck kommt, treiben die Fische in den Wassern der intuitiven Wahrnehmung, in ihrem Element.

Genauso wie es Venus und Cupido möglich war, als Fische zu entkommen, so gibt auch der Zugang zum Unbewußten der Fischepersönlichkeit große Möglichkeiten, selbst wenn sie nicht von einer Art sind, die die Welt gewöhnlich anerkennt. Das Meer des Unbewußten, in dem sie schwimmt, verleiht ihr ein tieferes Wissen, als sie erklären oder rechtfertigen kann. Sie versteht mit ihren Gefühlen und ihrer Intuition, nicht mit ihrem Verstand. Sie ist sich nicht darüber klar, warum sie etwas weiß, denn das Fischegedächtnis ist nicht so wie die bewußtere Fähigkeit zu erinnern, die der Krebs hat. Die Vergangenheit, an die sich die Fischepersönlichkeit erinnert, ist vielleicht nicht ihre eigene, denn aus der Vergangenheit und aus den Menschen in ihrer Umgebung sickert das intuitive Wissen in sie hinein. Sie saugt Atmosphäre und Gefühle aus ihrer Umgebung auf wie Löschpapier. Wenn Angst in der Luft liegt, wird sie es wahrscheinlich mitbekommen; wenn es Freude ist, wird sie ein unerklärliches Gefühl von Glück empfinden.

Die Fischepersönlichkeit empfindet Eindrücke in einer Weise, die der größte Teil der Menschheit vergessen hat. Ursprünglich hatte der Schamane in jedem Stamm die Fähigkeit zu spüren, wo sie ihre Zelte aufschlagen sollten, wann sie den Platz wieder verlassen sollten, was sie sicher essen und trinken konnten. Diesen sechsten Sinn haben wir immer noch, er ist bei den meisten Menschen nur nicht entwickelt. Die Fischepersönlichkeit weiß vielleicht nicht, was mit ihr geschieht, aber sie empfindet ein unbewußtes Ziehen, so wie Fische von den Strömungen des Meeres bewegt werden, deren Ursache sie nicht verstehen. Die starke Intuition der Fische macht es ihr möglich, in die Erfahrungen der anderen einzusteigen, und so viel mehr zu lernen, als es andere in ihrem ganzen

Leben tun. Aus ihrem intuitiven Verständnis entwickelt sie Weisheit. Oft kann sie anderen nicht alle ihre Ideen erklären, aber normalerweise sind sie sich der Einsichten bewußt, die aus ihrer Sensitivität entstehen.

Vielleicht hilft es Fischen, wenn sie mehr über diese Fähigkeit erfahren; sie können vielleicht lernen, Auren zu sehen, ein Pendel oder Tarotkarten zu verwenden, um die unbewußte Information ins Bewußtsein zu übersetzen. Besondere Bildung ist für sie oft nebensächlich, denn sie lernen meistens durch Empathie, also durch Einfühlung in die Geschöpfe ihrer Umgebung.

Die Unterscheidung zwischen Empathie und Sympathie ist hier wichtig. Während sich Sympathie herablassend zeigen oder zu Mitleid entwickeln kann, ist es der Fischepersönlichkeit möglich, eine wahre Einfühlung zu entwickeln, die auf Em-pathie beruht – dem Gefühl, eher *in* einem anderen Wesen zu empfinden als *mit* ihm. Fische spüren das Leid der anderen, als ob es ihr eigenes wäre.

Mitgefühl

Im Laufe der Geschichte gab es viele Archetypen für diese Sensitivität und dieses Mitgefühl, Gestalten, denen sich die Menschen im Gebet oder in ihrer Phantasie zugewandt haben. In China verehrten die Menschen Kwan Yin, den Geist des unendlichen Mitgefühls, der auf dem Rücken eines Delphins ritt, und Nu-Kwa, die fischschwänzige Göttin, die die chaotische Welt wiederherstellte und die Ordnung zurückbrachte. In Ägypten wurde Isis als Mutter des Mitgefühls angebetet, denn jedes Jahr füllten ihre Tränen den Nil, wenn sie um den Tod des ermordeten Osiris weinte. Die Menschen sehnten sich nach einer Gottheit, die ihre Sorgen verstand und mit ihnen fühlte.

Für spätere Völker wurde die Jungfrau Maria, die Schmerzensreiche, ein notwendiger Teil der katholischen Religion. Gerade das Christentum wird allgemein am häufigsten mit dem Fischezeitalter in Verbindung gebracht, eine Religion, deren Anfänge so genau mit dem Wechsel der Zeitalter um O CÄ zusammenfiel. Aber auch viele andere Weltreligionen haben starke Fischeelemente, besonders der Buddhismus und die heidnischen Religionen des sterbenen Gottes und der trauernden Göttin, die durch das Christentum ersetzt wurden.

Bei den vorchristlichen Kelten waren die Göttinnen Bridget und Rhiannon bekannt für ihr mitfühlende Liebe zu allen Lebewesen. Es konnte gefährlich sein, ein Tier zu töten, weil vielleicht die Göttin selbst oder eine ihrer Priesterinnen seine Gestalt angenommen hatte. Diese lebendige Metapher für die Verbindung allen Lebens war eine wesentliche Erscheinung in der keltischen Mythologie. Daß jemand seine Gestalt verwandelt in eine Reihe von Tieren, kommt so oft vor, daß die Geschichten darüber ein Gefühl von drogeninduzierter Trance erwecken.

Das Mitgefühl der Fischepersönlichkeit bedeutet, daß sie anderen nicht die Schuld geben kann, denn sie hat das Gefühl, nicht urteilen zu können, solange sie nicht »eine Meile in den Mokassins des anderen gegangen« ist. Ihre Toleranz kann für andere Menschen anregend sein, und oft fragt man sie in ihrer Gemeinde um lenkenden Rat, wenn es um Entscheidungen geht, die das Wohlbefinden anderer betreffen. Die Fischepersönlichkeit akzeptiert andere Menschen, so schwierig sie auch sein mögen, denn sie hat ein tiefes Verständnis für den Schmerz, der mit großer Wahrscheinlichkeit die Ursache für Zorn oder Ablehnung ist. Sie lehnt Überreaktionen ab und ist selten schockiert, egal welche Geheimnisse ihr mitgeteilt werden, und so findet sie sich im Leben vieler Menschen an einer besonderen Stelle als die einzige Person, an die sie sich wenden können, wenn sie in eine Krise kommen.

Das kann die Fischepersönlichkeit belasten, aber gleichzeitig wird ihr selbst auch durch die Arbeit geholfen, die sie für andere leistet; sie erlaubt ihr, die Eigenschaften der Welt zum Ausdruck zu bringen, an die sie am tiefsten glaubt.

Oft sind Fische unsicher über ihre eigenen Grenzen; sie sind Fische, die in zwei verschiedene Richtungen schwimmen. Ihre Identität als mitfühlende Menschen ist entscheidend für sie, und oft glauben sie, daß nein zu sagen bedeutet, hart und grausam zu sein. Sie können von ihrer Arbeit an Selbstsicherheit profitieren, denn Fische kämpfen nicht mit Überzeugung für ihre eigenen Bedürfnisse.

Mit Schmerz zurechtkommen

Der Instinkt, sich zu opfern, ist ein tiefes Bedürfnis im Lebensausdruck der Fischepersönlichkeit, denn er stammt nicht nur aus ihrem Mitgefühl, sondern auch aus einem Gefühl von Traurigkeit über das Unrecht, das von Menschen schon begangen worden ist. Sie empfindet all die Grausamkeit der Welt: Krieg, Folter, Vergewaltigung und Hungersnöte. Sie identifiziert sich mit den Opfern, spürt aber auch, daß sie sich nicht völlig von den Gewalttätern lossagen kann, denn auch sie sind ein Element der menschlichen Rasse. Fische spüren die Einheit allen Seins, und das ist nicht immer einfach für sie. Manchmal reagieren sie, indem sie sich von anderen Menschen zurückziehen, um sich ihrer eigenen Identität und Grenzen sicherer zu werden, und damit unterdrücken sie ihre Phantasie und ihr Mitgefühl.

Die Fischepersönlichkeit kann auch durch Abhängigkeit von Drogen oder Alkohol tiefer in ihre Phantasiewelt gezogen werden; sie findet sie deshalb so reizvoll, weil sie ihre gleitende Wahrnehmung verstärken. Sie versucht, jede nur mögliche Grenze zwischen sich und der schmerzlichen Welt zu errichten. Wenn sie sich nicht in der Lage fühlt, damit zurechtzukommen, kann sie in praktischen Dingen von anderen abhängig werden.

Aber öfter ist es so, daß die Fischepersönlichkeit feststellt, daß andere von ihrer emotionellen Unterstützung abhängig sind, denn sie kann freiwillig große Opfer für diejenigen bringen, die sie liebt, und kann eine ungeheuer liebevolle Freundin sein. Nur wenn sie verletzt und frustriert ist, wird sie sich als Märtyrerin empfinden, die mit all den Dingen beladen ist, die sie auf sich genommen hat. Sie muß sich einen humorvollen Ansatz bewahren und die Sendung in ihrem Leben nicht so wichtig nehmen. Sie ist besonders geneigt, den Versuch zu unternehmen, ihre Geliebten zu »retten«, und fühlt sich von denen angezogen, die sich als Opfer empfinden; dadurch gelangt sie vielleicht in eine Serie von ungleichen Beziehungen. Doch wenn sie versucht, einen Geliebten, Freund oder Kollegen zu »retten«, stammt ihr Impuls immer aus ihrer mitfühlenden Liebe.

Wenn sie Probleme hat, sich vom Leid der anderen zu distanzieren, muß sie sich fragen, ob sie indirekt mit ihrem eigenen Schmerz zu tun hat, wenn sie durch den der anderen angezogen wird. Zu diesem Zeitpunkt ist es wichtig, daß sie bemerkt, daß die Tränen, die sie über den Schmerz der anderen weint, ihre eigenen sind, und daß sie auch für sich selbst weint. Sie ist die verwundete Heilerin, die sich selbst heilt, indem sie anderen hilft, aber zu manchen Zeiten muß sie sich auf ihre eigene Heilung konzentrieren.

Die Reise in die Heilung

Zu diesen Zeiten kann sie von einer Freistatt profitieren; denn wenn die Fischepersönlichkeit nach einer Auszeit sucht, um sich selbst zu heilen, dann läuft sie nicht mehr davon. Wenn sie krank oder aus anderen Gründen nicht mehr in der Lage ist, weiterzumachen, dann kann sie sich eine neue Beziehung zu der körperlichen Welt in ihrer Umgebung aufbauen. Sie braucht die Festigkeit der Erde, die Insel inmitten des unruhigen Wassers, und sie kann Nutzen aus der Arbeit mit einem Führer ziehen, der ihr hilft, dort hinzukommen: ein Therapeut oder Heiler. Ihre starke Phantasie ist ihre stärkste Quelle als Hilfe auf ihrer Reise.

Lachse schwimmen einmal im Jahr stromaufwärts, um zu laichen und zu sterben, wo sie geboren wurden. Diese Reise zurück an den Anfang symbolisiert den Prozeß, durch den die Fischepersönlichkeit in ihre Vergangenheit eintritt, um sich besser kennenzulernen, um alten und ungeliebten Elementen ihres Selbst zu erlauben, daß sie sterben, und neuen, daß sie entstehen. Sie hat eine Fähigkeit, in der ihr nur noch Skorpion ähnlich ist, ihr eigenes Leben neu zu schaffen. Sie ist vielen Möglichkeiten der Heilung gegenüber offen, und diese Offenheit ist schließlich ihr Weg, einen Ort noch tieferer Weisheit und noch tieferen Verständnisses zu erreichen, als sie ihn bisher kannte.

Die Fischepersönlichkeit entdeckt, durch ihre Phantasie und ihren Hang zum Mystischen, daß sie nicht nur den Schmerz der ganzen Welt teilen kann, sondern auch ihre Freude. Viele Dinge, die andere Menschen nicht einmal bemerken würden, können sie glücklich machen. Sie findet in ihrem Innern die Fähigkeit, im Augenblick zu leben und die intensiven Gefühle, die sie in der Vergangenheit erlebt hat, mit sanfter und heiterer Toleranz zu betrachten. Sie wendet sich von Gefühlen nicht ab oder unterdrückt sie, sondern sie entwickelt einen Sinn für mitfühlende Loslösung, so daß sie nicht mehr der Gnade beständiger Veränderungen unterworfen ist.

Mehr als jedes andere Zeichen hat sie die Fähigkeit, sich ihre Fehler zu vergeben. Ihre Möglichkeit, durch die ferne Seite der Schuld und der Selbstvorwürfe hindurch zur Selbstvergebung zu gelangen, gibt ihr ganz wesentlich die Fähigkeit, anderen auf der gleichen Reise zu helfen.

Die Heilerin

Wenn sie erst einmal ihre Reise zur Selbstheilung gemacht hat, kann die Fischepersönlichkeit eine effektive Helferin und Heilerin für andere werden, die nicht mehr versucht, sie zu retten, sondern die ihr Mitleid weise und mitfühlend gebraucht. Oft arbeitet sie in Institutionen: mit Gefangenen, in Krankenhäusern, mit Kindern oder Erwachsenen, die besondere Bedürfnisse haben. Ihre Phantasie und ihr Mitgefühl verhindern, daß sie gönnerhaft wird; weil sie ihren eigenen Schmerz erkannt hat, arbeitet sie aus einem Standpunkt des wahrhaft gemeinsamen Gefühls mit denjenigen, die unglücklich sind, heraus. Sie wird diejenigen, mit denen sie arbeitet, nicht als Opfer betrachten, denn es ist nicht mehr ihr Leiden, was sie interessiert, sondern ihr Leben, ihre Vitalität und die einzigartige Wahrnehmung, die man bei jenen findet, deren Erfahrungen anders als die der Masse gewesen sind.

Die Fische, deren eigener Weg hart gewesen ist, dehnen ihr mitfühlendes Interesse am weitesten aus. Helen Keller, die Mond in den Fischen hatte, schrieb nicht nur über die Ohnmacht, sondern auch über die Bedürfnisse der Arbeiterklasse und über die Gefahren, die der Welt durch den Militarismus drohen.

Die Fischepersönlichkeit braucht Gefährten und das Gefühl, daß andere den gleichen Weg beschreiten wie sie. Die Strukturen und die Disziplin einer Organisation, die sie mit Unterstützung oder einer Freistatt versehen, in der sie arbeiten kann, sind für sie sehr wertvoll, und Regeln (wenn sie nicht starr sind) können sie davor bewahren, zuviel auf sich zu nehmen. Oft fühlt sie sich zu östlichen Religionen hingezogen, die Meditation lehren, denn sie hat das Bedürfnis, ihre Gefühle zu konzentrieren und zu beruhigen.

Die kreative Träumerin

Die Fischepersönlichkeit braucht immer Zeit zum Nachdenken, um ihre Träume zu träumen, mit sich selbst und ihrer Phantasie still zu sein. Oft liebt sie die Lyrik und Mythologie, die Märchen vieler Kulturen, in denen es Meerjungfrauen, Feen, Wechselbälger, Geister und magische Inseln gibt, die verschwinden und wieder erscheinen. Sie ist besonders interessiert an Legenden von Völkern, die in der Nähe des Meeres leben, seien sie nun mediterran, von den schottischen Inseln oder aus dem Pazifik.

Andere empfinden solche Geschichten vielleicht als Flucht aus der Realität, die Fischepersönlichkeit aber kennt die Bedeutung solcher Botschaften aus den Wassern des Unbewußten, und die Welt der Phantasie ist für sie genauso wirklich wie die »reale« Welt.

Die Welt der Fische ist fließend und beweglich, erscheint wie ein Traum. Die Erscheinungen sind nicht die Wirklichkeit. Die Fischepersönlichkeit selbst scheint sich oft wie in einer Trance zu bewegen, so als lebe sie nur in ihrer inneren Welt. Ihr Leben in ihrer Phantasie ist eine nützliche Sache für die Beziehung zwischen ihr und ihrer Umwelt. Sie braucht den Raum, um Träumerin zu sein, sonst hat sie das Gefühl, nicht überleben zu können, und ihre Freunde müssen diese Bedürfnisse respektieren.

Aus diesem Prozeß der imaginativen Reflexion entsteht die Kreativität der Fische. Viele Fische waren Dichter. Die kanadische Indianer-Dichterin Pauline Johnson-Tekahionwake verfaßte romantische Gedichte, die von den Flüssen, Bergen und dem Leben ihres Volkes im letzten Jahrhundert erzählen. Elizabeth Barrett-Browning schrieb auch in der Fischetradition (und fand einen Weg, sich von einer langen Krankheit zu heilen). Fische bringen ihr mitfühlendes Verständnis oft als Romanautorinnen zum Ausdruck: Die Fotografie wird von dem die Fische beherrschenden Planeten Neptun regiert, und die Arbeit der Fischefotografin Diane Arbus beweist ihre Fischeidentifikation mit jenen, deren Leben so ganz anders war als ihres. Die Sängerin Joni Mitchell hat den Mond in den Fischen, und viele ihrer Lieder erzählen vom Leben der Einsamen, die in eher modernen Versionen von Carson McCullers traurigen Cafés sitzen. Auch der dramatische Bereich ist interessant für die Fischepersönlichkeit, denn er gibt ihr die Möglichkeit, ihr mitfühlendes Verständnis zu gebrauchen, zu ihren Rollen zu werden. Rita Tushinghams Auftritte in Filmen der sechziger Jahre machten sie zum Symbol der zerbrechlichen Beeindruckbarkeit ihres Sonnenzeichens und ließen die Würde und die paradoxe Festigkeit ahnen, die diesen Eigenschaften zur Seite stehen können. Musik und Tanz könnten ebenfalls gute Ausdrucksmittel für Fische sein, aber sie müssen eher fließend als wild sein, mit der sanften, wäßrigen Qualität des Meeres.

Fische ist das Zeichen der Auflösung. Durch ihr umfassendes Verständnis verbindet die Fischepersönlichkeit die Erfahrungen des ganzen Tierkreises. Durch die Veränderungen, die sie erfahren hat, ist sie aufgelöst wie Mineralien durch das veränderliche Meer; sie bedeutet den Abbruch, nach dem ein neuer Zyklus wieder mit Widder beginnen kann. Dieser Vorgang wiederholt sich in der Fischepsyche ständig, und sie braucht eine kreative Ausdrucksmöglichkeit, um aus dem Gewirr der Eindrücke hervorzutreten, die sie aufgenommen hat. Selbstverwirklichung in der Kunst gibt ihr einen klaren Weg vor, um ihre Beeindruckbarkeit unter Kontrolle zu bekommen und zu gebrauchen.

Fische sind vielleicht nicht unbedingt Dichterinnen, Autorinnen, Musikerinnen oder Schauspielerinnen und arbeiten auch nicht notwendigerweise als Heilerinnen. Aber dennoch scheinen die meisten Fische ein starkes Bedürfnis nach Stimulation durch die Phantasie und nach einer Gelegenheit, Mitgefühl mit der Erfahrung anderer zu empfinden, zu haben. Film, Theater und Fernsehen bieten der Fischepersönlichkeit eine Welt der Phantasie, wo Krise und Lösung von Protagonisten gespielt werden, mit denen sich Fische lebhaft identifizieren können.

Die Fischepersönlichkeit kann eine empfindsame Gefährtin und eine phantasievolle Geliebte sein. Oft ist sie sehr zurückgezogen und erlaubt nur denen, die sie liebt, etwas von ihrer Traumwelt zu erfahren und dadurch bereichert zu werden.

Wenn sie nicht mehr versucht, zu befreien oder zu erretten, können ihr Mitleid und ihr Mitgefühl eine Rolle bei der Veränderung im Leben eines Menschen spielen, denn sie hat den liebevollen Willen, Wunder geschehen zu lassen. Sie sucht nach einer tiefen und mystischen Verbindung zu ihrem Partner oder Freund. Gleichzeitig sucht sie Anerkennung für ihr Bedürfnis, zwischendurch allein zu sein, denn ohne dies kann sie sich in der Beziehung verlieren.

Sie ist selten böse und vergibt schnell. Das dient vielleicht nicht immer der Beziehung (denn manchmal müssen Dinge offen ausgesprochen werden), es kann ihr daher helfen, wenn sie mit jemandem zu tun hat, der der Erde näher ist, sowohl emotional als auch in der Welt der Materie.

Am Teich sitzen und schauen

Wenn sich die Fischepersönlichkeit ausgetrocknet oder unruhig fühlt, kann sie sich mit Zeit zum Nachdenken wieder erholen, und ihre Gefühle können die Ruhe zurückgewinnen. Im Zentrum des Fischebewußtseins gibt es einen stillen Teich, auf den sie ihren inneren Blick richten kann. Wenn sie wartet, bis sich die Wellen ihrer und der Gefühle anderer Menschen gelegt haben, kann sie die Stille dieses ruhigen und gezeitenlosen Teiches wiedergewinnen. In diesem Teich beobachtet sie eine Seeanemone und sieht, wie das Wesen alle seine blütenblattähnlichen Tentakeln ausbreitet, wenn alles ruhig ist, aber wenn der Schatten eines Beobachters auf den Teich fällt, werden die Tentakel zurückgezogen, und die Anemone schließt sich. In ähnlicher Weise kann die Fischepersönlichkeit lernen, den Grad ihrer Offenheit gegenüber ihrer Umgebung zu regeln und trotzdem noch den Impuls des Mitgefühls zu spüren, der sie belebt. Indem sie ihr eigenes Abseitssein erkennt und ihre Fähigkeit, sich zu verschließen, wenn es nötig ist, erkennt sie ihr tiefstes Verständnis: daß alles Leben eins ist.

1 In der Darstellung der Zeichen haben wir viele Quellen verwendet, angefangen von astrologischen Schriften über religiöse Werke bis hin zur Mythologie und zu Biographien. In der Bibliographie am Ende dieses Buches sind die von uns verwendeten Bücher unter diesen Überschriften aufgeführt.
2 Lao Tse, *Tao te Ching*, übersetzt von Gia-Fu Feng und Jane English, Wildwood House, London 1972 (Kapitel 16).
3 Graves, Robert, *Die weiße Göttin*, Faber & Faber, 1961, S. 420.
4 Gilman, Charlotte Perkins, The Yellow Wallpaper, in: *The Charlotte Perkins Gilman Reader*, hrsg. von Anne J. Llane, The Women's Press, London 1981.
5 Siehe Walker, Alice, *Beim Schreiben der Farbe Lila*, Goldmann Verlag, München 1989. Besonders schwarze Frauen und Arbeiterinnen mußten ihren künstlerischen Ausdruck in Bereiche verlagern, die nicht als Kunst anerkannt sind.
6 Pagels, Elaine, *The Gnostic Gospels* (die gnostischen Evangelien), Weidenfeld und Nicholson, London 1980. Siehe auch Greene, Liz, *The Astrology of Fate* (die Astrologie des Schicksals), George Allen & Unwin, 1984, wo eine tiefergehende Untersuchung der paradoxen Natur der Jungfrau zu finden ist.
7 Maeterlinck, Maurice, *The Blue Bird*, Methuen, 1949.
8 Ferguson, Marilyn, *Die sanfte Verschwörung* (die Wassermann-Verschwörung), Routledge & Kegan Paul, London 1981.

7
Zur Erde herunterkommen

Die zwölf Häuser

Die Häuser im Horoskop zeigen die verschiedenen Bereiche in unserem Leben, durch die wir uns ausdrücken können. Jedes Haus hat ein besonderes Thema, jedes Haus besitzt auch eine natürliche Beziehung zu einem Tierkreiszeichen (das erste Haus zu Widder, dem ersten Zeichen, das zweite zu Stier, dem zweiten Zeichen usw.). Doch nur bei den Menschen mit Widder als Aszendenten sind die Zeichen synchron mit den zugehörigen Häusern in ihrem Horoskop. Für diese Menschen fällt das erste Zeichen (Widder) zusammen mit ihrem ersten Haus. Bei den anderen überschneiden sich die Häuser mit den Zeichen in unterschiedlicher Weise, abhängig von Zeit und Ort der Geburt (siehe Abbildung 3.4 auf S. 74; dort sieht man zum Beispiel die Häuser in einem Horoskop mit einem Aszendenten bei 7 Grad Wassermann). Wir können verstehen, wie man an jedes Haus herangehen kann, wenn wir die Zeichen beachten, in die die Häuserspitze oder der Anfang des Hauses fallen, und welche Planeten darin erscheinen.

Die Planeten in den Häusern

Genau wie die Planeten durch die Zeichen modifiziert werden, in denen sie erscheinen, können wir aus ihrer Lage in den verschiedenen Häusern erkennen, in welchem *Bereich* des Lebens der Planet zum Ausdruck kommt. Zum Beispiel zeigt Uranus im sechsten Haus, daß das Gefühl der Horoskopeignerin für ihre Individualität am besten in ihrer Arbeit zum Ausdruck kommt.

Wir berücksichtigen auch das Zeichen, in dem der Planet steht, so wie es in Kapitel 3 erklärt wurde. Die Verbindung der Positionen der Planeten in Häusern und Zeichen gibt uns eine komplexere und persönlichere Vorstellung von der Art, in der die Planetenenergie zum Ausdruck kommt und in welchem Bereich sie sich am ungehemmtesten ausprägen

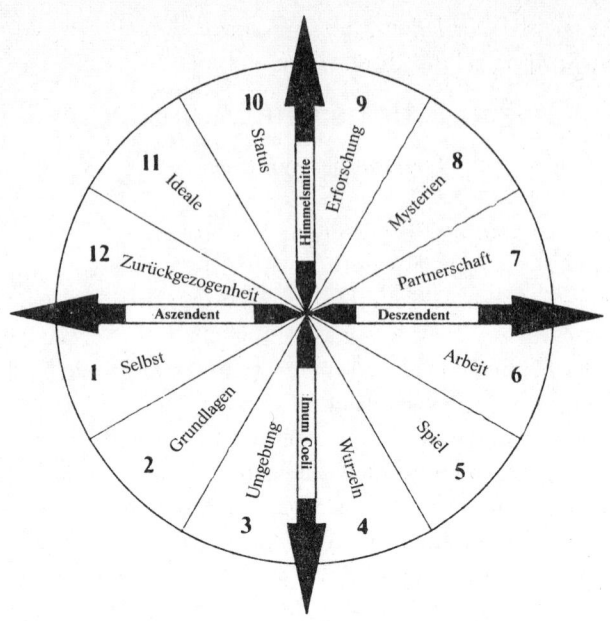

Abb. 7.1   Die Häuser und ihre Themen

kann. Uranus in den Zwillingen im sechsten Haus könnte auf eine Person hinweisen, deren Individualität (Uranus) mit Beweglichkeit und Freude an Kommunikation (Zwillinge) in ihrem Arbeitsleben zum Ausdruck kommt. Sie könnte zum Beispiel eine Autorin oder Sprecherin mit unorthodoxen Ansichten sein.

Das Zeichen an der Häuserspitze

Im Horoskop jedes Menschen werden einige Häuser keine Planeten enthalten, was jedoch nicht bedeutet, daß dieser Bereich des Lebens keine Bedeutung im Leben hat. Das Zeichen, in dem die Spitze des Hauses liegt, zeigt an, wie dieser Teil des Lebens vermutlich angegangen wird.

Zum Beispiel sind in einem Horoskop keine Planeten im neunten Haus der Erforschung, und Widder steht an der Spitze des neunten Hauses. Eine solche Person hat einen mutigen und abenteuerlustigen (Widder-) Zugang zu Reisen und zu der Erforschung von Ideen durch Studien, zwei der Themen des neunten Hauses. Dadurch, daß es keine Planeten gibt,

254

die diese Bereiche ihres Lebens betonen, kann die betreffende Person an Reisen und Studien relativ direkt herangehen.

Die Themen der Häuser

Jedes Haus ist zuständig für verschiedene Bereiche unseres Lebens, die ein spezielles Thema gemeinsam haben.* Das sechste Haus der Arbeit zum Beispiel gibt auch Aufschluß über die Gesundheit einer Person. Ihre Leistungsfähigkeit in ihrem Arbeitsleben wird von der Leistungsfähigkeit ihres Körpers beeinflußt.

Das gegenüberliegende Haus

Jedes Haus hat eine spezielle Verbindung mit dem direkt gegenüberliegenden Haus im Tierkreis (siehe Abb. 7.1). Um ein Haus zu erforschen, ist es oft nötig, die Themen des gegenüberliegenden und komplementären zu berücksichtigen.

---

* Es gibt verschiedene Methoden, das Horoskop in Häuser zu teilen. Dieses Thema ist vielfältig; mehr Information dazu findet man in den Büchern, die am Ende von Kapitel 9 aufgeführt sind.

Das erste Haus

Das Haus des Selbst

Erscheinung; erste Eindrücke von der Persönlichkeit; am Selbst orientierte Interessen; hauptsächliche Orientierung

Verbunden mit Widder und Mars

Das erste Haus repräsentiert den Teil des Charakters, der einen ersten Eindruck auf die anderen macht; Zeichen und Planeten betreffen hier nicht nur, wie wir uns selbst sehen, sondern auch, wie die anderen uns sehen.

Traditionellerweise heißt es, das erste Haus regiere die Erscheinung einer Person, und es kann schon sehr eindrucksvoll sein, wenn man sieht, daß es manchmal ganz offensichtliche astrologische Zusammenhänge mit der äußeren Erscheinung gibt, wenn zum Beispiel Merkur im ersten Haus bei jemandem, der schon älter ist, mit einer ungewöhnlich jugendlichen Erscheinung einhergeht. (Es gibt auch verschiedene andere Faktoren – besonders Sonnenzeichen und Mondzeichen – im Horoskop, von denen man sagen könnte, daß sie mit der Erscheinung zu tun haben.) Während solche Beziehungen für Menschen, die sich mit Astrologie befassen, recht interessant sein können, sind die tieferen Bedeutungselemente des ersten Hauses von größerer Wichtigkeit für die betroffene Person. Mit Merkur im ersten Haus könnte man sagen, daß es die Bedeutung des jugendlichen Merkur in ihrem Horoskop ist, die uns Aufschluß gibt über ihre offene und fragende Haltung dem Leben gegenüber, die auch zu ihrer merkurischen Erscheinung in reiferem Alter geführt hat.

Das Zeichen an der Spitze des ersten Hauses ist das aufgehende Zeichen oder der *Aszendent,* und der Zugang zum Leben, den dieses Zeichen hat, wird ein bedeutender Faktor im Leben der betreffenden Person sein, mit dessen Hilfe sie ihre ganz persönlichen Interessen zum Ausdruck bringt. Zum Beispiel kann mit der Spitze des ersten Hauses in der Waage ein Interesse an Kunst die Art sein, auf sie sich die entsprechende Person zum erstenmal von Anderen unterscheidet. Kunst wird in ihrer Wahrnehmung ein Teil von ihr, wird verbunden mit ihrer Persönlichkeit und Identität. Wenn sie erwachsen wird, ist es wichtig, daß sie dieses am Selbst orientierte Interesse beibehält und nährt, denn so erhält und nährt sie ihr Gefühl von Selbst in der Welt.

256

Die Hauptbedeutung des ersten Hauses im Horoskop ist die Verstärkung der Wirkung aller darin befindlichen Planeten und der Aspekte, die auf sie bestehen.

Im ersten Haus haben alle Planeten einen starken Einfluß auf die Persönlichkeit, die in ihrem Gewicht für das Horoskop dem Sonnenzeichen und dem Aszendenten ähnlich sind. Eine Person mit Sonne im Löwen, Waage-Aszendent und Saturn im ersten Haus wird viele Saturn-Eigenschaften haben, die zusammenwirken mit ihrer Löwe- und Waagepersönlichkeit. Vielleicht sind sogar die saturnalischen Eigenschaften die offensichtlichsten, denn Planeten im ersten Haus bestimmen stark und entschieden die Persönlichkeit, so daß es die Aufmerksamkeit auf sich zieht und nach außen einen Eindruck hinterläßt. Diejenigen Personen, die einen Planeten im ersten Haus haben, können viel von den positiven Eigenschaften des Planeten vermitteln. Zum Beispiel mit Mars im ersten Haus kann die entsprechende Person für die Menschen in ihrer Umgebung ihre dynamische Energie und ihren Mut erkennbar machen.

Das erste Haus ist auf das *Selbst* konzentriert. Es beherrscht alles, was wir ganz für uns tun, und sagt uns, welche Einstellung wir von uns als Persönlichkeit haben. Planeten in diesem Haus können auch auf Probleme hinweisen, indem ein schwaches Selbstwertgefühl dargestellt wird, wenn sie von anderen Planeten im Horoskop schlecht aspektiert sind. Diese Situation ist jedoch nicht statisch oder vorbestimmt, denn die Person kann auf ein positives Verständnis vom Wert des Teils der Psyche hinarbeiten, den der Planet repräsentiert, und so ihr Selbstwertgefühl verbessern. Wenn zum Beispiel der Mond im ersten Haus steht mit schlechten Aspekten von anderen Planeten, ist es gut möglich, daß die entsprechende Person öfters für ihre scheinbar unverständlichen Launen kritisiert wird. Ein Teil des Vorgangs, durch den sie die schwierige Seite ihrer Mondnatur ändern kann, um leichter Kontakt zu anderen Menschen zu bekommen, ist es, die positiven Seiten des Mondes zu entdekken. Indem sie ihre Qualitäten im Bereich der Vorstellungskraft und der Verantwortlichkeit und ihre große Gefühlsbreite erkennt, kann sie ein besseres Bild von sich annehmen. Das wird dann zwangsläufig das Bild der anderen von ihr ändern und alle Beziehungen zu anderen Menschen verbessern.

Diejenigen, bei denen das erste Haus durch mehr als einen Planeten betont ist, neigen dazu, eine sehr starke Wirkung auf andere zu haben, und werden oft bekannt. Normalerweise sind sie sehr beschäftigt mit ihren eigenen Erfahrungen und Handlungen, verbunden mit einem Teil der

Unschuld und dem Staunen der kleinen Kinder, das die meisten von uns verloren haben.

Eine Art, durch die wir alle für uns und für den Bereich des ersten Hauses in unserem Leben sorgen können, ist es, zumindest eine Beschäftigung nur für uns selbst auszuüben, das bedeutet, einen Raum zu haben, wo wir uns ohne Schuld oder Peinlichkeit auf uns selbst konzentrieren können. Das erlaubt der gesunden Selbstsucht des Kindes, sich zwischen den Ängsten und Verantwortlichkeiten des Erwachsenenlebens einzufinden.

Das zweite Haus

Das Haus der Grundlagen

Hintergrund, Habe, Eigentum, Geld, Einkommen,
Werte, Beziehung zum Körper, Wohlbefinden, physische Erfahrung,
Wertschätzung des Schönen

Verbunden mit Stier und Venus

Dieses Haus berichtet von den uns zur Verfügung stehenden Grundlagen. Zum Beispiel kann ein gut aspektierter Jupiter im zweiten Haus einen Wohlhabenden oder sogar reichen Hintergrund mit großzügiger Familie und/oder großem Glück mit Geld andeuten sowie die Fähigkeit, gute Gelegenheiten zu ergreifen. Durch das Zeichen an seiner Spitze und alle darin stehenden Planeten zeigt das zweite Haus, wie die Person mit Geld umgeht. Es beschreibt, wie praktisch sie sein, und deutet an, wie sie vielleicht ihren Lebensunterhalt verdienen kann. Es weist möglicherweise auch auf den Erwerb von Gütern und Eigentum hin. Wenn das zweite Haus im Horoskop betont ist, kann das zeigen, wie wesentlich ökonomische Faktoren in der Lebenserfahrung der entsprechenden Person bestimmend sein können. Es bedeutet möglicherweise auch ein Vorherrschen der inneren Werte. In Träumen werden unsere Werte oft durch wertvolle Dinge oder Geld dargestellt, und in unserem wachen Leben zeigt die Art, in der wir Geld ausgeben, unsere Vorlieben. Zum Beispiel könnte Löwe im zweiten Haus eine extravagante und großzügige Einstellung zum Geld andeuten, möglicherweise auch die Fähigkeit, den Lebensunterhalt durch die Ausübung von Kunst zu verdienen. Die Werte dieser Person wären vor allem auf einen Respekt vor der Kreativität und auf die Anerkennung von Herzenswärme als wichtigste Tugend gegründet.

Wenn im zweiten Haus mehrere Planeten stehen, wird die Person wahrscheinlich versuchen, eine Umgebung um sich herum zu schaffen, die ihre Werte zum Ausdruck bringt, oder Projekte in Angriff nehmen, die das tun.

Das zweite Haus zeigt auch die Art, in der wir unseren körperlichen Bedürfnissen begegnen. Geld und Besitz können dabei helfen, doch unsere wichtigste Grundlage ist unser Körper. Das zweite Haus zeigt, ob wir uns schön fühlen und mit uns zufrieden sind und wie wir Wärme und Sinnlichkeit anderen gegenüber zum Ausdruck bringen. Das dem zweiten gegenüberliegende Haus ist das achte, das sich auf die Sexualität bezieht, und die Grundlagen für sexuellen Ausdruck werden durch die Erfahrungen des zweiten Hauses mit Wohlbefinden und sinnlichem Vergnügen gelegt.

Zum Beispiel könnte jemand mit einem stark aspektierten Neptun in Waage im zweiten Haus diese Energie zum Ausdruck bringen, indem sie mit der in der Phantasie geschaffenen Atmosphäre von Märchen sinnliches Vergnügen mit Freunden teilt. Die Kleidung, die sie trägt, bringt ihren träumerischen Neptunsinn für Freude an ihrem eigenen Körper zum Ausdruck. Man kann nicht sofort erkennen, daß sie direkt, impulsiv und dynamisch in sexuellen Beziehungen die Initiative ergreift. Und doch hat sie Widder gegenüber im achten Haus, und die Phantasiewelt, die sie schafft, erlaubt ihr, sich auf Widderart frei und spontan zu fühlen.

Wir erfahren die Elemente unseres Selbst, die dem zweiten Haus zugehören, wenn wir in der Lage sind, uns zu verwöhnen und unsere Umgebung zu genießen. Wir können lernen, uns selbst zu schätzen, indem wir stolz auf unsere Fähigkeit sind, selbst Geld zu verdienen. Wenn wir das nicht können und auch wenige materielle Grundlagen haben, ist es um so wichtiger, Wege zu finden, mit denen wir uns Freude bereiten und erkennen können, daß wir sie auch verdienen. Die Wertschätzung der Natur und der körperlichen Schönheit unserer Freunde, Kinder und anderer Verwandter ist ebenfalls ein das Selbst nährendes Element des Bereiches in unserem Leben, den das zweite Haus bestimmt.

Das dritte Haus

Das Haus der Umgebung

Geschwister, Schulfreunde, Nächste,
Schulleben, Lernen, Kommunikation, kurze Reisen, Transporte,
tägliche Routine, Beweglichkeit

Verbunden mit Zwillinge und Merkur

Das übergreifende Thema des dritten Hauses ist Kommunikation mit der Umgebung. Während das zweite Haus die direkten Grundlagen darstellt, die das Kind umgeben, stellt das dritte Haus die weniger greifbaren Grundlagen der Gemeinschaft dar, in die es kommt, und die Möglichkeiten von Anregung und Interaktion, die es bietet.

Mit diesem Haus erbt das Neugeborene ein Netz von Beziehungen mit seinen Angehörigen, Brüdern, Schwestern, Kusinen und anderen Kindern in gemeinsamen Haushalten (oder den Mangel daran, wenn es allein aufwächst). Die Beziehungen des dritten Hauses sind nicht die, die wir uns aussuchen, sondern die, die uns unsere Umgebung vorgibt. Krebs an der Spitze des dritten Hauses zum Beispiel könnte eine enge, sogar klammernde Beziehung zu den Geschwistern zeigen; in positiverer Weise könnte es eine beschützende und nährende Beziehung andeuten. Im Erwachsenenalter könnte dieselbe Person eine beschützende Rolle ihren Nächsten gegenüber einnehmen.

Das Zeichen an der Häuserspitze und alle Planeten im dritten Haus zeigen, wie wir mit der Umgebung umgehen. Wenn das dritte Haus durch die Sonne, den Mond oder mehrere Planeten betont wird, bedeutet das einen lebhaften, stimulierenden Zugang der Neugierde und Offenheit und ein Bedürfnis, sowohl auf dem neuesten Stand zu bleiben als auch weiterzulernen. Es zeigt die Art an, wie wir mit unseren Angehörigen wechselnde Beziehungen anknüpfen. Steinbock im dritten Haus könnte zeigen, wie die betreffende Person durch ein Verhältnis der Gebundenheit an die Bedürfnisse der Gemeinschaft lebt, so daß sie im Zusammenhang mit ihrer Anwesenheit bei Sitzungen und Treffen viele neue Bekanntschaften macht. Das dritte Haus zeigt auch die Orte an, an denen wir unseren Nächsten begegnen: Läden und Märkte am Ort, Bar oder Café als soziales Zentrum, Abendschulen.

Dieses Haus im Horoskop zeigt die Art, mit der man Lernen angeht, und kann uns über Erfolg oder Schwierigkeiten in der Schule Aufschluß geben. Mit Mars im dritten Haus zum Beispiel würde im Enthusiasmus des Kindes beim Lernen viel dynamische Energie zum Ausdruck kommen, aber es könnte in der Schule so selbstsicher sein, daß es vielleicht Streitigkeiten mit den anderen Kindern bekommt. Mit einer Betonung des dritten Hauses geht im allgemeinen ein großes Interesse am Erlernen neuer Fähigkeiten einher, auch an fortgesetztem Lernen und Kommunikation im Leben der betroffenen Person. Sie kann besonders gut sein als Sprecherin in der Öffentlichkeit oder als Journalistin, oder sie arbeitet mit Büchern als Buchhändlerin, Herausgeberin oder Bibliothekarin. Besonders wenn Sonne, Mond oder Uranus im dritten Haus stehen, kann das ein Zeichen für die Arbeit als Autorin sein.

Mobilität ist eins der Hauptthemen des Hauses, das kann in Zusammenhang mit den Planeten und Zeichen, die im Horoskop stehen, die Bedeutung der täglichen Routine in unserem Leben zeigen; die Fahrten, die wir zur Arbeit oder zum Einkaufen unternehmen, unser Verhältnis zu Autos, Bussen, Fahrrädern und Zügen. Alle Angelegenheiten des dritten Hauses haben starken Einfluß auf unsere Stimmung und Erfahrung, denn wir nehmen sie erst dann wirklich wahr, wenn ihre Funktion problematisch wird. Diejenigen Personen, die im dritten Haus Planeten mit schwierigen Aspekten zu Planeten in anderen Bereichen des Horoskops haben, bekommen oft Schwierigkeiten mit der Kommunikation oder der Beweglichkeit. Dieses Haus ist in den Horoskopen körperlich behinderter Menschen besonders bedeutsam; wenn Beweglichkeit oder Kommunikation schwierig sind, ist es ungeheuer wichtig, klarzustellen, daß Bedürfnisse nach Stimulation und Interaktion aus dem dritten Haus befriedigt werden.

Das Element unseres Lebens, das dem dritten Haus zugeordnet ist, gibt uns das Gefühl, ein Teil in einem Netzwerk mit anderen Menschen zu sein. Ein Gefühl von Schwesterlichkeit oder Brüderlichkeit oder Gemeinschaft kann uns nähren, wenn unsere engsten Zweierbeziehungen in Schwierigkeiten sind. Indem wir diesem Bereich in unserem Leben Aufmerksamkeit zuwenden, halten wir unseren Geist aktiv, üben soziale Fähigkeiten und vermeiden den Schmerz der Einsamkeit und die Trägheit der Langeweile.

Das vierte Haus

Das Haus der Wurzeln

Anfänge, Kindheit, das Heim, Eltern (besonders die Mutter),
Wohnung, Land, häusliches Leben, ethnische Identität,
inneres Leben

Verbunden mit Krebs und dem Mond

Das vierte Haus repräsentiert Teile unseres Selbst, die Bezug zu den tiefsten Elementen der Psyche haben, mit den unbewußtesten Bedürfnissen und Wünschen. Diese Bedürfnisse haben etwas mit Sicherheit zu tun und nehmen Bezug zurück auf unser Verhältnis zu unseren Müttern. Das vierte Haus beschreibt oft durch die darin stehenden Planeten und die Zeichen an seiner Spitze das Verhältnis der entsprechenden Person zu ihrer Mutter in ihrer Kleinkindzeit, ihrem frühen Leben in ihrem Heim und ihr Gefühl für Familie und deren Bedeutung in ihrem Leben. Wenn Planeten im vierten Haus des Horoskops Spannungsaspekte haben (vgl. Kapitel 8), gibt es gewöhnlich in der Familie besonders gespannte Verhältnisse.

Das Haus zeigt die Arten, auf die wir bereit sind, das Nährende anzunehmen, und die Qualität unseres Verhältnisses sowohl zu den Eltern als auch zu anderen uns nährenden Personen. Eine Person, die Jungfrau im vierten Haus hat, kann zum Beispiel zurückhaltend sein, aber andere gern kritisieren, während sie im geheimen hohe Erwartungen an die Unterstützung und Versorgung durch die anderen hat. Gleichzeitig findet sie es schwierig, ihr Jungfrauelement zum Ausdruck zu bringen, weil es in ihrem Unbewußten verborgen liegt.

Das vierte Haus zeigt Bereiche im Horoskop, die man nach »verborgenen Schätzen« untersuchen kann. Zum Beispiel ist es möglich, daß jemand mit Uranus im vierten Haus ein unterbrochenes Familienleben hatte oder einen Elternteil, der wie ein Ausgestoßener aus der Gesellschaft wirkte, was dem Kind viel Leid verursachte. Im Unbewußten verborgen liegt der Uranus dieser Person, ihre Fähigkeit, erfinderisch zu sein, von gleißender Spannung, ein begnadeter Außenseiter vom Standpunkt der Normalität aus. Wenn wir an Wegen arbeiten, durch die wir die Unterstützung anderer anzunehmen lernen, und indem wir herausfinden, auf welche Art wir uns selbst nähren, können sich die »vergrabenen« Seiten der Psyche besser ausdrücken.

Psychotherapie und andere Arbeit mit dem Unbewußten – wie zum Beispiel Kunsttherapie und aktive Imagination – kann man einsetzen, um sich von vergangenen Traumata zu lösen und die Schätze aus dem vierten Haus zu entdecken. Das ist besonders wichtig für diejenigen, deren viertes Haus betont ist. Eine solche Arbeit ist vielleicht nicht immer möglich, aber sehr viel Heilung und Lösung findet im Unbewußten auch durch Träume statt.

Das Zeichen an der Spitze des vierten Hauses kann zeigen, wie die entsprechende Person ihre Mutter erfährt – nicht so sehr, wie sie wirklich ist. Zum Beispiel kann eine Zwillingemutter geistig sehr agil sein und mit Interesse auf das reagieren, was ihr das Kind aus der Schule erzählt. Das Kind hat einen gespannt aspektierten Mars im Steinbock im vierten Haus und erfährt dadurch das Interesse der Mutter als Druck, den sie auf es ausübt, damit es erfolgreich ist, auch wenn das nicht die Absicht oder das Motiv der Mutter ist. Die Lösung dieses Problems zu einem späteren Zeitpunkt kann darin bestehen, daß die Tochter ihren starken Ehrgeiz entdeckt, der im vierten Haus »vergraben« liegt.

Oft macht sich eine Person, wenn sie erwachsen ist, auf die Suche nach ihren Wurzeln, ihrer Herkunft, wenn sich ein langsamer Planet durch ihr viertes Haus bewegt. Planeten, die bei der Geburt im vierten Haus stehen, zeigen an, wie wir sowohl unsere ethnische Identität als auch unseren familiären Hintergrund empfinden. Wenn zum Beispiel die Venus im vierten Haus steht, könnte dadurch nicht nur ein gefühlvolles und herzliches Verhältnis zur Familie zum Ausdruck kommen, sondern auch ein starkes Bedürfnis, Formen in der Kunst zu schaffen, die aus einer ererbten Kultur stammen.

Das vierte Haus berichtet auch von der Art von Heim, das wir uns schaffen. Indem wir uns ein Heim einrichten, schaffen wir eine Basis für den Rest unseres Lebens. Die Art des von einer Person gesuchten Heimes wird oft durch die Planeten im vierten Haus und das Zeichen an seiner Spitze zum Ausdruck gebracht. Zum Beispiel würde das Heim mit Merkur in Widder im vierten Haus eine Stromlinienform für optimale Effizienz bekommen.

Da das vierte Haus von so alten und tiefen Bedürfnissen handelt, ist es ein wichtiger Teil des Horoskops, den man für enge Beziehungen berücksichtigen muß, indem man die Planeten und Zeichen, die bei jeder der betroffenen Personen eine Rolle spielen, genau betrachtet. Es ist auch sehr wichtig, wenn wir unser Verhältnis zu Hausbewohnern und gemeinschaftlichen Dingen verstehen wollen.

Das vierte Haus bezieht sich auf das innere Leben: auf das Unbewußte und das Heim. Es kontrastiert scharf mit dem äußeren Leben des zehnten Hauses und ist die Basis, von der aus wir in die Welt hinausgehen. Diejenigen Personen, bei denen das vierte Haus stärker betont ist als das zehnte, sind oft »Innenwelt«-Menschen, die in der Phantasie besser zurechtkommen als in der »realen Welt«. Da sie dem Unbewußten besonders nah sind, bringen sie das oft als Künstlerinnen, Musikerinnen und Dichterinnen zum Ausdruck.

Was auch immer in unserem vierten Haus steht und welches Zeichen auch an seiner Spitze ist, wir alle brauchen eine feste Basis, indem wir uns Sicherheit schaffen und uns selbst nähren.

Das fünfte Haus

Das Haus des Spiels

Erholung, Spaß, Unterhaltung, Kreativität, Ferien,
Sport, Spiele, Liebesbeziehungen, Kinder

Verbunden mit Löwe und der Sonne

Nachdem das kleine Kind Interesse an seinem körperlichen Wohlbefinden (zweites Haus), an seiner Umgebung (drittes) und an dem Verhältnis zu seinen Eltern (viertes) gezeigt hat, beginnt es, seine Kreativität mit mehr Bewußtsein in seinem Spiel zu entwickeln. Das fünfte Haus ist der Bereich des Horoskops, der Spaß und Freude zugeordnet ist, und beschreibt die Fähigkeit zu Spontaneität und kreativem Spiel. Für Erwachsene beschreibt das fünfte Haus sexuelle Beziehungen in ihrem spielerischen und vergnüglichen Aspekt, im Kontrast zum achten Haus, das mit Sex als viel tieferer und elementarerer Kraft zu tun hat. Beziehungen des fünften Hauses sind voller Romantik und Flirt. »Liebesaffären« werden von diesem Haus beherrscht, während das siebte Haus die ernsthaftere Sache der Partnerschaft beschreibt.

Das sechste Haus

Das Haus der Arbeit

Arbeitsleben, Mitarbeiter und Kollegen,
der Arbeitsplatz, Wirksamkeit, Gesundheit,
Ernährung, Körpertraining

Verbunden mit Jungfrau und Merkur

Nachdem das kleine Kind viel durch spontanes Spiel gelernt hat, beginnt es, Verlangen nach Planspielen zu bekommen und mit konstruktivem Spielzeug zu spielen, das Vorausdenken verlangt und vielleicht nicht immer ein Erfolgserlebnis bietet. Es hat die Zielsetzung entdeckt und die Fähigkeit, in der Gegenwart zu arbeiten, um in der Zukunft etwas dafür zu erlangen.

Planeten in diesem Haus und die Zeichen an seiner Spitze zeigen das Wesen der Freude und Befriedigung, die wir daraus gewinnen, etwas gut gemacht zu haben. Wenn wir etwas mit Kompetenz und Sicherheit tun, empfinden wir dadurch Macht und Freude. Das sechste Haus kann auch Schwierigkeiten aufzeigen, die wir mit Routineaufgaben haben und mit der Langeweile von Arbeit, die uns nicht fordert; und das Zeichen an der Spitze gibt uns oft einen Hinweis auf eine andere Art von Arbeit, die besser zu uns passen würde. Mit Waage im sechsten Haus zum Beispiel könnte die Arbeit im Zusammenhang mit Menschen stehen – im Personalbereich, bei der Vermittlung oder Beratung. Sie könnte auch mit Kunst oder Design zu tun haben. Die betreffende Person würde eine sanfte und kooperative Zusammenarbeit mit ihren Kollegen brauchen, und ein Team oder eine Partnerschaft wären gut für sie.

Das sechste Haus beschreibt die Rolle der Arbeit in unserem Leben und sowohl das Bedürfnis, das wir nach Kollegen und Mitarbeitern haben, als auch die Bedeutung und die Art unseres Verhältnisses zu ihnen. Es kann Probleme mit einem betonten sechsten Haus geben, wenn sich eine Person so sehr mit ihrer Arbeit identifiziert, daß es für sie einen vorübergehenden Verlust der Identität bedeuten würde, wenn sie sie wegen eines Kindes, Überbeschäftigung oder ihrer Pensionierung verlassen muß. Doch wenn dieses Haus im Horoskop betont ist, wird man Arbeit als erfüllend empfinden, trotz einer Tendenz, sich zu sehr zu engagieren.

Während das sechste Haus ein großes Interesse an effizienter Funktion am Arbeitsplatz zeigen kann, steht es auch in Verbindung mit der gesunden Funktionsweise eines leistungsfähigen Körpers. Um im Gleichgewicht zu sein, müssen wir unsere Bedürfnisse nach Arbeit und Spiel ins richtige Verhältnis bringen. Oft geht schlechte Gesundheit einher mit einem Mangel an sinnvoller Arbeit, Motivation oder einem Sinn für Selbstwert. Eine Heilung wird dann daran gebunden sein, daß man ein Gefühl für seinen persönlichen Wert bekommt und sich als kreativ und nützlich vorstellen kann. Traditionellerweise zeigen die Planeten im sechsten Haus die Arten der Krankheiten und Beschwerden, die eine Person wahrscheinlich erleiden wird – Mars im sechsten Haus zum Beispiel könnte Unfälle am Arbeitsplatz oder häufiges Fieber (denn Mars ist der feuerrote Planet) bedeuten. Gleichzeitig können uns die Planeten im sechsten Haus und das Zeichen an seiner Spitze eine Vorstellung davon geben, was wir aus einer Krankheit lernen können. Manchmal ist die Botschaft deutlich: »Zigaretten fördern Bronchitis«, aber die Gründe können im Verborgenen liegen. Es kann möglich sein, daß wir aus dem sechsten Haus die emotionalen Gewohnheiten erkennen können, die unsere Gesundheit gestört haben – wenn hier Saturn in Opposition zu Mond im zwölften Haus stehen würde, könnte das zum Beispiel eine Unterdrückung von Schmerz bedeuten. Wenn die Ursachen für den Schmerz tief im Hintergrund der Familiensituation verborgen sind, in den Genen und der psychischen Atmosphäre, die man von vorhergehenden Generationen übernommen hat, kann es das beste sein, mit Geistheilung oder mit tiefgreifenden medizinischen Methoden zu arbeiten (wie zum Beispiel der Homöopathie), um einen gesunden Körper zurückzugewinnen.

Wir erfüllen das Element des sechsten Hauses in unserem Leben, indem wir die richtige Arbeit und die richtigen Kollegen finden und indem wir uns richtig disziplinieren, damit wir gut arbeiten. Gleichzeitig müssen wir uns um unseren Körper kümmern, damit er unter den besten Voraussetzungen funktionieren kann.

Das siebte Haus

Das Haus der Partnerschaft

*Zweierbeziehungen, feste Verbindungen, häusliche oder
Geschäftsbeziehungen, Rivalität, Rat erteilen*

Verbunden mit Waage und Venus

Die Spitze des siebten Hauses ist der *Deszendent,* also der Ort des
Tierkreises, der zur Zeit der Geburt gerade *unterging.* Die Sonne überquert den Deszendenten jeden Tag, wenn sie untergeht, und die Zeit um
den Sonnenuntergang wird oft als »romantisch« empfunden.

Dieses Haus zeigt durch das »untergehende« Zeichen und durch darin
stehende Planeten, wir wir unsere engsten Beziehungen angehen, aber
auch unsere Fähigkeit, zu teilen und anderen nah zu sein. Obwohl das
Bedürfnis nach Intimität bei den meisten Menschen stark ist, muß es
nicht unbedingt etwas mit sexueller Gemeinsamkeit zu tun haben. Die
Partnerschaft kann ohne weiteres auch platonischer Art oder ein Arbeits-
verhältnis sein. Durch dieses Haus lernen wir, wie wir Beziehungen zu
anderen herstellen, oft durch eine Verbindung mit Menschen, deren
Sonne oder Mond in den Zeichen steht, die in unserem Horoskop gerade
untergehen. Zum Beispiel wird eine Person, die Jupiter im siebten Haus
im Krebs hat (dem Deszendentenzeichen), instinktiv großzügig mit ihrem Partner teilen und ein Bedürfnis haben, die Vorteile der Partnerschaft
(Sicherheit des Krebses) als Basis zu gebrauchen, von der aus sie nach
außen geht, vielleicht in sozialer Weise, indem sie Leute in ihr Heim
einlädt. Diese Person wird sich vielleicht unwiderstehlich zu Krebsen
hingezogen fühlen. In gleicher Weise ist es möglich, daß das Zeichen am
Deszendenten als abstoßend empfunden wird, und manche Menschen
versuchen Leute zu meiden, die die Sonne in diesem Zeichen haben. In
jedem Fall projiziert die Horoskopeignerin auf die anderen Menschen
ihre eigene, unentwickelte Seite.

Indem wir das siebte Haus betrachten, können wir sagen, welche
Eigenschaften die Person in ihrem Innern unterdrückt und ablehnt. Wenn
das Zeichen am Deszendenten anziehend ist, liegt es daran, daß wir
unsere eigenen, unentwickelten positiven Seiten darauf projizieren, wodurch wir uns oft fast zwanghaft in unser »Gegenteil« oder Gegenstück
verlieben. Wenn das Zeichen am Deszendenten uns abstößt, finden wir

jemanden schrecklich, der uns an unsere eigenen Elemente erinnert, die wir nicht anerkennen. Der abgelehnte Teil scheint uns oft zu verfolgen, und wir treffen ständig Menschen, die dieses Zeichen in ihrem Horoskop stark vertreten haben. Das abgelehnte Element kann sich als immer wiederkehrender Rivale oder Feind auswirken, der an jedem Arbeitsplatz, in jeder Gruppe, der man sich anschließt, mit neuem Namen und Gesicht auftritt, aber immer wieder dieselben Charakteristika aufweist. Eine Person mit Widderaszendent zum Beispiel projiziert sich mit Kraft und Mut auf die Welt. Ein Teil von ihr ist jedoch nicht so sicher. Sie bringt ihre Unsicherheit und ihre Tendenz zu Kompromissen oder ihre Angst vor Konflikten nicht zum Ausdruck, Züge, die Widder oft ablehnen. Innerhalb desselben, unterdrückten Teils der Persönlichkeit liegen auch positive Züge, wie zum Beispiel die Einschätzung der Gefühle anderer und die Liebe zur Harmonie, die sich im Horoskop durch den Deszendenten Waage ausdrücken. Wenn sie dann einer Waagepersönlichkeit begegnet oder auch Menschen mit einer starken Venus (die die Waage beherrscht), kann sie entweder in Konflikt mit ihnen kommen (negative Projektion) oder sich Hals über Kopf in sie verlieben (positive Projektion).

Die Situation ist noch vielfältiger bei Menschen, die Sonne oder Mond am Deszendenten haben. In diesem Fall sind für sie Beziehungen besonders wichtig, sie haben ein spezielles Bedürfnis, durch Partnerschaften zu lernen. Viele Planeten im siebten Haus deuten normalerweise auf eine Person hin, die ein kooperatives Wesen hat und die es vorzieht, auf die Initiative der anderen zu reagieren, wo es um kreative Zusammenarbeit geht. Das würde durch die Gegenwart bestimmter Planeten im siebten Haus anders. Die Gegenwart von Mars zum Beispiel könnte ein Bedürfnis andeuten, sich zu einer kreativen Lösung mit dem Partner durchzukämpfen.

Planeten, die sich gegenwärtig durch das siebte Haus bewegen, deuten auf ein Aufmerksamwerden gegenüber neuen Verhältnissen in Zweierbeziehungen hin. Der Transit von Venus durch das siebte Haus ein- oder zweimal im Jahr ist oft eine Zeit, die besonders hilfreich und von Liebe erfüllt ist.

Das siebte Haus im Horoskop hilft uns, herauszufinden, was unsere engsten Beziehungen bedeuten; die Verhaltensmuster zu verstehen, die wir immer wiederholen. Wenn es durch viele oder wichtige Planeten betont ist, gibt die betroffene Person oft ihre eigenen Einsichten in Zweierbeziehungen an andere Menschen weiter, indem sie als Beraterin arbeitet.

Wir können den Teilen unseres Lebens, die dem siebten Haus zugehören, unsere Aufmerksamkeit zuwenden, indem wir unser Bedürfnis nach Intimität und Gemeinsamkeit annehmen. Das können wir zum Ausdruck bringen, indem wir Raum für enge zwischenmenschliche Beziehungen schaffen, indem wir enge Freundschaften schätzen und indem wir uns zugestehen, zu lieben und Liebe zu empfangen.

Das achte Haus

Das Haus der Mysterien

Sexualität und ihre tiefere Bedeutung,
Tod, das Leben nach dem Tode, Geheimnisse, das Okkulte,
psychische Entwicklung, geerbtes Geld

Verbunden mit Skorpion und Pluto

Während sich das zweite Haus auf Freude und Berührung bezieht, hat das achte Haus mit Sexualität und der tieferen Bedeutung sexueller Erfahrung zu tun. Das Zeichen an der Spitze des achten Hauses und die Planeten darin zeigen den Zugang der Person zur Sexualität. Wenn zum Beispiel jemand Neptun im Löwen im achten Haus hat, könnte die sexuelle Erfahrung zur Arena werden, in der romantische und mystische Dramen dargestellt werden. Mit Mars in den Zwillingen im achten Haus würde die betroffene Person wahrscheinlich einen zwanghaften Trieb zur Sexualität als Mittel zum besseren Kennenlernen der Welt und der Menschen darin entwickeln.

Das achte Haus bezieht sich auch noch auf ein weiteres Umfeld. Es repräsentiert die Art der Suche eines Menschen nach dem Verständnis des Lebens, nach der Auseinandersetzung mit dem Tod und der Bedeutung des Zyklus von Geburt und Tod, nach der Betrachtung aller Mysterien, die in der praktischen Welt des täglichen Lebens nicht angesprochen werden. Sexualität ist ein Teil dieser Mysterien, und das Individuum spürt oft, wie uralte Kräfte in ihm arbeiten, so daß sexueller Ausdruck mehr zu bedeuten scheint als nur durch das gemeinsame Vergnügen, durch die Lösung von Spannung und Lust oder sogar durch den Ausdruck von Liebe erklärt wäre. Sexualität erhebt herausfordernde Fragen über die Art, in der eine Person sich von Hemmungen lösen kann oder nicht, in der sie Intimität erreichen oder die Verschmelzung mit einem Partner erfahren kann. Sie erzeugt Angst vor der eigenen Intensität und Gefühlskraft und erhebt die Frage, was man bereit ist zu verändern oder aufzugeben, um Intimität erfahren zu können.

Wenn das achte Haus im Horoskop betont ist, wird es wahrscheinlich, daß die betroffene Person die Macht der Sexualität erkennt und sich selten darüber lustig macht oder sie trivialisiert. Sie wird sehr wahrscheinlich auch Zeit damit verbringen, die Mysterien des Lebens zu überdenken, und wenn die tieferen spirituellen Bedürfnisse des Hauses befriedigt werden, ist es nicht unbedingt nötig, daß die Person auch sexuellen Ausdruck braucht.

Das Verhältnis des zweiten Hauses zum achten wird im Schwergewicht des achten Hauses auf der psychischen Entwicklung erkennbar. Das praktische zweite Haus bezieht sich auf das Bedürfnis nach Geld und Wohlstand, das befriedigt werden muß, bevor die unbekannten Gebiete der Psyche erforscht werden können. Auf diese Art können wir psychische Fähigkeiten entwickeln, ohne den Boden unter den Füßen zu verlieren.

In jedem Horoskop wird eine Betonung des Verborgenen stattfinden, wenn einer der äußeren Planeten sich durch das achte Haus bewegt. Die moderne Psychologie hat unser Verständnis von den verborgenen Dingen dahingehend erweitert, daß jetzt auch die Erforschung des Unbewußten eingeschlossen ist, jenes Teils der Psyche, der unsichtbar ist.

Traditionellerweise wurde das achte Haus mit dem Tod in Verbindung gebracht; allerdings steht zum Beispiel im Tarot Tod normalerweise nicht für den Tod im eigentlichen Sinne des Wortes, sondern für die Loslösung vom Alten und für spirituelle Erneuerung. In einem wörtlicheren Sinn bringt der Tod von Verwandten oft ein Erbe mit sich, und Planeten im Transit über dieses Haus können ein Geldgeschenk bedeuten. Während sich das zweite Haus auf Einkommen beschränkt, das der Befriedigung körperlicher Bedürfnisse dient, geht es im achten Haus um die umfassendere Bedeutung von Geld als einer Kraft in der Gesellschaft und als Quelle der Macht im Leben des Individuums. Wenn die spirituellen und sexuellen Bedürfnisse dieses Hauses nicht zum Ausdruck kommen, kann sie der Wunsch nach Macht oder Geld ersetzen.

Wir können das Element des achten Hauses in uns zulassen, indem wir uns Raum geben, die Mysterien des Lebens zu bedenken und die Macht der Sexualität zu respektieren.

Das neunte Haus

Das Haus der Erforschung

*Reisen, Kontakt mit fremden Ländern und Kulturen,
Studien, Weiterbildung, Philosophie, Weltanschauungen,
Religion*

Verbunden mit Schütze und Jupiter

Das neunte Haus zeigt die Bereiche des Lebens, in denen wir eine breitere Perspektive entwickeln können. Das kann mit Hilfe von Studien, durch spirituelle Erfahrung, durch die Entwicklung einer Philosophie oder Weltanschauung oder konkreter durch Reisen ins Ausland oder Kontakte mit anderen Kulturen geschehen. Als Gegenstück zum dritten Haus der Umgebung entwickelt das neunte Haus die Erfahrung der Umgebung weiter zu einer bedeutungsvollen Philosophie und zieht Schlüsse aus dem bereits Gelernten.

Indem man das Zeichen an der Häuserspitze und darin befindliche Planeten betrachtet, können wir erkennen, in welcher Weise eine Person nach etwas Größerem verlangt, als sie selbst es ist. Wenn zum Beispiel Stier an der Spitze des neunten Hauses steht, könnte das Individuum ein Gefühl der Verehrung und der Bewunderung durch den Genuß an einer Landschaft empfinden, während jemand mit Wassermann an der Spitze eher fasziniert wäre von der Größe des Weltraums und des Nachthimmels. Mit Venus im neunten Haus wären Schönheit, Harmonie und Ästhetik ein wesentliches Element in der Philosophie der betroffenen Person, und sie wäre sehr interessiert an fremden Ländern und fremden Menschen. Auch politisches Engagement kann sich im neunten Haus zeigen. So wie das dritte Haus die Gemeinde repräsentiert, so steht das neunte Haus für eine weitere Gemeinschaft und Vorgänge im Zusammenhang mit Regierung und Gesetzgebung, die diese Gemeinschaft zusammenhalten. Betonung dieses Hauses könnte Selbstausdruck in Form von Politik oder Juristerei andeuten, während Transite der gegenwärtigen Planeten durch das Haus oft einen Zusammenhang mit Gerichtssachen haben. Wenn zum Beispiel Pluto durch das neunte Haus geht, macht die betreffende Person vielleicht eine Phase der Selbst-Konfrontation und der Transformation durch, die aufgrund einer langwierigen Verwicklung in einen Gerichtsstreit begonnen hat. Mit Sonne, Jupiter, Merkur oder Saturn im neunten Haus ist es wahrscheinlich, daß die betreffende Person

Teil der akademischen Welt sein wird. Wenn zur Zeit der Geburt Mars im neunten Haus steht, empfindet sie vielleicht einen Drang zum Abenteuer in fremden Ländern oder nach der Erforschung der Philosophie oder der Religionen der Welt.

Transite über das Haus können Beschäftigung mit Weiterbildung, privaten Studien oder Reisen ins Ausland bedeuten. Bei manchen Menschen steht Reisen im Zusammenhang mit einer Suche nach Sinn und Erleuchtung und der Entdeckung eines Lehrers oder Gurus. Die Betonung des Hauses könnte bedeuten, daß die Person möglicherweise dadurch am besten lernt, daß sie Schüler oder Lehrling bei einem gelehrten und weisen Lehrer wird. Ein starkes neuntes Haus kann ebenso andeuten, daß sie selbst ein Lehrer im Zusammenhang mit diesen größeren Lebensfragen wird. Entdeckungen über Leben, Tod, Mysterium und Bedeutung im achten Haus, die besonders intim und geheim sind, werden im neunten Haus öffentlich. Zum Beispiel könnte ein Lehrer mit Löwe an der Spitze des neunten Hauses, dessen Thema solche Entdeckungen sind, eine dramatische Ausstrahlung haben und eine große Schar von Schülern anziehen. Im Gegensatz dazu könnte Jungfrau an der Spitze des neunten Hauses bedeuten, daß eine Person, die sehr der Wahrheit zugetan ist, durch ihre Bescheidenheit dem Rampenlicht ausgewichen ist.

Das neunte Haus hat eine Verbindung mit den Versuchen der Menschen, das Unbeschreibliche zu beschreiben und Rituale und Zeremonien zu erschaffen, die Blitze und Echos der Inspiration erhalten, die hinter ihnen steht. Es beschreibt jenen Teil unseres Lebens, in dem wir die Freiheit haben, unsere eigene Philosophie zu entwickeln.

Das zehnte Haus

Das Haus des Status

*Öffentliches Leben, Status in der Gemeinschaft,
die Welt außerhalb des Heims, Karriere, Erfolg und Mißerfolg,
Stellung in der Öffentlichkeit, Ruf, Ehrgeiz*

Verbunden mit Steinbock und Saturn

Die Spitze des zehnten Hauses ist in den meisten Häusersystemen die Himmelsmitte, der Teil des Himmels, der zum Zeitpunkt der Geburt am höchsten steht. Diejenigen, die mittags geboren sind, haben die Sonne in der Himmelsmitte, und sie werden normalerweise bekannt, denn die Sonne, die ihre persönliche Identität darstellt, scheint ganz hoch oben. Während das erste Haus und der Aszendent Teile des Selbst repräsentieren, die wir nach außen als »Persönlichkeit« darstellen, bedeuten das zehnte Haus und die Himmelsmitte ein eher absichtlich gewähltes, formaleres öffentliches Image. Das Zeichen an der Spitze des zehnten Hauses zeigt, wie wir gesehen werden wollen, die Rolle, die wir in der Gemeinschaft einnehmen wollen. Manchmal kann die Kombination von zehntem Haus mit Sonnenzeichen und Aszendent erstaunlich sein. Eine sehr empfindsame und zurückgezogene Fischepersönlichkeit zum Beispiel, deren Krebsaszendent ihre emotionale Empfänglichkeit und ihr Mitgefühl noch erhöht, hat Himmelsmitte und Spitze des zehnten Hauses ausgerechnet im Widder. Sie unterrichtet Kampfsportarten und gilt in der Öffentlichkeit als feste und findige Pionierfrau, obwohl alle ihre Freunde auch ihre weichere, »wäßrige« Natur und Persönlichkeit kennen, und sie hat die Möglichkeit, ihr Mitgefühl in ihrer Arbeit mit Lernenden zum Ausdruck zu bringen. Viele Menschen beginnen eine Karriere, die im Zusammenhang mit dem Zeichen ihres zehnten Hauses steht, denn auf diese Art können sie eher so werden, wie sie gern ihr Image sehen möchten. Zum Beispiel könnte eine Person mit Jungfrau an der Himmelsmitte Krankenschwester werden und durch die Art der Arbeit entdecken, daß sie auch die heilenden Kräfte der Jungfrau besitzt.

Planeten im zehnten Haus lassen Aussagen über unser Bedürfnis nach Anerkennung und die wahrscheinlichen Erfolge zu. Mit vielen Planeten im zehnten Haus wird die entsprechende Person über ihren engeren Bekanntenkreis hinaus bekannt werden; sie wird in irgendeiner Art zu Ruhm oder Erfolg gelangen. Wenn hier zum Beispiel der Merkur steht, könnte die Person für ihr Schreiben bekannt werden; mit Venus im zehnten Haus vielleicht für ihre Kunst (oder ihre Schönheit).

Schwierigkeiten im zehnten Haus werden durch Spannungsaspekte der darinstehenden Planeten zum Ausdruck gebracht und stehen im Zusammenhang mit dem öffentlichen Ansehen der betreffenden Person. Manchmal hat sie Schwierigkeiten in ihrer Karriere, manchmal hat sie Sorgen mit ihrer beruflichen oder sozialen Anerkennung. Doch Spannungsaspekte zum zehnten Haus haben ihre Vorteile, denn sie stärken den Willen und festigen die Entschlußkraft. Oft findet sich ein »schwieriges« zehntes Haus im Horoskop einer Person, die allgemein für besondere Leistungen bekannt ist.

Das zehnte Haus steht im Kontrast zu seinem Gegenüber, dem vierten Haus. Während das vierte Haus die intimsten Aspekte unseres Lebens betrifft und unser Leben in unserem Heim repräsentiert, ist das zehnte das öffentlichste Haus, das die Welt außerhalb repräsentiert. Während eines Planetentransites über das zehnte Haus einer Person erfährt sie oft das Bedürfnis, ein Teil ihres Selbst nach außen in die Öffentlichkeit zu tragen; wenn zum Beispiel Uranus im Transit ist, wird sie vielleicht für ihre unkonventionellen politischen Ansichten bekannt. Die zwei Häuser zusammen, das vierte und das zehnte, lassen die Erwartungen der Eltern gegenüber dem Kind erkennbar werden. Wenn viele Planeten im zehnten Haus stehen, ist es wahrscheinlich, daß ein oder beide Elternteile einen Druck auf das Kind ausgeübt haben, damit es erfolgreich ist.

Die Menschen, die wir bewundern und durch die wir beeinflußt werden, haben möglicherweise eine Verbindung mit dem zehnten Haus in unserem Horoskop. Wenn zum Beispiel Löwe im zehnten Haus steht, haben oft Löwen eine beeindruckende und formende Wirkung. Unbewußt macht die betreffende Person sie zu Vorbildern, als wenn sie »erwachsener« wären als sie. Aus ähnlichen Gründen zeigt das zehnte Haus etwas von unserem Verhältnis zu Autorität – Schwierigkeiten in diesem Zusammenhang könnten zu unfreiwilliger Rebellion oder eingeschüchtertem Unterlegenheitsgebaren führen. Das zehnte Haus zeigt auch das Bedürfnis eines jeden Menschen nach Anerkennung seines Wertes in der Gemeinschaft. Es beschreibt den starken Wunsch nach Wirkung und sinnvoller Arbeit, der in Zusammenhang mit dem Gefühl des Individuums für sein Selbst steht. Emotionale Probleme, die ihre Ursache in Arbeitslosigkeit, vorzeitiger Pensionierung oder Stellenkürzungen haben, zeigen, wie wichtig es für das Individuum ist, ein Gefühl für seinen Sinn zu haben und sich seines Status und Respekts wert zu fühlen. Wir können die Elemente unseres Lebens, die das zehnte Haus betreffen, am besten erfüllen, indem wir lernen, Lob und Komplimente anzunehmen, und indem wir unser Bedürfnis nach Sinn und richtiger Einschätzung ernst nehmen.

Das elfte Haus

Das Haus der Ideale

Gemeinsame Freuden, Hobbys, Interessen,
Kameradschaft, Visionen und Träume von der Zukunft,
kommunale Experimente, Bewegungen, Schwesternschaft

Verbunden mit Wassermann und Uranus

Dieses Haus zeigt die Rolle, die die Inspiration durch Ideale im Leben spielt. Während das fünfte Haus (das dem elften gegenüberliegt) auf individuelle Erfüllung und Kreativität hinweist, konzentriert sich das elfte Haus darauf, was die einzelne mit einer Gruppe gemeinsam hat. Wenn das elfte Haus im Horoskop durch mehrere Planeten betont ist, wird es wahrscheinlich, daß gemeinschaftliche Erfahrungen im Leben der betroffenen Person von Bedeutung sein werden. Sie wird vielleicht viel Zeit darauf verwenden, die richtige Gruppe von verwandten Geistern zu finden, die ähnliche Vorstellungen haben wie sie. Selbst wenn keine Planeten im elften Haus stehen, zeigt das Zeichen an der Spitze des Hauses, in welcher Weise eine solche Gruppe angegangen wird. Wenn zum Beispiel Zwillinge an der Spitze des elften Hauses steht, könnte das ein lebhaftes Bedürfnis nach der Stimulation sein, die eine Gruppe bietet, während Krebs an der Spitze des elften Hauses eher ein Einbringen von Gefühlen in die Gruppe bedeuten könnte. Die »Gruppe«, die durch das elfte Haus angesprochen wird, unterscheidet sich sowohl von der Familie als auch von der Gemeinschaft von der Person Nahestehenden, zu der sie sich zugehörig fühlt.

Die Gemeinsamkeit des elften Hauses wird von einer Person wegen des gemeinsamen Interesses an einer Sache oder einem Sachgebiet gesucht. Das kann zum Beispiel ein Hobby oder eine Freizeitbeschäftigung sein; Venus im Stier im elften Haus könnte Beteiligung an einem Chor oder einer anderen Gesangsgruppe bedeuten – nicht als Beruf, sondern als Freizeitbeschäftigung. Die gemeinsame Sache, die Menschen zusammenbringt, kann ein gemeinsames Ideal oder eine gemeinsame politische Überzeugung sein. Wenn das Haus betont ist, ist es für die betroffene Person besonders wichtig, daß sie die Menschen findet, die ihre Vorstellungen von der Zukunft und ihre Hinwendung an ein Ideal teilen. Sie macht vielleicht zahlreiche Versuche, die richtige Gemeinschaft zu finden oder zu gründen, macht Experimente mit Zusammenleben, Alternativen in der Bildung oder sozialen Organisation, vielleicht auch mit Kooperativen. Das Gefühl von Schwesternschaft innerhalb von Frauenorganisationen, von Kameradschaft in Kooperativen und sozialistischen Bewegungen und von Gemeinsamkeit in religiösen Gemeinschaften ist alles Thema des elften Hauses. Das Bedürfnis des elften Hauses ist es, andere Menschen zu finden, mit denen man Hoffnung und Vorstellungen teilen kann, die der Rest der Welt nicht zu verstehen scheint. Oft haben sich diejenigen, bei denen das Haus betont ist, von der Gesellschaft als Außenseiter ausgeschlossen gefühlt oder haben sich freiwillig ausgeschlossen. Ihre individuellen Lösungen aus dem fünften Haus sind für sie nicht möglich, und sie suchen immer weiter, bis sie einen Kreis Gleichgesinnter finden, die ihre Vorstellung teilen.

Wir können dem elften Haus einen Teil unseres Lebens zuordnen, indem wir Raum für Freundschaften schaffen, die aus einem gemeinsamen Interesse entstehen. Beziehungen des elften Hauses beinhalten ein Gefühl von Freiheit, denn sie sind frei gewählt (und nicht nur überkommen) und doch nicht gebunden durch sexuelle oder andere enge Bindungen oder die Verantwortungen und Konflikte einer Partnerschaft im Bereich des Arbeitslebens. Freunde im Sinne des elften Hauses arbeiten vielleicht zusammen für die gleiche Sache, obwohl es die Sache ist, die sie anregt, nicht die Arbeit damit, sie gibt den größeren Zusammenhang für ihre Gemeinsamkeit vor. Mit dieser Vorstellung von gemeinsamer Sache können durch Freundschaften im Sinne des elften Hauses die inneren Probleme und Streitigkeiten mit anderen starken Beziehungen im Leben der betroffenen Personen überwunden werden. Der Sinn für Gemeinsamkeit, dafür, Seite an Seite für ein Ideal zu arbeiten, kann sehr wertvoll sein. Oft überdauern solche Freundschaften Jahre und bestehen länger als die verschiedenen Sachen, denen die Freunde gemeinsam verpflichtet waren, denn eigentlich bringt sie ihr gemeinsamer Idealismus zusammen.

Das zwölfte Haus

Das Haus der Zurückgezogenheit

*Einsamkeit, Zurückgezogenheit und Abgeschiedenheit,
Reflexion, Freistätten, Heilen, Krankheit, Drogen und
Abhängigkeit, Lösungen und Abschlüsse, Meditation,
Mystik, das spirituelle Leben*

Verbunden mit Fische und Neptun

Das zwölfte Haus ist der Teil des Horoskops, in dem die Bereiche erkennbar werden, in die wir uns zurückziehen, absondern und nach innen schauen. Weil das Horoskop ein Kreis ist, verbindet uns das zwölfte Haus wieder mit dem ersten, genauso wie uns Abgeschiedenheit und Einsamkeit erlauben, einen Prozeß der Erneuerung stattfinden zu lassen. Das zwölfte Haus steht dem sechsten gegenüber, das auf Gesundheit und Arbeit in der Welt konzentriert ist. Es betont die spirituellen Aspekte des Heilens und der Arbeit hinter den Kulissen.

Wenn eine Person ein stark betontes zwölftes Haus hat, kann es sein, daß sie in einer abgeschiedenen Umgebung lebt oder arbeitet. Sie wird sich zu Leuten mit besonderen Bedürfnissen hingezogen fühlen, die eine Freistatt und eine beschützte Umgebung brauchen.

Betonung des zwölften Hauses durch Sonne, Mond oder mehrere Planeten zeigt oft eine Fähigkeit zum Heilen oder zum Übersinnlichen, vielleicht auch Arbeit in Bereichen, in denen es um Leid geht. Das zwölfte Haus ist (zusammen mit dem vierten und dem achten) eines der Tore zum Unbewußten, zur Welt des Schlafs und der Träume, in die wir uns zurückziehen können, um unsere Energien zu erneuern.

Das zwölfte Haus zeigt auch Fluchtmöglichkeiten, die uns nicht hilfreich sind, sie können zum Beispiel im Gebrauch oder Mißbrauch von Alkohol und Drogen bestehen. Wenn wir es mit dem zwölften Haus in unserem Horoskop zu tun haben, müssen wir uns oft mit unserem Instinkt auseinandersetzen, uns selbst zu sabotieren, mit unserem inneren Feind, der all unsere Errungenschaften kritisiert und zunichte macht. Doris Lessing nannte diesen inneren Feind den »Selbst-Hasser«, und in *Die viertorige Stadt* wählt ihre Heldin einen Weg durch den Wahnsinn, um ihrem inneren Feind entgegenzutreten. Es ist der Selbst-Hasser im Unterbewußtsein, der oft hinter dem Gefühl steht, wir würden von unbekannten Feinden angegriffen. Indem wir das zwölfte Haus in unserem Horoskop betrachten, können wir vielleicht unsere eigenen selbstzerstörerischen Tendenzen besser verstehen und uns von der Angst und dem Mißtrauen lösen, daß andere gegen uns arbeiten.

Oft deuten die Bewegungen von Planeten durch dieses Haus einen Prozeß an, in dessen Verlauf wir die Bedeutung und die Zusammenhänge von Krankheit oder Unglück im Leben der betroffenen Person besser verstehen. Das Zeichen an der Spitze des zwölften Hauses zeigt den entsprechenden Zugang. Zum Beispiel bedeutet Widder an der Spitze des zwölften Hauses einen Kampf mit Krankheit oder Leid, sei er nun mutig oder zügellos. Das könnte als das eine Extrem ein lebenslanger Kampf mit einem ernsten Zustand sein oder auch eine naiv übermäßige Reaktion auf eine Grippe, die der anderen folgt. Durch das zwölfte Haus lernen wir, wie wir Prozesse zum Abschluß bringen und mit dem Ende von Dingen zurechtkommen können. Das kann sich sowohl auf das Ende von Beziehungen und den Vorgang der Loslösung als auch auf das Loslassen des Lebens selbst und den Vorgang des Sterbens beziehen. Für eine Person mit Zwillinge an der Spitze des zwölften Hauses könnte der Prozeß der Loslösung einbeziehen, daß sie es lernt, von ständiger geistiger Aktivität Abstand zu nehmen und ihre eigene innere Ruhe zu finden. Ein Teil der Bedeutung des Hauses ist es, daß wir feststellen, wie wir unsere mystischen Bedürfnisse nach Einheit mit dem Kosmos in unser Leben integrieren können.

Einsamkeit und Reflexion sind der Schlüssel zum zwölften Haus. Oft muß sich eine Person lange mit einem Kampf um ihre Einsamkeit auseinandersetzen und entdeckt schließlich, daß die Ursache dafür ihr Bedürfnis nach mehr Raum zur Entwicklung ihres inneren Selbst ist. Diejenigen, die viele Planeten im zwölften Haus haben, schlagen vielleicht auch einen mystischen Weg ein.

Wir können dem Element unseres Selbst, das dem zwölften Haus zugeordnet ist, gerecht werden, indem wir uns Raum für unsere Einsamkeit nehmen, uns ab und zu von der Welt zurückziehen und Wege zur Meditation und Kontemplation erlernen.

8
Planetarische Konstellationen

Die Geometrie des
Sonnensystems

Der Himmelsbetrachter im Altertum beobachtete, daß der Mond, wenn er halb voll war, einen Viertelkreis (90 Grad) von der Sonne entfernt war. Auch bei den Planeten auf ihrem Weg durch die Konstellationen des Tierkreises konnte man messen, welche Winkel sie zueinander einnahmen. In der Astrologie nennt man diesen Winkel *Aspekte*. Die Aspekte sind geometrische Winkel zwischen Planeten, die vom Standpunkt der

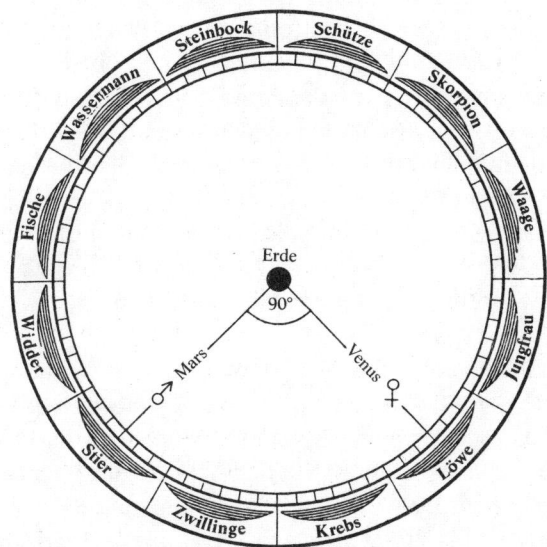

Abb. 8.1   *Der Winkel zwischen zwei Planeten*
von der Erde aus gemessen

Erde aus gemessen werden (siehe Abb. 8.1 und 8.2). Die Aspekte zwischen den Planeten zeigen uns, wie sich ein Planet zum anderen verhält und damit ein Teil des Selbst darstellt, das ein bestimmtes Verhältnis zu einem anderen hat. Wenn zum Beispiel in einem vorgegebenen Horoskop Venus im Löwen steht, könnte das bedeuten, daß die betreffende Person warmherzig ist und sich in ihren Gefühlen zum Ausdruck bringt. Mars im Stier zeigt, daß sie eine intensive, entschiedene Art hat, sich zu behaupten. Wir sehen in Abbildung 8.1, daß die beiden Planeten, Mars und Venus, in einem Winkel von genau 90 Grad zueinander stehen, denn jeder steht gerade bei 15 Grad in seinem Zeichen. Dieser Winkel zeigt, daß es eine Konfrontation und Ablehnung zwischen ihrer feurigen, nach außen gewandten, leidenschaftlichen Art und ihrer eher irdischen, langsamen, praktischen Selbstbehauptung gibt. Die Ablehnung zwischen diesen beiden Elementen erzeugt eine Spannung. Manchmal bewirkt sie das Gefühl einer Blockade, aber die Energie der Ablehnung ist Treibstoff für dynamische Veränderungen. In Abbildung 8.2 und in Abbildung 83. ist der Mond 60 Grad von Mars entfernt, wir nennen diesen Aspekt ein *Sextil*. Mars ist 90 Grad von Saturn entfernt (das nennt man *Quadrat)*, Venus 120 Grad vom Mond (das heißt *Trigon)* und auch 180 Grad von Mars (das ist eine *Opposition)*. Mond und Uranus stehen sehr nah beieinander, dieser Aspekt heißt *Konjunktion*. Die Sonne steht 45 Grad von Venus entfernt (das heißt *Halbquadrat)* und ebenfalls im Halbquadrat zu Saturn. Die Venus steht auch im Quadrat zu Saturn, wobei die Sonne genau zwischen den beiden Planeten steht. Wenn die Aspekte ins Horoskop eingetragen werden, sieht man nur noch die Linie *zwischen* Planeten, nicht mehr die Linien von der Erde aus (siehe Abbildung 8.3). Astrologen zeichnen nicht immer die Aspektlinien ein, sondern machen oft auch ein Diagramm, in dem alle Aspekte des Horoskops aufgelistet sind. Dabei werden die unten angeführten Symbole für die Aspekte verwendet.

Es ist ziemlich unwahrscheinlich, daß in einem Horoskop die Planeten genau Aspekte von 45 Grad zueinander bilden, aber wenn die Gradzahl in die Nähe des genauen Aspekts kommt, nennen wir das *im Orbis* eines Aspekts. Der Orbis oder die Breite der Aspekte sind bei der jeweiligen Beschreibung genannt. Wenn Sonne und Mond an dem Aspekt beteiligt sind, kann der Orbis etwas größer sein (1 bis 2 Grad größer). Zum Beispiel Mars in 8 Grad Stier bildet eine Konjunktion mit Saturn bei 15 Grad Stier, wir nennen das dann eine plaktische Konjunktion.

Die Interpretation von Aspekten

In der Vergangenheit betrachtete man Aspekte als »gut«, wenn es sich um ein Trigon oder Sextil handelte, und als »schlecht«, wenn es sich um Oppositionen, Quadrate und Halbquadrate handelte. Die Interpretation von Konjunktionen hing von der Art der beteiligten Planeten ab. Die meisten heutigen Astrologen haben diese Kategorien »gut« und »schlecht« aufgegeben, und heute betrachten wir Aspekte als schwierig, gespannt und entwicklungsfördernd oder als leicht, fließend und harmonisch. Die gespannten Aspekte geben einem Horoskop Kraft, mit zu vielen leichten Aspekten könnte eine Person einen Mangel an Tiefe und Ausdauer haben.

Es ist sehr wichtig zu beachten, daß *jeder* Aspekt das Potential für Wachstum und Veränderung in sich trägt und daß ein Aspekt, je schwieriger er ist, um so mehr Kraft für das Horoskop und die Person bedeutet. Wir müssen die Kraft dieser Herausforderung empfinden, anstatt uns nur auf die damit verbundenen Schwierigkeiten zu konzentrieren. Wir sollten auch daran denken, daß die Planeten am Himmel in dauernder Veränderung begriffen sind, jeder verändert seine Position gegenüber jedem; es entsteht immer wieder ein neues Muster. Im Laufe unseres Lebens kehren die Planeten immer wieder zu Konstellationen zurück und wiederholen vorherige Aspekte, sie bewegen sich in ein harmonisches Verhältnis, wo vorher ein gespanntes war, und kommen aus einem harmonischen Anfang später in problematische Spannung. Jeder Aspekt ist eine Phase in der Beziehung zwischen zwei Planeten. Wir werden mit bestimmten Betonungen geboren, aber während sich die Planeten weiterbewegen, verändern wir uns auch und wachsen in neue Möglichkeiten hinein.

Die Hauptaspekte

♂ *Konjunktion* 0 Grad Abstand (weitgehend, ein Orbis von 8 bis 9 Grad ist zugelassen)

Eine Konjunktion ist das Zusammentreffen der Energien zweier (oder mehrerer) Planeten. Konjunktionen waren früher die beachtetsten und wichtigsten aller Aspekte, sie sind oft am Himmel eindrucksvoll sichtbar. Moderne Astrologen nehmen eine enge Konjunktion im Horoskop immer noch sehr ernst; sie bedeutet, daß die Elemente des Selbst, die die beiden Planeten repräsentieren, eng miteinander verbunden sind. Zum

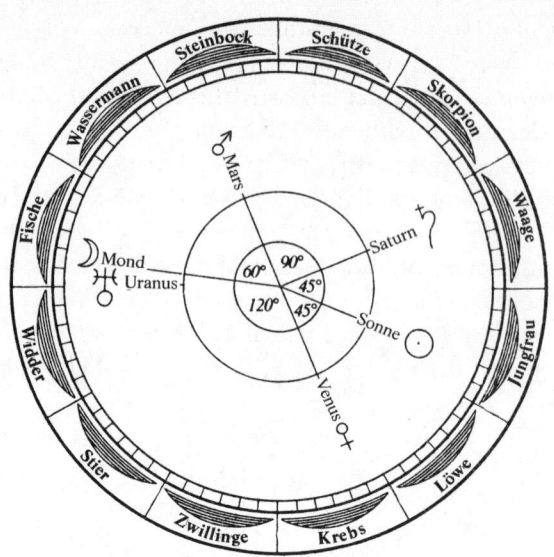

Abb. 8.2 Die Aspekte, von der Erde aus gemessen

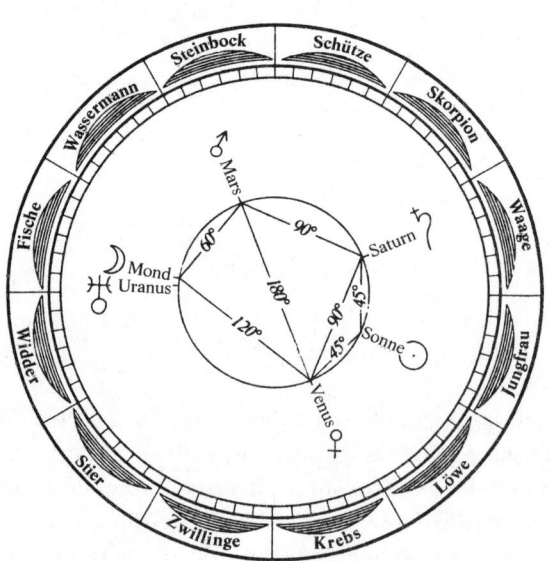

Abb. 8.3 Die Aspekte, ins Horoskop eingezeichnet

Beispiel bedeutet Merkur Kommunikation, mentale Vorgänge und Nerven, während Uranus Individualität und Einzigartigkeit und den Wunsch nach plötzlicher Veränderung bedeutet. Eine Merkur/Uranus-Konjunktion kann durch abgebrochenes Sprechen, Nervosität oder unruhiges Verhalten, aber auch durch eine sehr originelle und erfinderische Art des Denkens und der Kommunikation zum Ausdruck kommen.

♂ *Opposition* 180 Grad Abstand (weitgehend, ein Orbis von 8 bis 9 Grad ist zugelassen)

Eine Opposition findet statt, wenn sich zwei Planeten genau gegenüber stehen. Sie bedeutet, daß die Planeten auf sehr unterschiedliche Art wirken, sogar so unterschiedlich, daß es wieder einige Ähnlichkeiten gibt, denn polare Gegensätze ähneln sich auch. Oppositionen sind wie ein Tauziehen in uns, die Planeten ziehen in zwei gegensätzlichen, Richtungen, anstatt sich zu nahe zu kommen. Der Vorteil von Oppositionen ist, daß sie uns mit einem Gefühl für größere Perspektive versehen. Wenn zum Beispiel mehrere Planeten im Krebs stehen, gibt uns ein weiterer im Steinbock den Standpunkt von gegenüber. Planeten im Krebs verstärken die Subjektivität und die gefühlsmäßige Empfindsamkeit, während Steinbock bei der Verwirklichung von Objektivität praktisch veranlagt ist. Der Vorzug eines ausgleichenden Zugangs von der Seite des Steinbocks her ist offensichtlich, selbst wenn er das Tauziehen mit sich bringt. (Es gibt auch Ähnlichkeiten zwischen Krebs und Steinbock; obwohl beide gern die Initiative ergreifen, sind sie auch beide in ihrem Ausdruck nach innen gekehrt und verinnerlicht).

Mit vielen Oppositionen im Horoskop neigt eine Person eher dazu, äußere Schwierigkeiten in ihrem Leben zu erfahren, als an inneren Konflikten zu leiden.

□ *Quadrat* 90 Grad Abstand (weitgehend, ein Orbis von 7 bis 8 Grad ist zugelassen)

Der 90-Grad-Abstand entspricht dem Viertel eines Kreises, und vier dieser Aspekte erzeugen im Innern des Kreises ein Quadrat. Viele Kulturen gebrauchen das Symbol des Quadrats für die Darstellung der Grundlagen der Welt, und Quadrat-Aspekte im Horoskop geben uns eine solide Grundlage, um darauf aufzubauen. Sie sind gespannt, geben aber Kraft. Quadrate haben die Energie eines Zusammenstoßes; die beiden betroffenen Planeten scheinen mit dem Kopf gegeneinander zu rennen. Zum Beispiel kann die Possessivität, die ein Planet im Stier haben kann, frontal auf die losgelöste Art eines Planeten im Wassermann aufprallen. Es gibt auch Ähnlichkeiten in Zeichen, die im Quadrat zueinander stehen. In diesem Beispiel sind Stier und Wassermann beide fixe Zeichen, die entschlossen nach Sinn streben. Quadrate zeigen eher einen inneren Konflikt als Oppositionen und haben eine dynamische Energie; die Herausforderungen, die sie bedeuten, beleben das Horoskop.

△ *Trigon* 120 Grad Abstand (weitgehend, ein Orbis von 7 bis 8 Grad ist zugelassen)

Ein Trigon ist ein Aspekt von 120 Grad, das bedeutet ein Drittel eines Kreises. Trigone befinden sich bei der gleichen Gradzahl in Zeichen, die dem gleichen Element zugehören (siehe Kapitel 5).

Das Trigon ist eine Seite eines gleichseitigen Dreiecks, einem der ältesten Symbole der Fülle und im Altertum auch der Großen Göttin.

Trigone bedeuten Harmonie, einen leichten Fluß der Energie. Die Ähnlichkeit der Elemente bedeutet, daß die betreffenden Planeten auf »derselben Wellenlänge« sind, und erstreckt sich auf Talente und Gaben, die die entsprechende Person bei der Geburt mitbekommen hat. Wenn es viele leichte Aspekte in einem Horoskop gibt und keine Spannungsaspekte, dann könnten sich Trigone in zügellosen Verhaltensweisen auswirken. Mond im Skorpion im Trigon zu Merkur in Krebs könnte zum Beispiel einem solchen Horoskop die instinktive Leichtigkeit der Kommunikation, verbunden mit einer verschwiegenen und intensiven Natur, verleihen, die eine sentimentale Gebundenheit an die Vergangenheit hat. In den meisten Horoskopen jedoch wäre ein solcher Aspekt hilfreich, würde dazu dienen, andere Schwierigkeiten zu mildern, und ein Mittel darstellen, etwas von den intensiven Gefühlen von Mond im Skorpion an andere zu vermitteln.

✳ *Sextil* 60 Grad Abstand (weitgehend, ein Orbis von 4 bis 5 Grad zugelassen)

Ein Sextil ist ein Abstand von 60 Grad, der Winkel, den man braucht, um ein Sechseck oder einen Stern mit sechs Zacken darzustellen, die beide in vielen Kulturen als Zeichen der Harmonie angesehen werden. Das Sechseck ist die ökonomischste Art, aneinanderliegende Zellen miteinander zu verbinden; wenn Kreise zusammengedrückt werden, neigen sie dazu, die Form von Sechsecken anzunehmen, deshalb sind die Zellen einer Bienenwabe sechseckig. Das Sextil drückt Offenheit gegenüber Erfahrung aus und die Fähigkeit, Gelegenheiten zu nutzen. Es hat nicht so sehr die vollendete als eher die potentielle Harmonie des Trigons. Zwei Planeten, die im Trigon zueinander stehen, werden gut zusammenwirken und Möglichkeiten zum Wachstum bieten.

Betrachten wir zum Beispiel Saturn in 27 Grad Widder im Sextil zu Venus in 26 Grad Zwillinge. Die sichere Entschlossenheit des Saturns in diesem Zeichen zu lernen und zu erreichen, kann durch ein offenes und freundliches Wesen belebt werden, wie es die Venus zeigt. Die Person hat oft neue Kontakte, hält aber doch die Verbindung zu ihren Bekannten aufrecht.

∟ *Halbquadrat* 45 Grad Abstand (weitgehend, ein Orbis von 4 bis 5 Grad ist zugelassen)

Ein Halbquadrat, ein Winkel von 45 Grad, entspricht der Hälfte des Quadrats auch in der ähnlichen Energie in Form von Konflikt und Spannung, allerdings wirkt es sich nicht so stark aus.

π *Quincunx* oder *Inconjunct* 150 Grad Abstand (weitgehend, ein Orbis von 2 bis 3 Grad ist zugelassen)

Ein Quincunx bringt eine Spannung oder Unruhe zwischen den beiden Planeten zum Ausdruck und scheint in der medizinischen Astrologie eine besondere Bedeutung zu haben, wo es Streßsituationen zum Ausdruck bringt. Planeten, die Quincunxe bilden, sind in ihrem Ausdruck völlig unterschiedlich, ihr Wesen scheint absolut »anders« zu sein. Es gibt keine Ähnlichkeit im Gegensatz, wie es bei der Opposition der Fall ist. Und doch kann ein Quincunx unerwartete Vorteile bedeuten. Sonne in Schütze im Quincunx zu Mond im Stier zeigt eine Spannung zwischen zwei so unterschiedlichen Zeichen, aber die Person mit diesem Aspekt ist sehr wahrscheinlich überraschend und belebend für andere.

Die Nebenaspekte

Es gibt noch andere, weniger einflußreiche Aspekte im Horoskop. Das *Halbsextil* (30 Grad) ⊻ und das *Anderthalbquadrat* (135 Grad) ⟦ bedeuten Spannung. Das *Quintil* (72 Grad) Q und das *Biquintil* (144 Grad) B Q sind zwei noch nicht sehr gut erforschte Aspekte, sie scheinen aber einen Bezug zu Originalität und Erfindungsgabe zu haben.

Die Aspektmuster

Jedes Horoskop stellt ein eigenes Muster aus Aspekten dar, das sonst nur noch den Personen eigen ist, die am selben Tag geboren sind. Es gibt jedoch einige allgemeine Aspektmuster und Horoskopformen, die immer wieder auftreten[1]. Es ist nötig, mehr zu lesen und zu erfahren, wenn man Aspekte richtig erforschen will. Nützliche Bücher sind im Astrologieteil der Bibliographie am Ende des Buches aufgeführt. Indem wir die Muster, die die Planeten in unserem Horoskop darstellen, verstehen, wird es uns möglich, einen Überblick über die Interaktion zwischen allen Planetenelementen in unserem Innern zu bekommen.

Anmerkung

1 Wenn jemand mehr über Aspektmuster erfahren will, empfehlen wir Alan Okens *Complete Astrology*, Bantam Books, 1980.

9
Integration

Das Horoskop als Ganzes
verstehen

Wenn wir erst einmal die verschiedenen Elemente der Astrologie kennengelernt haben – die Planeten, Zeichen, Häuser und Aspekte – und ihr einzigartiges Zusammenwirken innerhalb jedes Geburtsbildes, dann können wir langsam beginnen, einen Überblick über ein Horoskop zu entwickeln, indem alle nötigen Informationen zur Interpretation verbunden werden.

Sonne, Mond, Aszendent und starke Planeten

Wenn wir zum ersten Mal ein Horoskop ansehen, konzentrieren wir uns auf Mond, Sonne und Aszendent, die die stärksten Einzelfaktoren in der Persönlichkeit darstellen. Wir können die einzelnen Teile der Psyche nicht streng definieren, denn das unbewußte (Mond) und das bewußte Selbst (Sonne) und die Art, wie wir uns darstellen, wenn wir Menschen begegnen (Aszendent), überschneiden und bedingen sich gegenseitig. Es kann aber doch hilfreich sein, wenn man den Aszendenten als das Fenster betrachtet, durch das wir die Welt sehen und durch das die Welt uns sieht. Hinter diesem »Fenster« kann die Person, die hinaussieht, nicht nur deutlich die Energie von Sonne und Mond manifestieren, sondern auch von jedem anderen Planeten, der im Horoskop betont ist. Diese Betonung kann das Ergebnis starker Aspekte auf den Planeten sein oder kann durch seine Stellung in einem Zeichen entstehen, in dem seine Energie besonders gut zum Ausdruck kommt.

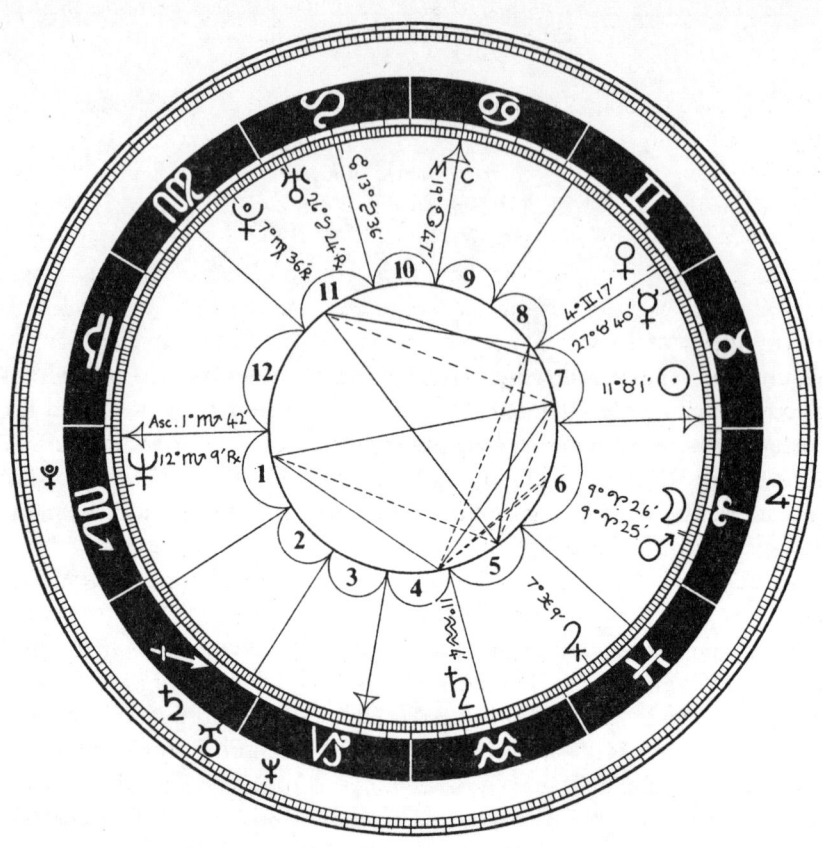

Abbildung 9.1   Ein gezeichnetes Horoskop

Geburtsbild für »Rosa«, geboren am 1. Mai 1962 um 17.31 Uhr in Santiago, Chile, mit Transiten für den 28. Mai 1987. Der innere Kreis zeigt das Muster der Hauptaspekte zwischen den Planeten zum Zeitpunkt der Geburt (durchbrochene Linien sind harmonische Aspekte, durchgezogene Linien sind Spannungsaspekte). Das nächste Rad von innen her zeigt die Positionen der Planeten zum Zeitpunkt der Geburt mit ihren exakten Graden und Minuten (Untereinheit eines Grades) der Tierkreiszeichen, in denen sie stehen, eingetragen in das Rad der Häuser (Häusersystem nach Placidus). Das äußere Rad zeigt die Positionen der Planeten im Transit am 28. 5. 87.

292

Alle Planeten, Zeichen und Häuser und das Muster, das sie durch ihre Interaktionen miteinander bilden, sind wichtig zur Interpretation des Horoskops.

Es wäre sinnvoll, sich an dieser Stelle an die Grundlagen zu erinnern, die in Kapitel 3 umrissen worden sind. Die Planeten repräsentieren die grundlegenden Energien, die uns allen gemeinsam sind; sie sind die Subjekte der Sätze, die auf die Frage *was?* antworten. Die Zeichen beschreiben, *wie* sich die Planeten ausprägen, die Häuser zeigen, wo das ist, und die Aspekte machen das Verhältnis zwischen den verschiedenen Elementen des Selbst deutlich.

Manchmal helfen einfache Schlüsselwörter dabei, wenn man die Bedeutung von Häusern, Zeichen und Planeten verbinden will. Venus im Steinbock im zwölften Haus kann man beschreiben als den Instinkt, Beziehungen einzugehen (Venus), in konstruktiver Weise (Steinbock) im Haus der Zurückgezogenheit (zwölftes Haus). Eine Interpretation für diese Stellung könnte heißen, daß die betreffende Person einen gebundenen Zugang zu Beziehungen hat und sich zu Menschen hingezogen fühlt, die einen ruhigen und heilenden Raum für zwischenmenschliche Beziehungen brauchen. Diese Venusposition würde auch noch durch andere Faktoren beeinflußt. Wenn sie zum Beispiel im Horoskop einer Person mit Sonne im Schützen stehen würde, dann würde ein solcher Zugang zu Beziehungen der Persönlichkeit eine stabilere und mehr nach innen sehende Seite geben (Steinbock ist ein Erdzeichen), als es normalerweise bei den feurigen, ruhelosen Schützen der Fall ist. In dem Horoskop einer Person mit Sonne in den Fischen würde der heilende Fischecharakter durch Venus im zwölften Haus verstärkt, und die Person könnte eventuell in Zweierbeziehungen mit Menschen arbeiten, zum Beispiel als Therapeutin oder Beraterin.

Es übersteigt den Umfang dieses Buches, genau zu lehren, wie ein Horoskop gedeutet wird. Am Ende dieses Kapitels gibt es eine Leseliste, die Informationen für weitere Beschäftigung mit dem Thema enthält.

Wenn man die Astrologie erlernt, kann es leicht passieren, daß man sich im Detail verliert oder daß man zu sehr beeinflußt wird von der Analyse eines Autors in bezug auf eine Planetenstellung oder einen Aspekt zwischen Planeten im Horoskop. Wir möchten den Leserinnen und Lesern empfehlen, für alternative Interpretationen offen zu bleiben und sich besonders auf die konstruktiveren Bedeutungen zu beschränken, die sie kennenlernen. Die heutige Astrologie neigt immer mehr zu positiven Interpretationen, die uns in unserem Leben von praktischem Nutzen sein können.

Je mehr man über Astrologie lernt, desto wahrscheinlicher ist es, daß einige der produktivsten Erklärungen aus den eigenen Gedanken darüber kommen, wie sich die vielen Faktoren des einzelnen Horoskops verbinden lassen. Die Autorinnen lernten, Horoskope zu interpretieren, indem sie es mit Freundinnen übten, die halfen, indem sie ein Feedback gaben. Jedes Horoskop muß man mit Sorgfalt und Verantwortungsbewußtsein lesen, denn manche Menschen können durch ungünstige Beurteilungen stark beeinflußt werden, und jemand, der gerade erst angefangen hat, Astrologie zu betreiben, hat vielleicht noch nicht die Erfahrung, um das positive Potential einer schwierigen Stellung oder eines gespannten Aspektes zu erkennen. Man kann auch viel dadurch kaputt machen, daß man anderen die eigene Beurteilung aufdrängt. Der Hauptzweck der Interpretation eines Horoskops ist es, die Erfahrung einer Person zu bestätigen und hilfreiche Einblicke zu geben.

Wenn man anfängt, Horoskope lesen zu lernen, kommt die beste Information darüber zunächst von den betreffenden Personen. (Wenn man sich bei einer Person nicht vorstellen kann, was die Venus-Jupiter-Opposition bedeutet, dann kann sie es einem vielleicht sagen!) Astrologische Informationen, die man auf diese Art bekommt, lassen sich oft viel besser in Erinnerung behalten als Theorien aus Büchern. Die Art, in der eine Person ihr Horoskop darstellt, ist einzigartig. Wir können etwas über die Psychologie der Planeten und Zeichen sagen, aber ihre spezielle Ausdrucksform hängt ganz wesentlich von der Erfahrung und dem Bewußtsein des jeweiligen Individuums ab. Je mehr man von den Umständen und der Lebensweise einer Person kennt, desto besser kann man das Horoskop verstehen. Es werden nie zwei Astrologen die gleiche Interpretation zum selben Horoskop geben (obwohl eigentlich ähnliche Themen auftauchen sollten), denn ein Horoskop zu interpretieren ist genausosehr ein kreativer wie ein erlernter Vorgang.

Der Ganzheit näherkommen

Obwohl das Geburtshoroskop das Bild eines in der Zeit eingefrorenen Augenblicks ist – das Sonnensystem zur Zeit der Geburt –, sind wir doch nicht auf diesen Zeitpunkt allein begrenzt. Während sich die Planeten bewegen, erzeugen sie Kontraste und Echos zu den Planetenständen bei der Geburt. Indem man diese jährlichen oder monatlichen Bewegungen (die Transite) interpretiert, kann man Trends in unserem Leben voraussagen und erklären. Viele Astrologen entfernen sich von den Voraussagen zugunsten eines beratenden Zuganges, der die Astrologie gebraucht, um dem näherzukommen, was gerade geschieht. Wenn ein Planet das Geburtshoroskop überquert (siehe Kapitel 3), wird eine spezielle Seite des Individuums aktiviert und kommt zum Vorschein. Die zukünftigen Bewegungen der Planeten geben uns einen Zusammenhang mit den persönlichen Veränderungen und Auseinandersetzungen, die wir in der Gegenwart erfahren.

Wir wollen zum Beispiel das Horoskop einer Frau betrachten, die in einer bestimmten Phase ihres Lebens eine Menge Verwirrung erlebt, während Neptun im Steinbock ihrer Sonne im Krebs gegenübersteht. Neptun *verursacht* nicht ihr Gefühl, daß sie keine Grenzen hat und ein Teil all dessen ist, was in der Welt um sie herum vorgeht. Neptuns Bewegung am Himmel ist eher ein Planetensymbol, das ihr helfen kann, die Vorgänge in ihrer Psyche zu verstehen. Es ist die Neptunenergie in ihr, die eigenen mystischen Instinkte, die das Gefühl von Selbstintegration zu überwältigen scheinen, das ihre Sonne repräsentiert.

Wenn sich zwei Jahre später Neptun aus seiner Transit-Opposition zu ihrer Sonne herausbewegt, ist es wahrscheinlich, daß sie auch eine Lösung für ihre Krise gefunden hat. Sie wird einen Weg gefunden haben, ihr Neptunelement in einer Weise auszudrücken, die sie stärkt, anstatt sie zu bedrohen, ein Gefühl für ihre Identität. Da die Sonne bei ihrer Geburt im Krebs stand, wird sie wahrscheinlich feststellen, daß, wenn sie sich in der Art des Krebses ausdrückt, nämlich mit Phantasie und Empfindsamkeit, sie genügend Raum hat, die Elemente von Mitgefühl und Mitleid des Neptun in ihr Leben besser zu integrieren.

Man kann die Astrologie am besten dafür verwenden, anstatt Ereignisse vorauszusagen etwas von dem Wissen zu vermitteln, in welcher Weise sich eine Person entwickeln kann. Wir können viel über uns lernen, indem wir die Planetenbewegungen studieren, wie sie sich zu den Planetenkonstellationen in unserem Geburtshoroskop verhalten.

Geist und Körper

Wir können emotionale Persönlichkeitsentwicklung und Heilung auf einer körperlichen Ebene nicht voneinander trennen.

Astrologen und Naturheiler beginnen, Gesundheit auf eine neue Art zu verstehen. Zusehends wird Gesundheit als ein Stadium der Ausgeglichenheit innerhalb einer Person verstanden und Krankheit als eine Störung dieser Ausgeglichenheit. Unausgeglichenheit im Individuum kann sich in Form von emotionalen Verhaltensmustern äußern, in Funktionsstörungen oder in organischen Veränderungen am Körper. Das Horoskop läßt ein Bild der Ganzheit entstehen (der ganze Tierkreis und alle zehn Planeten darin) und zeigt auf, daß das Gleichgewicht innerhalb dieser Ganzheit durch ein Übergewicht oder Konflikte in bestimmten Bereichen gestört werden kann. Genauso wie heute Astrologen nicht mehr bestimmte Planeten als bösartige Einflüsse verstehen, die das Individuum bedrohen, so entwickeln auch Heiler einen neuen und gleichzeitig sehr alten Zugang zum Begriff der Krankheit. Naturheiler konzentrieren sich nicht auf die »angreifenden« Keime oder Viren, sondern auf die Empfänglichkeit des Individuums diesen Wirkkräften gegenüber.

Es ist auch schon die Theorie geäußert worden, daß die Entstehung von Krankheit oder Unglück ein unbewußter Versuch des Individuums sein kann, auf einer tieferen Ebene wieder eine Harmonie herzustellen. Ebenso wie uns schwierige astrologische Transite oder Aspekte helfen können zu wachsen, so kann auch die Erfahrung körperlicher Krankheit dem Individuum manchmal helfen, im weitesten Sinne des Wortes gesunder zu werden – wenn man das geistige, emotionale und spirituelle Wohlbefinden einer Person genauso berücksichtigt wie ihre körperliche Gesundheit. Zum Beispiel kann eine Person, die sich jahrelang einsam und isoliert gefühlt hat, vorher vielleicht nie in der Lage gewesen sein, einen Weg zu finden, um daraus auszubrechen und einen Kontakt zu anderen herzustellen. Wenn sie Gesundheitsprobleme bekommt, wird sie vielleicht feststellen, daß ein Teil des Prozesses, mit ihrer Krankheit zurechtzukommen, einschließt, daß sie andere Menschen um Hilfe bittet und ihnen Gefühle mitteilt, die ihr Leben als Ganzes betreffen. Viele Menschen würden in einer solchen Situation sagen, daß ihre Krankheit sie dazu geführt hat, sich auf einer tieferen emotionellen Ebene selbst zu heilen. Von der emotionellen Ebene aus bewegt sich der Heilungsprozeß, oft sehr langsam, bis auf die körperliche Ebene.

In der Vergangenheit hat die medizinische Astrologie sich sehr viel mit der Erkennung von Krankheitsfaktoren im Horoskop und der Voraussage zukünftiger Krankheiten auf der Grundlage dieser Erkenntnisse beschäftigt. Wir zweifeln daran, ob solche Voraussagen sinnvoll sind, denn oft bewirken sie unnötige Angst. (Es erfordert einen äußerst erfahrenen Astrologen, um beurteilen zu können, ob sich eine Tendenz im Horoskop nur auf der Gefühlsebene oder auch auf der Ebene der körperlichen Krankheit auswirken wird.)

Die medizinische Astrologie hat eigentlich eine viel kreativere Rolle. Wenn man astrologische Korrespondenzen berücksichtigt, kann man als erfahrener Astrologe aus einem Horoskop einige der Faktoren erkennen, die mit bestehenden Gesundheitsproblemen zu tun haben. Die Planeten, Zeichen, Häuser und Aspekte, die man als bedeutsam erkannt hat, werden sowohl emotionale und geistige Belastungen zum Ausdruck bringen als auch körperliche Gesundheitsprobleme. Indem wir versuchen, diese Konflikte durch astrologische Interpretation besser zu verstehen, können wir Wege entdecken, Veränderungen in unser Leben einzubringen. Das verstärkte Gefühl von Kraft, das wir daraus gewinnen, ist schon ein wichtiger Schritt auf dem Weg zur Selbstheilung.

Nützliche Bücher zum Studium der medizinischen Astrologie sind in der entsprechenden Abteilung der Bibliographie am Ende des Buches zusammengestellt.

Die Autorinnen glauben nicht, daß man alle Krankheiten automatisch dadurch in den Griff bekommen oder bremsen kann, daß man seine Einstellung oder Verhaltensmuster ändert, aber sie haben festgestellt, daß emotionale Heilung die Grundlage für jede dauernde Heilung ist. Selbst wenn wir keine Gesundheitsprobleme haben, können wir unsere Aufmerksamkeit problematischen Bereichen im Horoskop zuwenden (die wir alle haben). Konstruktive Betrachtung der bestehenden Spannungen ist eine Form von präventiver Medizin. Wir können dadurch einen Rahmen bekommen, in dem wir unser ganzes Selbst annehmen können, und führen uns dadurch in Richtung auf die Entscheidungen, die wir treffen müssen, um uns der Ganzheit zu nähern.

10
In die Zukunft

Eine ganzheitliche Betrachtungsweise

Wenn wir alle Teile des Horoskops verstehen und entdecken, wie sie als einheitliches Bild gesehen werden können, dann wird klar, daß jeder einzelne Teil wichtig ist.

Die Astrologie lehrt auch dann dieselben grundlegenden Wahrheiten, wenn man sie einsetzt, um die menschliche Gesellschaft auf einer umfassenden Ebene zu verstehen. Im Geburtshoroskop zeigen die Positionen der Planeten ein Bild der Energien, die dem Individuum zur Verfügung stehen. Die Figuren am Himmel verdeutlichen aber auch den Geist eines Zeitalters. Die Astrologie wurde ursprünglich entwickelt, um das Schicksal von Nationen und Völkern verstehen zu können; erst seit etwas mehr als zweitausend Jahren hat man sie auch gebraucht, um Informationen für Individuen zu gewinnen.

Die Astrologie kann uns helfen, das Schicksal aller Erdenbewohner, nicht nur einzelner Nationen, zu verstehen, und zwar dann, wenn wir eine ganzheitliche Sicht aller Völker als Teil eines Ganzen, der Menschheit, entwickeln.

Das Wassermannzeitalter

Im zwanzigsten Jahrhundert haben viele Menschen die Vision von einer Zukunft gehabt, in der es keine Begrenzungen zwischen den Nationen mehr gibt. Oft ist diese Vision gepriesen worden als Zeichen für die Ankunft eines »new age«, eines neuen Zeitalters, ein Begriff, der für die astrologischen Zyklen der großen Zeitalter gebraucht wird. Jedes Zeitalter dauert zwischen 2000 und 2200 Jahren und wird nach einem der zwölf Tierkreiszeichen benannt. Sie folgen einander jedoch nicht in der üblichen Reihenfolge, denn der Zyklus der Zeitalter bewegt sich *rück-*

wärts durch den Tierkreis. Die Folge der großen Zeitalter leitet sich von der Oszillation der Pole der Erde über einen Zeitraum von etwa 26 000 Jahren ab. Jedes Jahr bei der Frühlings-Tagundnachtgleiche steht die Sonne gegenüber den Tierkreis-Konstellationen etwas weiter hinten als im Jahr davor.

Der Beginn des Fischezeitalters lag etwa um das Jahr 0 CÄ. Wir befinden uns jetzt schon fast am Ende dieses Zeitalters und treten bald in das Wassermannzeitalter ein. Verschiedene astrologische Traditionen haben verschiedene Vorstellungen von der Zeit, zu der sich das Zeitalter ändert, auf keinen Fall kann man sie auf ein bestimmtes Jahr festlegen. Viele glauben, das neue Zeitalter beginne im Jahr 2000 CÄ; aber sicher sind die Belange eines neuen Zeitalters schon mehrere hundert Jahre vor dem vermutlichen Wechsel zu spüren.

Die Wassermannalternative ist noch nicht eingetreten, aber seit einer großen Konjunktion mehrerer Planeten im Wassermann im Jahr 1962 haben viele Menschen die Vorstellung gehabt, eine Gruppe könne die Weiterentwicklung der Familie sein, wenn es um die soziale und emotionale Basis geht, eine Gruppe, die eher gewählt als ererbt wird. Während einer Übergangszeit neigen Menschen jetzt dazu, sich entwurzelt zu fühlen, sie brauchen weiterhin die inspirierende Vorstellung von dem kommenden neuen Zeitalter.

Das Zeichen Wassermann legt nahe, daß es möglich ist, neue Wege zur Organisation der Gesellschaft zu entwickeln, denn Wassermann ist ein Zeichen revolutionärer und evolutionärer Veränderungen. Manche Autoren haben das neue Zeitalter des Wassermannes als »Zeitalter der universalen Bruderschaft« beschrieben, und Abbildungen zeigen oft einen jungen kaukasischen Mann als Bild der Zukunft. Solche Worte und Bilder sind schlecht ausgesucht. Es wäre wesentlich passender, diejenigen darzustellen, die in den vergangenen zweitausend Jahren nicht zum Fest eingeladen waren – Frauen, Behinderte, Lesbierinnen und Homosexuelle und all die Menschen, deren Kulturen durch Kolonisation und Invasion zerstört oder zerstückelt worden sind. Der Impuls des Wassermannes zielt auf Gleichheit hin, auf ein Selbstverständnis der Menschheit durch den Wert des Individuums, dem Bewußtsein entgegen, daß wir zusammen auf einem Planeten leben. Alles, was ausgeschlossen worden ist, muß wiederentdeckt werden, um eine neue Ganzheit zu schaffen.

Obwohl die Vorstellung vom Wassermannzeitalter sehr inspirierend ist, können wir nicht sicher sein, daß das neue Zeitalter die Wassermannenergie auf diese äußerst positive Art manifestieren wird. Wir neigen dazu, das zu glauben, weil wir selbst schon ein Teil des Überganges sind –

die Generationen, die zwischen dem alten und dem neuen Zeitalter stehen.

Es ist wichtig, daß wir das Zeichen Wassermann verstehen, um den positivsten Ausdruck des Wassermannes hervorrufen zu können, aber wir sollten auch etwas Skepsis und Bewußtsein für die Fehler des Zeichens zurückbehalten, nicht nur für die Tugenden. Einer der Hauptmängel des Wassermannes ist die Tendenz zur Arroganz in bezug auf die eigene Erleuchtung oder Entwicklungsstufe. Obwohl die Botschaft des Wassermannes von Gleichheit spricht, dehnt sich die Toleranz nicht unbedingt auch auf jene aus, die weiter in traditioneller Art leben, selbst wenn sie niemanden anderen unterdrücken, indem sie das tun. Eine wirklich weiterentwickelte Gesellschaft muß die Möglichkeiten der Menschen erweitern, anstatt sie nur durch andere zu ersetzen. Das Wassermannzeitalter sollte, positiv ausgedrückt, mehr Möglichkeiten in der sozialen Organisation, im Lebensstil und in der Art, emotionellen Bedürfnissen zu begegnen, mit sich bringen.

Tausendjährige Angst

Der Übergang von einem Zeitalter zum nächsten etwa alle 2000 Jahre scheint eine Zeit des Flusses und großer Ängste zu sein. Es gab im Laufe der Menschheitsgeschichte viele Phasen der »Endzeitängste«, und am Beginn des Fischezeitalters etwa um 0 CÄ war der Glaube, daß der Weltuntergang kommen würde, besonders verbreitet.

Am Ende des zweiten Jahrtausends seit dem Beginn des Fischezeitalters werden Astrologen oft gebeten, die zukünftigen Jahre zu kommentieren. Wenn wir die Planetenbewegungen bis ins Jahr 2050 beobachten, gibt es keinen besonderen Grund zur Panik. Es gibt Planetenkonjunktionen im Steinbock in den späten Achtziger- und in den frühen Neunzigerjahren, die tatsächlich sehr bemerkenswert sind, und wir können davon ausgehen, daß weltweite Ereignisse ihre Intensität widerspiegeln werden. Die Jahrtausendangst, die mit dem Ende des großen Zeitalters einhergeht, macht vielen Sorgen in bezug auf die kommenden Konjunktionen. Die Massierung der meisten Planeten im Steinbock geht ihrer Bewegung in das Wassermannzeitalter voraus, die in unterschiedlicher Geschwindigkeit in den letzten Jahren dieses Jahrtausends und den ersten des kommenden vor sich gehen wird. Diese Bewegung in den Wassermann ist ein anderes Phänomen als der Beginn des Wassermannzeitalters, aber wegen der Zeit, zu der es eintritt, müßte man annehmen, daß dieses

Phänomen astrologische Bedeutung hat. Es scheint, als müßten die Planeten durch den Flaschenhals des Steinbocks, bevor sie dem Morgengrauen des Wassermannzeitalters entgegengehen können.

Das Übergewicht im Steinbock zeigt uns, daß die Menschheit in ein Ungleichgewicht geraten ist und auch die Welt durch systematisierte Ordnung und Kontrolle ins Ungleichgewicht gebracht hat. Gleichzeitig könnte die positive Seite des ausdauernden Steinbocks andeuten, daß alle menschlichen Möglichkeiten zusammengenommen werden, um das Überleben der Erde sicherzustellen. Glücklicherweise gibt es, zu einer Zeit, wo Hoffnung besonders wichtig ist, keinen Beleg dafür, daß die Planeten des Sonnensystems eine Vernichtung des Lebens auf ihrer Schwester Erde ankündigen könnten, sie weisen eher auf eine Phase der Regeneration und Reorganisation hin.

Ein Wandel im Bewußtsein

In den Bewegungen der äußersten Planeten Pluto, Neptun und Uranus kann man Veränderungen der Gesellschaft in sehr großem Umfang erkennen. Seit der Entdeckung des Pluto in den dreißiger Jahren haben wir einen grundlegenden Wandel im Zusammenhang mit den menschlichen Ängsten vor der Zerstörung der Welt erlebt. In der Vergangenheit haben die meisten Kulturen Naturkatastrophen als Manifestationen des Zorns der Götter gedeutet, doch jetzt haben wir selbst ihren Platz als potentielle Zerstörer der Erde eingenommen. Die Menschheit hat ihre Masse zerstörende Macht gefunden, die von Pluto repräsentiert wird, und muß als nächstes von innen die transformative und regenerative Kraft desselben Planeten nach außen bringen. Da wir Zugang zur negativen Plutoenergie in unserem Innern haben, können wir auch Kontakt zu seinem positiven Ausdruck finden. Die Botschaft des Pluto heißt, daß *wir* die Macht haben: Wir können uns in die Luft jagen oder nicht – wie wir wollen. Wir können die transformative Kraft des Pluto einsetzen, um die Zerstörung zu bremsen, wenn wir uns erst ganz klar darüber sind, daß weder die Götter noch das Schicksal, sondern wir selbst unsere augenblickliche Situation bestimmt haben.

Obwohl wir uns nicht auf die Ankunft des neuen Zeitalters verlassen können, damit unsere Probleme durch die Überquerung der mythischen Datumslinie gelöst werden, während wir optimistisch an Liebe und Frieden denken, ist doch die Gewichtung zu einer positiven Veränderung stärker als die Reaktionen dagegen.

Um in das Wassermannzeitalter einzutreten, müssen wir uns erst im Geist und in der Seele hineinbewegen, auch wenn persönliches Wachstum und Heilung nie ein Ersatz sein können für die Arbeit, die wir auf eine soziale Transformation hin noch leisten müssen. Die Arbeit zur Heilung des Planeten muß auf allen Ebenen gleichzeitig stattfinden.

Es ist notwendig, daß wir ein klares Verständnis dafür haben, wie aktiv unsere Rolle sein muß, wenn wir uns unsere Zukunft *machen*. Das kann nicht nur darin bestehen, daß wir an unser Überleben glauben, sondern muß in gegenwärtige Handlungen münden, die der Zukunft verpflichtet sind. Unsere Handlungen müssen von unserem Wissen bestimmt werden, daß die Welt in einem gefährlichen Zustand ist, nicht nur wegen der Möglichkeit einer ökologischen oder nuklearen Katastrophe, sondern auch wegen des Ungleichgewichts in der Verteilung von Rohstoffen und Macht.

Der Wandel im Bewußtsein muß auf vielen Ebenen stattfinden, in unseren Beziehungen mit uns selbst, miteinander und mit der Erde als Ganzem.

Jenseits von Pluto

Wenn wir das Stadium der Krise betrachten, in die die Welt seit der Entdeckung des Pluto in den dreißiger Jahren geraten ist, kann es hilfreich sein, wenn wir uns überlegen, daß es vielleicht jenseits des Pluto noch andere Planeten gibt. Die Entdeckung eines neuen Planeten scheint einherzugehen mit einem kollektiven Wandel des Bewußtseins in der Richtung, in der die Welt gesehen wird.

Astronomen haben die wahrscheinliche Umlaufbahn eines Planeten jenseits von Pluto errechnet, und dieser Planet wird jetzt bei der genaueren Erforschung des Sonnensystems gesucht. Dieser Planet wurde provisorisch Persephone genannnt und wird damit der erste Planet (nach Asteroiden und Monden), der im Laufe von 3000 Jahren nach einer Göttin benannt werden wird. Die Autorinnen dieses Buchs glauben, daß die Suche nach Persephone einhergeht mit dem wachsenden Bewußtsein, daß die Weitsicht und Erfahrung von Frauen in der Gestaltung der Gesellschaft eine weit größere Rolle spielen muß, als es zur Zeit noch der Fall ist. Das Persephonebewußtsein sagt uns, daß die Erdgöttin zurückkehren wird, wenn sie lange genug um ihren Verlust getrauert hat.

Neu entdeckte Planeten sind nur für uns, ihre menschlichen Entdecker, neu; wie alle Planeten des Sonnensystems umkreisen sie die Sonne schon lange, bevor sich auf der Erde Leben entwickelte. Die Planeten interessieren uns heute auf eine neue Art, aber sie haben, zusammen mit Sonne und Mond, das menschliche Bewußtsein schon so lange beschäftigt, wie es schriftliche Aufzeichnungen gibt. In der Vergangenheit lieferten die Planeten Stoff für unsere Mythologien, in der Gegenwart erlauben sie uns, den Raum der inneren Psyche durch ihre astrologische Interpretation zu erforschen. Durch unser Bedürfnis, sie durch friedliche Erforschung des äußeren Weltraums besser kennenzulernen, beleben sie Zukunftsvisionen.

Der Archäologe, der ein uraltes Manuskript von Himmelsprophezeiungen übersetzt, beschäftigt sich mit demselben Mond wie der Siebenjährige, der sich ein Buch über Mondforschung aus der Bücherei holt.

Die Entdeckung des Neuen ist auch eine Wertschätzung des ganz Alten, denn Vergangenheit, Gegenwart und Zukunft sind immer miteinander verwoben. Für die weise Frau des Altertums symbolisierten die Mondphasen die drei Fäden, die im Zeitknoten zusammenliefen. Wir sind uns normalerweise des dunklen Teils des Mondes nicht bewußt, wenn wir die zunehmende Sichel des neuen Mondzyklus sehen, genauso, wie wir oft die Vergangenheit vergessen, wenn wir uns auf die Zukunft zubewegen. Aber bei manchen Witterungsverhältnissen können wir den dunklen Teil des Mondes schwach durch das von der Erde reflektierte Licht leuchten sehen. Im Brauchtum ist dieses Phänomen schon bezeichnet worden als »der neue Mond mit dem alten in den Armen«.

Wir können die lange Tradition der Himmelsbeobachter(-innen), ihrer Verehrung und ihres Respekts vor dem sich verändernden Himmel mit in die Zukunft nehmen. Das Erbe unserer Vorfahren lebt in uns und erzeugt die Bilder in unseren Träumen, unserer Kunst und Literatur und in den Geschichten, die wir unseren Kindern erzählen. Der dunkle Kreis der alten Mondin der Vergangenheit geht nie verloren, denn die junge Mondin der Zukunft wiegt ihre Ahnherrin in ihren leuchtenden Armen.

Epilog

.

Die Zeit verging, und die zwölf Schwestern sahen und hörten, daß auf der Erde nicht alles in Ordnung war. Sie entdeckten, daß es Krieg gab und Folter und Vergewaltigung und Kerker und Sklaverei. Sie stellten fest, daß sich auf der einen Seite die Reichtümer häuften, während auf der anderen die Menschen verhungerten. Sie beobachteten Menschen, deren Leben eingeengt und ohne die Freude des Selbstausdruckes war.

Es dauerte lange, bis sie ihren Schreck über diesen Zustand verkraftet hatten. Nach vielen Tausenden von Jahren des Kummers berieten sie sich. Zuerst suchten sie die Schuldigen; manche machten ihre Brüder verantwortlich, andere beschuldigten sich gegenseitig.

Sie sagten, *Widder* habe die Aktivität und den Mut so gesteigert, daß die Menschheit nur die Aktion verehre und den Krieg vergöttere.

Sie sagten, *Stier* habe den Wert schöner Besitztümer überbewertet, so daß alle das Beste nur für sich wollten.

Sie sagten, *Zwillinge* lehre die Menschen, wie man die Wahrheit manipulieren könne und mache sie ruhelos, immer Neues zu erfahren.

Sie sagten, *Krebs* lehre die Liebe zur Sicherheit, so daß die Menschen sich nur um ihre nächsten Angehörigen kümmerten und sich auch an sie klammerten, selbst wenn es für sie notwendig wäre zu gehen.

Sie sagten, *Löwe* lehre die Menschen, nach Wichtigkeit und Macht zu verlangen. Sie sagten, sie kümmere sich nicht um die Bescheidenen.

Sie sagten, *Jungfrau* habe die Fron erfunden, und nach ihrem Beispiel hätten die Menschen den Überblick verloren und kümmerten sich zuviel um die Einzelheiten.

Sie sagten, *Waage* habe ihren Tempel der Harmonie so anziehend gemacht, daß die Menschen in romantischen Illusionen über die Liebe leben und jedem Kampf ausweichen wollten.

Sie sagten, *Skorpion* habe die Menschen mit gefährlichen Ideen über den Tod, die Sexualität und die Macht fasziniert und sie damit in eine morbide Innensicht getrieben.

Sie sagten, *Schütze* wolle, daß die Menschen Fanatiker würden. Sie sprachen von der Arroganz des glühenden Glaubens, von Entdeckern, die neugefundene Länder zertrampelten.

Sie sagten, *Steinbock* ermutige die Menschen, ihre Phantasie zu unterdrücken, damit sie ihre Umgebung gängeln und beherrschen könnten.

Sie sagten, *Wassermann* lebe nur in der Zukunft und ignoriere die Gegenwart, und das Leben werde unausgewogen durch dauernde und gefährliche Erfindungen.

Sie sagten, *Fische* brächte die Menschen dazu, in bedeutungslose Träume zu flüchten. Sie sprachen von Exzessen der Märtyrer und Selbstopfern, von Sucht nach Leiden.

Sie sagten einander bittere Dinge, denn sie fühlten so viel Schmerz über den Zustand der Erde und ihrer Geschöpfe. Dann versanken sie in ein langes, brütendes Schweigen.

Die Zeit verging, und Verzweiflung umgab sie, sie begannen zu vergessen, wer sie waren, und sahen sich mit leeren Augen an.

Dann plötzlich, aus der tiefsten Tiefe der Verzweiflung, erhob sich ein großer Schrei des Zorns. Sie waren starr vor Schreck, bis sie merkten, daß der Schrei von *Widder* kam. Als sie das alle verstanden, erinnerte sich jede wieder daran, wer sie war.

Sie wußten nicht, was sie tun sollten, solange dieser gefährliche Klang noch durch das Tal hallte. Schließlich erhob sich *Skorpion*.

»Schwestern«, sagte sie, »ich möchte euch mitnehmen an einen Ort, wo wir noch nie waren, wo die Luft explodiert, wo Feuer unter der Erde brennt und die Erde fließt wie Wasser, wo alle Feuchtigkeit zu Luft verdampft wird. Kommt mit mir, wenn ihr wollt.«

Schließlich standen sie alle auf und folgten *Skorpion*. Sie gingen tagelang über unbekanntes Gelände. Sie sprachen kaum, jede erinnerte sich an den Klang der Wut *Widders* und wußte, daß es auch ihre Wut war, wußte, daß der Schrei sie vor der Verzweiflung gerettet, aber völlig verändert hatte.

Während *Fische* so dahinging, hatte sie eine Vision von ihren Brüdern. Sie sah, daß sie auch unterwegs waren, zu einem Ort tief unter den Wellen, wo das Salzwasser sogar die Härte des Eisens verzehrt, wo Fische bunt wie Papageien durch die Hohlräume versunkener Schiffe schwimmen. Sie sah die Angst vor dem Wasser in ihren Gesichtern, dann erhob sich Sandsturm um sie, und die Vision war fort.

Der Weg, den die Schwestern einschlugen, führte aufwärts, und schließlich erreichten sie den Gipfel eines Berges. Er hatte einen mächtigen, schwarzen Krater, aus dem Rauch aufstieg. Der Boden war heiß.

Steinbock blieb neben dem Krater stehen. »Ich spüre, wie sich die Erde tief unter meinen Füßen bewegt. Während ich das spüre, weiß ich, daß dies ebenso unsere Mutter ist wie das Tal der Liebe.« Es war nicht leicht, diese Wahrheit zu erkennen, denn sie spürten, daß der Gipfel jeden Augenblick bersten konnte.

Krebs sagte: »Während ich hier stehe, weiß ich, daß wir Zerstörung hervorrufen könnten, daß wir aus Verzweiflung danach verlangen könnten, und dann würde alles zerstört, was wir lieben.«

»Wir haben alle Angst«, sagte *Jungfrau* klar, »und das ist weise und richtig. Wir sind hierhergekommen, um uns zu wandeln.«

Sie fielen in ein langes Schweigen, denn keine wußte, wie sie das nun anfangen sollten.

Schließlich sprach *Schütze*. »Ich glaube, wir *können* einen neuen Weg finden mit unserem Schmerz und unserem Zorn.«

Die Worte von *Waage* kamen ruhig: »Es wird bedeuten, daß wir über die Schuld hinausgehen, um wahre Gerechtigkeit zu finden.«

Sie bedachten das schweigend, bis *Wassermann* sich laut fragte: »Wie können wir eine gerechte Welt ohne Schuld oder Vorwurf schaffen? Wir können versuchen, andere zu werden, aber das wird nicht gehen. Es ist besser, wir sehen dem ins Auge und nehmen uns an, wie wir sind. Jede von uns kennt eine Sache am besten; wir sollten uns entscheiden, wie wir das, was wir wissen, zur Heilung der Erde einsetzen können.« Die Wahrheit dieser Worte überzeugte sie alle.

»Das stimmt«, sagte *Stier*. »Aber wir wollen nicht unsere Angst und unseren Respekt vor diesem Ort vergessen. Man kann den Krater eines Vulkans nicht zusammenkleben oder zudecken oder ignorieren«, und sie lachte weich, denn sie hätte ihn gern ignoriert. Ihr Lachen hing in der schwefeligen Luft; dann begann *Löwe* den Tanz des Lachens zu tanzen, den Tanz des Kindes, der Unschuld, die sie verloren hatten. Sie sah neben dem Rand des Vulkans klein und unbedeutend aus, aber als sie höher hinauftanzte, sah man sie als scharfe Silhouette gegen den gelbbraunen Himmel. Sie tanzte um den Rand des Kraters, und ihre Schwestern folgten ihr und bildeten einen großen Kreis um den Krater und blickten in die rauchende Erde hinunter. Sie waren gerade dicht genug beieinander, um die Worte von *Widder* zu hören, die sie in den Rauch hinausrief:

»Ich weihe mich dem gerechten Kampf. Ich werde die Kriegerin sein, bis die Erde geheilt ist.«

Stier rief: »Ich weihe mich dem Wissen um die Bedürfnisse der Erde. Ich werde die Sorgerin sein, bis die Erde geheilt ist.«

Zwillinge rief: Ich weihe mich dem besseren Verständnis zwischen den Menschen. Ich werde die Übersetzerin sein.«

Krebs rief: »Ich weihe mich dem Erkennen der Verletzlichkeit. Ich werde die Beschützerin sein.«

Löwe rief: »Ich weihe mich dem Fest des Lebens. Ich werde die Spielmacherin sein.«

Jungfrau rief: »Ich weihe mich der Wahrheit. Ich werde ihre Dienerin sein.«

Waage rief: »Ich werde die Friedensbringerin sein, der Gerechtigkeit geweiht.«

Skorpion rief: »Ich weihe mich dem richtigen Gebrauch der Macht. Ich werde die Transformation sein.«

Schütze rief: »Ich weihe mich der Weisheit. Ich werde die Glaubende sein.«

Steinbock rief: »Ich werde die Organisatorin sein, unserem eigenen Überleben geweiht.«

Wassermann rief: »Ich werde die Prophetin sein, der Zukunft der Gleichheit geweiht.«

Und *Fische* rief: »Ich bin der Einheit unserer Erfahrung geweiht, ich werde die Träumerin von Träumen sein.«

Die Worte einer jeder hallten hinaus und klangen um den Rand des Kraters wider, bevor sie mit Echos hinuntersanken. Nachdem jede von ihrer Verpflichtung gesprochen hatte, standen sie still in ihrem Kreis da und wußten nicht, warum sie warteten.

Dann sprach *Zwillinge,* und sie bemerkten mit Überraschung, daß sie außer ihren verpflichtenden Worten ungewöhnlich schweigsam gewesen war.

»Ich lerne, zuzuhören. Ich bin diejenige, die Botschaften hört, und ich weiß, daß wir bei der Heilung nicht allein sind.«

Dann pfiff sie allen Vögeln zu, die ihr auf den Berg gefolgt waren, die Vögel, deren Sprache sie gelernt hatte. Sie setzten sich auf ihre Arme und Schultern, Vögel in vielen Formen und Farben.

»Sie haben die Erde beobachtet«, sagte sie und ließ sie einen nach dem anderen in die Luft hinaufsteigen. Im Aufsteigen sang jeder Vogel von dem, was er gesehen hatte.

Sie sangen von jenen, die lieber ihren Ärger zum Ausdruck bringen, als aufgeben wollten, und von jenen, die es lieber hören, als fortlaufen wollten. Sie sangen von Frauen, die ihre eigene Kraft entdeckt hatten – am Grunde einer Grube aus Unterdrückung und Verzweiflung.

Sie sangen von Menschen im Schmerz, die Gemeinschaft und Respekt füreinander lernten, von Gefangenen, deren Lieder nicht hinter Gittern gehalten werden konnten, von Soldaten, die sich entschieden, zu desertieren und lieber zu sterben, als zu foltern und zu töten. Sie sangen von Überlebenden.

Die Vögel flogen höher in den gelben Himmel hinauf. Ihre Lieder vereinigten sich zu einem großen Klang; seltsam und doch bekannt.

Es war der Klang der Heilung. Es war der Anfang.

Deutsche Bibliographie

Astrologie – allgemein

Arroyo, Stephen: Astrologie, Psychologie und die vier Elemente, Hugendubel, 1988
Arroyo, Stephen: Astrologie, Karma und Transformation, Hugendubel, 1989
Cunningham, Donna: Erkennen und Heilen von Pluto-Problemen, Urania, 1987
Francia, Luisa: Berühre Wega, Kehr' zurück zur Erde, Frauenoffensive, 1982
Gauquelin, Francoise: Planetare Einflüsse auf Persönlichkeit und Lebensweg, Bauer, 1986
Gauquelin, Francoise: Die Wahrheit der Astrologie, Aurum, 1987
Greene, Liz: Kosmos und Seele. Wege zur Partnerschaft, Krüger, 1983
Greene, Liz: Saturn, Hugendubel, 1988
Greene, Liz: Jenseits von Saturn. Eine Astrologie des Kollektiven, Hugendubel, 1988
Greene, Liz: Schicksal und Astrologie, Hugendubel, 1985
Greene, Liz: Sage mir Dein Sternzeichen, und ich sage Dir, wie Du liebst, Ullstein, 1986
Greene, Liz/Sasportas, Howard: Dimensionen des Unbewußten in der psychologischen Astrologie, Hugendubel, 1989
Greene, Liz/Sasportas, Howard: Entfaltung der Persönlichkeit, Hugendubel, 1988
Hamaker-Zondag, Karen: Stundenastrologie, Hugendubel, 1985
Hand, Robert: Das Buch der Transite, Hugendubel, 1988
Lunsted, Betty: Transite. Die Gezeiten des Lebens, Urania, 1987
Lunsted, Betty: Planetenzyklen. Als Anzeiger innerer Entwicklungen, Urania, 1987
Marks, Tracy: Astrologie der Selbstentdeckung. Eine Reise in das Zentrum des Horoskops, Hier & Jetzt, 1989
Marks, Tracy: Herausforderungen und Chancen schwieriger Aspekte, Hier & Jetzt, 1990
Messmer, Phoenix und Bärbel: Venus ist noch fern, Come Out, 1979
Parker, Derek/Parker, Julia: Astrologie, Heyne, 1988
Pelletier, Robert: Das Buch der Aspekte, Hugendubel, 1989
Robson, Vivian: Fixsterne. Bedeutung und Konstellation im Horoskop, Hugendubel, 1990
Rudhyar, Dane: Astrologie der Persönlichkeit, Hugendubel, 1988
Rudhyar, Dane: Die astrologischen Zeichen. Der Rhythmus des Zodiak, Hugendubel, 1987
Rudhyar, Dane: Astrologischer Tierkreis und Bewußtsein. Eine Interpretation der 360 Tierkreisgrade, Hugendubel, 1984
Rudhyar, Dane: Der Sonne-Mond-Zyklus. Ein Schlüssel zum Verständnis der Persönlichkeit, Edition Astrodata, 1988
Rudhyar, Dane: Das astrologische Häusersystem, Hugendubel, 1987
Rudhyar, Dane: Astrologie psychologisch gesehen, Chiron, 1990
Rudhyar, Dane: Die 12 kosmischen Gaben, Heyne, 1990
Ruperti, Alexander: Kosmische Zyklen. Hier & Jetzt, 1989
Sakoian, Frances/Acker, Louis S.: Das große Lehrbuch der Astrologie, Droemer Knaur, 1979

Schulman, Martin: Karmische Astrologie
   Bd. 1: Mondknoten und Reinkarnation, Urania, 1982
Schulman, Martin: Karmische Astrologie, 4 Bde., Urania, 1987
Thorsten, Geraldine: Sternzeichen der Göttin. Die Astrologie der Frau, Goldmann, 1990
Stein, Zane B.: Chiron, Chiron, 1988
Clow, Barbara: Chiron. Die Verbindung zwischen den inneren und den äußeren Planeten,
   Hugendubel, 1989
Messmer, Barbara/Huppert, Sabine: Der dunkle Stern, Venus Falling, 1986

Geschichte der Astrologie und Astronomie

Grossinger, Richard: Der Mensch, die Nacht und die Sterne, Goldmann, 1981
Filbey/Filbey: Astronomie für Astrologen, M & T, 1988

Astrologie in aller Welt

Burckhardt, Titus: Vom Sufitum. Einführung in die Mystik des Islam, Schäuble, 1989
Kermadec, Jean M. de: Lehrbuch der chinesischen Astrologie, Ebertin, 1983
Sun Bear/Wabun: Das Medizinrad. Eine Astrologie der Erde, Goldmann, 1987

Astrologische Tabellen

Michelsen, Neil: American Ephemeries of the 20th Century, erhältlich über: HORUS-
   Buchhandlung, Bismarckstr. 19, 5300 Bonn 1
Raphaels Ephemeriden, jährlich, erhältlich über: HORUS-Buchhandlung, s. o.
Ephemerides Saint Michel 1900–2000, erhältlich über: HORUS-Buchhandlung, s. o.
Chiron Ephemeride 1900–2000, Chiron, 1989
Die globalen Häusertabellen, (darin auch Städtepositionen und Sommerzeiten), Scherz,
   1980

Frauen-Biographien und weibliche Erfahrung

Chicago, Judy: The Dinner Party, Athenäum, 1987
Frank, Anne: Die Tagebücher der Anne Frank, Fischer, 1988
Keller, Helen: Licht in mein Dunkel, Swedenborg, o. J.
Keller, Helen: Meine Welt. Blind, taub und optimistisch, Die Grüne Kraft, 1987
Lessing, Doris: Die viertorige Stadt, dtv, 1989
Merchant, Caroline: Der Tod der Natur. Ökologie, Frauen und neuzeitliche Naturwissen-
   schaft, Beck, 1987
Nabakowski, Gislind/Sander, Helke/Gorsen, Peter: Frauen in der Kunst, Suhrkamp, 1980
Walker, Alice: Auf der Suche nach den Gärten unserer Mütter, Goldmann, 1987

Mythologie, Religion und Geschichte

Apuleius: Der Goldene Esel, Insel, 1975
Ashe, Geoffrey: König Arthur. Die Entdeckung von Avalon, Econ, 1986
Bakhtiar, Laleh: Sufi. Ausdrucksformen mystischer Suche, Kösel, 1987
Branigan, Keith: Großer Bildatlas der Archäologie, Reich, 1987

Brunton, Paul: Geheimnisvolles Ägypten, Lübbe, 1979
Campbell, Joseph: Der Heros in tausend Gestalten, Suhrkamp, 1978
Campbell, Joseph: Die Kraft der Mythen. Bilder der Seele im Leben des Menschen, Artemis, 1989
Colegrave, Sukie: Yin und Yang. Die Kräfte des Weiblichen und des Männlichen, Fischer, 1989
Ehrenreich, Barbara/English, Deirdre: Hexen, Hebammen und Krankenschwestern, Frauenoffensive, 1975
Ferguson, Marilyn: Die sanfte Verschwörung, Droemer Knaur, 1984
Frazer, James G.: Der goldene Zweig. Das Geheimnis von Glauben und Sitten der Völker, Rowohlt, 1989
Harding, Esther: Frauenmysterien einst und jetzt, Schwarze Katz, 1982
Hope, Murry: Magie und Mythologie der Kelten, Heyne, 1990
Jung, C. G.: Erinnerungen, Träume, Gedanken, Walter, 1988
Jung, C. G. u. a.: Der Mensch und seine Symbole, Walter, 1989
Matthews, Caitlin/Matthews, John: Der westliche Weg. 2 Bde.
  Bd. 1: Ein praktischer Führer in die alten Geheimlehren, Rowohlt, 1988
  Bd. 2: Ein praktischer Führer zu Magie, Mystik und Alchimie, Rowohlt, 1989
Muttwa/Vusamazulu/Credo: Indaba. Ein Medizinmann der Bantu erzählt die Geschichte seines Volkes, Goldmann, 1987
Neumann, Erich: Die große Mutter. Eine Phänomenologie der weiblichen Gestaltungen des Unbewußten, Walter, 1988
Noble, Vicki: Mythen, Musen und Tarot (Motherpeace), Frauenoffensive, 1987
Pagels, Elaine: Versuchung durch Erkenntnis. Die gnostischen Evangelien, Suhrkamp, 1987
Perera, Sylvia Brinton: Der Weg zur Göttin der Tiefe, Ansata, 1986
Purce, Jill: Die Spirale. Symbole der Seelenreise, Kösel, 1988
Ravenscroft, Trevor: Der Kelch des Schicksals. Die Suche nach dem Gral, Sphinx, 1982
Ranke-Graves, Robert von: Griechische Mythologie. Quellen und Deutung, Rowohlt, 1986
Ranke-Graves, Robert von: Die weiße Göttin. Sprache des Mythos, Rowohlt, 1985
Ranke-Graves, Robert von: Hebräische Mythologie. Über die Schöpfungsgeschichte und andere Mythen im Alten Testament, Rowohlt, 1986
Rawson, Philip: Tantra. Der indische Kult der Ekstase, Droemer Knaur, 1987
Shah, Idries: Die Sufis. Botschaft der Derwische, Weisheit der Magier, Diederichs, 1989
Shah, Idries: Wege des Lernens. Die spirituelle Psychologie der Sufis, Droemer Knaur, 1985
Shuttle, Penelope/Redgrove, Peter: Die weise Wunde Menstruation, Fischer, 1988
Sjöö, Monica/Mor, Barbara: Wiederkehr der Göttin, Labyrinth, 1986
Starhawk: Der Hexenkult als Ur-Religion der Großen Göttin. Magische Übungen, Anrufungen und Rituale, Bauer, 1988
Starhawk: Wilde Kräfte. Sex und Magie für eine erfüllte Welt, Bauer, 1987
Stewart, Robert J.: Merlin. Das Leben eines sagenumwobenen Magiers, Droemer Knaur, 1988
Stone, Merlin: Als Gott eine Frau war. Die Geschichte der Ur-Religion unserer Kulturen, Goldmann, 1989
Suzuki, Shunryu: Zen-Geist Anfänger-Geist. Unterweisungen in Zen-Meditation, Theseus, 1983
Velikowsky, Immanuel: Erde im Aufruhr, Umschau, 1980
Walker, Barbara: Die Geheimnisse des Tarot. Geschichte, Mythen und Symbolik aus weiblicher Sicht, Martin, B., 1985
Waters, Frank: Das Buch der Hopi, Diederichs, 1986
Whitmont, Edward C.: Die Rückkehr der Göttin. Von der Kraft des Weiblichen in Individuum und Gesellschaft, Kösel, 1989

Whitmont, Edward C.: Psyche und Substanz. Essays zur Homöopathie im Lichte der Psychologie C. G. Jungs, Burgdorf, 1988

Wind, Edgar: Heidnische Mysterien in der Renaissance, Suhrkamp, 1981

Vithoulkas, George: Die wissenschaftliche Homöopathie. Theorie und Praxis des naturgesetzlichen Heilens, Burgdorf, 1986

Jahn, Jahnheinz: Muntu. Die neoafrikanische Kultur, Diederichs, 1986

Mbiti, John S.: Afrikanische Religion und Weltanschauung, De Gruyter, 1974

Rodewld, Rosmary L.: Magie, Heilen und Menstruation, Frauenoffensive, 1986

Wichmann, Jörg: Wicca. Die magische Kunst der Hexen, Verlag der HORUS-Buchhandlung, Bismarckstr. 19, 5300 Bonn, 1990

Unicorn, Zeitschrift für Magie, Schamanismus, Wege zur Erde, Gesamtausgabe, Verlag der HORUS-Buchhandlung, Bismarckstr. 19, 5300 Bonn, 1987

Fischer, Susanne: Blätter von Bäumen. Legenden, Mythen, Heilanwendung, Hugendubel, 1989

Markale, Jean: Die keltische Frau, Goldmann, 1990

Scherer, Richard (Hrsg.): Alchymia. Die Jungfrau im blauen Gewande, Talheimer, 1988

Gesundheit, Heilung, Beratung und Psychologie

Ernst, Sheila/Goodison, Lucy: Selbsthilfe Therapie. Ein Handbuch für Frauen, Frauenoffensive, 1982

Ferrucci, Piero: Werde was Du bist. Selbstverwirklichung durch Psychosynthese, Rowohlt, 1986

Franz, Marie L. von/Hillmann, James: Jungs Typologie, Bonz, 1984

Franz, Marie L. von: Spiegelungen der Seele. Projektion und innere Sammlung in der Psychologie C. G. Jungs, Kösel, 1988

Franz, Marie L. von: Wissen aus der Tiefe. Über Orakel und Synchronizität, Kösel, 1987

Kübler-Ross, Elizabeth: Was können wir noch tun? Anworten auf Fragen nach Tod und Sterben, Gütersloher, 1987

Kübler-Ross, Elizabeth: Über den Tod und das Leben danach, Silberschnur, 1985

Die Autorinnen

Lindsay River lehrte Dramaturgie, bevor sie sich ab 1973 ganz dem Studium der Dramaturgie widmete. In ihrer Arbeit wurde sie intensiv von alten Kulturen und Mythen wie von den lebendigen, zeitgenössischen Fragen der streitbaren Frauenbewegung beeinflußt. Ein weiterer ihrer vielseitigen Interessensschwerpunkte liegt auf dem Gebiet einer ganzheitlichen humanistischen Medizin; 1984 beendete sie ein vierjähriges Studium in diesem Bereich. Sie arbeitet in ihrer Londoner Praxis, wo sie Astrologie praktiziert und lehrt und ihre persönliche Forschung weiterführt.

Sally Gillespie wurde in Neuseeland geboren und arbeitet in ihrer Praxis in Sydney, die sich ganz einem holistischen Gesundheitsbegriff verschrieben hat. Ihre umfassende Heiltätigkeit umfaßt Bereiche wie Astrologie, Kräuterkunde, Massage und orientiert sich ganz besonders an der jungianischen Symbolik. Dahinter steht ihre Überzeugung, daß nur die Verbindung mit unserer Kreativität und unserer inneren Weisheit die Basis für psychische und physische Gesundheit sein kann.

Geraldine Thorston

Sternzeichen der Göttin

Die Astrologie der Frau

Mit einem Vorwort von Heide Göttner-Abendroth

Die Astrologie war, wie alle alten Wissenschaften, im Laufe der Jahrhunderte tiefgreifenden Veränderungen in Form und Bedeutung unterworfen. Der Wechsel vom Matriarchat zum Patriarchat hat die astrologische Symbolik gravierend beeinflußt. Um Frauen treffendere Aussagen über sich selbst, ihre Fähigkeiten und Anlagen zu ermöglichen, entstand dieses erste fundierte Astrologiebuch aus feministischer Sicht.

Ein Paperback im Goldmann Verlag
Deutsche Erstveröffentlichung
ISBN 3-442-12067-5
DM 29,80

Barbara Ann Brennan

Licht-Arbeit

Das große Handbuch der Heilung
mit körpereigenen Energiefeldern

Klar gegliedert, reich bebildert und anschaulich geschrieben behandelt dieses Standardwerk so wichtige Bereiche wie Chakrenarbeit, Klärung der Energiefelder, Karmaauflösung, spirituelle Licht- und Tonarbeit u. v. m. Für alle, die sich mit Licht-Arbeit befassen, ist dieses Buch der praktizierenden Heilerin, Psychotherapeutin und Wissenschaftlerin Barbara Ann Brennan ein absolutes Muß!

Ein Paperback im Goldmann Verlag
Deutsche Erstveröffentlichung
ISBN 3-442-12054-3
DM 29,80

Jane Roberts

Seth und die Wirklichkeit der Psyche

Unbekannte Realität Band 2
Reinkarnation und Reisen des Selbst

In diesem zweiten Teil entwickelt das Geistwesen Seth die Thesen, die er zuvor aufstellte, weiter und setzt sie praktisch um. Der Leser wird eingeladen, sich mit Übungselementen zu befassen und den Versuch zu medialen Reisen in andere Realitäten zu wagen. Als grundlegendes Material stellt Seth uns unter anderem sein tiefes Wissen über zellulares Bewußtsein, den urzeitlichen Menschen, Evolution und Weltraumreisen zur Verfügung. Eine grundlegende Bedeutung für unser Verständnis haben auch die Träume, außerkörperlichen Zustände und Reinkarnationserfahrungen von Jane Roberts, durch die uns der Zugang zu unseren eigenen außersinnlichen Erlebnissen erst ermöglicht wird. Durch sie erkennen wir, daß unsere Einbindung in Raum und Zeit von viel größerer Flexibilität ist, als wir es mit unserer begrenzten Vorstellungskraft bisher ermessen konnten. Die Vermutung, daß die menschliche Persönlichkeit in ihren Möglichkeiten ohne Grenzen ist, wird mit diesem Buch zur Gewißheit.

Ein Paperback im Goldmann Verlag
Deutsche Erstveröffentlichung
ISBN 3-442-11889-1
DM 29,80

Jane Roberts

Der Weg zu Seth

Der persönliche Führer
in das Wesen einer neuen Realität

»Unser Bewußtsein weiß nur, was zu wissen wir ihm gestatten. Alles andere bleibt in unserem Unterbewußtsein verborgen. Oft entfallen uns wichtige Tatsachen, nur weil wir uns vor ihnen fürchten. Aber kein Eindruck geht wirklich verloren. Wir vergessen nie wirklich. Und häufig handeln wir aufgrund einer Information aus dem Unbewußten, deren Existenz das bewußte Ich zuzugeben sich weigert.«
Mit diesem Buch liegt Jane Roberts' grundlegende Einführung in die Esoterik und der Schlüssel zu ihrer Begegnung mit Seth erstmals in deutscher Sprache vor. Es ist Führer und Ratgeber zugleich, in dem der Leser seinen eigenen Zugang zur außersinnlichen Wahrnehmung entdecken kann, indem er die Erfahrungen von Jane Roberts nachvollzieht.
Bei der Arbeit mit PSI, in die das Geistwesen Seth uns durch sein Medium einführt, steht das Erkennen und Respektieren aller Teile unserer Persönlichkeit in ihren Funktionen im Mittelpunkt. Jane Roberts regt uns zu kritischem Verstand und Intuition als unverzichtbare Voraussetzungen an, und wir erleben durch Seth unsere nahezu unbegrenzten Möglichkeiten der geistigen Entfaltung und ein neues Verständnis der Wirklichkeit.

Ein Hardcover im Goldmann Verlag
Deutsche Erstveröffentlichung
ISBN 3-442-30517-9
DM 38,00